中国
广播电视
图史

ZHONGGUO
GUANGBO DIANSHI
TUSHI

南方日报出版社

ZHONGGUO
GUANGBO DIANSHI
TUSHI

中国

广播电视

图史

南方日报出版社

延安廣播電台

中国传媒大学亚洲传媒研究中心资助项目

《中国广播电视图史》编写组

主　编

赵玉明　中国传媒大学教授，博士生导师，教育部人文社会科学重点研究基地——中国传媒大学广播电视研究中心顾问，国家广电总局《中国广播电视年鉴》主编。兼任中国新闻史学会会长，中国广播电视协会广播电视史研究委员会会长等。

副主编

艾红红　中国传媒大学副教授，文学博士。主要研究方向为中外新闻史、广播电视新闻。

课题组成员

庞　亮　中国传媒大学讲师，文学博士。主要研究方向为新闻历史与理论。

范晓晶　文学博士。长期从事电视节目编导工作。

李　煜　中国传媒大学副教授，博士生。主要研究方向为新闻史、传播史。

刘书峰　《中国广播电视年鉴》编辑，文学博士。主要研究方向为新闻史、传播史。

ZHONGGUO
GUANGBO DIANSHI
TUSHI

ZHONGGUO
GUANGBO DIANSHI
TUSHI

目　录

contents

上　篇

中　篇

港澳台篇

上篇

第1章 中国广播溯源

广播和电视是诞生于20世纪的两种重要的大众传媒。从时间上看，广播的出现早于电视。广播可分为有线广播和无线广播两种，有线广播的诞生早于无线广播。19世纪末期，欧洲一些国家就办过有线广播。20世纪初期，用无线电传送语言和音乐的试验取得了初步成功。第一次世界大战后，美国、英国和十月革命后的俄国都先后办起了无线广播。据现有的材料看，20世纪30年代中国的一些中小城市就出现了有线广播，但没有形成全国性的规模。而在20年代初，中国已经有了外国人建立的无线广播电台。可见，中国的广播事业历史是从无线广播开始的[1]。

第一节 十里洋场的舶来品

无线电技术是无线广播的物质基础，科学家对无线电波存在的探索，最早可以追溯到19世纪中叶。1862年，英国物理学家麦克斯韦提出电磁理论，并预言了电磁波的存在。他的理论，被德国物理学家赫兹在1888年通过实验证实，这为无线电通信的发明奠定了坚实的理论基础。1895年，俄国科学家波波夫和意大利科学家马可尼在继承前人研究成果的基础上，分别经过独立的研究，初步制成了最初的无线电接收机。1899年，从欧洲大陆飞越英吉利海峡的无线电报试验成功。1901年，无线电报横跨大西洋从欧洲传到了美洲。无线电通信技术的优越性很快显示出来，并迅速、广泛地运用在军事联络、商业信息的传递和新闻发布等方面。当时，正是自由资本主义向垄断资本主义过渡的阶段，因此，无线电技术也不可避免地成为帝国主义对外侵略扩张的通信联络工具。

在无线电技术广泛地用于通信联络的同时，欧美的科学家又开始了利用无线电传送语言和音乐的试验。1906年12月，这项试验在美国取得初步成功。第一次世界大战期间，由于军事通信保密的需要，无线电话的研制工作暂时中断。战后迅速恢复并取得了新的进展。随着收听工具的出现，美国办起了一批试验性的广播电台。1920年11月2日，美国匹兹堡的KDKA广播电台开始播音，通常把这座第一个向美国政府登记而开办的广播电台作为世界上最早的广播电台。

当美国的无线广播还在试验阶段的时候，1920年8月在上海出版的《东方杂志》便以“用无线电传达音乐及新闻”为题，预言了无线广播在传播新闻和音乐方面的优点：“晨间由中央无线电局(即广播电台)将是日所得新闻，发出报告。则家家仅须开动受音机(即收音机)即可亲聆新闻，且可于早餐时且食且听之。较诸披阅报章，便利多矣。”“晚间八时半，为人民音乐跳舞之时间。可由中央无线电局于此时自无线电传出音乐。则跳舞之家，但将受音机开动，音乐立时大作。跳舞者可以应声而舞，不必更雇音乐班矣。”[2]（见图1-1-1）旧中国是一个半殖民地半封建的国家，1911年的辛亥革命虽然推翻了清王朝，但社会性质并

用無線電傳達音樂及新聞

（图1-1-1）《东方杂志》最早关于无线电广播的报道

没有发生根本性的改变。中国境内出现的第一批广播电台，同早期的近代报刊、通讯社一样，都是由外国人最先创办的。

1922年12月，美国人E.G.奥斯邦(E.G.Osborn)把一套无线电广播发送设备由美国运到上海，并宣称将要在上海开办广播电台。奥斯邦在上海创办中国无线电公司(Radio Corporation of China)，并与英文大陆报（*The China Press*）馆合作，租用外滩广东路三号大来洋行的屋顶，开办起“大陆报—中国无线电公司广播电台”，呼号XRO，波长200米，发射功率50瓦。该台于1923年1月23日晚首次播音，当时上海的《申报》等报纸均有报道，这是中国境内开设的第一座广播电台。该台每晚播出1小时，内容有《大陆报》提供的国内和上海的新闻，大量的则是娱乐节目，星期日设有《布道》、《祈祷》等宗教性节目。为推销收音机，扩大广播的影响，该台还举办无线电基本常识讲座。1月26日，该台播出了孙中山当日在上海发表的《和平统一宣言》。27日，孙中山特向《大陆报》发表谈话表示称赞。28日，上海《民国日报》也对此做了报道。（见图1-1-2、图1-1-3、图1-1-4）

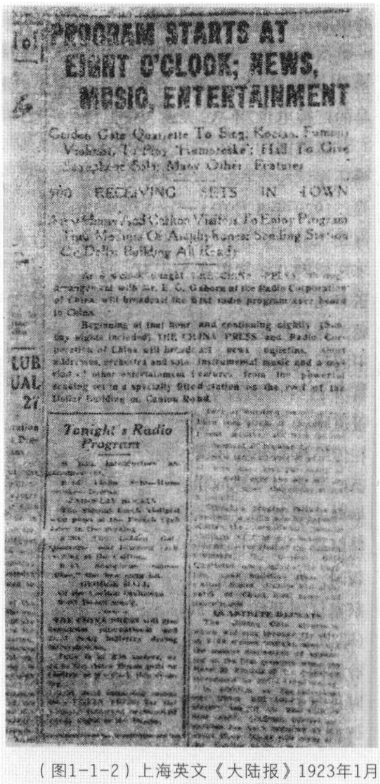
PROGRAM STARTS AT EIGHT O'CLOCK; NEWS, MUSIC, ENTERTAINMENT

Tonight's Radio Program

（图1-1-2）上海英文《大陆报》1923年1月23日关于奥斯邦所办广播电台开播的预告，上题为“八点开始有新闻、音乐、娱乐节目”，左下为“今晚无线电节目”预告

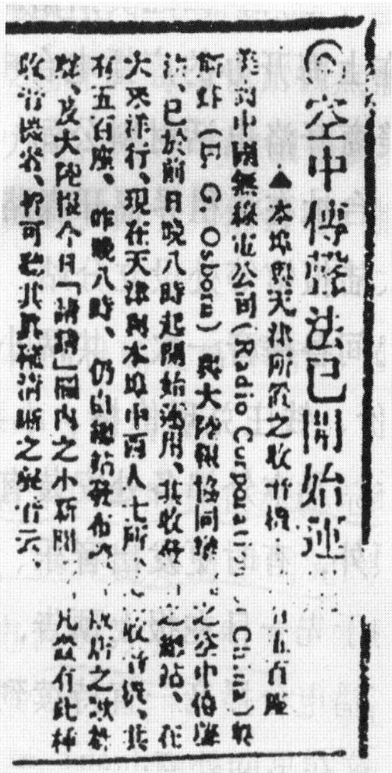
空中傳聲法已開始運

（图1-1-3）上海《申报》1923年1月25日关于奥斯邦所办广播电台于1月23日开播的报道

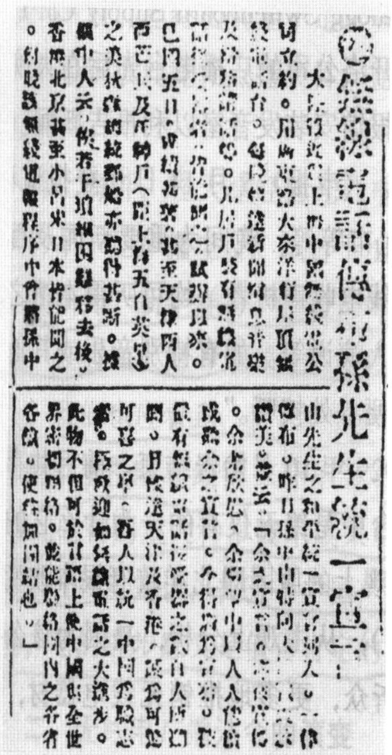
無線電話傳布孫先生統一宣言

（图1-1-4）上海《民国日报》1923年1月28日刊登的《无线电话传布孙先生统一宣言》的报道

奥斯邦开办的广播电台出现后，在上海租界的中外听众中引起一阵“无线电热”，并得到上海的业余无线电研究团体和无线电器材商店的支持，收音机很快由500多架增加到1000多架。但是，奥斯邦未经中国有关当局批准，私自运进无线电设备并建立广播电台一事，触犯了当时北洋政府的有关法令。3月14日，交通部通过外交部饬知江苏特派交涉员，严行取缔奥斯邦开办的广播电台。其间几经交涉，大约在4月间，奥斯邦所办的广播电台停止了播音。其后，奥斯邦又拟在永安公司楼上开办另一座广播电台，预定于5月31日开始播音，但因受到交通部的多次干预而未能实现。此时，经营电器设备的美商新孚洋行(Electric Equipment Co.)主人戴维斯(Davis)于5月底办起一座广播电台，发射功率50瓦，主要用于试验和推销收音机。1924年8月，因经费拮据而停办。后来曹仲渊撰写的《三年来上海无线电话之情形》一文对奥斯邦开办的广播电台及其他广播电台的情况都有所记述。（见图1-1-5、图1-1-6）

早期外商在上海开办的广播电台中时间较长、影响较大的是1924年4月开始播音的美商开洛电话材料公司(Kellogg Switchboard Supply Co.)所办的广播电台，台址在法租界福开森路。开洛公司的广播电台先后在大晚报馆、申报馆、大陆报馆等处设立分站，在报馆安装发音室以利报道新闻。该台每天上午和晚间各播音一次，共两小时。《申报》5月14日刊登报道称：“上午为汇兑市价、钱庄兑现价格、小菜上市等等；晚间为重要新闻及百代公司留声机新片。凡本外埠各处安装有无线电收声机者，均可听得本馆之报告。除上述各项外，有时更发出音

三年來上海無線電話之情形

曹仲淵

（图1-1-5）曹仲渊撰写的《三年来上海无线电话之情形》，原载《东方杂志》第21卷18号，1924年8月15日出版

时间 星期 \ 各家之名目及播送之种类	申报馆用上海土音报告汇兑市价船舶班期等	大晚报馆用英语报告汇兑及市场消息并演奏音乐	新孚洋行用英语报告新闻并演唱歌曲	申报馆用上海土语报告新闻并演唱歌乐	巴黎饭店用英语报告新闻并奏演歌曲	神户电气公司用日语报告新闻并奏唱日本音乐
一	上午九点三刻至十点一刻	午后十二点半至一点半	下午六时至六时半	下午八点半至九点半	下午九点半至十一点	无
二	同上	同上	同上	同上	同上	无
三	同上	同上 又下午九点至十点半	同上	下午八点半至九点	同上	无
四	同上	午后十二点半至一点半	下午九时至十时半	下午八点半至九点半	同上	无
五	同上	同上	下午六时至六时半	同上	同上	无
六	同上	同上	同上	同上	同上	无
日	无	无	下午五时至六时	无	无	下午七点至九点

（图1-1-6）曹仲渊文中所收入的当时上海无线电话（即广播）各家播送时间表

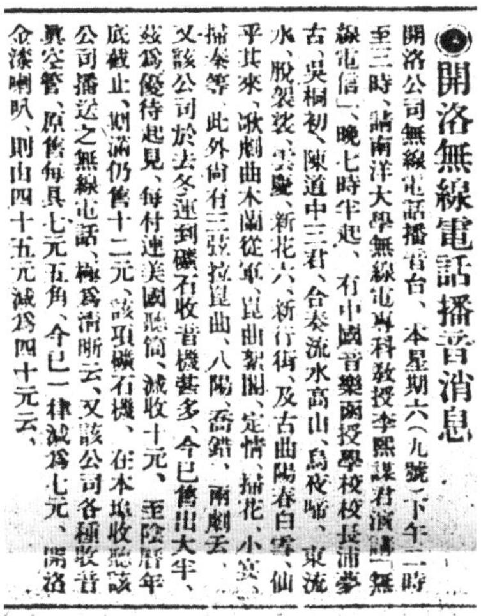
開洛無線電話播音消息
開洛公司無線電話播音台、本星期六（九號）下午二時至三時、請南洋大學無線電專科教授李熙謀君演講「無線電信」、晚七時半起、有中國音樂函授學校校長浦夢古、吳桐初、陳道中三君、合奏流水高山、烏夜啼、東流水、脫架裟、雲慶、新花六、新行街、及古曲陽春白雪、仙乎其來、秋劇曲木蘭從軍、崑曲絮閣、定情、掃花、小宴、掃秦等、此外尚有三弦拉崑曲、八陽、裔錯、兩劇云、又該公司於去冬運到礦石收音機甚多、今已售出大半、茲爲優待起見、每付連美國聽筒、減收十元、至陰曆年底截止、則滿仍售十二元、該項礦石機、在本埠收聽該公司播送之無線電話、極爲清晰云、又該公司各種收音真空管、原售每具七元五角、今已一律減爲七元、開洛金漆喇叭、則由四十五元減爲四十元云、

（图1-1-7）1926年1月8日《申报》关于开洛公司广播电台播送《无线电信》演讲节目的报道

乐、名人演说等。如有特别音乐或其他重要事件，本馆均于先一日在报上预告，以便各处接听。”因为种种原因，上述电台开播以及工作的图片留存至今的非常少，所以只能通过选取大致同一时期在一些杂志上刊登过的早期广播电台的图片加以说明。开洛公司广播电台播音一直持续到1929年10月，前后存在5年多时间，这在早期外商办的广播电台中是绝无仅有的。（见图1-1-7）

外国人办的广播电台在上海接二连三地出现，逐渐引起人们对收听广播的兴趣。当时把广播叫做“空中传音”。据统计，当时上海已有收音机上千架。开洛公司广播电台为扩大影响，允许一个西方人组织的“中国播音会”(CBA)的听众组织出钱点播节目。每天上午和晚上，听众最多的时间所播节目，几乎都是由“中国播音会”来安排的。有一些中国听众为与“中国播音会”争夺黄金播音时间(指听众最多的播音时间，一般是指中午和晚间)，还组织起“中国播音协会”(BAC)，在曹仲渊等人的支持下，每天也出钱点播开洛公司广播电台的节目。但终因资金不足，势单力薄，难与“中国播音会”抗衡。两个听众组织竞相点播节目，扩大了开洛公司广播电台在社会上的影响。

除上海外，在天津经营无线电器材的日商义昌洋行于1925年1月开办了一座广播电台。该台于1927年5月停播。

奥斯邦、新孚洋行、开洛公司等置中国政府禁止私设无线电台的法令于不顾，先后在上海等地开办广播电台，这无疑是对中国无线电主权的侵犯。但也应看到，它们经营广播电台是为推销无线电器材的，与那种赤裸裸的军事侵略和经济掠夺毕竟有所区别。同时，它们把无线电广播这一20世纪初的重大科技成果引进中国，开阔了国人的视野，进一步传播了无线电知识，揭开了中国广播事业发展史的第一页，从历史的层面来看，其进步意义是值得肯定的。

第二节 北洋政府无线电广播法令的衍变

从清朝末年无线电传入我国以来，清政府对无线电的政策是，原则上不经过批准，任何外国或外国人不得在中国设立无线电台，不得私自收发无线电报。1915年，北洋政府制定《电信条例》，仍然沿袭上述原则。1923—1924年，当外国人在上海开办广播电台时，北洋政府有关当局对这一新的科学技术几乎一无所知。他们把广播电台与用于通信联络的无线电台等同看待，不准私自设立；同时又分不清收听广播的收音机与无线电收发报机的区别，因而同样不准任意出售。前已叙述，奥斯邦在上海办的第一座广播电台刚刚问世，北洋政府交通部即下令严行取缔。1924年5月，交通部从《申报》上获知开洛公司广播电台开始播音后，立即致函上海有关当局设法禁止。函中称：“据上海《申报》14日新闻栏内登载该报馆联同开洛公司经营广播无线电话，并销售无线电接收机，风闻沪地人民装设颇广。此项情事，显系违

反《电信条例》之规定，损害主权，妨碍电政，关系殊为重大。际兹国内秩序未宁，倘有一二宵小容于其间煽惑扰乱，为害实非浅鲜。该商民人等对于《电信条例》之规定，容有未知，致违禁例。应请转饬所属广为晓谕，迅予禁止，以维电政，以保主权，以消隐患……”（见图1-2-1）同时，交通部也从屡次查禁广播电台之事中逐步认识到播送新闻和音乐的广播电台毕竟不同于一般的无线电台，收音机也不等同于无线电收发报机。故在上函中又宣称：“本部为谋中外人民幸福起见，对于广播无线

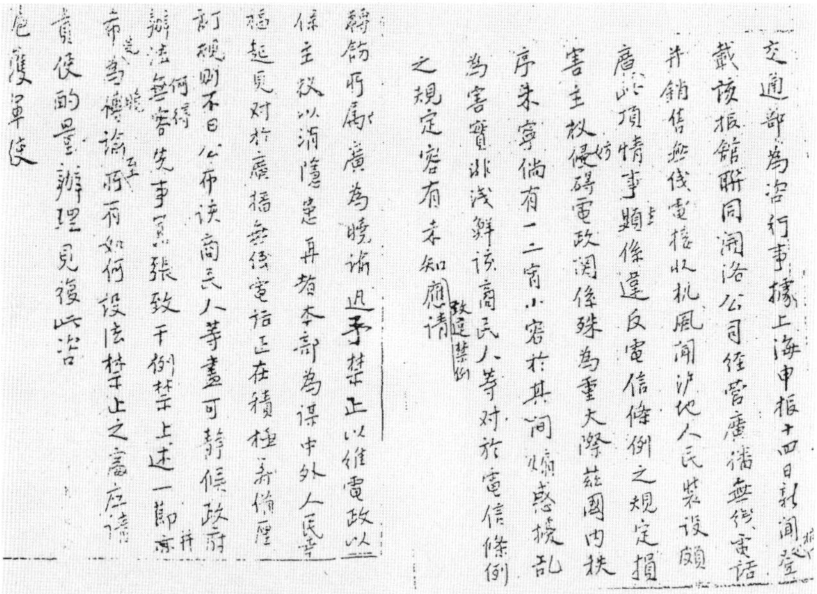
交通部為咨行事據上海申報十四日新聞登載該報館聯同開洛公司經營廣播無線電話并銷售無綫電接收機風聞滬地人民裝設頗廣此項情事顯係違反電信條例之規定損害主权侵碍電政関係殊為重大際茲國内秩序未寧倘有一二宵小容於其間煽惑擾乱為害實非淺鮮該商民人等对於電信條例之規定容有未知致違禁例應請轉飭所屬廣為曉諭迅予禁止以維電政以保主权以消隱患再者本部為謀中外人民幸福起見对於廣播無綫電話正在積極籌備厘訂規則不日公布該商民人等盡可靜候政府辦法何得先事囂張致干例禁上述一節并希廣為曉諭所有如何設法禁止之處應請貴使酌量辦理見復此咨護軍使

（图1-2-1）1924年北洋政府交通部为取缔开洛广播电台事致上海护军使咨稿，根据复印原件翻印

电话正在积极筹备，厘订规则，不日公布。该商民人等，尽可静候政府办法，何得先事嚣张，致干例禁，上述一节并希广为晓谕……”

当时拟议中的有关无线电

广播的章程有四五种，但目前已见到正式公布的只有一种，即1924年8月交通部公布的《装用广播无线电接收机暂行规则》。这是中国历史上第一个关于无线电广播的法令。

《暂行规则》是依照《电信条例》制定的，共23条。对于安装广播无线电接收机(即收音机，以下简称接收机)的手续、费用、注意事项及违反规定的处罚方法等都作了初步规定，其要点如下：

1．装用接收机者，须先呈请交通部核准，发给执照。

2．接收机只限装设在通都大邑及繁盛市镇，不得装设在军事边防、海防及政府示禁之区域。

3．凡中国人安装接收机者，应由其同乡委任以上职官一人或六等以上殷实商号一家出具证书。凡外国人安装接收机者，应由其本国公使或领事或同国籍之殷实商号两家为之证明。

4．接收机只准供接收音乐、新闻与气象、时刻、汇兑之报告以及演说、试验之用，不得借以牟利，并不得将所收任何电信私自泄漏。

5．安装真空管接收机每副每年缴纳执照费6元，安装不用真空管接收机(即矿石收音机)每副每年缴纳执照费4元。

6．对于违背《暂行规则》有关规定者，处以5元以上、200元以下之罚金或没收其接收机。

上述规定，今天看来是相当繁琐、苛刻的。但是，我们可以从中看到，北洋政府的无线电法令已经改弦易辙，即由无条件地取缔改变为有条件地限制。从此，建立广播电台和出售、安装收音机再也不是违法之事。该《暂行规则》明文规定允许外国人安装收音机，对外商设立广播电台则采取了默许的态度。我国有识之士鉴

于广播事业对国家的重要性，建议北洋政府收购上海开洛公司广播电台。但并未引起重视，致使外台继续存在，并又有发展。

第三节 国人自办广播的发端

北洋政府交通部在拟订关于无线电广播法令的同时，开始酝酿筹建官办广播电台。

当时，北洋政府大权掌握在以贿选而任大总统的直系军阀首领曹锟手中。1924年秋天，冯玉祥发动北京政变，直系军阀势力被驱逐出北京。不久，皖系军阀联合奉系军阀，掌握了北洋政府的大权。1925年2月，交通部派人在北京、天津筹建广播电台。

在北京，利用电话局的无线电话试验传播新闻和音乐，并在中央公园(今中山公园)来今雨轩收听，初见成效。本拟着手建立广播电台，但因政局动荡，不久停顿。北京、天津建台之事踌躇不前，中国自办的第一座广播电台却在哈尔滨应运而生了。

1922年5月，在第一次直奉战争中，奉系军阀战败，退居关外。为图东山再起，奉系军阀决心整顿兵力，准备重进北京。出于军事通信联络的需要，奉系军阀大力发展无线电事业。1922年9月，奉系收回了在哈尔滨的暂由俄国控制的一座无线电台，改名为东三省无线电台，作为军事通信之用。不久，又建立了奉天(即沈阳)、长春、齐齐哈尔分台。1923年5月，奉系当局将奉天无线电台改为东三省无线电台总台，原哈尔滨的东三省无线电台即改为东三省无线电台哈尔滨分台。这一年，奉系当局在东北各地一共建起无线电台14座。东北无线电通信事业的发展，为广播电台的开办创造了必要的条件。

设在哈尔滨的东三省无线电台副台长(后为哈尔滨分台代台长)刘瀚[3]（见图1-3-1）是我国早期的无线电专家，曾在无线电学校任教，具有比较丰富的无线电工程的理论和实践经验。1923年春，他在奉系军阀的支持下，曾在哈尔滨进行过临时广播的试验，呼号XOH，发射功率50瓦，用汉语和俄语播音。当时，日本殖民主义者极力在东北扩张势力，侵犯我国主权的事件不断发生。1926年1月，哈尔滨的日本商业通信社竟然私架天线，安置收发报机，擅自收发新闻电报和商务电报，公然侵犯我国电信主权。当时，刘瀚即将上述情况报告东北无线电长途电话监督处(以下简称东北无线电监督处)。当我方派人前往交涉时，日本驻哈总领事却为日商百般辩解，诡称架设天线并非收发电报，而是用来收听新闻、戏曲广播的，并以轻蔑口气表示，一旦中国方面办起广播电台，并有章可循，日方即可遵照办理。

在奉系当局的积极支持下，刘瀚一方面着手进一步调查日本通信社私设无线电的确切证据，另一方面着手改装发射机，正式筹建广播电台。经过多次试验后，经呈报东三省特区长官公署批准，1926年10月1日，哈尔滨广播无线电台开始正式播音，呼号XOH，发射功率100瓦，每天播音两小时，内容有新闻、音乐、演讲

（图1-3-1）刘瀚

及物价报告等，这是我国自办的第一座广播电台。北京《晨报》、哈尔滨《滨江时报》等报纸对东北设立广播无线电台做了报道。（见图1-3-2、图1-3-3、图1-3-4、图1-3-5）

在电台开始广播的同时，哈尔滨广播电台事务所也开始办公，并且颁发了东北无线电监督处制定的有关无线电广播的条例和规则。据此，我方再次与日本驻哈总领事交涉，要求日商遵章办理，拆除私设的无线电机。日方无奈，只得照办。一场维护我国电信主权的斗争，终于取得了胜利。在这以后，刘瀚又多方筹措资金，购置新的广播设备，建设新台址。1928年1月1日，新建的哈尔滨广播电台正式启用，发射功率扩大为1千瓦，更改呼号为COHB，当时办有汉语、俄语和日语3种广播节目。当时，哈尔滨市有收音机1200多台。1929年该台取消日语节目，改播英语节目。次年，刘瀚迫于日本人的无理指责，离开哈尔滨广播电台。

1928年1月1日，沈阳广播

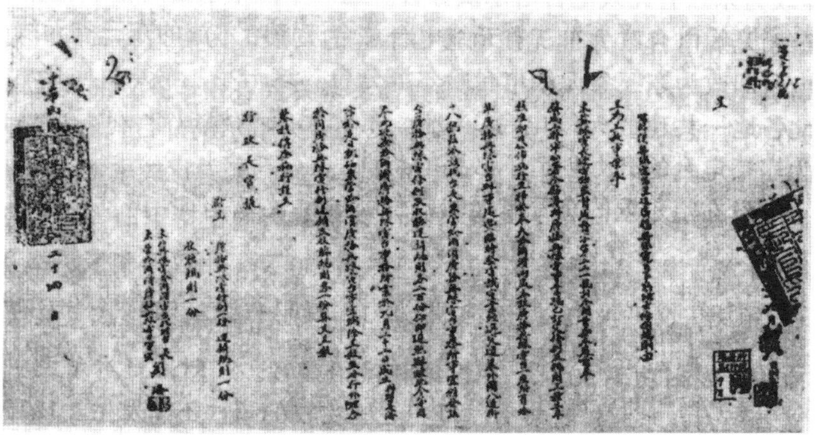

（图1-3-2）哈尔滨广播无线电台1926年9月2日向东三省特区长官公署的呈文，经批准该台10月1日起广播

（图1-3-3）哈尔滨广播无线电台旧址

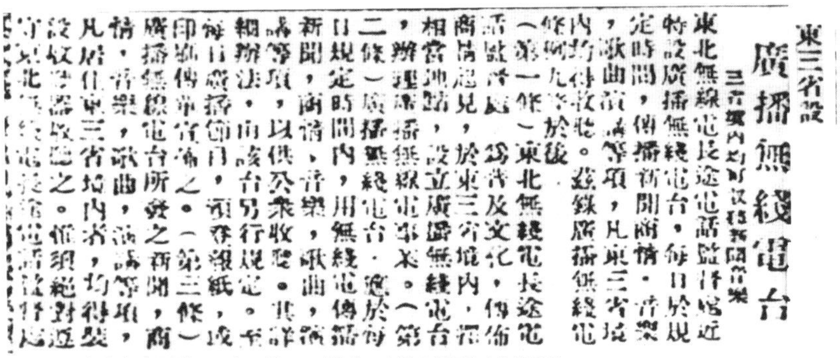

東三省設
廣播無綫電台

（图1-3-4）北京《晨报》1926年10月26日对东北三省设广播无线电台的报道

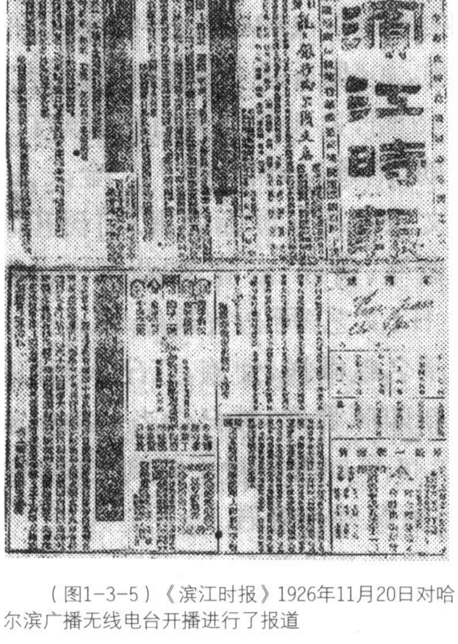

（图1-3-5）《滨江时报》1926年11月20日对哈尔滨广播无线电台开播进行了报道

电台也开始正式播音，发射功率2千瓦，呼号COMK。两台均由东北无线电监督处管理。

东北无线电监督处建立于1923年，设在奉天(沈阳)，是我国早期的广播管理机构。除筹建了上述两台外，它还筹建了天津、北京最早的广播电台。此外，它还于1926年10月经奉系军阀镇威上将军(即张作霖)公署批准，颁发了《无线电广播条例》、《装设广播无线电收听器(即收音机)规则》(以下简称《装设规则》)和《运销广播无线电收听器规则》(以下简称《运销规则》)。这三个无线电广播法规比两年前

（图1-3-6）20世纪20年代的上海新新公司，1927年3月18日新新公司广播电台在其五楼开始播音

交通部公布的《装用广播无线电接收机暂行规则》的规定趋于完备、全面，更重要的是都在一定范围内付诸实施了。它们对于促进我国早期广播事业的发展起了一定的作用。

1927年3月，东北无线电监督处在北京、天津设立广播无线电办事处，开始在京津两地筹建广播电台。同年5月15日，天津广播无线电台开始播音，发射功率500瓦，呼号COTN。9月1日，北京广播无线电台开始播音，发射功率初为20瓦，后增至100瓦，呼号COPK。两台均办有新闻、商情、音乐、讲座及戏曲节目。当时京津两地盛行京剧，天津台经常通过长途电话线转播当日北京上演的京剧，很受听众欢迎。

京津两地当时均按照东北无线电监督处制定的上述《装设规则》和《运销规则》的规定来管理广播事业。据1928年6月底统计，北京市装设收音机的有1900多户，销售收音机的商店45家。广播电台每月按规定收缴执照费作为日常开支之用，自给有余。

早期中国自办的广播电台除上述4座官办广播电台外，在20世纪20年代后期又出现了民办广播电台。1927年3月18日，上海新新公司为推销自己制造的矿石收音机，开办了一座相当简陋的广播电台，起初自定呼号XGX，后改为XLHA，发射功率只有50瓦，主要播送唱片并转播游艺场的南方戏曲。据现有材料，这是我国自办的第一座民营广播电台。[4]（见图1-3-6、图1-3-7、图1-3-8）《申报》对此做了报道。同年底，北京也出现了一座商办的燕声广播电台。

值得注意的是，当时的报纸和杂志偶尔会登出漫画，用幽默诙谐的艺术方式去反映人们对广播这一新生媒介的认识。

在1928年8月国民党的中

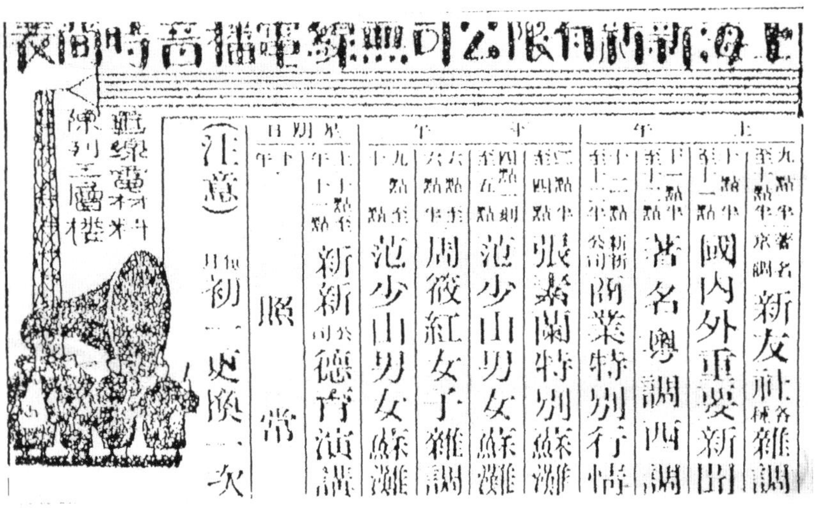

（图1-3-7）1927年3月19日《申报》刊登的新新公司广播电台播音时间表

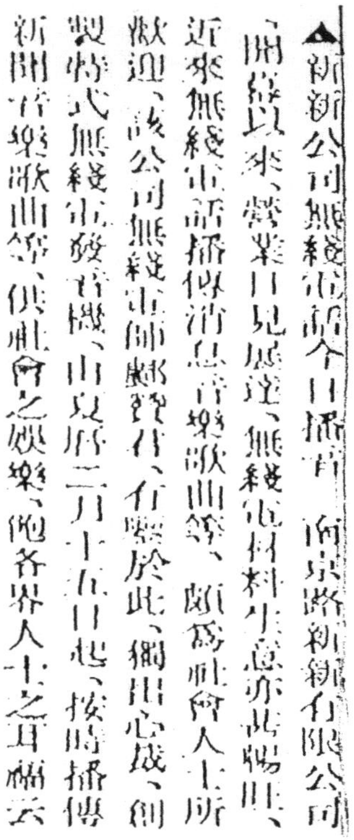
▲新新公司無綫電話今日播音 南京路新新有限公司開幕以來、營業日見發達、無綫電材料生意亦甚暢旺、近來無綫電話播傳消息音樂歌曲等、頗為社會人士所歡迎、該公司無綫電部鄭贊仁、有鑒於此、獨出心裁、創製特式無綫電發音機、由改曆二月十五日起、按時播傳新聞音樂歌曲等、供社會之娛樂、爲各界人士之耳福云

（图1-3-8）1927年3月19日《申报》关于新新公司广播电台开始播音的报道

央广播电台出现以前，北洋军阀统治时期的广播事业只是初具雏形。先后有外商、中国人办的广播电台十来座，发射功率一般较小，收听范围也限于广播电台所在城市及其周围地区。当时还没有一个全国性的中央台。据有关材料估计，这个时期，全国约有收音机1万架[5]。

注 释:

〔1〕关于无线电引进中国的问题的考证，参见吕世勤《无线电何时引进中国》一文，载《中国科技史料》1983年第1期。吕文据北京中国第一历史档案馆藏直隶总督(北洋大臣)袁世凯于1906年就“北洋创设无线电报”的“筹备情形”向慈禧和光绪奏折所述，认为我国无线电技术之引进，始自北洋而非南洋或其他，时间为1905年，即光绪三十一年秋。

〔2〕引自王崇植、恽震《无线电与中国》第85页，文瑞图书馆1931年9月出版。

〔3〕刘瀚(1891—1941)，字东樵，河北通县(今北京)人，1912年起在上海、北京从事无线电报业务。1921年到东三省无线电专门学校任教，后任东三省无线电台哈尔滨分台代台长。1926年10月主持建立中国人自办的第一座广播电台，并曾与共产党人合作创办哈尔滨通讯社。1931年“九一八”事变前，回到北平。北平沦陷后辗转流亡各地，1941年8月病逝于陕西凤县。

〔4〕此前，1926年4月，浙江余姚绅商曾“拟出资在该县购装无线电话播音台，播放无线电话，通达商情”。北洋政府交通部以“与《电信条例》第三条之规定不符，在广播无线电信尚未准予私设以前，碍难照准”驳回。参见任白涛《综合新闻学》第2册第668—669页，商务印书馆1941年7月出版。

〔5〕1929年12月出版的《中央广播无线电台年刊》附录中国广播电台调查表所载南京、杭州、沈阳、哈尔滨、天津、北平、广州七大城市附近收音机约数分别为300、100、1000、3000、3000、1000、100，据此推算估计1927年全国收音机约为1万架。

第2章

乱世多声部

1927年4月，国民党蒋介石在帝国主义和国内大资产阶级的支持下，发动了震惊中外的“四一二”反革命政变，大肆屠杀共产党人和进步人士，随即在南京成立了大地主大资产阶级专政的“国民政府”。7月15日，汪精卫又在武汉举行反共政变，最终导致了宁汉合流。此后经过一年多的军阀混战，南京国民政府在名义上统一了中国。

国民政府成立后，深感除了政治韬略和军事斗争之外，“主义急于灌输，宣传刻不容缓”[1]，因此决定筹建规模庞大的广播事业网，作为“党国喉舌”。因为他们已经认识到，“目前广播为宣传最迅速最有效的工具”。与此同时，国民党政府还相继颁布各项法令条例，限制民营广播电台的业务范围，目的就是限制民营台的言论自由，“统一”全国的意志于国民党一党专制之下。

第一节 国民党的“党国喉舌”

一、国民党中央广播电台的建立

1928年8月1日，国民党的中央广播电台在南京开播，这是国民党当局继中央通讯社（1924年4月创办于广州，1928年迁南京）、《中央日报》(1928年2月创办于上海，次年2月迁南京)之后，创办的第三个全国性的中央宣传机构。

（图2-1-1）陈果夫

（图2-1-2）吴道一

国民党人最早使用无线电设备的时间可以追溯到20世纪20年代中期。1925年7月，国民政府在广州宣告成立。1926年7月，国民军在广州誓师北伐。北伐军中已开始使用无线电作为军事通信联络工具。国民党筹办广播电台即始于此时，首创者为国民党中央监察委员、组织部代部长陈果夫。（见图2-1-1）他当时征得国民党中央常务委员会主席张静江的同意，筹款购置无线电设备，拟在广州建立广播电台，后因经费不足而未成功。

1928年2月，陈果夫在南京旧事重提，他同戴季陶、叶楚伧等提议筹设广播电台，并由中央宣传部委托徐恩曾为电台主任，徐调离后由吴道一[2]代理，负责筹办事宜。（见图2-1-2）同年7月，国民党中央常务会议通过宣传部提出的《设立中央广播无线电台计划书》。建成后的中央台设在南京国民党中央党部的后院，选定国民党二届五中全会开幕之日开播。

当天，蒋介石、陈果夫、戴季陶等均前往致辞。该台全称为“中国国民党中央执行委员会广播无线电台”，简称中央广播电台（以下行文简称中

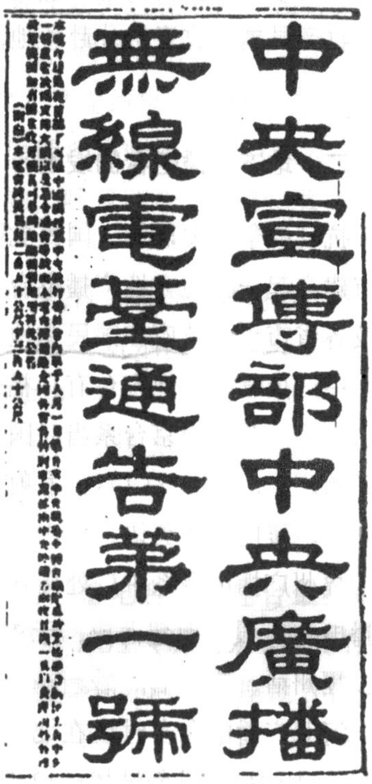
中央宣傳部中央廣播無線電臺通告第一號

（图2-1-3）南京《中央日报》1928年8月1日刊登的国民党中央广播电台开播通告

央台），暂定呼号XKM，发射功率500瓦。每天下午、晚间各播音一次，共计3小时，内容有演讲节目和新闻节目，所有新闻稿件均由中央通讯社提供。当时《中央日报》刊登的该台第一号《通告》宣称："嗣后所有中央一切重要决议、宣传大纲以及通令通告等，统由本电台传播。"（见图2-1-3）中央台开播之初，为扩大影响，国民党当局一方面拨给全国各省、各特别市党部一台收音机，同时还要求各地需要收音机的政治军事机关备价领用；另一方面于1929年3月开办广播收音员训练班，首批于三个月后结业。除少数留中央台工作外，其余分别携带收音机分赴各地担任广播及收音工作人员，负责抄收中央台的广播，然后选送各报刊登。此后，还曾多次举办类似的收音员训练班。据1934年底统计，各地刊载中央台广播消息的报纸有140多家。

国民党的这座中央台由于发射功率较小，且用中波广播，因此收听效果不佳，许多地方很难听到。1928年冬天，陈果夫与戴季陶、叶楚伧等又提出扩充发射功率计划，并向德国订购全套广播设备。新台址定于南京江东门外，于

（图2-1-4）国民党中央广播电台外景之一

（图2-1-5）国民党中央广播电台编辑室

1932年5月完工，同年11月12日正式使用，发射功率扩大为75千瓦，呼号更改为XGOA。这是当时亚洲发射功率最强的广播电台。（见图2-1-4、图2-1-5）

中央台设立之初，属于国民党中央宣传部，后由宣传部划出，成为独立机构。1932年夏天，正式成立中央广播无线电台管理处，直属于国民党中央执行委员会。1936年1月，该处又改称中央广播事业管理处（简称中广处）。该处除直接负责中央台外，还管辖一部分地方台。处长为吴保丰[3]，副处长由

吴道一担任。中广处也曾举办过多次收音员训练班，培训的收音员携带收音机分赴各地，负责抄收中央台的广播节目，以扩大影响。

二、地方广播的崛起

抗日战争爆发以前，国民党除在南京建立中央台外，还在全国一些主要城市建立起一批地方性广播电台。这些地方台，当时分别属中广处、交通部以及各省市地方政府和国民党地方党部管辖。

中广处管辖的地方台有：福州台、河北台、西安台、南昌台、汉口台和南京台等。其中南京台系当时国内唯一的短波广播电台，于1936年1月23日开始广播，呼号XGOX，发射功率500瓦，除转播中央台节目外，还办有广州话、厦门话和英语、马来语节目，以供东南亚一带华侨收听。

福州广播电台系中广处接管暂归福建省政府当局保管的原十九路军所建广播电台设备改建而成，于1934年7月1日开播，呼号XGOL，使用国语、福州话、厦门话广播。（见图2-1-6）

（图2-1-6）福州广播无线电台架设的天线

河北广播电台当时设在北平，系利用原天坛长波电台设备改建而成，1934年10月23日起试播，12月1日正式广播，呼号XGOT，发射功率500瓦。（见图2-1-7）1935年夏天，其广播设备被拆卸运往西安，筹建西安广播电台。

西安广播电台系利用河北台迁来的设备建成，1936年8月1日开播，发射功率500瓦，呼号为XGOB。该台为西北地区第一座广播电台。

（图2-1-7）河北广播无线电台外景

南昌广播电台是1933年10月利用中广处原供国民党政府驻洛阳办事处使用的广播设备建成。该台后移交江西省政府接办，呼号XGOC。

汉口市广播电台由汉口市政府主持修建，1934年10月竣工，1935年2月开播，呼号XGOW，发射功率为5千瓦，仅次于中央台。该台办有《XGOW广播日刊》，每天发行，预告次日节目。（见图2-1-8）

（图2-1-8）汉口市广播无线电台外景

交通部所属的广播电台有北平台、上海台和成都台3座。

原北京广播电台为北洋政府时期所办。1928年6月28日，南京国民党政府将“北京”改为“北平”。10月，国民党政府交通部派员会同北平电话局予以接收，并加以改组，更名为“北平广播无线电台”。1930年3月，因当时阎锡山军队盘踞北平，该台一度划归太原无线电信管理处管辖。同年10月，张学良军队由东北入关进驻平津，该台又由东北边防司令长官公署派员接收，在组织系统上，将该台与北平短波电台、长波电台(两台均为通信台)合并，改称为“北平无线电台广播台”，暂由平津卫戍司令部管辖。1932年1月，复由交通部派员收回，并与短波、长波各台分开，同受交通部上海国际电信局管辖，呼号改为XGOP，发射功率100瓦，后增至300瓦。（见图2-1-9）

（图2-1-9）北平广播无线电台鸟瞰

（图2-1-10）上海广播无线电台播音室之一角

上海广播电台由上海国际电信局筹备，广播设备系收购外商美灵登电台经改进后使用。1935年3月9日开播，呼号XQHC，发射功率500瓦(后扩充为2千瓦)，为上海第一座官办广播电台。（见图2-1-10）

成都广播电台于1936年9月16日建成播音，呼号XGOG，发射功率10千瓦，系由交通部派人筹建。该台除办有一般新闻、评论节目外，还办有藏语和英语等节目。

各省市地方政府和国民党地方党部办的广播电台中，建台最早的是1928年10月开播的浙江省广播电台，呼号XGY(后改为XGOD)，发射功率250瓦，后增至2千瓦。这也是国民党当局开办的第一座地方台。（见图2-1-11）此外，20世纪30年代初陆续建立起来的还有山西、云南、四川、山东、江苏等省政府广播电台以及广州、上海等市政府广播电台。另外还有江苏武进、浙江嘉兴县党部办的广播电台。山西省政府于1931年建立太原广播电台，呼号XGOT，发射功率50瓦。

（图2-1-11）浙江省广播无线电台的播音室

云南省政府于1932年在昆明建立广播电台，台名为云南无线电局广播台，呼号XGOY，发射功率250瓦。

四川善后督办公署于1932年12月建立重庆广播电台，呼号XGOS，曾一度中断，1934年恢复，发射功率增至1千瓦。1936年12月，督办公署撤销后，归四川省政府管辖。1937年，中央台迁到重庆后，该台被撤销。

山东省政府所建山东省会广播电台于1933年5月在济南开播，呼号XOST，发射功率500瓦。

广西省政府于1933年建立南宁广播电台，呼号XGOZ，除使用国语外，还播出广州话节目。

福建省政府于1933年在福州筹建广播电台，并于10月16日开始试播，后一度由十九路军组建的反蒋抗日的“中华共和国人民革命政府”使用。十九路军被迫撤离后，由国民党中央广播事业管理处接管，定名为福州广播电台，于1934年7月1日起正式播音，呼号XGOL，发射功率250瓦，除对省内广播外，还注意对华侨的宣传。

湖南省政府于1934年5月在长沙建立湖南省广播无线电台，呼号XGOH，发射功率100瓦。（见图2-1-12）

（图2-1-12）湖南省广播无线电台的播音室

河南省政府于1934年10月在开封建立河南广播电台，呼号XGOX，发射功率200瓦。

江苏省政府于1935年春在省会镇江筹建广播电台，同年6月3日试播，7月1日正式播音，隶属省政府秘书处，呼号XGOZ，发射功率100瓦(后扩大为1千瓦)。该台自1935年7月起编印《江苏广播双周刊》(1936年8月起改为《江苏广播周刊》)，刊登节目表及广播稿件等。（见图2-1-13）

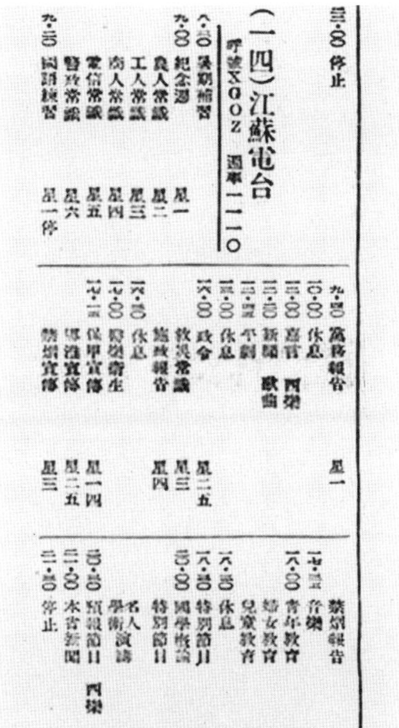

三·〇〇 停止
(一四)江蘇電台
呼號XGOZ 週率一一一〇
八·三〇 英語補習
九·〇〇 紀念週 星一
農人常識 星二
工人常識 星三
商人常識 星四
電信常識 星五
警政常識 星六
九·三〇 國語練習 星一停
九·四〇 氣候報告 星一
一〇·〇〇 休息
一一·〇〇 嘉言 西樂
一一·三〇 新聞 歌曲
一二·四五 平劇
一三·〇〇 休息
一八·〇〇 政令 星二五
教育常識 星三
農政報告 星四
一八·三〇 休息
一九·〇〇 醫藥衛生
一九·二〇 保甲宣傳 星一四
導淮宣傳 星二五
禁煙宣傳 星三
禁煙報告 星六
一七·四五 音樂
一八·〇〇 青年教育 星一四
婦女教育 星二五
兒童教育 星三六
一八·三〇 休息 平日
一八·五〇 特別節目 星期
二〇·〇〇 國學概論 星一
特別節目 星二四六
名人學術演講 星三
二〇·三〇 預報節目 西樂
二一·〇〇 本省新聞
二一·三〇 停止

（图2-1-13）江苏电台(XGOZ)1935年10月播音节目表(原载《广播周报》第53期)

远在西北边陲的新疆，于1935年建起迪化(今乌鲁木齐)有线广播电台，隶属新疆边防督办公署交通处管辖。该台一直播音至1949年5月新疆广播无线电台开播时才停播，为各省中绝无仅有者。

广州市政府广播电台于1929年5月6日开播，台名广州市播音台，呼号初为CMB，后改为XGOK。节目内容以粤曲和广东方言为主，也办有国语、英语新闻节目，发射功率1千瓦。

上海市政府广播电台于1936年3月8日开播，呼号XGOI，功率500瓦。

此外，抗日战争爆发前，国民党地方军队也曾办有广播电台，如设在济南的第三路军军部广播电台，呼号为XOAD，功率50瓦。

三、十年内战中的广播宣传

国民党广播事业的建立和发展，是与国民党加紧实行国内独裁统治相适应的。国民党蒋介石政府自建立起一党专政的独裁政权后，即实行封建买办的反动文化建设和宣传政策，而中央台及其他官办台恰好充当其反动宣传的喉舌。其中有些广播电台建立的经过，说明国民党发展广播的用心在于直接配合对革命根据地的军事“围剿”。

1933年，蒋介石在接连四次对江西中央革命根据地的军事“围剿”失败以后，越发感到单凭军事进攻难以达到反动目的，于是施展反革命的另一手，制定《“剿共”临时施政纲要》，强调贯彻“三分军事七分政治”的反动方针，于9月开始了对中央革命根据地的第五次军事“围剿”。蒋介石把他的指挥部设在南昌，“应军政交通司之请，将原送洛阳应用之250瓦特播送机一座移至军事委员会委员长(指蒋介石)南昌行营，专为剿匪宣传之用”。一年以后，中央红军由于“左”倾机会主义路线的错误指挥导致第五次反“围剿”失利，被迫北上转移，开始了二万五千里长征。此时，中广处即把南昌台移交江西省政府接办。1935年秋天，中央红军克服了长征途中的千难万险，胜利到达陕北根据地。当时西北地区尚无广播电台。国民党当局为加强在西北地区的宣传，即于1935年8月，下令将设在北平的河北广播电台设备拆卸西迁，筹建西安广播电台。该台于1936年8月1日开播，呼号XGOB，发射功率500瓦，该台所办《剿匪消息》节目，为各地方台独有之特别节目。

在国民党官办的20多座广播电台中，设在南京的中央台为其反动广播的中心。1928年8月，中央台开办之初，播音时间短，节目单调。据当年9月制定的节目时间表，平日每天播音8次，总计不足5小时，其中新闻80分钟，通令、通告、宣传大纲、报告决议案

(图2-1-14)国民党中央广播电台工作场景

(图2-1-15)国民党中央广播电台播音员在播音

等120分钟，气象报告15分钟，唱片25分钟。另有特别节目如“中央纪念周”、名人演讲、科学演讲、特别音乐等，每天1—2小时不等。其中新闻稿件来自当天《中央日报》及中央通讯社，通令、通告来自国民党政府及中央党部，宣传大纲由中央宣传部制定，报告决议案则由国民党及其政府有关会议提供。所谓“中央纪念周”，不过是借纪念孙中山为名，推行国民党反动政策的一种手段而已。名人演讲大都为党国要人出面。(见图2-1-14、图2-1-15)

从上述安排看，政治性节目比重较大，占2/3以上。1932年扩大发射功率以后，国民党中央台的播音时间渐有增加，广播节目的编排也逐步改进。抗战前，该台的广播节目按其性质可分为五类，即宣传、演讲、教育、新闻和娱乐。宣传类节目主要为蒋介石篡改的三民主义的宣传(包括播讲蒋介石的文稿)、“新生活运动”的宣传等。演讲类节目分为一般演讲(名人演讲、学术演讲、英语演讲)和教育演讲两种。教育类节目则包罗万象，从一般教育到英文教学，从科学教育到体育知识，还有青年、妇女、儿童教育节目等等。新闻类节目中有一般新闻、体育新闻、科学新闻、经济新闻和时象新闻(报时与

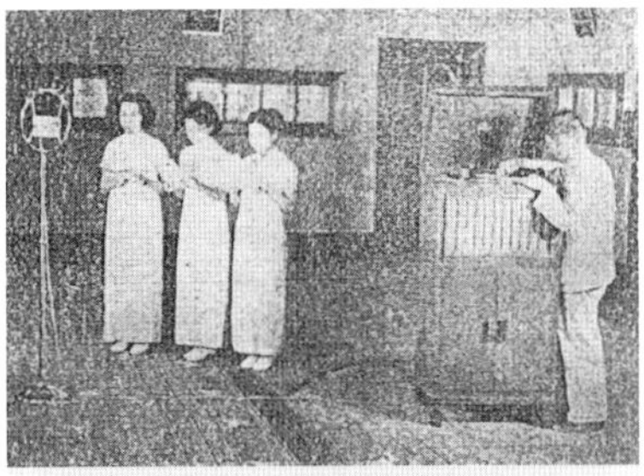

（图2-1-16）歌唱演员灌制唱片场景

（图2-1-17）中央大学实验小学儿童在播音

气象预告）等，除使用国语外，还用广州话、藏语和英语报道新闻和一周大事述评等。娱乐类节目包括乐曲和戏剧两种。据统计，娱乐类节目有50%用唱片播出，30%由中央台音乐、话剧组演播，其余20%则邀请社会上的文艺团体演播。（见图2-1-16、图2-1-17）

为“宣传中央意志，齐一民众观念”，国民党政府行政院于1936年4月13日通令饬各地公私广播电台从4月20日起，每晚8时至9时5分（星期日除外）一律转播中央台的新闻、时事述评、名人演讲等节

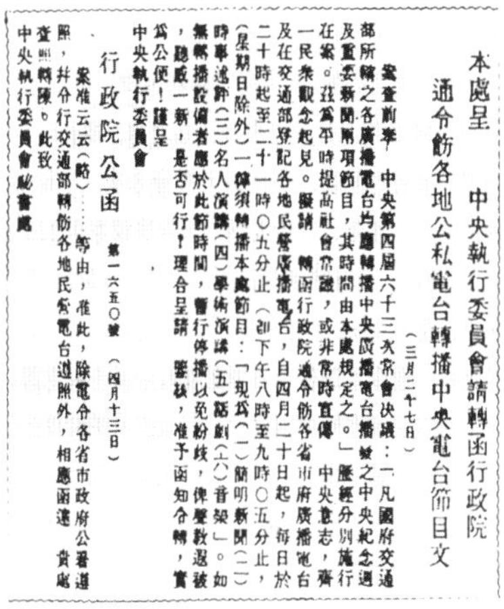

本處呈 中央執行委員會請轉函行政院通令飭各地公私電台轉播中央電台節目文 （三月二十七日）

案查前奉 中央第四屆六十三次常會決議：「凡國府交通部所轄之各廣播電台均應轉播中央廣播電台播發之中央紀念週及重要新聞兩項節目，其時間由本處規定之。」歷經分別施行在案。茲為平時提高社會常識，或非常時宣傳 中央意志，齊一民衆觀念起見。擬請 轉函行政院通令飭各省市府廣播電台及在交通部登記各地民營廣播電台，自四月二十日起，每日於二十時起至二十一時〇五分止（即下午八時至九時〇五分止，星期日除外）一律須轉播本處節目：「現為（一）簡明新聞（二）時事述評（三）名人演講（四）學術演講（五）話劇（六）音樂」。如無轉播設備者應於此節時間，暫行停播以免紛歧，俾聽衆[illegible]，聽感一新，是否可行？理合呈請 鑒核，准予函知令轉，實為公便！謹呈

中央執行委員會

行政院公函 第一六五〇號 （四月十三日）

案准云云（略）……等由，准此，除電令各省市政府公署遵照，并令行交通部轉飭各地民營電台遵照外，相應函達 貴處查照轉陳。此致

中央執行委員會秘書處

（图2-1-18）国民党政府行政院通令各地官办民营广播电台转播中央电台节目文

目，“如无转播设备者应于此节时间，暂行停播，以免分歧……”[4]（见图2-1-18）

在十年土地革命战争期间，国民党的广播按照蒋介石的旨意，对内恶毒污蔑中国共

产党领导下的人民革命斗争，诋毁共产主义学说和进步思想，鼓吹建立国民党一党专政的法西斯统治；对外取媚于美帝国主义，屈膝于日本帝国主义，宣扬“攘外必先安内”的卖国论调。20世纪30年代初，配合国民党军队对江西中央革命根据地的军事“围剿”，中央台的“剿共”、“剿匪”之声，甚嚣尘上。在反共宣传中，后来堕落为汉奸的汪精卫是最卖力气的一个，他的每次广播演说的内容都离不开所谓“剿除共匪”的题目。1934年2月，蒋介石坐镇南昌，指挥反动军队屠杀工农革命军民，同时，又假惺惺地提出在全国推行所谓“新生活运动”，并自任“新生活运动促进会”会长，亲自操纵一切。他还跑到中央台发表广播演说，宣传“新生活运动”是什么“国民自救与救国的要道”。一时间，四大家族(指蒋介石、宋子文、孔祥熙和陈果夫、陈立夫兄弟)的头面人物、国民党的军政大员、御用文人进进出出中央台的大门，所谓“礼义廉耻”的喧嚣声充斥电波。国民党上海市党部出面组织的“播音材料设计委员会”提出，要以“新生活运动”为主旨，规定广播电台每天早晨播送国民党党歌，喊军训口号，播出蒋介石的演说。吹捧蒋介石是中央台广播宣传的又一特色。1935年1月8日，国民党中委邓家彦在《举国一致》的广播演说中，公然要全国人民效法法西斯德国，鼓吹“我们的口号也是‘一个民族’！‘一个领袖’！‘一个是’！”“在这一人意志之下动作”，也就是说要全国人民在蒋介石一个人的意志之下动作。1936年10月末，蒋介石50岁生日之际，中央台用国语、广州话、英语播出了大批节目，对蒋的吹捧达到了空前规模。此外，国民党广播管理

（图2-1-19）国民党政府立法院院长孙科发表广播演讲

（图2-1-20）国民党行政院院长蒋介石以“国民自救与救国的要道”为题发表广播演讲

（图2-1-21）赵元任在电台发表“国语语调”的广播演讲

机构，陆续把蒋介石的《安内讲演集》、《最近讲演集》、《言论集》等作为“播音材料”，发给全国各地广播电台使用。（见图2-1-19、图2-1-20）

需要指出的是，国民党广播电台的某些节目也正如旧中国某些官办报纸的副刊一样，尽管从广播或报纸的整体上来说，充斥了反动的政治宣传，但在某些节目或副刊来说，却流露出若干进步文化的迹象。例如著名的政治家、教育家、学者、艺术家蔡元培、马寅初、叶圣陶、竺可桢、苏步青等都曾应邀在中央台作过广播讲演，语言学家赵元任还主持播讲《国语广播训练大纲》。

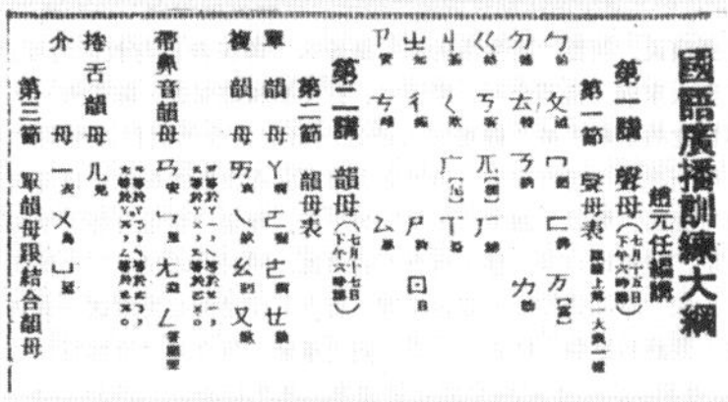

國語廣播訓練大綱

趙元任編講

第一講 聲母

第一節 聲母表

第二講 韻母

第二節 韻母表

單韻母 ㄚ ㄛ ㄜ ㄝ

複韻母 ㄞ ㄟ ㄠ ㄡ

帶鼻音韻母 ㄢ ㄣ ㄤ ㄥ

捲舌韻母 ㄦ

介母 ㄧ ㄨ ㄩ

第三節 單韻母跟結合韻母

（图2-1-22）赵元任在中央台播讲的《国语广播训练大纲》(载《广播周报》第96期，1936年7月25日出版)

他们在宣传进步思想、传播科学文化知识方面起了一定的作用。（见图2-1-21、图2-1-22）

第二节 形形色色的民营台

国民党政府于1928年12月公布《中华民国广播无线电台条例》，允许公私团体和个人经营广播电台。20世纪20年代末30年代初，我国出现了一批民营广播电台，其中半数以上集中在上海一地。综观形形色色的民营台，大致有三种类型。

第一类：教育公益性广播电台。由一些地方民众教育馆、大中学校或民间组织主办，播音内容大都限于文化教育方面，发射功率不大，收听范围也仅限于当地，如无锡的江苏教育学院广播电台、徐州民众教育馆等办的徐州广播电台、南昌的江西省立民众教育馆广播电台、北平育英中学育英广播电台、济南的齐鲁大学广播电台、青岛市立民众教育馆广播电台、厦门的同文中学广播电台以及定县实验广播电台等等。

第二类：宗教性广播电台。具有代表性的是设于上海的佛音广播电台和福音广播电台。

佛音广播电台于1934年1月24日开播，呼号XMHB，发射功率500瓦。该台由中国佛教会主办，佛教净业社承办。广播内容均为宣扬佛教伦理道德，劝谕人们“不修今生修来世”。

福音广播电台于1933年12月2日开始广播，呼号XHHA，起初功率为150瓦，1936年初扩大为1千瓦，呼号改为XMHD，为全国民营台中发射功率最大者。该台标榜其宗旨为“辅助造就基督人格”，“促进文化宗教教育及音乐之空中宣传”。为宣扬基督教义，该台使用国语及广州话、英语播音，每天8小时，办有《晨祷》、《布道》、《礼拜》、《晚祷》、《圣经研究》等节目，并专门办有儿童妇女节目。这座电台由福音广播社主办，并得到外国宗教势力的支持，同时与国民党当局的关系也很密切。在该社出版的《福音广播季刊》中，该台主持人公开宣称："本电台素以提倡基督教之信仰与实行为职志，与蒋委员长(即蒋介石)的主张如出一辙。"1936年12月西安事变发生后，该台宣传蒋介石在西安"各物皆舍弃，惟独保留《圣经》，每天读经祈祷，得主保佑，化险为夷"。同时还声称要针对唯物论、自然科学来讲《圣经》。（见图2-2-1）

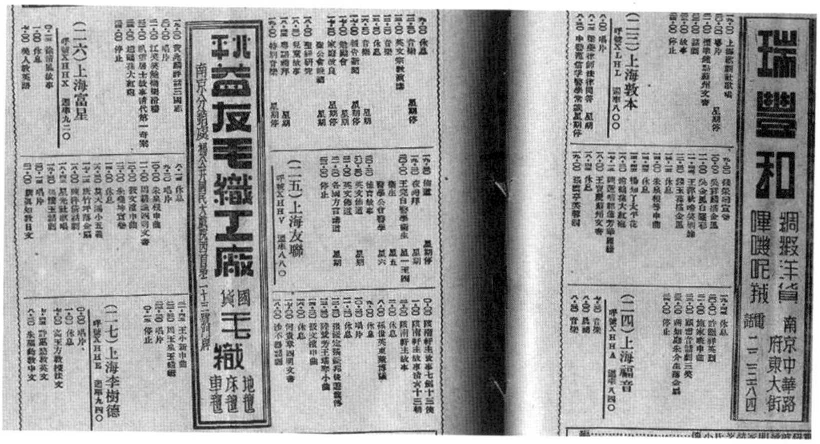

（图2-2-1）1935年9月17日上海福音台节目表（原载《广播周报》第53期）

第三类：商业性广播电台。这类电台数量多，分布也较广，除半数以上集中在上海外，天津、北平、杭州、无锡、苏州、芜湖、宁波、绍兴、嘉兴等工商业发达的大中城市均有。发射功率一般为50瓦至500瓦，也有小至7.5瓦的。据1937年6月统计，全国共有商业性广播电台45座[5]。（见图2-2-2、图2-2-3）

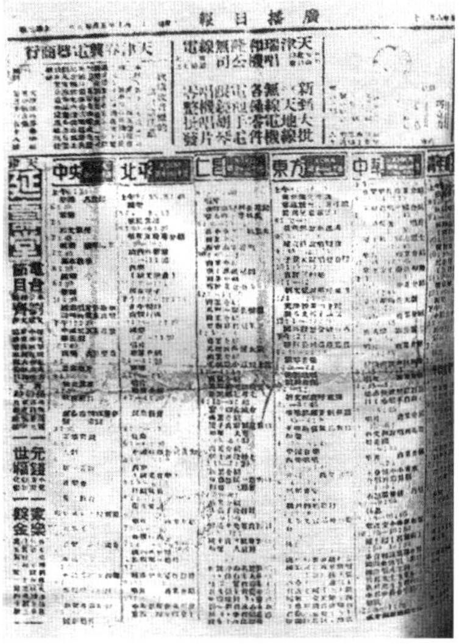

（图2-2-2）1936年6月23日《广播日报》刊载的天津青年会、中华、东方、仁昌广播电台播出节目表

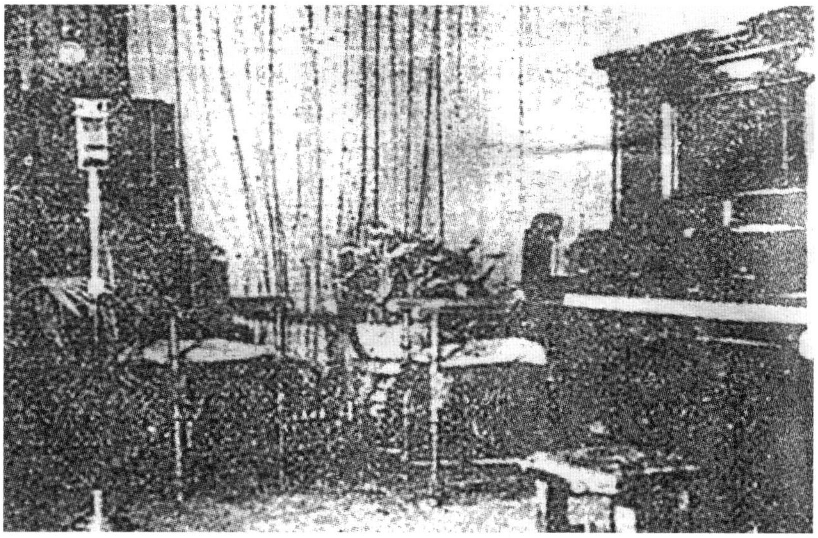
（图2-2-3）天津民营东方电台播音室

在上海，除前述新新公司广播电台外，在抗战爆发前陆续开办的商业性广播电台有亚美、大中华、天灵、东方、国华、鹤鸣、中西、华东、华美、明远、元昌、华泰、建华、亚东、友联、华兴、东陆、富星、利利、华侨、麟记、大陆和航业等广播电台。（见图2-2-4）

亚美广播电台(初办时称上海广播电台)呼号XGAH，为

（图2-2-4）上海华侨无线电播音台的女播音员和女报告员

（图2-2-5）苏祖国

亚美公司所办，创办人是中国民用无线电事业的开创者和爱国实业家苏祖国[6]（见图2-2-5），于1929年12月23日开播。其时正值开洛公司广播电台停办，新新公司广播电台暂时中断，所以该台起了承前启后的作用。亚美台发射功率起初为50瓦，后增至100瓦。该台的特点是注重无线电常识的普及宣传，借以扩大影响，促进公司无线电器材的经营。1930年，该台与浙江广播电台合作，及时传播在杭州举行的全国运动会比赛消息。1932年该台还将广播中的《无线电问答》节目广播稿汇集成册，发行《无线电问答汇刊》（半月刊）。

除亚美台等少数商业台的节目偏重于科学知识的传播外，大多数商业台依靠广告收入维持，所播出的戏曲、音乐、弹词等娱乐节目多低级庸俗，适合小市民阶层欣赏，与20世纪20年代末30年代初泛滥一时的黄色音乐沆瀣一气，社会影响很坏。茅盾主编的《中国的一日》书末附录1936年5月21日上午民营台播出的歌曲、戏曲节目，颇能揭露当时娱乐广播的一般情形。该书记载这一天播出的歌曲节目有：《爱往何处寻》、《爱如花月》、《粉红色的梦》、《双料情

人》、《爱情是什么》、《小野猫》、《定情歌》等；戏曲节目有：《火烧红莲寺》、《劈三棺》、《济公传》、《英雄难过美人关》等。商业台对社会生活所起的恶劣作用，当时就受到社会进步舆论的抨击。例如有的报纸指出："广播电台的使用，在于用迅速的方法，来传递重要的新闻。可是中国的广播电台已商业化了。它以宣扬货物为主要任务，而把原来的使命——传递重要新闻——作为附属品了，各电台为替各商号作广告，不得不利用娱乐节目来吸引听众。所以它们

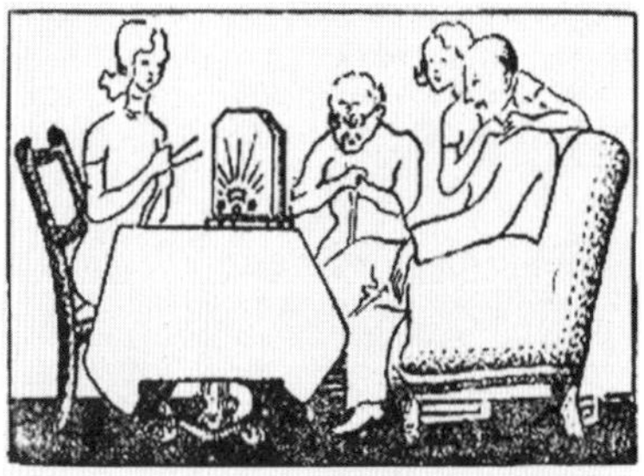
（图2-2-6）漫画——听广播（原载1935年9月21日《广播周报》第53期）

（图2-2-7）收听无线电广播成为上层社会人们的一大生活乐趣

所广播的节目，都是迎合小市民的低级趣味的污秽俚俗的滩黄、滑稽、宣卷之类的节目。这种靡靡之音，对于市民的思想行动，都有妨碍。"（见图2-2-6、图2-2-7）

随着各种类型民营台的大量出现，1934年11月，上海成立了上海市民营无线电播音业同业公会。凡是中国人经营的民办广播电台并经交通部发给执照或登记注册过者，均为该会会员。该会成立后，在维护会员台的正当权益、救灾筹赈、救亡宣传以及配合国民党当局有关部门整顿民营台、审查播音

稿本等方面做了一些工作。1937年11月，日军占领上海后不久该会被迫停止活动。

对于20世纪30年代中期上海民营台广播中的形形色色节目的腐朽没落的本质，文学家鲁迅在他的杂文《偶感》、《知了世界》、《儒术》、《奇怪》(均发表于1934年)等篇中有过入木三分的批判。在《知了世界》一文中，鲁迅通过在炎热的夏季，富人收听广播消闲享乐，穷人则挣扎在死亡线上的强烈对比，揭示出旧中国广播为剥削阶级服务的本质。鲁迅写道：“天气热得要命，窗门都打开了，装着无线电播音机的人家，便把音波放到街头‘与民同乐’。咿咿唉唉，唱呀唱呀。外国我不知道，中国的播音，竟是从早到夜，都有戏唱的。它一会儿尖，一会儿沙，只要你愿意，简直能够使你耳根没有一刻清静。同时开了风扇，吃着冰淇淋，不但和‘水位大涨’，‘旱象已成’之处毫不相干，就是和窗外流着油汗，整天在挣扎过活的人们的地方，也完全是两个世界。”在《奇怪》中，鲁迅指出，早晨广播中有和尚念经。这种事不看记载是天才也想不到的。鲁迅联想到在旧中国出现的种种光怪陆离的现象(诸如用火药制爆竹、用罗盘看风水、用鸦片当饭吃……)。在《偶感》一文中，他又联想到：“麻将桌边，电灯代替了蜡烛，法会坛上，镁光照出了喇嘛，无线电播音所日日传播的往往是《狸猫换太子》、《玉堂春》、《谢谢毛毛雨》吗？”写到这里，鲁迅一针见血地指出：“每一新制度，新学术，新名词，传入中国，便如落在黑色染缸，立刻乌黑一团，化为济私助焰之具，科学，亦不过其一而已。”他的结论是：“此弊不去，中国是无药可救的。”无线电广播作为一种新的科学技

(图2-2-8)一幅反映百姓对广播评价的漫画，题为“只闻其声，不见其人”

(图2-2-9)一幅表扬广播工作者职业精神的漫画，题为“不管心里在悲痛！口里也要唱出快乐的歌调！”

术传入了半殖民地半封建的旧中国，正是“落在黑色染缸”，变成了剥削阶级手中的“济私助焰之具”，用来消闲享乐，宣扬封建迷信，传播肉麻文学，维护反动腐朽的社会制度。(见图2-2-8、图2-2-9)

第三节
禁而不止的外商台

关于外商在华设立广播电台问题，北洋政府在后期实际上采取了允许的做法。20世纪30年代初期，国民党政府对业已存在的外商所办的广播电台，一方面在法令规定上采取了内外有别的做法，从严审批外台，如1932年11月交通部公布《民营广播无线电台暂行取缔规则》中规定：“凡中华民国之公民，完全华商之公司，经在国民政府立案之学校团体或其他合法之组织，得在中国境内设立广播电台，但须呈由交通部领得许可证后始得装置；而非完全华商之公司及非完全华人国籍之团体，须经在国民政府注册领有注册证书者

始得请领许可证，在中国境内设立广播电台。”另一方面，对现存外商所办广播电台又采取逐步取缔的做法。当时外国人所办广播电台主要集中在上海，据1932年10月统计共6座，其中1座在北平。1935年3月，设在上海的交通部国际电信局收购了路透社和美灵登广告公司合办的美灵登广播电台(1933年春开办)，利用其设备建立交通部上海广播电台。这是上海市第一座官办广播电台。在北平，1935年4月，交通部将英商增茂广播电台“收归部办”，建立交通部北平广播无线电分台。

20世纪30年代中期以后，随着日本帝国主义对中国侵略的加深，列强各国对在华利益愈加关注。在此背景下，国民党政府对于外商办台引发的政治性问题，也不得不予以考虑。1936年9月，中央广播事业管理处在报告中指出：“据报上海大东电台，业已售于日人。查近日我国境内，如沪津汉等埠外人在租界内擅自设立广播电台，在平时固仅以牟利，非常时期则阴为间谍，不仅妨碍我国播音领空之主权而已，若不从速由本处先行收回或撤销国境内外人所设之电台，恐将接踵设台，以巨大电力扰乱我中央电台与公营民营电台之播音，并以之作不利我之宣传，势将无法制止或干涉。”[7]报告最后说，现有外人广播电台大都规模简陋，收回自办尚非难事，可由本处拟具计划及预算，由交通部办理。根据上述报告，中央广播事业指导委员会于9月3日召开的第4次会议上通过了收回或撤销外人在中国境内所设广播电台以杜绝隐患的决议案。1937年春，国民党中央常务委员会第39次会议通过的《广播教育实施办法》明文规定：“绝对禁止外国人在中国境内设立广播电台。”[8]但此时已是七七事

变前夕，国难日深，加以外商广播电台都办在租界地区，它们依仗帝国主义的势力，对国民党当局的规定置若罔闻，所以实际上国民党政府收回广播主权的进展并无多大成效。到抗日战争爆发前夕，据1937年6月统计，上海仍有美商华美、其美(XQHE)，英商奇开(HQHB，又名劳勃生电台)和法商法人等4座外商办的广播电台。其中既有经交通部登记注册者，也有未经登记注册者。美商华美广播电台，又名西华美广播电台，1933年6月21日在交通部上海国际电信局登记，呼号XMHA，发射功率500瓦。法商法人广播电台，1932年8月19日开播，呼号FFZ，发射功率250瓦。该台初为法租界当局为驻沪法军娱乐而设，后为法国侨商接办。

第四节 救亡呼声中的广播

一、从“九一八”到“一二·九”

20世纪30年代初期，日本帝国主义为独霸中国，利用国民党反动派对江西中央革命根据地多次发动“围剿”的时机，在1931年发动了“九一八”事变。1932年初，日本帝国主义又把侵略的矛头指向中国最大的城市——上海，制造了“一·二八”事变，妄图夺取上海。国民党政府竟然破坏上海军民的浴血抗战，签订了屈辱投降的《淞沪停战协定》，承认日本可在上海驻军，并允许取缔抗日活动。随后，日本又加紧了对华北的扩张活动，国民党政府步步退让，日本实际上已控制了河北、察哈尔两省。1935年，日本侵略者又制造华北事变，成立所谓“冀察政务委员会”，推行所谓“自治运动”。在中华民族生死存亡的关键时刻，代表广大中国人民利益的中国共产党多次发表声明和宣言，

呼吁停止内战，一致对外，号召全民奋起抗日，打败日本侵略者。在中国共产党的多次号召下，全国不断掀起抗日救亡的高潮。在全民奋起抗日的怒吼声中，不少广播电台冲破了国民党的某些禁令，积极开展抗日救亡宣传活动，发挥了激发全国军民爱国精神的积极作用。

1931年“九一八”事变后的第二天，北平广播电台即“停止放送娱乐节目以报告暴日出兵消息”，并且暂停播出戏曲节目，改为宣讲节目，呼吁警惕日本的侵略行径。一个多月以后，该台才逐步恢复了戏曲节目。有些广播电台，由于国民党当局实行新闻垄断，无法报道“九一八”事变真相，慑于压力又不能直接宣传抗日救国，于是着重选播了一批表现历史上的爱国题材的话剧和广播剧，如《卧薪尝胆》、《岳飞》、《木兰从军》和《文天祥》等。

1932年，日本侵略上海，制造“一•二八”事变，当时驻上海的十九路军将士激于民族义愤，在爱国将领蒋光鼐、蔡廷锴等的率领下，不顾南京政府的撤退命令，毅然奋起战斗，给日本侵略军多次沉重打击。十九路军的淞沪抗战，振奋了上海各界人民的抗日斗志，他们纷纷组织义勇军、敢死队、救护队奔赴前线。上海各广播电台及时播送前线抗战消息，亚美电台还与南京中央台和杭州、上海等地的官办、民营台联合组织“国难声中的临时播音节目”，及时播报淞沪御侮状况及各项消息，以告慰内地同胞。此外，亚美广播电台的创办人苏祖圭、苏祖国兄弟利用广播积极组织募捐衣物、医药、款项和交通工具。上海及周围的广大爱国听众积极响应，踊跃捐赠。大批慰问品及时送到前线，激励了将士们的抗日斗志。为此，坚持指挥淞沪抗战的蒋光鼐等人曾致

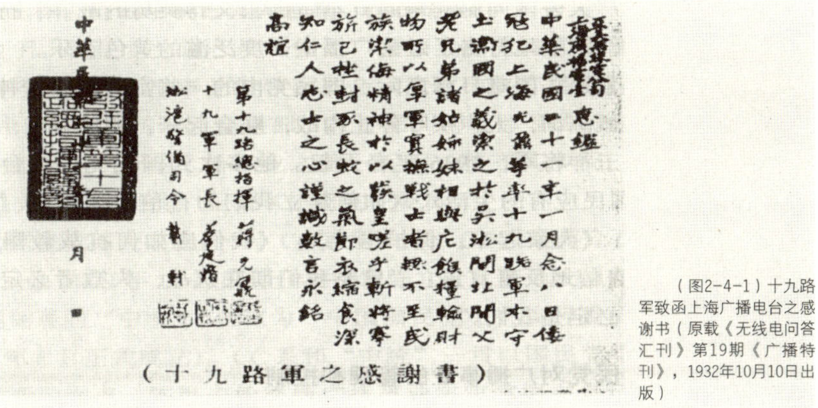
惠鑒
中華民國二十一年一月念八日倭
寇犯上海光鼐等率十九路軍本守
土衞國之義禦之於吳淞閘北間父
老兄弟諸姑姊妹相與庀餘糧輸財
物所以厚軍實撫戰士者不至民
知仁人志士之心謹識數言永銘
高誼
第十九路總指揮　蔣光鼐
十九軍軍長　蔡廷鍇
淞滬警備司令　戴戟
中華民國　月　日
（十九路軍之感謝書）

（图2-4-1）十九路军致函上海广播电台之感谢书（原载《无线电问答汇刊》第19期《广播特刊》，1932年10月10日出版）

函该台表示感谢。（见图2-4-1）1933年元旦，该台邀请著名爱国人士马相伯、梅兰芳、杜重远发表广播讲演，宣传使用国货，呼吁抵制日货。随后，为纪念“一•二八”一周年，亚美电台于1月26—31日编排播出了专门的节目，其中包括“一•二八”纪念播音开场白及事变始末介绍、“一•二八”战事每日大事记、哭周年，同时还播出了苏祖圭编写的广播剧《恐怖的回忆》，借以使市民不忘国耻，保持警惕。

国民党政府破坏淞沪抗战后，将十九路军调往福建“剿共”。蔡廷锴、蒋光鼐、陈铭枢等十九路军爱国将领，不满蒋介石的反共政策，与李济深等人于1933年11月在福建宣布成立“中华共和国人民革命政府”，公开反蒋抗日，并与中国共产党取得联系。革命政府接管了已在试播中的福州广播电台，并于11月17日开播，该台发射功率250瓦，每天上午播送人民政府的施政报告，下午播送国内外新闻、商情、广告等。蔡廷锴曾多次到福州台发表广播讲演，报告人民政府的主张，谴责蒋介石的独裁卖国政策，号召同胞奋起抗日救国。不久，十九路军的爱国活

动遭到国民党反动派的镇压而失败。该台被国民党当局接管。

1935年"一二·九"爱国运动爆发前后，著名音乐家聂耳、冼星海、吕骥和任光等分别和诗人田汉、塞克、安娥等合作创作了《义勇军进行曲》（1935年）、《毕业歌》（1934年）、《救国军歌》（1936年）、《热血》（1936年）、《打回老家去》(1936年)等一批振奋民族精神的抗日救亡歌曲。许多广播电台反复播出这批歌曲的唱片，从此，"起来!不愿做奴隶的人们!把我们的血肉，筑成我们新的长城……"的歌声通过无线电波，响遍中华大地，鼓舞着广大爱国同胞起来同日本帝国主义作英勇的战斗。抗日救亡歌曲的大量播出，沉重地打击了过去广播中一度泛滥的黄色音乐。

在日军紧逼、国难日深之际，国民党内的一些富有爱国精神的有识之士也站出来慷慨陈词，大声疾呼停止内战，联合起来，团结抗日。其中最有代表性的是冯玉祥将军，1936年春天起，他多次到国民党中央台，发表了《国难期中国民应有的生活》、《如何建立我们的自信与互信》、《节约运动的一点见解》、《大家起来，保护国土》、《我们应如何抗战救国》等广播讲演，充满自信地反复宣讲："只要我们彻底抗战，失败者必定是日本，最后胜利者，必定是我们。"

二、国民党对广播的控制

国民党政权建立之初，1928年7月，国民党政府的建设委员会设立无线电管理处，管辖中国国内及国际包括广播电台在内的全部无线电事业。1929年8月5日，国民党政府公布的《电信条例》明文规定，凡装设电信事业(包括有线电、无线电通信在内)皆须经

交通部或其委托的机关核准。

20世纪30年代初期开始，交通部依据《电信条例》的有关规定，开始颁布有关广播的法令，以期加强对广播的控制和管理。1930年7月，交通部公布《装设广播无线电收音机登记暂行规则》。在此期间，交通部曾在登记和取缔民营台、收回外商设立的广播电台、统计收音机和审查广播节目等方面初步做了一些整顿工作。但由于缺乏具体措施，收效不大。

1936年2月，国民党为进一步加强对广播事业的管理和控制，成立了国民党中央执行委员会广播事业指导委员会(简称中央广播事业指导委员会)。中央广播事业指导委员会为国民党管理全国广播事业的决策机构，指导监督全国所有官办、民营广播电台。按照该会《组织大纲》规定，其职责范围为：1.广播网之计划与编制事项；2.广播电台之筹设与取缔事项；3.广播事业法规之订定事项；4.广播电台波长之分配与呼号之规定事项；5.广播电台机械测验与程式之规定事项；6.广播电台播音节目之审核与支配事项；7.收音机之调查与登记事项；8.国内外广播电台播音节目之侦察与交换转播事项；9.广播机件材料之自给计划事项；10.国际广播会议之参加事项。该会由中广处、宣传部、交通部、教育部、内政部等国民党党政有关部门组成，主要任务"为谋广播事业之统一运用，整齐其步伐，健全其组织"。陈果夫任主任委员，吴保丰任副主任委员。

陈果夫为国民党四大家族之一，CC系的头子。CC系是蒋介石最大的秘密特务组织之一，1929年11月由蒋介石授意陈立夫、陈果夫组织，后来它又控制了臭名昭著的"中统"(全称为"中国国民党中

中央廣播無線電台管理處招考報告員簡則

一、定額　正取國語英語報告員各一人，備取同。

二、資格　凡本黨黨員具有左列資格者，得報名投考。

甲、年在廿二歲以上三十二歲以下者。

乙、大學文理科畢業或大學音樂系畢業，而於文學或英文特長者。

丙、口齒清朗，國語純正，而報告時聲氣能抑揚疾徐適得其當者。

丁、對於史，地，時事，常識豐富；而嫻習物理化學者。

三、報名　自二十四年一月廿一日起至卅一日止，各備具最近二寸半身相片兩張，履歷（須附註永久通訊住址）一紙，連同證明文件（須文憑或蓋有校印及校長名章之正式證明書），一併繳納本處總務科審核，發給投考證。

四、筆試日期及科目　二月十日上午八時起至十二時止考常識，下午二時起至五時止分考國文英文，（凡考國語報告員者作文一篇，英語報告員者英漢對譯一篇）其願兼考者，得於繳卷後延長二小時。

五、口試　凡筆試錄取者，由本處通知來處口試，（子）談話，（丑）讀文告。（寅）試驗播音報告。

六、考試地點　本處

七、揭曉日期　二月廿二日揭曉，並登載廣播週報第二十三期。

八、報到　正式錄取者，限於一星期內填具志願書，覓具舖保，繕具保證書，連同黨證，親繳本處報到，逾期不到者，通知備取遞補。

九、待遇　試用三個月，月暫給生活費七十元，成績滿意，即正式任用為本處職員，加生活費十五元；不及格者，停止試用。

（图2-4-2）《广播周报》第18期刊登的《中央广播无线电台管理处招考报告员简则》

央执行委员会调查统计局”，1938年8月正式成立）。CC系和“中统”一贯以国民党党政机关和文教部门为其活动重点。陈果夫始终把广播事业牢牢掌握在自己手中，把CC系的一些代表人物安插在广播系统担任要职。中广处在公开招考技术、播音人员时，规定必须是国民党党员始得报名应试。（见图2-4-2）

1936年10月，交通部公布了中央广播事业指导委员会第4次会议通过的《指导全国广播电台播送节目办法》，随后，该会函告各广播电台，自12月15日起“各电台播音节目改由本会接管审查”。这个《办法》的制定和实施，标志着国民党开始以法律形式着重从广播节目的内容上控制广播电台。国民党当局采取这一措施，是与20世纪30年代初期以来国内政治斗争的形势以及国民党在新闻出版方面的反动措施密切相关的。

为钳制公众舆论，镇压进步的、革命的新闻出版活动，国民党政府在1930—1934年间先后公布了《出版法》、《危害民国紧急治罪法》、《宣传品审查标准》和《图书杂志审查办法》等反动法令，实施严苛的新闻出版检查，凡宣传共

产主义和进步思想，便被认为是“反动”；凡批评国民党当局向日本屈膝投降，要求积极抗日，便被认为是“危害中华民国”。“九一八”事变以后，国民党当局进一步推行不抵抗政策，针对全国人民日益高涨的抗日救亡活动，1935年6月，国民党政府竟然发出一个所谓《邦交敦睦令》，公然规定：“凡以文字、图画或讲演为抗日宣传者，均处以妨害邦交罪。”由于这一系列的苛法严令，当时被封闭、停刊、处分的报刊不计其数，捣毁报馆，残杀和迫害进步报人、记者的活动屡见不鲜。国民党反动派并不以此为满足，更进一步把《出版法》等一整套反动审查制度变换形式加以引申，用于对付广播节目。

1937年4月，继上述《办法》之后，交通部又公布了《民营广播电台违背〈指导播送节目办法〉之处分简则》和《播音节目内容审查标准》。这三个法令主要规定了如下几项：

第一，各广播电台须事先预编节目时间表，写明播音节目种类及播音时间，送该会审查核准后才能施行。嗣后如有更改，亦应报准实行。

第二，各广播电台要逐日预先编妥节目内容预报表，其中包括节目标题和担任人员的姓名，送该会审阅。如有更改，随时通知改正。

第三，各广播电台必须按交通部的规定转播中央台的播音。无转播设备者，届时停播。在此之前，从1936年4月20日起，除星期日外，已规定各地广播电台每天必须转播中央台晚上20时至21时05分的6种节目：简明新闻、时事述评、名人演讲、学术演讲、话剧、音乐等。

第四，各广播电台不得播送有关禁例或偏激之言论、诲淫诲盗、迷信荒诞之故事及歌

曲唱词。《播音节目内容审查标准》又规定了10条禁令，凡违反国民党的三民主义，违背国民党政府法令的广播内容，皆须“修正”或“全部禁止”。

第五，民营广播电台凡违背《指导全国广播电台播送节目办法》有关规定者，将分别给予警告、停播或取消执照的处分。

同时，国民党当局还在南京、上海等地设置机构，侦测收听各台的广播节目，发现有违反规定者，报告交通部查处。

各广播电台的节目主要可分为新闻和娱乐两大类。关于新闻类的节目，中央广播事业指导委员会制定的《教育节目材料标准》中明文规定：“国内外重要新闻均根据中央社稿或采用当地报纸上的‘中央社电’或收录中央电台之广播新闻。”这也就无须审查了。从现已查到的该会《已审播音稿本一览》中可以看出，审查节目的重点是放在娱乐类节目上。从业已“审查”的近千篇稿件可以看出大量充满低级趣味、浅薄无聊的娱乐稿件，诸如《四大美人》、《一身都是爱》、《月下幽情》、《我陶醉了》等一一准予播出，与过去并无二致。与此形成鲜明对照的则是，把不少表现中国人民坚决反对打内战、一致要求奋起抗日的进步歌曲如《五月的鲜花》(光未然词、闫述诗曲)、《救亡进行曲》(周钢鸣词、孙慎曲)、《中国人不打中国人》(王闻隽词、徐锐林曲)等，判为“词意欠纯正”而禁止播出。(见图2-4-3)国民党当局的审查人员还把一些外国著名歌曲和表现反法西斯斗争的歌曲如《祖国进行曲》(苏联歌曲，椿芳译)、《保卫马德里》(麦新词、吕骥曲)等加上“不合国情”的罪名，打入另册。于伶1937年1月创作的

剧本《在关内过年》(描写东北人民被迫流亡关内过年的剧本)被说成是“露骨有伤国际感情”。田汉创作的《1932年的月光曲》、《战友》均被污蔑为“剧旨不妥”。讽刺日本侵略者的节目杂曲《日本倭奴哭七七》又被污蔑为“词意曲调均不佳”，统统“不宜播出”。从一个侧面暴露了国民党当局积极反共、消极抗日的丑恶面貌。同时，可能是慑于全国人民日益高涨的抗日怒潮，在准予播出的歌曲中也有极少数反映救亡运动的如《义勇军进行曲》、《毕业歌》等。

自中央广播事业指导委员会成立至抗日战争全面爆发前的一年多的时间里，民营广播电台因违反该会有关规定，被明令撤销者有9座，暂停播音者4座，受警告处分者

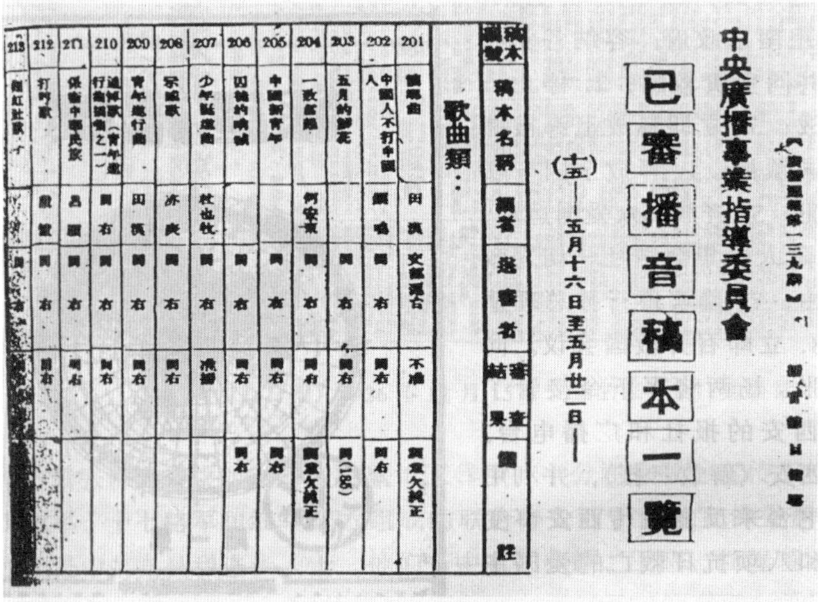
中央廣播事業指導委員會

已審播音稿本一覽

(十五)——五月十六日至五月廿二日——

歌曲類：

稿本號數	稿本名稱	編著	送審者	審查結果	備註
201	畢業曲	田漢	文藝通台	不准	詞意欠純正
202	中國人不打中國人	[illegible]鳴	同右	同右	同右
203	五月的鮮花		同右	同右	同(185)
204	一致[illegible]	何安東	同右	同右	詞意欠純正
205	中國新青年		同右	同右	同右
206	四[illegible]的吶喊		同右	同右	同右
207	少年[illegible]曲	杜也牧	同右	准播	
208	[illegible]歌	[illegible]	同右	同右	
209	青年進行曲	田漢	同右	同右	
210	通俗歌(青年進行曲歌曲之一)	同右	同右	同右	
211	保衛中華民族	呂驥	同右	同右	
212	打[illegible]歌	[illegible]	同右	同右	
213	[illegible]	[illegible]	[illegible]	[illegible]	[illegible]

(图2-4-3)国民党中央广播事业指导委员会不准播出《五月的鲜花》等进步歌曲的批文

3座，国民党当局企图以此来迫使民营台就范，使其广播节目纳入国民党宣传的轨道。

随着广播事业的发展，记载和反映广播事业的专业书刊也于20世纪20年代末30年代初应运而生了。据目前所见，1929年12月，国民党中央台编印的《中国国民党中央执行委员会广播无线电台年刊》开我国广播专业书刊的先河。该《年刊》40余万字，主要收录了1928年2月起，国民党筹办中央台一年多来的建设、宣传、服务、规划等专文及资料，并附有全国、东亚及世界各国广播电台统计资料。1934年2月、9月，中央台管理处先后创办《无线电》（双月刊）（见图2-4-4、图2-4-5）及《广播周报》（见图2-4-6、图2-4-7）两刊物。前者以无线电工程技术知识为主，兼及广播节目介绍。后者以刊登中央台和地方大台每周节目预告为主，同时刊登部分广播稿件，发行全国，每期销售最高达1.8万册以上，截至1937年9月，共出150期，是抗日战争爆发前全国发行量最大的广播专业刊物。此外，上海的民营广播电台也陆续出版了《无线电问答汇刊》（半月刊）、《咪咪集》（月刊）、《播音界》（半月刊）、《福音广播季刊》等广播刊物。

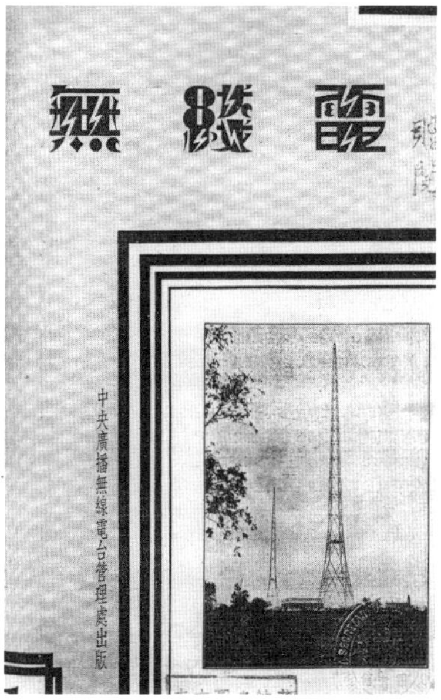

（图2-4-4）1934年2月创刊的《无线电》杂志封面

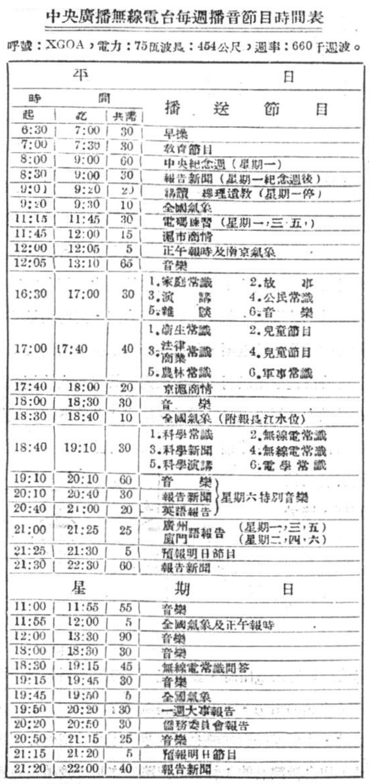
中央廣播無線電台每週播音節目時間表

呼號：XGOA，電力：75瓩波長：454公尺，週率：660千週波。

平日			
時間 起	訖	共需	播送節目
6:30	7:00	30	早操
7:00	7:30	30	教育節目
8:00	9:00	60	中央紀念週（星期一）
8:30	9:00	30	報告新聞（星期一紀念週後）
9:00	9:20	20	誦讀 總理遺教（星期一停）
9:20	9:30	10	全國氣象
11:15	11:45	30	電碼練習（星期一，三，五）
11:45	12:00	15	滬市商情
12:00	12:05	5	正午報時及南京氣象
12:05	13:10	65	音樂
16:30	17:00	30	1.家庭常識 2.故事 3.演講 4.公民常識 5.雜談 6.音樂
17:00	17:40	40	1.衛生常識 2.兒童節目 3.法律商業常識 4.兒童節目 5.農林常識 6.軍事常識
17:40	18:00	20	京滬商情
18:00	18:30	30	音樂
18:30	18:40	10	全國氣象（附報長江水位）
18:40	19:10	30	1.科學常識 2.無線電常識 3.科學新聞 4.無線電常識 5.科學演講 6.電學常識
19:10	20:10	60	音樂（星期六特別音樂）
20:10	20:40	30	報告新聞（星期六特別音樂）
20:40	21:00	20	英語報告（星期六特別音樂）
21:00	21:25	25	廣州語報告（星期一，三，五）廈門語報告（星期二，四，六）
21:25	21:30	5	預報明日節目
21:30	22:30	60	報告新聞
星期日			
11:00	11:55	55	音樂
11:55	12:00	5	全國氣象及正午報時
12:00	13:30	90	音樂
18:00	18:30	30	音樂
18:30	19:15	45	無線電常識問答
19:15	19:45	30	音樂
19:45	19:50	5	全國氣象
19:50	20:20	30	一週大事報告
20:20	20:50	30	僑務委員會報告
20:50	21:15	25	音樂
21:15	21:20	5	預報明日節目
21:20	22:00	40	報告新聞

（图2-4-5）在《无线电》杂志上刊登的国民党中央广播电台每周播音节目时间表

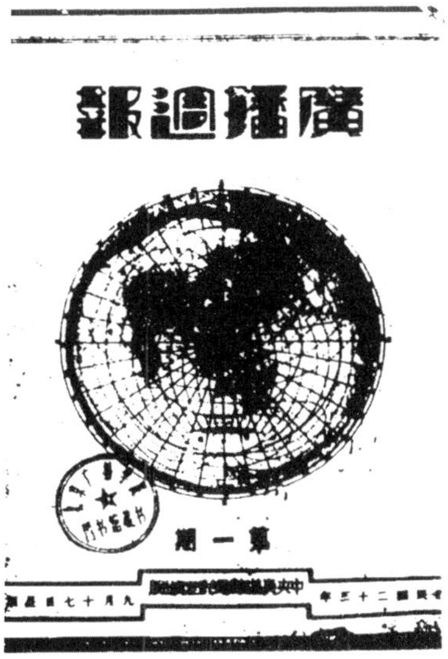

（图2-4-6）《广播周报》1934年9月17日创刊号封面

發刊詞

吳道一

當建設已具椎輪，憲政方着先鞭之際；宣傳工作，尤爲啓迪良圖，電力播音，允推應用利器；本處對於廣播事業，數載以來，以篳路藍縷，悉力經營；自建大電台於首都，電力宏偉，音波廣被；環京萬里，遐邇共聞；對于闡揚黨義，傳佈政令，講述學術，報告新聞，以音樂陶冶聽衆性情，以科學增進人民常識；凡斯種種，雖未悉臻於美備，而孜孜汲汲，要爲海內所共見；前有無線電期刊之作，藉與國人共資研討，啟瀹新智；茲値播音節目日益改善之際，因念音波漫佈，雖偕重於收聽，而紀錄偶疏，輒遺珠於滄海；舉凡廣徵博引之材料，胥有流傳保存之價値，且耳濡目染，感覺愈深，聆音校義，興趣益厚，尤以每日所播節目，時有鴻篇鉅著，樂府新聲，既藉妙音演彌綸六合之奇，宜有椽筆記振導羣倫之緒，以期後先輝映，相得益彰，左右逢源，爲用愈廣，爰再編輯週報，或預行刊佈，或錄載講辭，庶萬彙由斯椽通，考成得所徵信焉。

（图2-4-7）吴道一撰写的《广播周报》发刊词

張代總司令昨在西安電台廣播

蔣顧問端納抵省

家讚昨抵陝

日(十四)午後抵陝、晉謁

堅決擁護抗日救亡主張云、

體出力官兵

速、全體官兵異常努力

（图2-4-8）西安《解放日报》1936年12月15日刊登的张学良广播讲话

三、西安事变中的“广播战”

在中国共产党的抗日民族统一战线政策和全国抗日高潮的影响下，1936年12月，国民党驻西北的爱国将领张学良、杨虎城两将军为逼蒋抗日，毅然发动震惊中外的西安事变，扣留了蒋介石。张、杨两将军下令接管了当时西安的报社和广播电台，创办西安《解放日报》，利用广播电台反复宣传西安事变真相和八项抗日救亡的爱国主张。

前已提到，西安广播电台是利用拆迁原河北广播电台的设备建立起来的，1936年8月1日开始广播。开播当天，张学良将军特派总部办公厅副主任代表他发表了讲话。接管该台后，12月14日、15日两天，张学良、杨虎城先后到广播电台发表讲演，报告了西安事变的原委，阐明了抗日救国的主张，并且揭露了国民党亲日派造谣污蔑的可耻伎俩。张学良在广播讲演中特别指出：“现在南京方面把我们的电讯隔断，并且给我们造了好多谣言。他们不愿意国人知道我们在这里做些什么，真是一件不幸的事。我们希望国人明了真相。我们不愿意任何人利用机会造内乱，给侵略我们的帝国主义造机会，我们只求有利于国家民族，至于个人的毁誉生死，早置之度外。”（见图2-4-8）16日，张学良又指派秘书长吴家象代表他发表广播演说，再次向全国民众报告西安事变真相。

17日，应张、杨的电邀，中共代表周恩来等到达西安。周恩来在与各方紧张协商解决西安事变的繁忙工作中，十分注意做好宣传工作。当时由东北军、十七路军和红军三方组成的联合办公厅下设的宣传委员会中，成员大都是中共党员和进步人士，他们当中有张兆麟、王昭、江隆基、宋绮云、李子健、从德滋和张国华等。周恩来亲自审阅每周宣传纲要，并指示中共地下党员王炳南等协助办好广播宣传。当时西安台除办有国语节目外，还用英、俄、德、法、日语报道新闻，并举办“抗日救亡言论”专题讲座，邀请各界知名人士讲述抗日救亡的理论和方法，邀请解放剧社演播抗日独幕剧《刀伤药》。周恩来还邀请著名美国进步记者史沫特莱主持英语节目。她与英国记者、新西兰人贝特兰[9]、德国人王安娜[10]等先后参加外语广播，为中国人民的抗日救国事业作出了可贵的贡献。

对于西安的广播宣传，南京国民党当局采取了种种对策，如临时变动南京、河南、山东三台的频率，延长中央台的播音时间，甚至将南京台的设备运往洛阳，用来专司干扰西安方面的广播。对此，西安《解放日报》曾在15日的评论中揭露：“南京政府方面，正在连日利用中央广播电台的强力电波，播送种种背弃政治意义、任意污蔑个人的言论，向留在西北各将领施行分化、挑拨的伎俩；向一般民众乞求延缓在没落时期政治命运的死亡；向广大的爱国群众使用最后的镇压。”美国著名记者斯诺在《西行漫记》中写道：“西安整天广播，一再声明不向政府军进攻，解释他们的行动，呼吁各方要有理智和要求和平；但是南京强有力的广播电台进行震耳的干扰，淹没了他们说的每一句话。”

西安和南京之间的这场“广播战”，一直持续到1937年1月底才告终止。2月9日，国民党军队进驻西安后，西安广播电台停止广播。中广处通知西安台除一名工友留守外，其余人员全部调回南京“整肃”。

从1928年国民党建立中央台起，到1937年“七七”抗战全面爆发的近10年间，中国的广播事业有了较大的发展。据1937年6月统计，国民党地区共有官办、民营广播电台78座，总发射功率近123千瓦。从数量上看，民营台虽然有55座，占半数以上，但发射功率有限，仅占总发射功率的5.4%。由此可见，官办广播事业占据着中国广播事业的统治地位，是国民党推行专制独裁统治的重要舆论工具。按地区分布看，江苏省(包括南京、上海在内)有广播电台43座，占全国总发射功率的68.47%；其次为浙江省8座，河北省(包括北平、天津在内)7座，山东省3座；有2座的省份为安徽、江西、四川、福建和广东；1座的有湖北、湖南、河南、陕西、山西、广西、云南等。1934年9月《广播周报》根据听众填报的调查表统计，当时江苏、安徽、山东、河北、浙江、湖南、河南、湖北、江西、福建、广东等11个省约有收音机86768架。另据1938年东北沦陷区(包括热河)统计材料记载约有广播收听户13万户。两项合计约为20万架。

注 释：

〔1〕汪学起、是翰生编著《第四战线——国民党中央广播电台掇拾》第2页，中国文史出版社1988年7月出版。

〔2〕吴道一(1893—2004)，江苏嘉定人，上海交通大学电机系毕业，自1928年参加筹建国民党中央台，后历任主任、台长，1936年起任国民党中央广播事业管理处副处长、处长，1948年冬离南京去台湾，1949年11月起任台湾“中国广播公司”副总经理，1974年退休。2004年在台湾去世。

〔3〕吴保丰(1899—1963)，江苏昆山人，1921年毕业于上海交通大学电机系，后赴美深造，获硕士学位。在美期间加入中国国民党，回国后当选为中央执行委员，任中央组织部总干事，并在邮电部任职，1936年起任中央广播事业管理处处长、中央广播事业指导委员会副主任委员。1943年辞去上述职务，改任重庆交通大学校长。抗战胜利后，历任上海交通大学校长、天津开滦矿务局顾问等职。1949年5月上海解放后，由津返沪，不久加入中国国民党革命委员会，并先后任华东人民广播电台顾问、华东新闻出版事业局广播事业顾问。

〔4〕见《广播周报》第68期，1936年出版。

〔5〕据吴保丰《十年来的中国广播事业》有关材料计算，载《十年来的中国》一书，商务印书馆1937年6月出版。

〔6〕苏祖国（1904—1984），出生于上海市，祖籍福建永定县。大学专科学历。是中国民用无线电事业的开创者和爱国实业家。他参与主持的亚美无线电公司是全国最早的无线电工厂之一，创办的亚美广播电台也是旧中国上海民营电台中历史最长、影响较大的一个电台。抗日战争期间，他主持的亚美电台积极宣传抗日，与其他广播电台互相配合，及时转播前线战报，为当时的抗日宣传作出了很大贡献。1937年12月1日，迫于日军当局的压力，苏氏兄弟决

定关掉电台停止播音，并拆毁全部机件，免为敌用。1946年9月8日，亚美广播电台重新营业并与麟记电台合并成立亚美麟记电台，苏祖国任经理。1949年5月上海解放后，亚美麟记电台继续营业。1950年1月，上海私营广播电台同业公会成立，苏祖国任副主任委员。1954年底，联合电台中私股由上海人民广播电台收购，苏祖国离开后致力于机械工业。曾被选为中国民主建国会上海机电一局直属支部主任委员和市工商联常务委员。

〔7〕据中央广播事业指导委员会第4次会议档案材料，原件存国家广播电影电视总局档案室。

〔8〕《广播周报》第134期，1937年4月24日出版。

〔9〕据《史沫特莱传》记载，从1937年元旦起，史沫特莱与贝特兰同时在西安广播电台报道英语新闻，见该书第243—244页。

〔10〕据王安娜《中国——我的第二故乡》记载，贝特兰受到英国领事馆的警告后，被迫离开广播电台。随后，王安娜开始到电台广播。见该书第98—99页，三联书店1980年5月出版。

第3章 抗日战争中的“第四战线”

1937年7月7日，日本帝国主义悍然发动卢沟桥事变。中国军队忍无可忍，奋起反击，揭开了伟大的抗日民族解放战争的序幕。

抗战初期，在中国共产党正确主张和政策的推动下，国民党当局慑于全国日益高涨的抗日救亡运动的压力，同时也是为维护其自身的政治、经济利益，被迫同意联共抗日。然而，国民党当局实行片面抗战路线，使大片国土沦丧，政权偏居西南。中国共产党领导的人民武装力量积极开展游击战争，建立和发展了敌后根据地。国民党、共产党和日本侵略者三种不同政治势力，在中国广大领土上形成了三种不同性质的政权，即国民党统治下的大后方、共产党领导下的抗日根据地和日伪占领下的沦陷区。

基于上述原因，在三种不同性质的政权下存在着几种不同类型的广播事业。八年抗战中，中国的广播事业在日本帝国主义的严重摧残下，虽然遭受很大的损失，但并没有被摧毁。广播发出抗日救亡的怒吼声，振奋了亿万军民的爱国热忱，压倒了日伪广播，为抗日战争的伟大胜利作出了应有的贡献。

第一节 间有杂音的国民党抗日广播

一、抗战初期的救亡宣传

从1937年七七事变爆发至1938年10月广州、武汉失守的一年多时间里，国民党广播电台和民营广播电台在全民奋起一致抗日的高潮中，由于共产党人、爱国人士和国民党内抗日派的积极参与，开展了多种多样的广播宣传活动，对鼓舞和动员亿万军民投身伟大的民族解放战争发挥了积极的作用。

（图3-1-1）1937年日军攻打南京前夕，南京市市长马超俊通过中央电台向市民发表防空广播讲话

1937年全面抗战开始后，国民党的中央台随即减少了一般文艺节目，增加了战争新

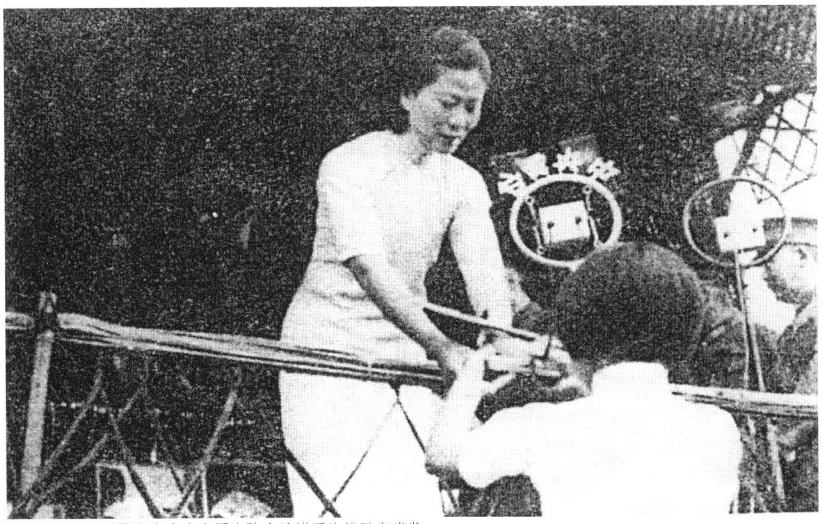

（图3-1-2）国民党中央电台播出防空演讲后为优胜者发奖

闻的报道，同时增建防空工程，保护广播设备，以防敌机轰炸。在日军飞机连续轰炸中，中央台虽略有损失，但并未中断播音。（见图3-1-1、图3-1-2）11月初，日军进逼南京，中央广播事业管理处人员开始疏散。20日，国民党政府宣布迁都重庆。三天后，中央台在播出了“告别广播”后停止了在南京的播音，随后将部分广播设备拆卸运往重庆。12月13日，南京守卫战失败，日军占领南京。

在上海，日军于1937年8月13日大举军事进攻，淞沪抗战爆发。上海是旧中国广播电台的最大集中地，二三十座广播电台以极大的热情投入抗日救亡运动的广播宣传活动，与上海广大群众的救亡运动汇成一股洪流。在“八一三”前后，上海市各界代表组成的抗敌后援会，积极组织上海市民援助前线抗日将士，并邀请各界爱国人士到广播电台发表抗日救亡的广播演说。

抗敌后援会下设宣传委员会所属的国内宣传部内专设有广播组。广播组负责协调对内、对外宣传中需要由电台安排播出的演讲、歌咏、戏剧等，同时指定5座广播电台为监察电台，随时收听播出情况，及时纠正凌乱现象。为充分发挥广播的激励作用，广播组多方向民众宣传积极利用收音机，把听到的抗战消息或记录下来编印成壁报张贴，或在亲朋好友中广泛传播。根据抗敌后援会制定的《战时广播电台统一宣传办法》，上海的民营台均以时事报道、劝募款物、战时常识、抗战文艺为主要内容。8月10—29日，抗敌后援会组织上海各界名人吴蕴斋、王芸生、曾虚白、洪深等80人轮流在上海、华美、大中华和中西4家广播电台举行筹募救国捐广播演讲。9月，抗敌后援会又与中国特种教育联合会举办无线电名人抗日救亡广播演讲，并请专人分别以英语、法语、俄语、德语、日语、朝鲜语进行对外广播，揭露日本侵华的反动本质，表明中国人民的抗战决心，争取国际上的同情和支持。

上海文化界救亡协会从9月起，不断邀请文化界人士在交通部上海广播电台作救亡播讲，前后50多次，如郭沫若的《抗战与觉悟》、胡愈之的《抗战中的国际形势》、郑振铎的《如何保持抗战的胜利》、萨空了的《抗战中的宣传工作》、恽逸群的《抗战中的农民运动》、沙千里的《抗战中的职业青年》、许广平的《鲁迅与抗日战争》等，并多次组织音乐、戏曲、文学节目到电台播出，为保卫大上海呐喊，为抗日民族解放战争服务。上海的曲艺、戏剧、电影、音乐各界救亡组织和爱国人士纷纷利用广播电台进行募捐宣传，效果显著。8月中旬，上海曲艺界救亡协会分别在中西、华东、富星等电台举行募捐播音三天。9月24日，梅兰芳、周信芳等为募集救国公债及慰劳前方将士举行平(京)剧大会串播音。此后，洪深、夏衍、孙瑜、于伶等创作的揭露汉奸卖国、配合抗日斗争的广播剧《开船锣》、《“七二八”那一天》、《最后一课》、《以身许国》和田汉等人发表的一批短剧本，都曾在电台广播过，取得了很好的宣传效果。（见图3-1-3）

（图3-1-3）抗战时期沪剧演员在电台演出

从上海、南京失守到1938年10月武汉沦陷的大约一年间，国民党军政机关大都迁移到武汉，中共代表团也在这里。这时候的武汉成为中国抗战的领导中心。国民政府军事委员会政治部也于此时成立，国共两党和各界人士都有代表参加，下设总务厅及第一、二、三厅，其中第三厅负责抗日宣传工作，实际上由中共长江局和周恩来直接领导，厅长为郭沫若。在中央台迁往重庆的过程中，汉口广播电台(1934年开办，当时仅次于中央台)、汉口短波广播电台(1937年底建成)和长沙广播电台(1937年5月开播)，联合接替了中央台的播音，在抗战初期的抗日高潮中，特别是在“保卫大武汉”的宣传活动中做了大量的工作。1938年春夏，“保卫大武汉”活动蓬勃开展。蒋介石、周恩来、郭沫若、黄琪翔等各方代表纷纷到电台发表演说，激励民众抗日。（见图3-1-4）4月7—13日，武汉举行抗战扩大宣传周活动。8日，周恩来在《新华日报》上就如何进行抗战宣传发表专论，提出：“这次武汉

抗战宣传周，应当成为全国抗战宣传的开始。武汉宣传动员的成绩，将成为全国宣传动员的模范。”

第三厅下设三个处，其中第七处主管对日宣传和国际宣传，其对外广播宣传以日语为主，兼用英、法、俄语。在汉口期间，第三厅团结大批文化界的爱国人士，利用广播进行了新闻、讲演、戏剧、音乐等多方面的抗日宣传活动，在广大群众中产生了重大影响。著名的日本友人绿川英子[1]（见图3-1-5）、鹿地亘[2]等人站

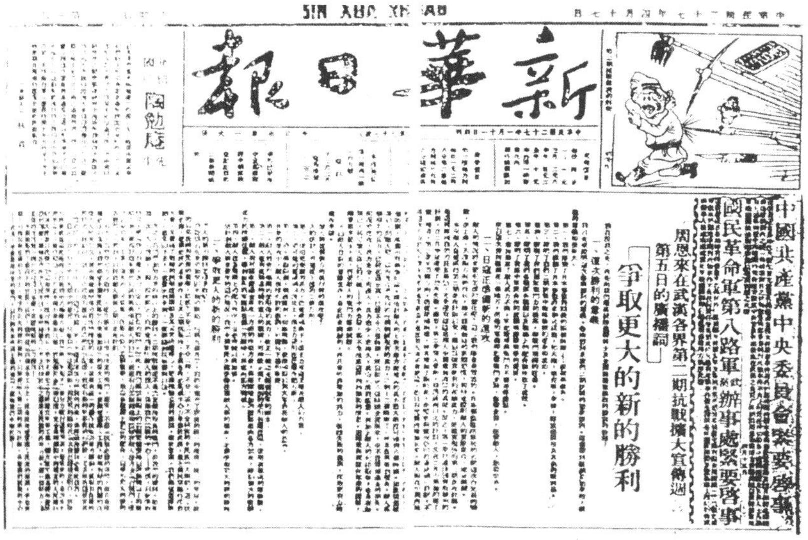
新華日報
中國共產黨中央委員會緊要啟事
國民革命軍第八路軍駐漢辦事處緊要啟事
周恩來在武漢各界第一期抗戰擴大宣傳週第五日的廣播詞
爭取更大的新的勝利

（图3-1-4）汉口《新华日报》1938年4月17日刊登的周恩来广播词

（图3-1-5）绿川英子与其丈夫刘仁

在反侵略战争的正义立场上，积极参加了反对日本侵略的广播宣传活动，表现了崇高的国际主义精神。此外，第三厅还有专人负责每天监听日本电台的广播，然后整理成情报资料，送给八路军办事处和国民党军事委员会各部门。武汉声势浩大的抗日宣传活动，一直持续到 1938 年 10 月武汉失守。

抗战初期轰轰烈烈的救亡宣传活动写下了中国广播史上悲壮的一页。

二、在动荡中恢复

抗日战争全面爆发后，在国民党战场上，虽然广大爱国将士奋勇抗敌，取得了某些局部的胜利，但由于国民党当局的片面抗战路线，终于招致了一系列的大溃败。从七七事变到1938年10月的一年多时间里，敌人在华北战场上攻占了河北、山西、察哈尔、绥远、山东各省，在江南则占领了南京、沪、杭以及广州、武汉等广大地区。国民党战场接连惨败，使国民党广播事业遭受严重挫折。

国民党的中央台西迁，于1938年3月10日始在重庆恢复播音，但发射功率由原来的75千瓦锐减为10千瓦。国民党的中央广播事业指导委员会及中央广播事业管理处也都迁移到重庆办公。上海、广州等地国民党广播电台的设备先后为日军攫取，改建为日伪广播电台。另外一部分地方广播电台则由城市迁往偏僻地区播音，如福州台迁往永安，改名为福建广播电台；西安台迁往南郑，改名为陕西广播电台；长沙台迁往沅陵，改名为湖南广播电台。（见图3-1-6）江西广播电台由南昌迁往吉安，浙江广播电台由杭州迁往丽水。

在坚持播音、拆迁转移中，中央台工程师蒋德彰、江西台工程师侯恩铭、福建台台长钟震之先后以身殉职。据1938年底统计，国民党广播电

（图3-1-6）1937年的长沙广播电台外景

台仅余六七座，总发射功率不到11千瓦，和抗战爆发前的规模相比，损失相当严重。

中央广播事业指导委员会在重庆期间，从1938年9月至1945年12月，曾先后召集第6—28次会议，主要讨论和决定的事项有：

第一，修订组织大纲和办事通则，健全机构，逐步开展工作。

该会设有指导组、考核组、侦察组和事务组，各组按照组织大纲的规定，各司其职，归纳整理有关问题提交会议讨论。如1941年第16、17两次会议，讨论通过了《中央广播事业管理处广播技术员、播音员服务细则》，规定国民党广播业务人员“为适合广播事业特殊需要起见”，首先要“依照党务人员服务规程”办理；其次将广播业务工作人员分为两类：一类为技术员，一类为播音员。并对每类工作人员的资格、薪金、奖励等作了规定。

第二，积极筹划发展广播事业，加强战时宣传实力，抗御日本侵略者的广播宣传。如先后通过《迅筹款项添建广播电台，并增加原有广播电台电力，以抗御播音侵略案》、《添设流动电台案》、《增设后方县市收音机案》、《增加沦陷区广播节目以利宣传案》、《改进广播事业，注重对敌宣传以应需要案》等议案，并曾根据蒋介石的指令，筹划设立国际广播宣传计划委

员会。

第三，侦测收听各方广播情况，谋求采取相应对策。

国民党当局在重庆歇台子设有收音站。该会侦察组布置专人昼夜侦测收听各方广播情况，如1941年12月日本发动太平洋战争之后，该会侦听到"上海外人经营之电台，如英情报部之民主电台XCKN及徐家汇天文台FFZ均告停播，仅有上海德国电台XGRS播音"。当然，该会也很注意侦测中国共产党广播电台的情况。1941年春曾侦测到延安设立的新华广播电台播音，并布置河南广播电台干扰。1945年日本投降后，又曾侦测到延安新华广播电台"自九月十日起开始向各地广播，呼号仍为XNCR……"

抗日战争进入战略相持阶段之后，由于得到英美在广播设备方面的多次援助，国民党的广播事业逐步恢复并有了新的发展，主要表现在以下几个方面：

第一，正式开办对国外广播。1939年2月6日，国民党当局利用英国提供的广播设备在重庆建立的中央短波广播电台开播，发射功率为35千瓦，呼号为XGOX、XGOY。1940年1月，该台定名为国际广播电台（英文名称"Voice of China"，简称VOC，意为"中国之声"），呼号依旧。当时由国民党中央宣传部国际宣传处管理，办有对欧洲、对北美、对苏联东部及我国东北部、对日本、对华南和东南亚以及对苏联6套广播节目，分别使用英语（见图3-1-7）、德语、法语、俄语、日语、越南语、马来语、朝鲜语以及国语和厦门话、广州话等语种播音，最多时达20多个语种（包括汉语方言），每天播音10多个小时。节目内容以新闻和时事述评为主，几乎全部采用中央通讯社电讯稿和《中央日报》以及国际宣传

（图3-1-7）国际广播电台英语组工作场景

（图3-1-8）国际广播电台听众通讯组工作场景

处和美国新闻处提供的稿件。（见图3-1-8）

除国际台办有对国外广播外，昆明广播电台、贵阳广播电台也分别使用英语、日语、马来语、法语、越南语、缅甸语对外广播。

第二，为防御敌机轰炸，中央、国际两台都建筑了地下防空设施，1941年又迁入新建的广播大楼内继续播音。1939—1941年，日本军用飞机曾多次对重庆狂轰滥炸，广播电台为其重要目标之一。由于事先有所准备，播音一直没有中断，日军对此甚为惊讶。当时重庆还拟筹建有线广播，以传递空袭情报应付日军轰炸，但未成功。此外，国民党当局还在重庆建立了电波研究所和收音站。收音站抄收国内外广播，以供参考。

第三，注重发展西南、西北地区的广播事业。战前，在辽阔的西部大地仅有寥寥5座广播电台，总发射功率不过10多千瓦。为适应战时广播宣传需要，国民党当局在贵阳、西昌、兰州等地筹办起新的广播电台。其中以昆明广播电台发射功率为最大，有50千瓦，1940年8月开播。

第四，配合前线作战宣传的需要，国民党当局在1940年

创办战地流动广播电台，1943年起又筹办军中播音总队，并在各战区建立分队。流动电台和军中播音总队均担负对前线部队和对敌广播的任务。

经过多年的恢复和重建，据1943年上半年统计，国民党所办的广播电台已达到16座，发射功率为142千瓦，略超过战前的规模。

此外，《广播周报》也于1939年1月在重庆复刊，但因战局关系，经常延期出版，一度不定期出版，延至1941年4月再次停刊，总计出版第151— 196期，其间，曾编印《广播通讯》10期。

三、国民党广播宣传的双重性

自1938年广州、武汉相继沦陷，中国的抗战进入相持阶段之后，日本侵略者改变方针，对国民党战场由军事进攻为主改为政治诱降为主。国民党当局当时虽然与共产党继续合作共同抗日，但其内部的顽固派在日本诱降攻势之下，变本加厉地推行消极抗日、积极反共的方针。1938—1943年，国民党顽固派曾经发动三次反共高潮，以汪精卫为代表的亲日派公开叛变。在这样错综复杂的政治、军事斗争的背景下，重庆时期的国民党广播宣传既有主张团结抗日、共御外侮的积极内容，同时也有鼓吹“曲线救国”、反共反人民的消极内容。这两方面的内容，随着国内外政治、军事斗争形势的发展各有所侧重。

从积极方面来说，重庆的中央、国际两台举办过不少广播讲演节目，邀请共产党代表、抗日将领、国民党内的抗战派、爱国人士和国际友人如周恩来、冯玉祥、李济深、郭沫若、沈钧儒、黄炎培、爱德华(印度援华医疗队队长)等发表讲演，号召广大同胞团结起来共同抗日，呼吁国内外反法西斯力量团结起来，打

败德、意、日侵略者，争取世界和平。在汪精卫公开投敌之后，中央、国际两台举办了讨伐汪逆的广播节目，并由各地方台同时转播，先后应邀到电台发表广播讲演的有林森、陈立夫、于右任、孙科、张伯苓、何应钦等人。1942年，蒋介石专门在重庆中央台演播室向美国发表演讲。在国际宣传方面，驻重庆的英美广播公司的记者自行编排节目，利用国际台向本国播出，扩大了中国抗日斗争在国际上的影响。宋氏三姐妹的对美广播讲话，对于促进美国朝野了解中国，援助中国的抗日斗争，起了一定的作用。1944年3月12日，孙中山先生逝世19周年之际，美国举行了纪念日活动。宋庆龄再次应邀到国际台发表了对美广播演说，题为“孙中山与中国的民主”。重庆《新华日报》发表社论，评价她的广播演说，把孙中山遗嘱的真谛和精神，说得清清楚楚，也把中国人民对政治局势的意见传播到了海外。这不仅帮助美国人民认识孙中山遗嘱，也增进了中美人民间的友谊和团结。毫无疑问，全国人民将为孙中山民主主义的实现而加紧奋斗，这个奋斗将决定抗战和建国的胜利。1940年3月18日，中央台首次对苏播出音乐节目，内容有抗战歌曲、民族乐曲等，此后还多次举办对苏音乐广播，音乐的交流促进了中苏两国人民之间的友好关系。日本反战同盟的有关人士也曾在重庆广播电台发表讲演，劝告日本人民勿受军阀欺骗，呼吁他们一致反抗侵略战争。此外，针对日本广播对中国的造谣、污蔑，重庆的广播电台给予了一定程度的驳斥和揭露。以中央台为代表的国民党电台进行的爱国抗日广播，在大后方和沦陷区的广大爱国同胞中有着相当的影响。（见图3-1-9、图3-1-10）

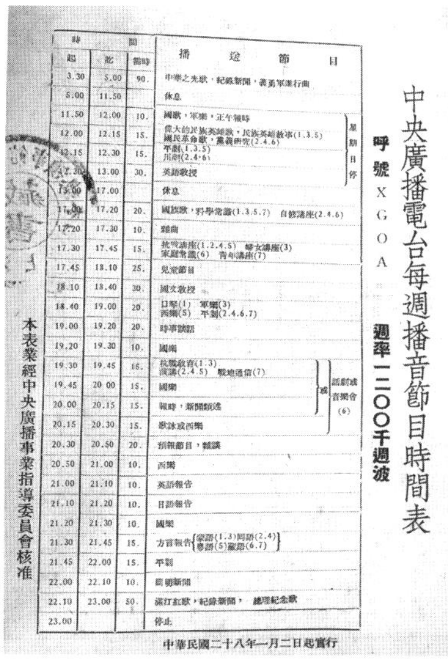
中央廣播電台每週播音節目時間表

呼號 XGOA 週率一二〇〇千週波

時間 起	時間 訖	需時	播送節目
3.30	5.00	90.	中華之光歌，紀錄新聞，義勇軍進行曲
5.00	11.50		休息
11.50	12.00	10.	國歌，軍樂，正午報時（星期日停）
12.00	12.15	15.	偉大的民族英雄歌，民族英雄故事(1.3.5) 國民革命歌，黨義研究(2.4.6)（星期日停）
12.15	12.30	15.	平劇(1.3.5) 川劇(2.4.6)（星期日停）
12.30	13.00	30.	英語教授（星期日停）
13.00	17.00		休息
17.00	17.20	20.	國旗歌，科學常識(1.3.5.7) 自修講座(2.4.6)
17.20	17.30	10.	雜曲
17.30	17.45	15.	抗戰講座(1.2.4.5) 婦女講座(3) 家庭常識(6) 青年講座(7)
17.45	18.10	25.	兒童節目
18.10	18.40	30.	國文教授
18.40	19.00	20.	口琴(1) 軍樂(3) 西樂(5) 平劇(2.4.6.7)
19.00	19.20	20.	時事談話
19.20	19.30	10.	國樂
19.30	19.45	15.	抗戰教育(1.3) 演講(2.4.5) 戰地通信(7)（或話劇或音樂會(6)）
19.45	20.00	15.	國樂（或話劇或音樂會(6)）
20.00	20.15	15.	報時，新聞簡述（或話劇或音樂會(6)）
20.15	20.30	15.	歌詠或西樂（話劇或音樂會(6)）
20.30	20.50	20.	預報節目，雜談
20.50	21.00	10.	西樂
21.00	21.10	10.	英語報告
21.10	21.20	10.	日語報告
21.20	21.30	10.	國樂
21.30	21.45	15.	方言報告{蒙語(1.3)回語(2.4) 粵語(5)藏語(6.7)}
21.45	22.00	15.	平劇
22.00	22.10	10.	簡明新聞
22.10	23.00	50.	滿江紅歌，紀錄新聞，總理紀念歌
23.00			停止

本表業經中央廣播事業指導委員會核准

中華民國二十八年一月二日起實行

（图3-1-9）1939年中央广播电台节目表

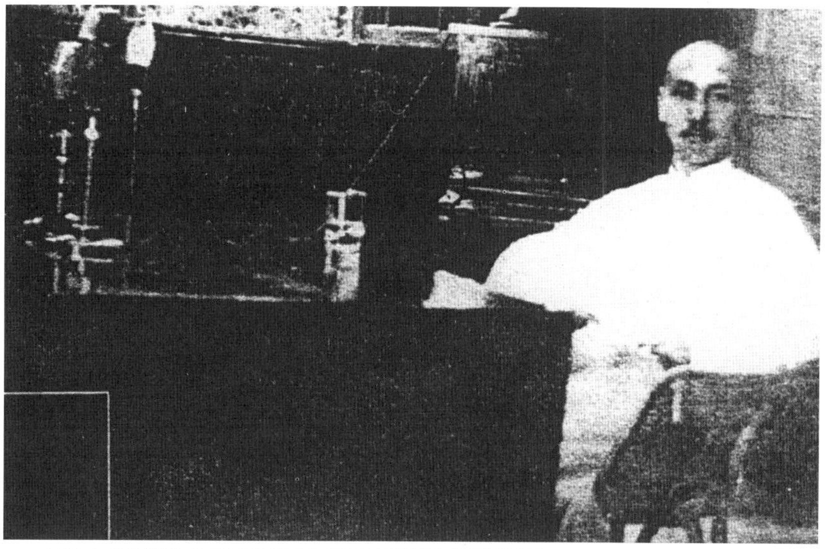
（图3-1-10）1942年蒋介石在重庆中央广播电台演播室向美国发表演讲

从消极方面来说，国民党当局在抗日战争时期并没有根本改变过去压制和摧残抗日进步舆论的做法。国民党电台的抗日广播宣传有着很大的片面性，人们无法从他们的广播中了解到中国共产党领导下的八路军、新四军等人民武装部队英勇杀敌的真实情况，特别是自1940年4月以后，国民党中央台在它的节目表中取消了《抗战教育》、《抗战讲座》、《抗战歌曲》等节目，停止播出原来作为开始曲的《义勇军进行曲》。1941年1月，国民党中宣部致函中央广播事业管理处，“以后不得再以《新华日报》之言论消息作广播材料用”，同年春还对中国共产党办的延安新华广播电台实施干扰。同时，广播中的反共反人民，颠倒是非，混淆黑白，颂扬国民党法西斯统治的消息、讲演和文章等却越来越多。国民党当局还借口抗日战争是“非常时期”，禁止开设民营广播电台。

第二节 喧嚣一时的日伪法西斯广播

抗日战争时期，半壁中华河山沦为日本帝国主义的殖民地。日本侵略者在武力征讨的同时，对被奴役的中国人民实施殖民思想文化统治，在沦陷区建立的大小几十座日伪广播电台就是套在中国人民头上的一个个反动的精神枷锁。

一、东北伪满广播

在东北，日本对我国广播领域的侵略活动可以追溯到20世纪20年代中期建立的大连广播电台。中日甲午战争之后，

（图3-2-1）日伪大连广播电台

沙皇俄国以“租借地”名义霸占了辽东半岛。1905年，日俄战争以后，日本强迫清政府把辽东半岛的租借权转让与日本。当时，日本把辽东半岛作

为日本的一个州，称为“关东州”。1925年8月9日，由“关东州递信局”管辖的大连广播电台开播。这是日本帝国主义在我国东北境内的第一座广播电台。当时日本本土也只有东京、名古屋等两三座广播电台。大连台是日本帝国主义的官办电台，是殖民地性质的广播电台。（见图3-2-1）

“九一八”事变后，日本先后攫取了我国东北仅有的两座广播电台，即沈阳广播电台和哈尔滨广播电台。（见图3-2-2、图3-2-3）

1932年3月9日，日本扶持的傀儡伪“满洲国”在“新

（图3-2-2）日伪奉天（沈阳）广播电台

（图3-2-3）日伪哈尔滨广播电台

（图3-2-4）日伪新京（长春）广播电台

京”(即长春)宣告成立。同年10月，日本关东军司令部由沈阳迁至长春，主管通信、广播事务的关东军特殊通信部也迁至长春，同时在“新京电话局”内设立演播室，以“奉天放送局新京演奏所”的名义开播。第二年4月，又成立了伪“新京放送局”，呼号MTAY，发射功率1千瓦。（见图3-2-4）

日本帝国主义把控制通信、广播作为侵略中国的一个重要步骤。关东军司令部直接炮制的《满洲电信及广播事业统制方案》，规定了包括广播事业在内的伪满通信事业的原则和办法。根据上述反动文件，1933年9月，日伪在东北建立起“满洲电信电话株式会社”(简称“电电”)，目的是要“使日本人特别是帝国将校参与满洲国电信电话公司的创设与经营，以贯彻(日本)帝国的政策和军事上的要求”，“并加以指导，使公司的实权把握在日本方面的手中”。伪“电电”名为日满合办，实则是日本帝国主义一手包办的垄断东北地区的电报、电话、广播三大事业的殖民奴化宣传工具。（见图3-2-5）

伪“电电”成立后，迅速接管了设在长春、沈阳、哈尔

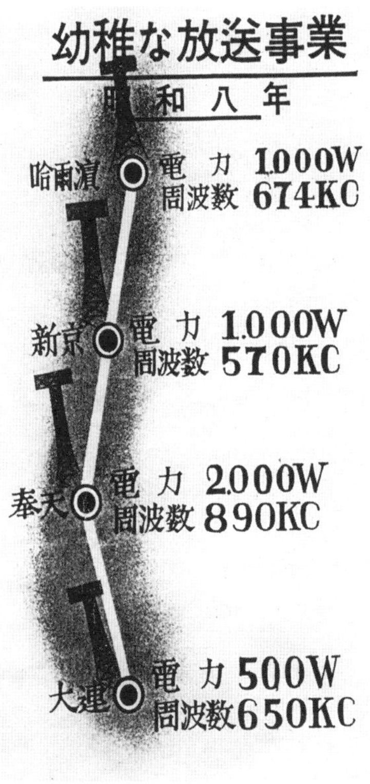

（图3-2-5）1933年伪满广播主要技术参数图

滨和大连的4座广播电台。此后，日本帝国主义随着对中国侵略的加紧和对东北统治的强化，不断发展广播事业。1934年11月，伪“新京放送局”启用100千瓦的大功率发射机广播，可覆盖东北大部分地区。七七事变后，日本开始执行扩充广播事业的五年计划，把上述4座电台升格为“中央放送局”，并开始在延吉、通化、黑河、佳木斯、海拉尔、营口、安东等地建立小型广播电台。太平洋战争爆发后，1943年4月，日本又把伪“新京中央放送局”进一步升格为“新京放送总局”。

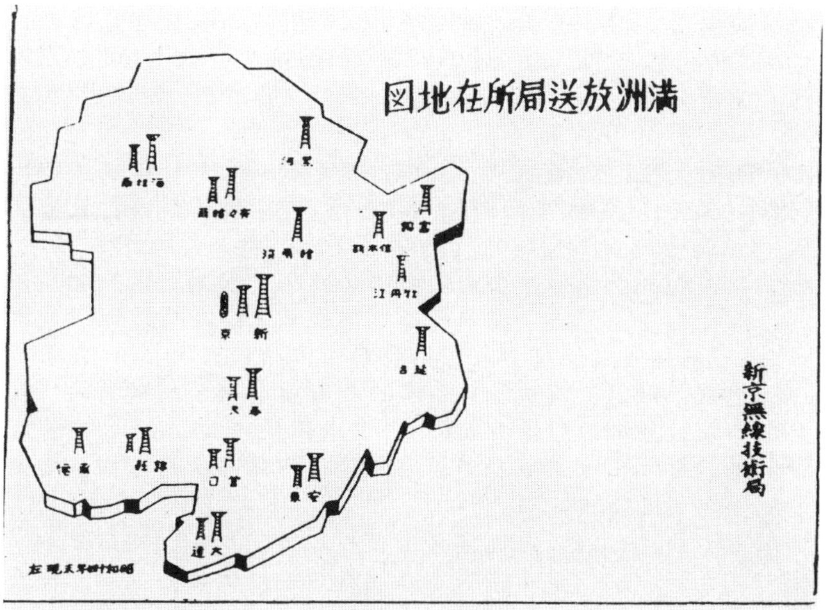

（图3-2-6）伪满《放送年鉴》1939年版刊登的伪满广播电台分布图

（见图3-2-6）

日伪广播电台最多时一共使用50多部发射机，总发射功率有300千瓦左右。为控制宣传内容，在伪满政权机构中设有一个“弘报处”的部门，作

放送聽取者局別統計表

管内	局所	計	日人	滿人	外人	管内	局所	計	日人	滿人	外人	管内	局所	計	日人	滿人	外人
	總計	127.417	88.576	37.531	1.310		梅河口	122	68	54	0		海倫	208	87	120	1
							法庫	103	23	80	0		阿城	280	90	181	9
大連管内	合計	31.486	25,236	6.128	122		阜新	213	160	52	1		五常	153	64	89	0
	大連	24.715	21.021	3.593	101		通化	420	268	151	1		其他	737	182	528	27
	旅順	1.044	894	150	0		臨江	109	40	69	0	牡丹江管内					
	甘井子	843	722	120	1		其他	1552	851	700	1		合計	6,201	4,606	1564	31
	金州	581	344	237	0	新京管内							牡丹江	3,043	2.661	369	13
	普蘭店	246	158	88	0		合計	30,639	21.761	8851	27		寧安	151	74	77	0
	貔子窩	182	107	75	0		新京	17.556	14.157	3379	20		穆稜	148	95	53	0
	城子疃	126	27	99	0		昌図	222	95	127	0		綏芬河	184	151	25	8
	瓦房店	365	274	91	0		四平街	1.221	931	289	1		三岔口	115	76	39	0
	熊岳城	161	92	69	0		郭家店	113	39	74	0		林口	119	79	40	0
	蓋平	129	59	70	0		公主嶺	1.188	924	264	0		勃利	285	122	163	0
	大石橋	339	276	63	0		范家屯	144	76	68	6		佳木斯	963	759	201	3
	営口	1.452	660	781	11		四家房	133	51	82	0		依蘭	294	98	195	1
	海城	363	157	206	0		吉林	3.179	1.701	1.474	4		富錦	313	158	155	0
	周水子	161	121	40	0		新站	120	74	46	0		其他	586	333	247	6
	其他	779	324	446	9		蛟河	216	101	115	0	斉々哈爾管内					
奉天管内							敦化	422	277	145	0		合計	5.993	3.167	2.728	98
	合計	40.409	26,694	13,638	77		明月溝	114	73	41	0		斉々哈爾	2.566	1.560	988	18
	奉天	22.763	13.811	8,887	65		延吉	738	555	182	1		白城子	369	200	169	0
	鞍山	2347	2.076	271	0		朝陽川	149	119	30	0		鎮東	122	2	120	0
	遼陽	713	513	200	0		龍井	419	319	99	1		満洲里	127	88	22	17
	蘇家屯	420	387	33	0		図們	624	540	84	0		海拉爾	487	382	60	45
	鉄嶺	675	391	284	0		琿春	320	284	36	0		昂々渓	248	104	142	2
	開原	440	271	169	0		磐石	252	131	121	0		泰来	176	24	152	0
	本溪湖	482	386	96	0		鄭家屯	328	115	213	0		泰安鎮	182	47	135	0
	鳳城	165	98	67	0		通遼	366	115	251	0		克山	192	59	133	0
	安東	3.065	2.605	458	2		洮南	467	163	304	0		北安	221	152	68	1
	南関城	247	17	230	0		前郭旗	102	48	54	0		拜泉	103	15	88	0
	新民	118	49	69	0		農安	177	29	148	0		王爺廟	118	71	45	2
	錦県	1.574	1.117	451	6		扶餘	139	34	105	0		黒河	162	95	65	2
	北票	160	94	66	0		大賚	135	24	111	0		嫩江	103	70	33	0
	朝陽	127	67	60	0		樺甸	185	67	118	0		孫呉	146	103	43	0
	海州	215	213	2	0		南山屯	138	100	38	0		其他	671	195	465	11
	撫順	3.018	2.580	437	1		其他	1.472	619	853	0	承徳管内					
	山城鎮	160	85	75	0	哈爾浜管内							合計	1.602	784	814	4
	海龍	122	34	88	0		合計	11,087	6,328	3,808	951		承徳	690	472	216	2
	朝陽鎮	217	88	129	0		哈爾浜	8.973	5.726	2.335	912		凌源	151	42	108	1
	東豊	144	39	105	0		双城	235	48	187	0		平泉	122	28	94	0
	西安	463	307	156	0		呼蘭	251	42	209	0		赤峰	265	123	141	1
	西豊	255	56	199	0		綏化	250	89	159	2		其他	374	119	255	0

（图3-2-7）伪“电电”所做的放送听取者局别统计表

（图3-2-8）伪满广播收音机图片

为日伪殖民地文化思想统治的中枢，其任务之一即管理和控制广播、通信机关。日伪电台一般都办有日语、汉语和俄语3种语言节目。伪满广播的头目一再鼓吹利用广播来摧残中国人民的民族意识，为日本侵略战争服务。（见图3-2-7）

日本侵略者控制下的伪满广播，除对我国东北人民进行殖民奴化宣传外，还把宣传的矛头指向我国其他地区乃至苏联、欧美等地。

1937年七七事变后，伪满广播开始和天津、北平等地的日伪广播电台“交换”所谓建立“东北新秩序”的广播讲演节目。1940年南京汪伪政权成立后，伪满广播又开始与南京伪中央台交换节目，大讲“日满华之间善邻友好、共同防共和经济合作”等等。1944年1月还演出了日本首相、伪满总理和汪精卫互相交换广播讲话的丑剧。（见图3-2-8）

太平洋战争爆发前夕，1939年7月起，伪满电台开办了对欧洲、北美西部和苏联远东一带的短波定向广播，使用的语种有汉语、英语、日语、俄语、蒙古语、法语和德语等7种语言。其目的在于向世界表明伪满“防共反共”的立场，宣扬其所谓“门户开放、民族协和、王道乐土的建国精神”，欺骗世界舆论。日本还利用伪满广播与德国、意大利电台交换节目，以加强与德国、意大利的“国际友好关系”，巩固法西斯军事同盟。

在东北大地抗日烽火的影响下，在日伪电台工作的富有民族意识的中国人员，曾以怠工等方式，作了一定程度的反抗。在敌人严密控制下的哈尔滨广播电台曾先后播出过反映“九一八”事变中人们的爱国恋乡之情的口琴曲《沈阳月》以及用影射的手法揭露日伪统治下的“新天地”黑暗、残暴现象的广播剧《新天地》。在当时，这不失为同敌人进行隐蔽斗争的一种方式。

二、华北日伪广播

在华北地区，七七事变之后，北平、天津、太原、青岛等地广播电台相继沦入日军之手。1938年1月，在日本广播协会插手之下，北平、天津等地的广播电台恢复播音。1937年12月，日寇在北平拉拢一伙汉奸拼凑成立了所谓“中华民国临时政府”，不久，又将“北平”改称“北京”（对此，中国政府和人民始终未予承认），电台名称也随之改为“北京中央广播电台”，并于1938年1月1日，即伪“临时政府”举行所谓“就职典礼”之日开始用日语、汉语广播。1940年3月，南京汪精卫伪“中央政府”成立，北平伪“临时政府”改称“华北政务委员会”。同年7月，伪“华北政务委员会”控制下的“华北广播协会”成立。日本广播

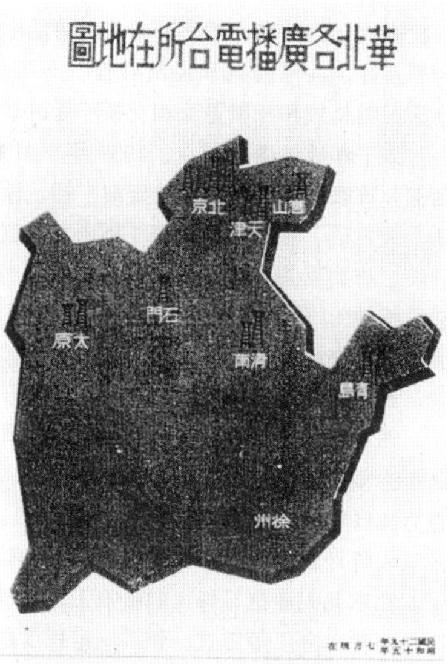

（图3-2-9）日伪“华北广播协会”出版物刊登的华北各地1940年日伪广播电台分布图

协会名义上把华北地区的广播电台交“华北广播协会”“专营统制”，但真正掌握实权的仍是日本人。当时，在该会管辖下的电台，分布在北平、天津、济南、青岛、烟台、太原、石家庄、保定、唐山和徐州等地，总发射功率为100多千瓦，其中以北平日伪台作为日伪华北广播的中心。（见图3-2-9）

在天津，七七事变前，日本领事馆就在日租界办有公会堂广播电台。天津沦陷后，伪天津广播电台于1938年1月开播，公会堂广播电台与之合并。1941年2月，该台又办起“特殊广播”，播出日语、英语、俄语新闻节目。在山东，日伪济南广播电台于1938年6月开播，呼号XGOP，发射功率后增至1千瓦，为当时华北地区第二大广播电台。在河北，日伪曾一度在唐山开办“冀东防共自治政府”广播电台，后改为伪唐山广播电台。1938年，日本侵略者将绥远省和察哈尔省(今河北省和山西省的北部及内蒙古中部地区)称为所谓“蒙疆”地区，并建立了所谓“蒙疆自治政府”，以张家口为其“首府”。随后又成立了控制这个地区广播事业的伪“蒙疆广播协会”，并先后在张家口、大同、厚和(即归绥，现呼和浩特)、包头等城市办起广播电台。

华北地区的日伪广播电台

是日本侵略者镇压中国人民的抗日活动，推行所谓“治安强化运动”的工具。自1941年起，日寇在华北地区五次开展“治安强化运动”。日本华北方面军参谋部制定的《“治安强化运动”实施计划》中强调，要利用广播来“宣传东亚新秩序的观念”，并规定“华北广播协会向管内及敌地区进行广播，并由地方各电台作为本地新闻进行广播”。为所谓“治安肃正”有关广播宣传，日军特别支援“华北广播协会”广播发射设备和对重庆广播的定向天线，用来“对重庆进行广播宣传攻势”。日军也在华北地区强制推销廉价收音机，据统计，仅北平一地就销售4万多架。

华北沦陷区的中国人民对日伪广播的反动宣传多方加以抵制。1941年春天，中共地下党员打入伪北平电台，利用编写广播稿件和办节目的合法身份，团结爱国反日的职员，采取隐蔽和公开相结合的斗争方式，尽量减少和冲淡敌伪广播中的反动内容，通过播讲历史故事和科学卫生知识、演唱儿童歌曲等，曲折、隐晦地宣传爱国主义思想。平津等地的爱国艺人，有的拒绝演唱为敌人歌功颂德的曲目，有的利用相声讽刺日伪统治者对人民的剥削和压迫。沦陷区的许多爱国居民还深夜收听南京、重庆的国民党广播，抵制日伪政权推销的廉价收音机。

三、华东汪伪和其他日伪广播

1937年11月，日本占领上海后，立即“接管”了原国民党的两座广播电台，并利用其设备建起日伪“大上海广播电台”。此外，1941年12月太平洋战争爆发后，日本侵略者先接管了原福音、华美和大美晚报三家美商广播电台，分别办起了大东、东亚、黄埔三座日伪广播电台。1938年3月，日伪“上海市广播无线电台监督处”成立，强令上海各电台进行登记，声称各台均须“重加认可，方准营业”。上海的民营广播电台在重重压力下，日趋分化，有少数电台沦为汉奸广播电台。1937年12月，日军攻占南京。1938年9月10日，日本在南京设立伪“南京广播电台”，用来宣扬日本侵略军的“战绩”，对江苏及附近的中国居民进行“中日亲善”的欺骗性宣传。汪精卫叛国投敌来到南京之后，伪“南京台”又成为他鼓吹所谓“和平运动”的工具。

1940年3月，在日本侵略者的策划下，在南京成立汪记“国民政府”，形式上把华北伪“临时政府”、华中伪“维新政府”以及伪“蒙疆自治政府”和汪精卫集团等熔于一炉，由汪自任代理主席，发表了所谓“还都宣言”，并与日本首相作了“交换广播”。第二年2月，汪伪政权建立伪“中国广播事业建设协会”，声称将要“负责接收各地日军电台”。这个伪组织制定的《广播无线电台计划》提出，要“统一管理”沦陷区的广播电台。3月26日，在南京上演了一出日本军方将广播事业“交还”汪伪政权的丑剧。伪协会在“接收”之后，为混淆视听、蒙蔽舆论，将伪“南京广播电台”改称“中央广播电台”，呼号也定为XGOA，与重庆国民党中央台的台名和呼号完全一样。对此，重庆国民党中央广播事业指导委员会于同年4月发出代电，揭露汪伪“冀图鱼目混珠，淆乱听闻”，提醒“全国听众勿为所弄”。

汪伪“中国广播事业建设协会”受汪伪政权宣传部的指导监督，它控制下的广播电台，根据1941年统计，除汪伪“中央台”外，尚有上海、汉口、杭州、苏州和蚌埠等地的广播电台。除日伪电台外，汪伪政权规定，在其统治范围内，“民间不得再有广播电台”。伪协会由汪伪政权的宣传部长林伯生兼任理事长，但实际权力仍把持在日本人手中。在宣传上，汪伪广播秉承日本帝国主义的旨意，完全为汪伪政府的亲日反共政策效劳。汪精卫等汉奸头面人物纷纷到广播电台发表讲演，鼓吹卖国谬论。1942年起，汪伪政权唯恐其统治区的居民收听来自重庆和英美的广播，颁布反动法令，强令持有收音机者登记。即使如此，在京沪一带偷听重庆及英美广播者仍大有人在。在汪伪中央台工作的有爱国心的无线电人员就曾利用工作之便，暗中收听重庆及英美广播。1945年8月10日晚，还把重庆电台播出的日本政府通过瑞士发出照会请求投降的消息通过汪伪中央台播送出去，使南京的市民兴奋不已。

台湾自1895年《马关条约》后，被“割让”与日本，沦为殖民地。1925年6月，日伪“总督府”曾在台北建立播音室，进行试验性广播，不久即终止。1928年11月，伪“台北广播电台”在台北开始使用日语播音。在日寇占领下，20世纪30年代以来台湾又先后在台南、台中、嘉义、花莲等地建立了广播电台。这些电台均由1931年成立的伪“台湾广播协会”管辖。1938年，该协会还在厦门建立了一座日伪广播电台。

据现有材料，抗日战争时期，日本帝国主义在中国境内先后建立起来的广播电台有60多座。这些广播电台都是在侵华的日本军事当局控制之下，对沦陷区的中国居民进行欺骗宣传，为其灭亡中国的反动目的服务的。

此外，在上海，还有德国、意大利、法国的广播电台。德国广播电台1940年6月

14日开播，1945年5月德国投降后，由日军接管，改为伪大上海广播电台国际台。意大利商人办的中義广播电台，1938年8月开播，1943年意大利投降后为日军接管。这些电台与日伪广播狼狈为奸，沆瀣一气，为法西斯宣传摇旗呐喊。

四、“孤岛”的民营广播

日本帝国主义对其占领地区的国民党广播电台采取“接管”方式，加以霸占，而对民营广播电台则多方加以迫害，直至使其停止播音。

上海是中国民营广播电台的大本营。上海民营台在抗日战争时期的处境和遭遇，具有代表性。上海民营台的状况以1941年12月日本偷袭珍珠港、太平洋战争爆发为界，前后经历了两个不同的阶段。前一阶段，日军占领了上海租界地区以外的全部地方，对于租界地区，由于尚未与英、美、法等国交战，故暂时未实行军事占领。这样，租界地区形成了一座“孤岛”，并维持了4年多的时间。

上海的租界地区始于清朝末年，是帝国主义者按照不平等条件强迫清政府从上海划出的、作为外侨居留和通商的特定区域，但实际上是帝国主义对我国进行侵略活动的据点。抗日战争爆发时，上海的租界分为法租界和公共租界，后者是美、英等几个帝国主义国家共管的租界。日寇占领上海非租界地区以后，中国共产党人和爱国人士凭借租界的特殊地位，利用英、美、法帝国主义者与日本帝国主义者的矛盾，展开了一场特殊形式的斗争，这便是闻名遐迩的“孤岛抗战”。当时，日寇在租界内建立了新闻检查所，勒令中国人办的报纸一律要接受检查。在敌人的法西斯新闻法令钳制下，一批抗日报刊被迫停刊，其他报刊虽然可以出版，但却无法报道抗日的消息，发表抗日的言论。这时，中国共产党人和坚持抗日的爱国进步的文化界人士便利用日寇对英美商人办的报纸不作检查的机会，以外商的名义先后办起了一批抗日爱国的报刊，如《译报》、《每日译报》和《文汇报》等。在“孤岛抗战”精神的影响下，上海的部分民营台曾与日本占领当局进行了一场有气无力的抗争。（见图3-2-10）

拒絕向「監督處」登記
數電台決停止營業
工部局盡力保護停業電台

（图3-2-10）上海《新闻报》1938年5月3日关于民营台拒绝向日伪当局登记的报道

1937年11月，上海沦陷之际，尚存30多座民营台。当时除亚美、华美等几座广播电台自动拆机停播，以示无声抗议外，其余大多数民营台仍继续播音。第二年3月，日伪“上海市广播无线电台监督处”成立，并先后发布多项指令，勒令民营台限期向该处登记，经“重加认可方准营业”，否则不准继续播音。各民营台经商讨后，一面表示不愿接受日伪当局管理；一面联名致函租界当局要求保护，企图利用“孤岛”的特殊状况与日本占领当局周旋，同时决定在限期截止的4月28日起暂时停播。李树德堂等三家民营台则屈服于日本帝国主义的压力仍在照常播音(三家电台后来均向日伪监督处登记而继续营业)。（见图3-2-11、图3-2-12）

日方成立無線電監督處
日方現已成立廣播無線電監督處，處址即在哈同大樓一三一六號，並已定於四月一日接收交通部及中央執行委員會監督電台播音等等有關之一切事務，各電台已得到通知云。

（图3-2-11）上海《新夜报》1938年3月28日关于日方成立广播监督处的报道

（图3-2-12）李树德堂广播电台机房外观

上海租界的英美当局经与日本占领当局几度交涉，双方达成一定程度的谅解。一方面日本同意民营台向租界当局登记；另一方面民营台却必须严格遵守日方要求，不得有反日宣传及其他政治内容的广播。当时向租界警务处登记而继续播音的民营台共有31家，其中大多数仍然大量播出醉生梦死、灯红酒绿的娱乐节目。有些电台甚至堕落为汉奸电台。只有极少数电台间接地做了一些抗日的广播宣传，播送过一些爱国进步的歌曲，还募捐衣物、救济难胞婴孩、支援前线，做了些有益于抗日的事情。但总的来说，由于缺乏正确有力的指导，又没有得到广大群众的支持，再加上自身软

弱妥协的本性，民营广播电台没有也不可能为抗日斗争作出更大的成绩。后来，日寇又进而对租界当局施加压力，并采取干扰、抢劫、破坏甚至投掷炸弹等种种卑劣手段，威胁向租界当局登记的民营台。民营台的处境日益险恶。

1941年12月8日，太平洋战争爆发，当天，日军占领上海租界地区，封闭了尚存的原已向日本无线电台监督处登记的民营广播电台工会所属28座民营台，同时又“接收”了美国人办的广播电台。至此，上海同其他沦陷地区一样，再也听不到民营广播电台的声音了。日本的法西斯统治，把昔日“十里洋场”的大上海变成了步步荆棘的恐怖世界，“不少市民因此深居简出，呆在家里听听短波广播，盼望早些‘天亮’”。[3]

第三节 “苏联呼声”与美军在华广播

一、独具特色的“苏联呼声”

抗日战争时期，在日寇占领下的上海，有一座独具特色的反法西斯广播电台，这就是著名的“苏联呼声”广播电台。

抗战爆发前，苏联在上海设有领事馆，塔斯社在上海设有分社，社长为罗果夫，出版俄文《时代》杂志。1941年6月，希特勒悍然下令进攻苏联。苏德战争爆发以后，苏联为加强在上海的宣传工作，以苏商名义创办了中文版《时代》周刊和“苏联呼声”广播电台。

“苏联呼声”广播电台，呼号XRVN，1941年9月27日开始正式播音，使用华语(包括上海话和广州话)以及俄、英、德语播送新闻节目。该台由塔斯社上海分社领导。华语

男女播音员为岳起(乐嘉树)、桂碧清。李德伦和黎频兄妹参与音乐和文艺节目的播出，卫仲乐教授主持中国音乐节目。该台主要内容有报道苏联人民反法西斯斗争的消息和评论、苏德战争公报、苏维埃国家建设和人民生活情况等，该台每天上、下午各播音一次，其间每天傍晚为特别节目。除新闻节目外，尚有《京剧》、《申曲》、《越剧》、《广东音乐》、《西洋音乐》以及《艺术节目》、《话剧》和《俄文讲座》等。“苏联呼声”电台数量众多的文艺节目，不但与敌伪统治下的广播电台迥然不同，就是与大后方和延安的广播电台相比也是别具特色。该台大量介绍了苏联革命文艺作品如高尔基、马雅柯夫斯基等人的作品，苏联革命歌曲，西方古典音乐以及中国的京剧、越剧、广东音乐等等。1943年6月，在高尔基逝世7周年之际，该台播出了纪念周特别节目，内容有高尔基的话剧《华莎》、小说《母亲》片断和《二十六个和一个》、诗歌《海燕》，同时还播出了曹靖华的讲演词《高尔基的生平和创作》、郭沫若写的挽诗等。对于我国“五四”以来的进步和革命文艺作品的介绍，该台也给予了重视，播出数量之多，内容之丰富，是当年众多广播电台中绝无仅有的。据不完全统计，该台陆续播出过鲁迅、郭沫若、茅盾、巴金、老舍、张天翼、曹禺、鲁彦、萧乾等人的文艺作品。1943年10月，该台还专门举办了为期两周的《鲁迅逝世7周年纪念节目》，内容有鲁迅生平介绍，小说《阿Q正传》、《故乡》、《风波》，根据原作《长明灯》改编的独幕剧，杂文《现在的屠杀者》、《聪明人和傻子和奴才》、《娜拉走后怎样》等，还有冯雪峰的《鲁迅与中国民族及文学上的

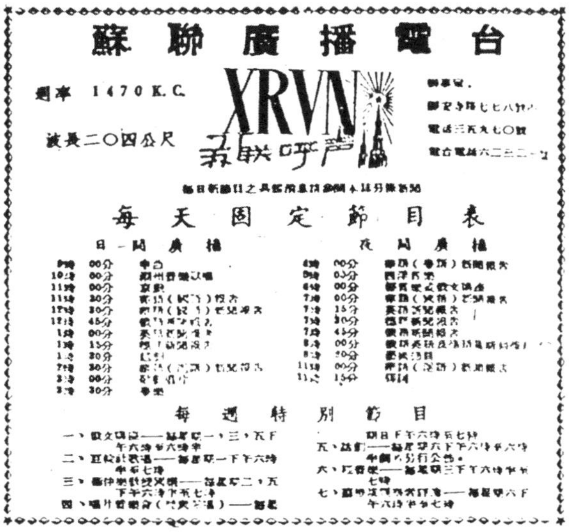

（图3-3-1）上海《时代》周刊刊登的“苏联呼声”广播电台节目表［见该刊第3年第3期（总第59期），1943年1月16日出版］

鲁迅主义》，罗果夫的《鲁迅与苏联文学》。在毒雾弥漫的上海广播中，“苏联呼声”的宣传内容，使水深火热中的上海市民耳目一新。重庆《新华日报》1944年1月载文指出：“从苏联电台传送出来的胜利消息和雄壮的国际歌声永远在人们心中共鸣着。这告诉我们，侵略者的寿命已近黄昏日落的时候了。”（见图3-3-1）

“苏联呼声”电台之所以能在日本侵略者的统治下长期存在，与当时苏日之间存在着的特殊关系是分不开的。1941年4月，日本与苏联签订了《日苏中立条约》。双方承认，尊重领土完整及不可侵犯；当其一方与第三国交战时，另一方应保持中立。太平洋战争爆发以后，日苏之间并未宣战，故日本对“苏联呼声”电台的存在也就未加干涉，“苏联呼声”电台则在播出内容上绝不涉及抗日战争、亚洲问题及太平洋战争等。直到1945年8月8日，苏联对日宣

战，出兵中国东北之际，“苏联呼声”电台才遭到日军的查封。但过了几天，日本帝国主义宣布无条件投降，该台随即恢复了播音。

二、美军在华广播

抗日战争后期，美国军队进入中国境内，参加对日作战。根据《联合国在华设立临时军用无线电台办法》，经中国有关当局批准，美军于1944年10月在广西、云南、四川等地设立军用广播电台，其中驻昆明美军广播电台为最大，呼号XNAW，发射功率1千瓦，除两次新闻节目外，大部分时间播送专为美军制作的唱片节目如《名诗朗诵》、《士兵节目》、《爵士音乐》、《跳舞音乐》、《古典名曲》等。桂林、云南驿、白市驿三地的军用广播电台，呼号依次为CB1、CB2、CB3，发射功率均为50瓦，专为美军播送娱乐节目。1945年3月，又在成都、陆良、羊街、沾益、泸县增设5座军用广播电台。除昆明外的其余8座军用电台，据国民党政府交通部、军令部报告称：“该项电台电力极小，广播范围亦限于军纪、军中娱乐，纯属美军军中事务，与含有政治性之宣传广播，使用强力机者不同，亦非传递军事性质以外之电报可比。”抗战胜利后，上述广播电台均随美军撤离而陆续停播。

此外，抗日战争时期，英国在阴谋策划分裂西藏的活动中，曾在西藏培训过无线电技术人员，并企图利用美、英提供的无线电设备建立广播电台。

第四节 人民广播第一声

一、蹒跚起步

20世纪20年代末30年代初，在中国共产党的领导下，人民的无线电事业开始筹建。

周恩来和毛泽东、朱德分别领导创办了中国共产党在白区和革命根据地的无线电通信事业。

1928年11月，中共六大以后，时任中央政治局常委、组织部长，负责军事部工作的周恩来开始着手筹划在上海建立秘密电台。这项任务是由中央军委特科四科负责，四科科长是李强[4]。他受命学习安装无线电收发报机。上海法租界地方党支部书记张沈川化名报考国民党办的无线电学校，学习无线电报收发技术。经过几个月的辛勤劳动，1929年秋天，李强和张沈川安装成功了一部50瓦的无线电收发报机。党的第一个秘密电台终于在敌人严密封锁下的上海建立起来了。电台通报使用的密码是周恩来编制出来的，第一本密码称为“豪密”[5]。

江西中央革命根据地始建于1928年春天。1929年12月，红四军召开了第九次代表大会，即著名的古田会议。毛泽东为会议起草的决议案中指出：无线电是一种进步的通信方法。他注意到了红军缺乏无线电通信工具这件事。1930年8月，在红军攻打文家市(在湘赣边境)的作战命令中，毛泽东专门写了注意事项，要求保护好缴获的无线电台。但由于当时部队中的游击主义习气作怪，在清查战果时才发现电台已被破坏。

1930年底1931年初，中央红军取得了第一次反“围剿”斗争的胜利。在战斗中间，王诤、刘寅等报务人员脱离白军，参加了红军，成为工农红军中最早的无线电人员。1931年1月3日，红军在东韶战役歼灭谭道源军队的战斗中，终于完整地缴获一部15瓦的无线电台，同时，又有几名国民党军中的报务人员参加了红军。这样，一部半无线电台(包括两部收报机、一部发报机)和两套电源设备就成了红军无线电事业的物质基础。

1月6日，中央红军无线电队在江西宁都的小布正式成立，王诤任队长，冯文彬任政委。由于设备有限，当时只能利用仅有的电台抄收国民党中央社的新闻电讯，截抄国民党军队的内部通报和军事情报，供领导机关参阅。1月28日，朱德、毛泽东签发的《调学生学无线电的命令》中指出："无线电的工作，比任何局部的技术工作都更重要些。"要求各部队"选调可造就的青年到总部无线电队来学习"。

1932年春，中央根据地陆续与鄂西、鄂豫皖根据地建立了无线电通信。从此，中共中央的重要指示、决定可以及时地传到各根据地，从上海收集到的国民党军事活动的情报，通过无线电报迅速地供给前方，对配合粉碎敌人的军事"围剿"起了很大的作用。毛泽东对无线电通信网的作用给予了高度评价，他说："由于无线电的存在，纵使我们在农村环境中，但我们在政治上却不是孤立的，我们和全国全世界的政治活动的关系是很密切的，同时，纵使革命在各个农村是被分割的，而经过无线电，也就能形成集中的指导了。"

中央根据地的无线电通信事业，在毛泽东、朱德以及1931年冬到达中央根据地的周恩来等的共同重视和关怀下，随着反"围剿"斗争的胜利，从无到有、由小到大，逐步地发展起来，形成了以江西中央根据地为中心，联系其他根据地的一个初具规模的无线电通信网。1933年1月，中央领导机关由上海迁到中央根据地后，中央同共产国际的无线电通信仍然是通过上海中央局电台转发的，直到长征前夕，中央与上海局才中断无线电联系。为加强对通信工作的领

导，在长征以前，中央军委设立了三局(通信联络局)，由王诤任局长，伍云甫任政委。当时，中央军委在有关文件中指出，无线电已经成为红军的主要通信工具了。

1934年10月开始的二万五千里长征中，红军通信战士为确保联络畅通，不辞劳苦，不怕牺牲，为长征的最后胜利作出了重要的贡献。由于长途转战，环境艰苦，据统计，红军的无线电器材和设备大约损失了1/3。

陕北革命根据地的无线电通信事业始于1935年春。第一个无线电台是在攻克延川的战斗中缴获的。此后，陕北红军开办起无线电训练班。1935年9月，红二十五军长征到达陕北后，与陕甘红军合组成第十五军团。当时，红二十五军中也有一个无线电训练班。两个训练班共培训无线电报务人员十余名，无线电通信业务在陕北有了初步的开展。同年10月，中央红军胜利到达陕北后，将原红军通信学校与陕北的无线电训练班合并，正式成立军委通信学校，担负起全军报务人员的培训任务。至1937年7月抗战爆发，共办了8期，培训无线电报务人员80多人。在此期间，恢复和建立在国民党统治区、国民党友军和与共产国际的无线电联络等各项业务工作也取得进展。

1937年7月，抗日战争全面爆发。在此前后，抗日民族统一战线逐步发展，促成了国共合作共同抗日的局面，新的形势为人民无线电事业的发展提供了有利的条件。当时，新成立的中共中央革命军事委员会所属总参谋部下辖四个局，第三局仍为通信联络局，局长王诤，副局长朱道松(后为李强)。三局设有三个科、军委通信学校及四个无线电分队。在抗日战争初期，为扩大和充实无线电队伍和设备，三局

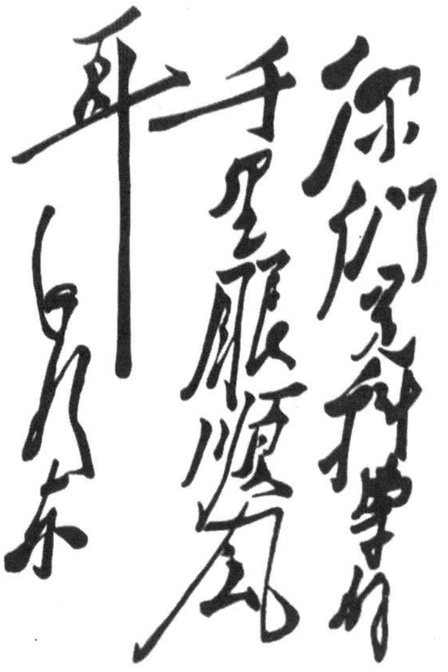

（图3-4-1）毛泽东为《通信战士》题词

着手进行以下几方面的工作：第一，加速培养3无线电通信人员，主要办法是增加招生名额并缩短学制。第二，抓紧时机，多方采购无线电通信器材。第三，组建通信材料厂，自力更生制造无线电器材。第四，及时调整无线电通信队伍，完善管理条例。

为加强对无线电技术人员的业务和思想政治教育，三局先后设立教育科(后改教育处)和政治处，并于1940年1月创办机关刊物《通信战士》。毛泽东为该刊题词“你们是科学的千里眼顺风耳”，预示了通信兵战士在革命战争中的重大作用。（见图3-4-1）1939年4月，毛泽东在延安接见通信学校全体干部、学员时说：通信工作是机要工作，是党和军队的重要工作，是耳目。没有通信联络工作，中央、司令部和作战部队缺乏准确及时的无线电联络，军队就打不了胜仗。他勉励大家要当无名英雄，埋头苦干，钻研和精通业务，作出更大成绩。

20世纪30年代末期，中国共产党领导下的人民无线电事业的建设和发展，为在延安筹建人民广播事业准备了必要的物质基础和技术干部。

二、筹建人民广播电台

据现有的调查材料，中共中央最早提出创办人民广播电台的任务是在抗日战争爆发前夕。此后，还曾多次提出要在

（图3-4-2）20世纪30年代后期的延安

延安建立人民的广播电台。这与当时政治形势的发展和新闻工作的需要是分不开的。（见图3-4-2）

1936年12月，在中国共产党的抗日民族统一战线政策和全国抗日救亡运动高涨的影响下，张学良、杨虎城两将军发动西安事变。

在中国共产党对张、杨两将军的积极支持下，蒋介石被迫答应停止“剿共”、联共抗日。西安事变的和平解决促进了第二次国共合作的实现和抗日民族统一战线的初步形成。1937年9月23日，蒋介石发表谈话承认中国共产党的合法地位和两党合作，这标志着国共两党抗日民族统一战线的正式形成。在国内政治形势急剧变化的重要时刻，如何把党的争取实现国内和平、促进国共合作共同抗日以及建立广泛的抗日民族统一战线的政策和主张，及时地传达给广大人民群众，特别是国民党统治区和沦陷区的亿万同胞，成为党的新闻工作面临的一项重大而迫切的任务。

抗日战争初期，中国共产党掌握的新闻工具主要是报刊和通讯社。

红军长征到达陕北不久，中华苏维埃临时中央政府机关报《红色中华》于1935年11月恢复出版。1937年1月，该报改名为《新中华报》继续出版，至1938年12月停刊。1939年2月，《新中华报》(刷新版)作为中共中央机关报在延安创刊。此外，在延安还出版了《解放》周刊(1937年4月创刊)、《八路军军政杂志》(1939年1月创刊)和《共产党人》(1939年10月创刊)等一批党政军的报刊。同时，中共中央直接领导下的通讯社——红色中华通讯社，从1937年1月起，开始用“新华社”的名义向全国播发文字广播。在其他抗日根据地也陆续创办了一批新的报刊。

上述党的报刊和通讯社的宣传，对于促进抗日民族统一战线的发展和巩固，推动全国军民的抗日救亡斗争发挥了很大的作用。但是，由于报刊和通讯社本身的局限性，再加上日本帝国主义和国民党顽固派的破坏和干扰，党的政策和主张以及抗战局势发展的报道工作受到相当程度的影响。

在国共合作共同抗日的局面形成后，中国共产党报刊发展的另一个特点是，根据国共双方达成的协议，国民党同意在国统区出版共产党的报刊。1937年12月，中国共产党在汉口创办了《群众》周刊；1938年1月11日又在汉口创办了《新华日报》。在武汉时期，《新华日报》共出版了258期，1938年10月25日起，迁到重庆继续出版。武汉时期的《新华日报》和《群众》周刊高举团结抗日的大旗，积极宣传了中国共产党在抗战问题上的方针、政策，报道了中国军民奋起抗敌的可歌可泣的动人事迹，揭露了日本侵略者的种

种暴行和投降派的罪恶活动，在国内外广大读者中产生了广泛的影响。面对《新华日报》日益增长的影响，国民党当局深感恐惧和不安，多方采取限制、监视乃至迫害的手段，但慑于当时全国抗日斗争高涨的压力，尚不敢对共产党的报刊采取过激的做法。

但是，国民党的一些主要当权者并没有放弃反共反人民的方针，国民党一党专政的封建法西斯统治也没有发生根本变化。从1938年下半年起，国民党除了运用自己主办和控制的报刊、通讯社和广播电台进行反动宣传外，开始对进步报刊实行严格的审查、压迫和摧残，并且借口抗战是“非常”时期，禁止开办民营广播电台。1938年7月，国民党政府公布了《修正抗战期间图书杂志审查标准》，不准书刊报纸批评国民党及其政府，不准批评蒋介石。总之，对国民党只能歌功颂德，对蒋介石要唯命是从，否则就要被“取缔”。国民党的统治中心从武汉迁到重庆后，上述新闻出版统制政策越发变本加厉，直至赤裸裸地对进步抗日报刊和报人进行迫害。在这种情况下，《新华日报》的处境日益困难。国民党当局为扼杀《新华日报》，采取了各种卑劣的法西斯手段。《新华日报》的工作人员在周恩来的直接领导下，采取合法与非法相结合的斗争方式，与之展开了“有理、有利、有节”的斗争，使《新华日报》能够在极其困难、复杂的情况下得以生存和发展。尽管如此，许多重要的评论、消息和文章毕竟无法刊登出去。

上述事实说明，在抗日战争全面爆发的形势下，党的报刊和通讯社的宣传已不能适应形势需要。因此，把人民的广播电台建立起来，使大后方和沦陷区拥有收音机的听众能够直接听到中国共产党的声音，

（图3-4-3）王诤

（图3-4-4）向仲华

（图3-4-5）1941年元旦傅英豪与唐旦夫妇在王皮湾延安新华广播电台

了解抗日战争形势的发展，对于激励和鼓舞亿万军民的抗日爱国热忱，无疑是一件十分有意义的事情。

三、延安新华广播电台的建立和暂停

为尽快在延安建立人民的广播电台，1940年春天，中共中央决定成立广播委员会，领导筹建广播电台的工作。周恩来任主任，成员有中央军委三局局长王诤（见图3-4-3）、新华社社长向仲华（见图3-4-4）等。周恩来赴重庆工作以后，由朱德主持筹建工作，王诤直接领导，承担具体筹建任务的是三局九分队。九分队队长为傅英豪（见图3-4-5），成员有30多人，大部分是八路军战士和知识青年，只有少数无线电技术人员。

广播电台的台址，经过三局多次勘察，确定设在延安西北19公里处的王皮湾村。

在王皮湾老乡的积极配合下，三局派出阙明等人组织一批石匠、瓦工，经过两个多月的日夜奋战，在延河支流西川南岸的半山腰中开凿出两孔石窑洞，准备做广播电台的机房和动力间。两孔石窑洞各有3米多高，一孔约27平方米，一孔约16平方米，后部有一条甬道相通，用来敷设电线，连接发电设备和广播发射机。甬道中间还开凿了一孔大约

（图3-4-6）延安台在墩儿山上的动力间和发射机房旧址

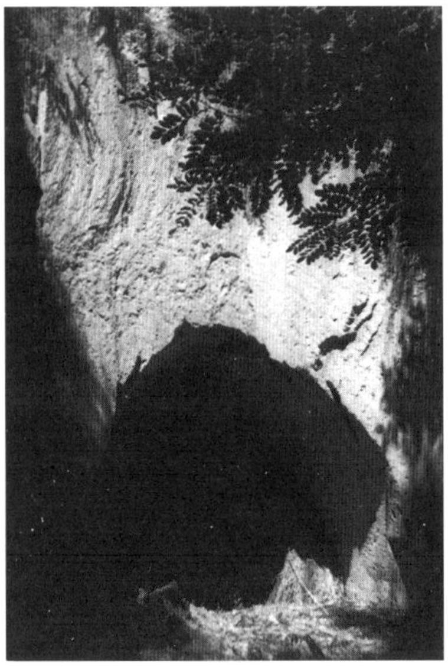

（图3-4-7）延安台最早的播音室旧址——王皮湾村内的土窑洞

（图3-4-8）延安王皮湾村中国人民广播诞生地纪念碑

5平方米的小窑洞，准备放置器材、零件之用。另外，又在西川北岸沟口打了两孔土窑洞作为播音室和备稿室。[6]在播音室的一张白木楂桌上放着一只旧话筒，用羊毛毡作门帘兼作隔音用。（见图3-4-6、图3-4-7、图3-4-8）

当时，中国人民的抗日战争正处在极端困难的阶段，陕甘宁边区的无线电事业虽然有一定基础，但也仅能基本满足无线电通信和新华社文字广播的需要，要创建一座现代化的广播电台，还必须克服许多困难。首先是缺少广播电台的心脏——广播发射机。1939年秋，周恩来因右臂受伤去苏联医治。在莫斯科，他和任弼时作为中国共产党驻共产国际的代表，同共产国际领导人季米特洛夫会谈。当研究在延安建立广播电台问题的时候，季米特洛夫将延安缺乏广播器材一事向斯大林作了汇报，决定以共产国际的名义援助一部苏制广播发射机。1940年2月，周恩来等离开苏联回国时，将发射机拆卸装箱空运到新疆，然后用汽车经兰州、西安等地运到延安。九分队的技术人员对这部发射机进行了多次改装。（见图3-4-9）经过反复调试，终于使它能够适合语言广播使

（图3-4-9）延安新华广播电台第一部广播发射机

（图3-4-10）根据老同志回忆绘制的当年延安台机房工作情景

用。建台需要的其他零部件，有的是从大后方和敌占区采购来的，有的是缴获的日伪器材，更多的则是由通信材料厂和九分队的人员土法上马，自己制造出来的。

其次是供电问题。20世纪40年代初期的延安，没有发电厂。党政机关的无线电报和新华社的文字广播需要的电力较小，使用蓄电池和手摇马达发电，就可以满足需要。语言广播需要的电力至少是几百瓦，手摇马达发电根本不能解决问题。九分队和通信材料厂的

技术人员经过反复研究，决定利用汽车引擎来带动发电机转动。延安的汽油、柴油奇缺，大家又想出制作木炭炉，利用烧木炭产生煤气的办法来代替汽油作燃料。为烧出合格的煤气，几位通信战士一天到晚围着木炭炉观察火候，弄得满身油污，一脸炭灰。几十天的辛勤劳动带来了成功的喜悦，烧出的煤气终于可以使汽车引擎转动了，偏僻的王皮湾村，从此夜晚灯火闪闪，马达轰鸣。（见图3-4-10）使用煤气作燃料，引擎的转速不够，广播发射机的功率只达到300瓦。

再次，在解决架设发射天线这个难题上，九分队的人员克服了钢材缺乏的困难，因陋就简，把几根大木杆子连接起来竖立在山头上，用“木塔”代替铁塔架设天线，使无线电波能够传送出去。

从春到夏，自秋至冬，九分队的人员经过将近一年时间的艰苦奋斗，初步完成了建台任务，并且开始了试验播音。广播稿是由新华社广播科编写的。广播科科长是李伍，编辑有陈笑雨、王唯真（见图3-4-11）等人。女播音员是由延安女子大学选派的，20世纪40年代初期的女播音员，先后有徐瑞璋(麦风)、姚雯、萧岩（见图3-4-12）和孙茜等。新华社在延安城东的清凉山上(曾一度在杨家岭)，与王皮湾相距20公里左右，每天由通信员骑马将广播稿送到王皮湾，供播出使用。

（图3-4-12）延安新华广播电台女播音员萧岩（右）

（图3-4-11）1942年，菲律宾归侨青年王唯真（右）

1940年12月30日，中国共产党领导下的第一座广播电台延安新华广播电台开播[7]，呼号XNCR(当时按照国际有关规定，我国无线电台呼号的第一个字母为X，NCR系英文New Chinese Radio的字头，意即新中国广播)。中共山东地区出版的党报《大众日报》于1941年1月16日报道了该台开播的消息，并要求“山东各军政机关，民众团体，备有收音机者，可赶快按时收听，借以收罗一切正确真实之新闻材料，并可粉碎投降派所进行之欺瞒国人之一切虚妄宣传”。（见图3-4-13）随后，中共中央机关报《新中华报》、《新华日报》(华北版)等都先后报道了延安台的波长、播音时间和主要广播节目。当时，延安台的播音次数和时间，屡有更改，刚开始时每天一次两小时，后增至两次3小时和3次4小时。播音内容有：中共中央重要文件，《新中华报》、《解放》周刊及《解放日报》的重要社论和文章，国际国内的时事新闻，名人讲演，科学常识，革命故事等等。此外，还有音乐戏曲节目，主要内容是演播抗日歌曲。

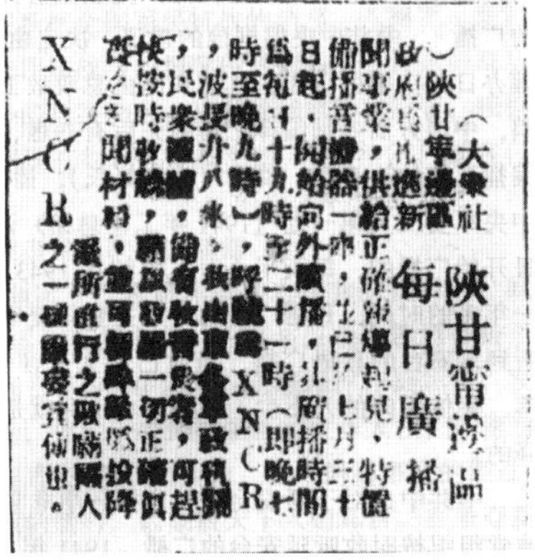
陝甘
每日廣播
XNCR

（图3-4-13）山东《大众日报》1941年1月16日刊登的延安新华广播电台开播的消息

延安台开播初期还办起了日语广播，它是根据日共领导人野坂参三的意见办起来的。

野坂是1940年春随周恩来一起由莫斯科来到延安的。在延安，他参与研究敌情动态，除广泛收集有关报纸外，还经常收听日本、英国的广播。中共中央根据他的建议，决定由八路军总政治部主任王稼祥领导筹办日语广播的工作，具体由总政敌工部负责。野坂负责审定日文广播稿。据中央军委三局第一处《1941年工作总结》记载，日语广播是1941年12月3日开始广播的，每天半小时，大约在1943年春停播，断断续续播出了一年多的时间。日军可以听到延安台的日语广播，当时正值太平洋战争爆发以后，日军士气低落，集体投降的人不少，有的就是因为听了延安广播后投降的。

中共中央对于延安台开始广播一事非常重视，多次在有关文件中要求各地党组织按时收听延安台的广播。1941年5月15日，中共中央书记处在关于出版《解放日报》和改进新华社工作的通知中要求“各地应注意接收延安的广播”。（见图3-4-14）5月25日，中共中央在关于统一各根据地内对外宣传的指示中又强调，“各地应经常接收延安新华社的广播，没有收音机的应不惜代价设立之”。6月20日，中央宣

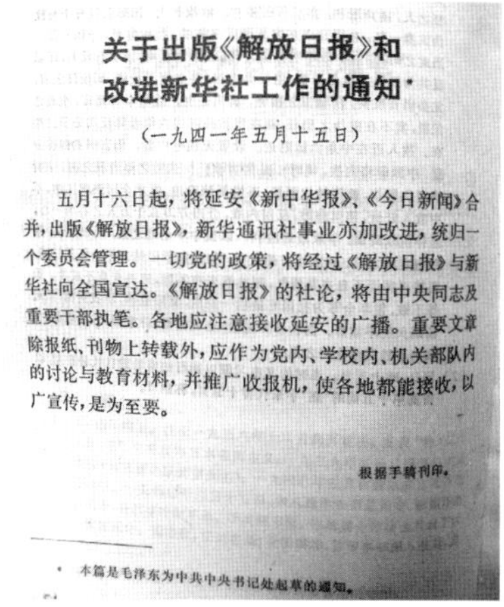
关于出版《解放日报》和改进新华社工作的通知*

（一九四一年五月十五日）

五月十六日起，将延安《新中华报》、《今日新闻》合并，出版《解放日报》，新华通讯社事业亦加改进，统归一个委员会管理。一切党的政策，将经过《解放日报》与新华社向全国宣达。《解放日报》的社论，将由中央同志及重要干部执笔。各地应注意接收延安的广播。重要文章除报纸、刊物上转载外，应作为党内、学校内、机关部队内的讨论与教育材料，并推广收报机，使各地都能接收，以广宣传，是为至要。

根据手稿刊印。

* 本篇是毛泽东为中共中央书记处起草的通知。

（图3-4-14）1941年5月毛泽东起草的《关于出版〈解放日报〉和改进新华社工作的通知》

传部《关于党的宣传鼓动工作提纲》提出，“必须善于使用一切宣传鼓动工具，熟知它们的一切的性能”。《提纲》特别指出：“在现代无线电业发展的情形下，以及在中国交通

工具困难的情形下，发展通讯社的事业，无线电广播事业，是非常重要的。应当在党的统一的宣传政策之下，改进现有通讯社及广播事业的工作。”同年夏天，毛泽东听说延安台有唱机，却缺少唱片，就把自己保存的20多张唱片送给延安台使用，并嘱咐工作人员要认真把广播办好。

延安台的编播、技术人员没有辜负中央的期望和信任，他们以高度的政治热情，在物质条件异常困难的情况下，刻苦钻研业务，不断改进设备，努力提高宣传质量。延安台不断把全国军民抗战的消息，八路军、新四军英勇杀敌的事迹，世界人民反法西斯战争的情况传送到各地。许多听众从延安的广播中了解到国际国内形势的真实动向，从中受到鼓舞和教育，积极投身到抗日民族解放战争中去。据现有材料，延安台在1941年间广播宣传的重点内容为：第一，揭露皖南事变真相，反击第二次反共高潮。第二，宣传党的抗日民族统一战线政策，推动抗日根据地的政权建设。第三，纪念五一国际劳动节和中国共产党成立20周年，播出了一批重要文章。

延安台初创时期，文艺节目中经常播出梅兰芳、马连良等的京剧唱片，更多的则是播音员吹奏口琴、演播抗日歌曲如《五月的鲜花》、《游击队歌》、《黄水谣》、《大刀进行曲》等。

延安台开播，宣告了中国人民广播事业的诞生，同时也打破了国民党当局对大后方广播事业的垄断。延安台的发射功率虽然不大，传播范围也有限，但却引起了重庆国民党当局的惊恐和不安。从保存下来的国民党广播机构侦测延安台广播的历史档案中可以看到，在国共合作共同抗日的形势下，国民党有关部门在其内部

往来函电中，竟然污蔑中国共产党为“延安奸党”，称延安台为“伪台”，把延安广播视为“反动宣传”，并妄图侦察台址“予以取缔”。他们“密电”布置河南广播电台“就近干扰”延安广播。国民党军事委员会命令交通部，通过重庆新华日报社转告延安台必须“依法报核，以完法律手续，在未核准之前不准试播”，妄图“依法取缔”延安台。甚至策划利用中统、军统特务侦察台址，阴谋破坏。这从一个侧面暴露了国民党顽固派假抗日、真反共的面目。（见图3-4-15）

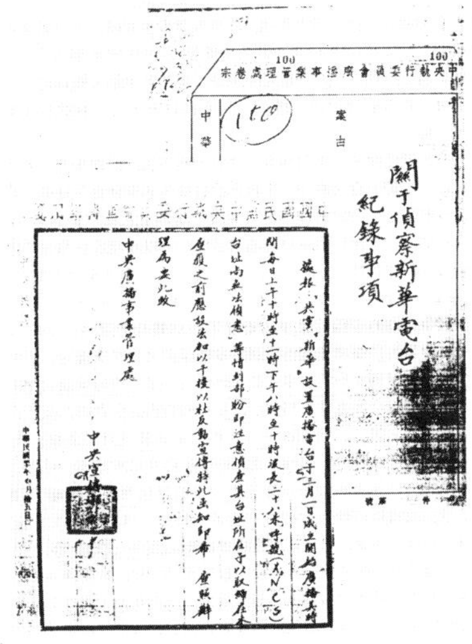

（图3-4-15）重庆国民党当局1941年侦察延安广播的档案材料

（图3-4-16）《新华日报》（华北版）1941年刊登的延安台部分广播稿

但是，国民党当局的阴谋并未得逞，延安的红色电波冲破了“新闻封锁”继续传向四方。一些有收音机的抗日根据地的党政军机关，经常收听延安的广播，并且通过各种途径，把收听效果转告给延安台，帮助他们改进节目。在晋东南出版的《新华日报》（华

北版）根据抄录的延安台的广播刊登了延安发布的不少重要文件、社论和文章。（见图3-4-16）延安的广播在大后方和沦陷区也有一定的影响，有的听众在写给延安台的信中说，听了延安的广播，增强了抗战必胜的信心。当年，有许多青年就是从延安广播中受到教育，提高了觉悟，千里迢迢，越过敌人的封锁线，毅然走向抗日斗争的征途。

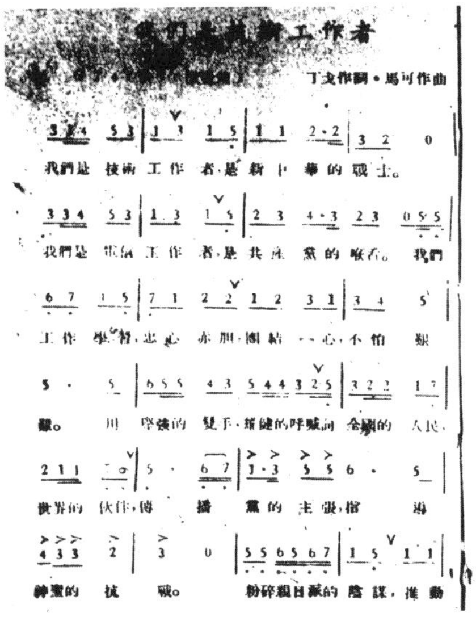

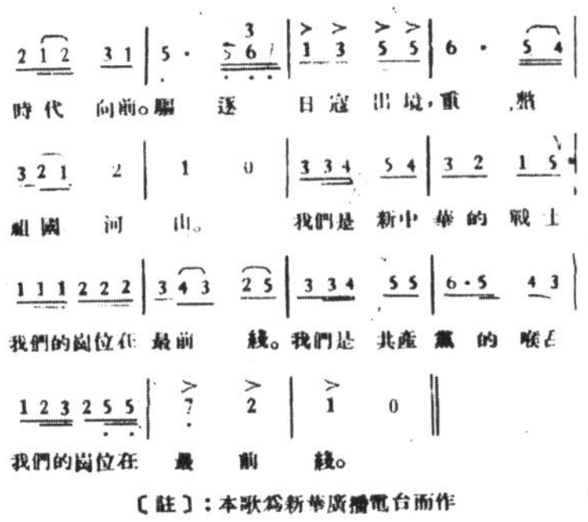

（图3-4-17）专为延安新华广播电台创作的歌曲《我们是技术工作者》

延安台环境艰苦，工作紧张，编播、技术人员以革命乐观主义精神，战胜重重困难，坚持工作。他们在一首为延安台创作的歌曲中，满怀激情地歌颂了人民广播的宗旨，同时也表现出了广播战士艰苦奋斗的情景，歌词中唱道：“我们是技术工作者，是新中华的战士，我们是电信工作者，是共产党的喉舌。我们工作学习，忠心赤胆，团结一心，不怕艰难，用坚强的双手，雄健的呼喊，向全国的人民，世界的伙伴，传播党的主张，指导神圣的抗战，粉碎亲日派的阴谋，推动时代向前，驱逐日寇出

（图3-4-18）延安台播音室旧址之一

境，重整祖国河山。我们是新中华的战士，我们的岗位在最前线。我们是共产党的喉舌，我们的岗位在最前线。”（见图3-4-17）

延安台的播音，由于设备简陋，机器经常发生故障，有时不得不暂时停止播音。延安台时断时续一直坚持播音至1943年的春天。终因斗争环境越发艰苦，无线电器材来源不能保证，电子管损坏，播出音质差，收听效果不好，而宣告暂停播音。直到1945年8月，在抗日战争胜利声中才恢复广播。延安台断断续续两年多的播音，尽管时间不长，却揭开了人民广播史的第一页。它的历史意义在于：担负起抗日战争的部分宣传任务，对于推动抗日战争的胜利起了一定的作用；从实践中培训了人民广播的第一批编播、技术人员；奠定了人民广播事业的最初基础，为以后延安台恢复广播准备了必要的人力和物质条件。（见图3-4-18）

抗日战争时期的中国广播事业走过了艰难曲折的道路，在抗日战争烽火中诞生的人民广播事业虽然幼小，却具有强大的生命力，揭开了中国广播历史的新篇章；国民党广播宣传中的抗日爱国的进步内容有所增长，对于动员和激励全国军民的抗日斗志和加强世界进步力量的反法西斯斗争起了积极的作用，尤其是抗战初期可歌可泣的救亡宣传，写下了中国广播史上的悲壮篇章，这是国民党广播历史上颇有光彩的一页；抗日战争的伟大胜利彻底打垮了日本帝国主义对中国的侵略，从而也就永远结束了日本帝国主义对中国广播主权的侵犯和日伪广播的殖民奴化宣传。自 20 世纪 20 年代中期以来，帝国主义列强在中国办广播的活动已趋于尾声。这在中国广播史上是一件具有转折点意义的事件。

注　释：

〔1〕绿川英子(1912—1947)，原名长谷川照子，日本世界语工作者。1936年与中国留学生刘仁结婚，后到上海投身中国的抗日救亡活动。1938年经郭沫若推荐，由香港辗转到汉口，参加了国民党中宣部国际宣传处对日宣传科的工作，在汉口广播电台担任日语播音员。她的播音在侵华日军中引起强烈反响。日本报纸污蔑她为“娇声卖国贼”。朝鲜友人称赞她的播音是：“温柔的嗓音发出电闪雷鸣。”抗战后，她病逝于我国东北城市佳木斯。

〔2〕鹿地亘（1903—1982），日本作家，1936年到上海与鲁迅相识。1938年起从事对侵华日军反战宣传工作，曾多次在汉口广播电台发表对日本国民的广播演说，号召日本国民站在兄弟友好的立场，与中国人民一道打倒日本军阀。1940年在重庆组建“在华日本人反战同盟”并出任会长。抗战胜利后回到日本，一直从事日中友好活动。

〔3〕引自陶菊隐《孤岛见闻——抗战时期的上海》第124页，上海人民出版社1979年11月出版。作者原注：“天亮”是当时家喻户晓的代用语，指抗战最后的胜利。

〔4〕李强(1905—1996)，原名曾培洪，江苏常熟人。学生时代即投身反帝反封建革命活动。1925年加入共青团，同年转为中共正式党员。1927年5月任中央军委特科四科科长，1929年自制中共第一部无线电收发报机。1931年被派往苏联，先后在共产国际交通部和苏联邮电人民委员会工作。抗日战争爆发后，1938年初到延安，先后任中央军委军工局副局长、局长，兼任延安自然科学院院长、军委三局副局长等职。1947年12月，任军委通信总局副局长，领导了设在河北省井陉县天户村的陕北新华广播电台的大功率发射机和定向天线的建设。1949年6月兼任中央广播事业管理处副处长。新中国成立后任邮电部无线总局和电信总局局长，同时担任新闻总署首任广播事业局局长。1950年任国际电信联盟理事。1955年任对外贸易部副部长。同年还当选为中国科学院首批学部委员(后称院士)。1973年任对外

贸易部部长，1981年任国务院顾问，1983年退居二线。中共第九届至十一届中央委员，中共中央顾问委员会委员，中共第八至十二大代表，第十三、十四大特邀代表，第三届至第五届全国人大代表。

〔5〕“豪密”，豪，即伍豪，周恩来青年时代在天津从事革命活动时的代号，后来一直沿用为化名。“豪密”，意为周恩来编制的密码。这套密码后由任弼时于1931年3月带到中央革命根据地。

〔6〕 1985年夏天，为纪念中国人民广播事业诞生45周年，在两孔石窑洞之间的石壁上刻碑留念，碑文为：“中国人民广播诞生地　1940年12月30日，延安新华广播电台在此开播。这两孔石窑洞是动力间和机房。播音室设在河对岸的一孔土窑洞里。”碑文为杨兆麟题写。

〔7〕1980年12月，经中共中央宣传部批准，将1940年12月30日定为中国人民广播事业创建纪念日。有关情况请参阅赵玉明《中国人民广播事业创建纪念日的由来及其意义》一文，载《中国广播电视年鉴》1991年版，第32—36页。

第 4 章

国共两党的“空中战场”

1945年8月，中国的抗日战争取得全面胜利。战后，中国共产党提出和平、民主、团结的主张，联合一切爱国民主力量，力争把中国建设成一个独立、民主、富强的新中国；国民党则力图使中国恢复到战前的社会状态，维持其在半殖民地半封建国家中的统治地位。在两种前途、两个命运的决战中，中国共产党领导全国人民经过复杂而激烈的斗争，终于推翻了美帝国主义支持的国民党集团的统治，取得了解放战争的伟大胜利，建立起了工人阶级领导的、工农联盟为基础的人民共和国。

在解放战争时期，以延安(陕北)新华广播电台为代表的解放区广播事业经历了恢复重建—曲折发展—成长壮大的过程，并配合解放战争的进程开展了多种形式的广播宣传活动，为解放战争的胜利作出了应有的贡献。国统区的官办民营广播事业在战后曾经一度有所发展，但以中央台为代表的国民党广播事业却沦为鼓吹内战、独裁、卖国的反动喉舌，最终走上崩溃的道路。在国民党统治下挣扎的民营广播也难以再现战前繁荣，呈现出日趋衰落的景象。

第一节 国统区广播的变化

一、国民党广播的再发展

1945年8月10日，日本政府通过中立国瑞士向中、英、美、苏要求无条件投降。当天，国民党中央台播出了这一重大新闻。但此时战事仍未停止。8月15日，东京广播电台播出了日本天皇宣读《终战诏书》的录音，这标志着日本军国主义终于放下武器，无条件投降了。（见图4-1-1）这时，国民党中央台、国际台立即播出了国民党当局给侵华日军总司令官冈村宁次的命令，要他给所属部队下令，按照指定地点向国民党军队投降。同时，在另一道命令中，却把八路军、新四军诬蔑为“非法武装组织”，竟然要日本侵略者向八路军、新四军“收复失地”。8月16日，蒋介石就日本投降事发表广播讲话。（见图4-1-2）

国民党的中央台在广播中要求日伪广播电台人员保管好机件器材，听候派员“接收”。同时，应中国战区美国空军总部的要求，国民党中央台通过

（图4-1-1）在华的日军俘虏在听天皇宣布投降的广播

广播通知南京、上海、汉口、杭州、北平、广州等地广播电台，不断报道广播频率，为美军空运国民党军队到东部“接收区”导航。国民党中央广播

（图4-1-2）1945年8月15日日本宣布无条件投降后，国民政府主席蒋介石于8月16日在重庆向全国发表广播讲话

事业管理处拟订了《广播复员紧急措施办法》，妄图一手独占日伪广播事业，排斥八路军、新四军和其他人民武装接收日伪广播电台。从1945年8月下旬开始，中央广播事业管理处派人分赴各地开始“接收”日伪广播电台。到1946年5月的10个月里，国民党当局一共“接收”日伪广播电台21座，大小广播发射机41台，总发射功率为274千瓦，包括日伪在南京、上海、北平、台湾和华中地区的全部广播电台以及在东北、华北的大部分广播电台。

1946年2月，国民党政府交通部公布《广播无线电台设置规则》（以后对少数条文曾作过5次修正），规定交通部所办广播电台称为国营广播电台；其他政府机关所办者称为公营广播电台；允许中国公民及完全华人组织的公司、厂商、学校和团体设立广播电台，称为民营广播电台；不准外籍机关、人民及非完全华人

组织的公司、厂商、学校和团体在中国境内设立广播电台。

1946年5月5日，国民党政府“还都”南京。同一天，国民党中央台由重庆迁回南京继续播音，除面向全国外，又办起对国外广播，规模较战前有所扩充。中央广播事业指导委员会迁回南京后，于6月、9月间先后召开第29、30次会议后，即行结束工作，有关广播事项移交交通部办理。中央广播事业管理处为进一步扩充广播事业，根据蒋介石在《中国之命运》中提出的要求，制定了一个“建立庞大而周密的全国广播网”计划，同时还成立了“中央广播电台扩充工程处”。经过一年半的时间，据1947年12月底统计，中央广播事业管理处所属电台增加到42座，总发射功率达到423千瓦，全国有收音机100万架左右，比抗战前有了相当大的增长。

抗战胜利后，国民党利用一党执政的地位，继续以种种手段垄断中国的新闻事业。中央通讯社依靠国民党政府允许其自由架设无线电台的特权，依然控制着新闻采访和发布的大权。形形色色的国民党的党报、团报、军报多如牛毛，而民办报刊的创办或复刊却比“骆驼穿针孔”还难。国民党的广播机构又利用“接收”之机，控制了全国绝大多数的广播设备。国民党反动派挑起全面内战前后，更加紧了对新闻事业的控制。一方面，强化官办的新闻事业，中央日报社在南京、上海、武汉等大城市开办了12个分社，《和平日报》（原名《扫荡报》）则有8个分社同时出版8种版本。中央通讯社在全国的分支机构达到52个，同时在国外开办了25个分社。1946年5月，国民党中宣部致函中央广播事业管理处，再次强调“今后广播重要新闻应以中央社电讯为准”。另一

方面，国民党反动派对民办报刊的迫害日益加剧。据1946年1—8月统计，遭到国民党当局查禁和迫害的言论机关达263家之多。

1946年6月，国民党反动派大举进攻中原解放区，从而挑起全面内战。国民党广播电台充当了鼓吹内战的反动喉舌，多次狂妄地宣称要在1年内、半年内，甚至3个月内摧毁解放区和消灭人民解放军。但是，事与愿违，国民党军队的猖狂挑衅，在解放区军民的英勇反击下，很快就遭到惨败。正是在国民党宣传部的导演下，国民党广播中充斥了反共反人民的叫嚣声，但是，这类的反动宣传并没有什么市场，同样遭到了进步舆论和广大群众的鄙弃。

二、民营广播在挣扎中复苏

中国的民营广播电台，除极少数汉奸电台以外，在抗日战争时期备受日寇的摧残和蹂躏，加之，国民党当局借口抗日战争为“非常”时期，也不准开设民营广播电台，致使中国的民营广播事业陷于山穷水尽的境地。

战后，民营广播电台满怀希望重整旧业，但在国民党的反动统治之下，民族资产阶级的这种愿望很快成为泡影。以民营电台的大本营上海为例，日本投降后，民营电台陆续恢复，1946年初即增加到43座，而且还有继续发展之势。2月，《广播无线电台设置规则》公布，虽然同战前的有关法令一样，允许民间办广播电台，但是却从电台的设置、分布、数量、发射功率以及广播内容等多方面加以种种限制。3月起，交通部上海电信局奉命开始“整顿”上海民营台。5月底，蒋介石火上浇油，在电令中指责上海的广播电台“任意造谣生事，流弊极大”，“应由中央广播事业管理处会同交通部拟具管制

办法，以杜流弊”。据上海电信局统计，当时申请登记的中外公私广播电台为106座(其中多有虚报，许多台实际上并无设备)，另未登记者1座，登记过期者1座。会议通过的《管制办法》规定，“由交通部限制上海民营广播电台数目，绝对不得超过20座，余由淞沪警备司令部执行封闭”，“由交通部指定10个周率(在700千周以上)分配以上20台轮流使用”。在执行过程中，上海电信局根据申报者广播设备的优劣程度，将它们分为A、B、B-、C、D五级。同年夏天，电信局先后批准22家民营台营

電信局 ·台探·

如此整理電波

上海電信局為了要澄清上海的電波凌亂狀態，倒確具相當堅毅的決心的。但看八月份厲行雷厲的取締未核准電台，竟然做到僅存核准的十餘家電台。的確，當時本市的居民，沒有一個不稱頌電信局之得能採取斷然措置的。

豈意最近以來，所有從前取締的電台，竟然全部掛了一快招牌又恢復播音了！因此電波又是凌亂狀態。統計：目前變KC自六八〇起，幾已全都佔用，且有單KC者；至于電台方面十足有六十家之多，而KC亦有四十餘根之多。于是比較低劣些的收音機，便又在「怨天尤人」了！

推據確息：「上海電信局」確具整理電波決心。凡不在核准之中的各項電台，不論公營，商營，私營，一律將加以取締。不過為防[illegible]起見，此次取締之前，將由國防部直接諭令上海軍事機關加以協助執行，抗命者將以軍法從事，決不寬貸。而且據說，將來周波，在整理後，將僅存十三根KC云。而業已核准的電台，當然絕無問題的，不過一般未核准電台亦都會對記者稱：該台絕無問題。至於究竟如何，當仍是一個謎也！

至於公營電台，卻有其各個不同的目的，也都有其在社會之

歌詠社 ·子崗·

[illegible]

(图4-1-3)《新夜报》1946年12月24日关于上海电信局《如此整理电波》的报道

业。其中亚美、元昌、福音等9家系战前的老民营台，它们在上海沦陷时期，有的不甘附逆，自动停播，有的被日寇没收了设备。9月8日，这9家民营台宣布开张营业。过了两天，上海电信局又奉命通知，上述9家电台只准使用两个频

率。同时，上海电信局还宣布“封闭”54家民营台，被“封闭”的民营台作了些有气无力的反抗后，只得另谋出路。经过这次沉重的打击之后，中国的民营广播事业一蹶不振，再加上电台本身经营不善，播音内容日趋低级无聊，在挣扎中复苏的民营广播事业每况愈下。（见图4-1-3）

据1947年9月统计，全国民营台(包括所谓公营台在内)有90座，在数量上超过国民党的“党营”广播电台，但发射功率总计只有80多千瓦，后者为320多千瓦，民营台的发射功率不足国统区总发射功率的2%。战前，全国民营台数目为55座，发射功率不足7千瓦，占总发射功率的5.4%。在频率的使用方面，战后的民营台受到更加严格的限制。以上海为例，国民党官办电台1个台可使用3个频率，而民营台20多家却使用15个频率，只能轮换播音。和战前相比，民营台的命运更加不济。另外，从民营台的经营来看，由于国统区连年经济危机，民生凋敝，民营台的广告收入也很不景气。至于民营台的主要广播节目，仍然和战前一样，几乎都是低级庸俗乃至黄色下流的娱乐节目，早已为社会舆论和进步听众所不齿。民营台的衰落已不可避免。

三、中共地下党办的广播步履维艰

在被上海国民党当局“封闭”的民营台中，需要指出的是，其中的中联广播电台（简称中联台）是中国共产党的地下组织秘密创办的。这是中国共产党抗战后在国统区创办的唯一一座广播电台。

抗战胜利后，上海的民营台纷纷申请复业或开办。当时中共上海地下党组织决定趁此时机开设一座广播电台，台址设在一位地下党员的家里，台名叫中联广播电台，寓意为

联合中国的一切进步力量，呼号XGCA，发射功率500瓦。这座电台是以“上海市文化运动促进会”的名义开办的，台长是只管拿钱的挂名人物，实际上宣传和技术业务都掌握在地下党组织手里。1946年3月10日，中联台开播，当天聘请著名演员梅兰芳主持揭幕，并组织播出特别节目，同时在报纸上大做广告，以引起社会上的注意。中联台所办节目，除了戏剧、评弹、歌曲等与其他民营台类似的节目外，还特别组织了少年儿童、文学、学术等节目。这些节目都是由党的外围组织——小学教师联合会、学生团体联合会派人来演播或者请进步的文化人士来播讲的。新闻节目则采取灵活办法，随时插播，每次三五分钟，至多10分钟，把根据党内外进步报刊提供的材料加以改编播出。这样，国民党上海当局很难抓住把柄。中联台前后共播音5个多月。8月间被国民党上海当局借口“整顿”，与其他一些民营台一起被查封。

四、“苏联呼声”被查封

抗战胜利后，中国境内仍有多座外国人所设立的广播电台，据1946年统计，除美国军用广播电台外，在上海尚有东方(美籍)、大美(美籍)、国泰(法籍)和“苏联呼声”4座。根据前述《广播无线电台设置规则》，国民党政府国防部于1946年9月召集有关部门开会，研讨外国人在华广播电台问题，并通过《取缔外人在华设立广播电台决议案》。从执行情况来看，主要矛头是指向苏联广播电台的。

苏联塔斯社社长曾赴京交涉电台被封事宜。1946年2月，国民党反动派在国内掀起了反苏反共的逆流，恣意诋毁苏联，污蔑中国共产党，为挑起全国内战制造舆论准备。“苏联呼声”广播电台便成了国民党反动派的眼中钉。

△本報訊 今年舉行之參議會第二次大會第二次會議。參議員將質詢警察社會等四局。又，今年將討論緊急臨時動議，請物資供應局局長報告一年來該局物資接收供應之數量及工作情形。

塔斯社長赴京
交涉電台被封

△本報訊 本市「蘇聯呼聲」廣播電台，昨日遭封閉後，塔斯社社長羅果夫，已於昨日漏夜晉京向政府提出抗議並進行交涉。今晨本市俄文報紙以兩版之顯著地位刊載此項消息，並大字標題，謂「上海之蘇聯僑民從此沒有祖國的呼聲了」！據聞該電台曾決接交通部上海電訊局之通知，謂除准予繼續之本市十八家電台外，其無電台，概予封閉。且有外國不得在我國設立電台之謂。據昨日執行封閉蘇聯電台時之目擊者談，當時曾有詢及本市二美國電台如何處置者，執行者當

（图4-1-4）报纸对塔斯社社长赴京交涉电台被封的报道

蘇聯廣播電台昨遭封閉
淪陷時期該台曾從事抗戰宣傳
深得上海市民愛戴為日人所痛恨

（图4-1-5）上海《文汇报》1947年1月7日关于“苏联呼声”电台遭封闭的报道

前已介绍，“苏联呼声”创建于抗日战争中期，对鼓舞我国人民进行反法西斯斗争贡献甚大。战后，该台继续播音。该台大量介绍了鲁迅、郭沫若、茅盾、巴金、丁玲、臧克家和许广平等人的作品，在国民党统治下的上海市民中起了振聋发聩的作用，这在当时是难能可贵的，受到广大进步听众的欢迎。该台还举办过《鲁迅逝世十周年》、《列宁逝世二十二周年》、《高尔基逝世十周年》、《十月革命二十九周年》等专题节目。所有这一切，都是国民党反动派难以容

忍的。他们布置上海军政当局和广播机构侦测收听“苏联呼声”的广播内容，逐日上报。12月21日，交通部上海电信局要求“苏联呼声”广播电台于12月31日停播和拆机。当时，苏联塔斯社远东分社社长罗果夫致函上海电信局表示，该台“系苏联国家财产”，“没有莫斯科的命令，我们不能承担停止电台工作的责任”。1947年1月6日，国民党当局终于下令“封闭”该台。而当时美国人办的广播电台仍在继续播音。国民党反动派的这一行径，引起了上海进步舆论和中外听众的震惊和愤慨。上海《文汇报》在专访中称赞该台“沦陷时期深得上海市民爱戴，为日人所痛恨”。苏联莫斯科广播电台发表评论指出，封闭“苏联呼声”广播电台是对中苏友好的打击。（见图4-1-4、图4-1-5）

在这之后，直至1947年12月底，在南京、天津和青岛等地仍有美国军用广播电台在继续播音。

五、“戡乱”广播宣传走向破产

国民党反动派在丧失了全面进攻解放区的能力后，为挽回败局，在美帝国主义支持下，从 1947 年春天起改变方针，对解放区开始重点进攻，兵分两路，一路进攻陕甘宁边区，一路进犯山东解放区。7 月初，配合其军事进攻，国民党反动政府炮制了《国家总动员案》，下达“戡乱动员令”，对国统区的工人、农民、学生和进步人士进行血腥迫害和镇压。7 月 6 日，蒋介石到中央台发表广播讲演，以纪念“七七”抗战 10 周年为名，诬蔑中国共产党“公开叛变”，要求全国人民“举国一致”,“戡平叛乱”，甚至叫嚷要“以抗日精神‘剿共’”。

为配合“戡乱动员令”，国民党宣传部拟订了《“剿

匪”总动员宣传计划纲要》，规定要以蒋介石的广播讲演和所谓《国家总动员案》为依据，“编制统一材料”，供电台广播使用；要求电台每日邀人讲演，“解释”所谓“总动员法令”。同时，加紧对广播节目的审查。一时间，“戡乱”声弥漫太空。但是，言者絮絮，听者寥寥。在人民解放军强大反攻的胜利声中，“戡乱”宣传很快烟消云散了。

和国民党反动宣传影响日益缩减形成鲜明对照的是，解放区的广播在国统区的影响日益扩大。代表中国共产党和中国人民发出和平、民主声音的延安(陕北)新华广播电台以及解放区的其他广播电台，冲破国民党反动派的“新闻封锁”，把解放战争的胜利消息、国统区人民运动的真实情况，迅速、及时地传达给国统区的广大群众，对于促进第二条战线的斗争起了积极的作用。解放区的广播在国统区拥有广泛的听众。在重庆、北平、南京、上海等地的中国共产党地下组织和进步群众，通过收听延安(陕北)台的广播了解党的方针政策、国内外时局动向和解放战争的进展情况，从中汲取力量，以便更有效地投入争取民主、自由、团结，反对独裁、卖国、内战的伟大斗争。

国民党当局慑于解放区广播的巨大影响，多次下令禁止收听解放区的广播，违反者不断遭到迫害。为控制收音机的使用，1948年3月22日，国民党政府交通部发出命令，禁止收听解放区的短波广播。4月，国民党政府交通部修正公布《广播无线电收音机登记规则》，凡装设收音机者，均应填写申请书，向当地电信局登记，并领取登记证。虽然几经下令催促用户登记，但实际登记的不过10万架左右，大约仅及全国收音机数的1/10。

第二节 延安（陕北）新华广播电台的曲折之路

一、恢复和发展

1943年春天，延安新华广播电台暂停以后，九分队和延安通信材料厂合作，对原苏制广播发射机进行了改装和调试。1944年，八路军在晋西北的一次战斗中，缴获了日军的一座锅炉和一部直流发电机。这些设备运送到延安，九分队的人员把锅炉改装成一部25马力（约18千瓦）的蒸汽机，作为发电的动力设备。在这期间，在国统区和沦陷区工作的中共地下党人员多次冒着生命危险，把多方采购到的无线电器材秘密运进了延安。这些都为重建延安台作了必要的准备。（见图4-2-1）

在抗日战争不断取得胜利的形势下，延安台的恢复工作加紧进行。这时候，延安台机房已迁到了延安西北10多公里的盐店子村的寨子峁山上。这里距离三局机关所在地——裴庄——只有两公里。寨子峁高约50米，山顶上的一间平房被用做发射机房。山腰中的几排窑洞，有的做播音室，有的做播音、技术人员的宿舍。1945年8月8日，苏联向日本宣战，并且出兵我国东北，向日本关东军发起猛攻。9日，毛泽东发表《对日寇的最后一战》，号召“中国人民的一切抗日力量应举行全国规模的反攻，密切而有效力地配合苏联及其他同盟国作战”。此时，为抢夺抗战胜利果实，蒋介石于11日发布“命令”，竟要八路军及一切抗日军队“应就原地驻防

（图4-2-1）延安台的蒸汽锅炉在运输途中

（图4-2-2）延安台盐店子机务人员合影

待命”。8月15日，日本天皇裕仁以广播《终战诏书》的形式向世界宣布无条件投降。当时，延安收听到了这一广播。

为揭露国民党当局抢夺抗日战争胜利果实的阴谋，中共中央批准新华社社长博古关于及早恢复延安台的建议，决定尽快恢复延安台的广播。九

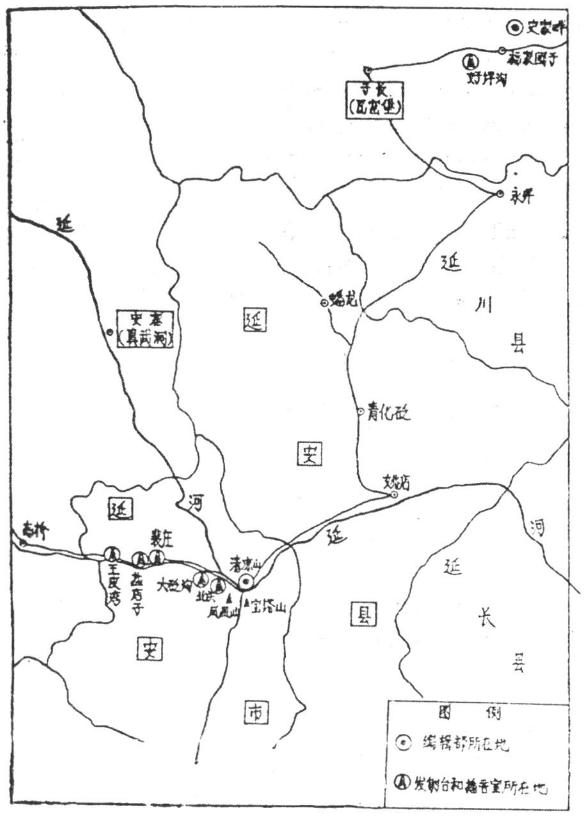

（图4-2-3）延安（陕北）台台址示意图

分队的技术人员连续奋战了几个昼夜，终于使延安台再次发出了声音。（见图4-2-2、图4-2-3）恢复广播之初，延安台反复播出了朱德总司令发布的七次紧急命令、朱德总司令给日本侵华军总司令官冈村宁次的命令以及人民军队挺进敌占区不断收复失地的消息。同时，及时广播了毛泽东写的评论《蒋介石在挑动内战》、《评蒋介石发言人谈话》，号召全国人民团结起来，壮大自己的力量，制止内战的发生。在试播期间，得知张家口获解放。8月28日，经过与张家口新华广播电台通话，了解到该台有条件转播延安台的广播。不久，9月11日，延安《解放日报》宣布：“延安广播电台即日开始广播”，呼号仍为XNCR，波长40米，7500千周。（见图4-2-4）

随后，重庆《新华日报》、《冀鲁豫日报》等也陆续报道了延安台开播的消息。（见图4-2-5）

延安廣播電台
即日開始廣播

（图4-2-4）延安《解放日报》1945年9月11日刊登的延安台恢复播音的报道

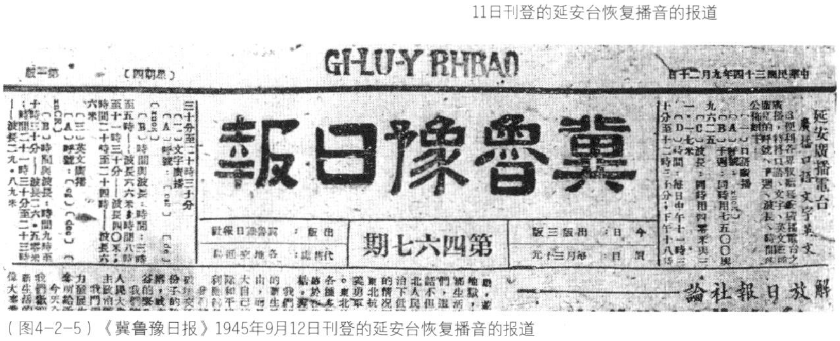

GI-LU-Y RHBAO
冀魯豫日報
第四六七期
解放日報社論

（图4-2-5）《冀鲁豫日报》1945年9月12日刊登的延安台恢复播音的报道

延安台恢复播音后，广播稿件仍由新华社供给。此时，新华社编辑科专门成立了口播组，负责编写口播稿件。口播组组长为杨述，成员有张纪明、韦君宜等。陆续调来的女播音员有李慕琳、孟启予等。

延安新华广播电台（包括改名后的陕北新华广播电台），从1940年底开播，直到1949年3月迁进北平的初期，它的编辑工作始终是由新华社的有关部门承担的。（见图4-2-6）延安台的宣传工作直接继承了中国共产党新闻事业的基本经验和优良传统。人民广播作为无产阶级新闻事业的组成部分，作为继报刊、通讯社之后中国共产党办起来的新型的现代化的宣传工具，可以说是完全继承了党报和新华社20多年来积累的宝贵经验，并在这个基础上结合广播工作本身的实践，逐步形成了人民广播的方针和路线。关于延安台办广播的方针和路线的论述，

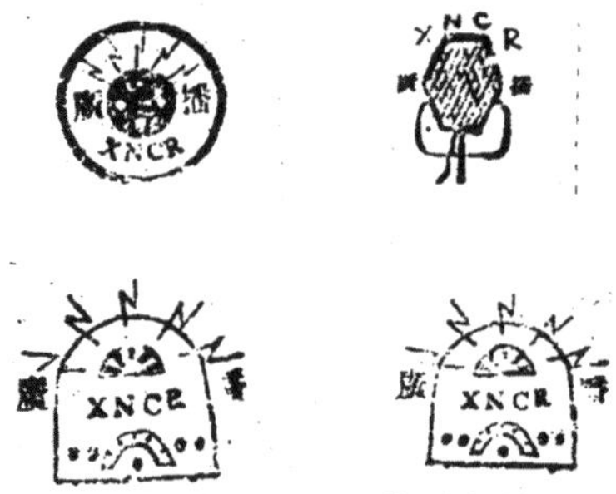

（图4-2-6）解放区报刊上刊登的延安台台标图

集中反映在延安台播出的《介绍XNCR》、《大家办广播》和《庆贺新年——XNCR的自我介绍》（见图4-2-7）3篇文章里，其主要观点为：

第一，关于延安台的宣传对象。延安台立足解放区，面向全中国，而以国统区的听众为主要对象。据估计，国统区当时有收音机100万架左右，他们长期受国民党宣传的蒙蔽、欺骗，对中国共产党的主张和政策、解放区的情况知之甚少，甚至还有许多误解。延安台以他们为宣传重点完全有必要。

第二，关于延安台的宣传任务。文章指出：“XNCR的宗旨在于使得各位了解人民政党、人民军队和人民自己建立起来的解放区的情形，了解它的主张和事业。”为完成上述任务，延安台除播出国内外时事新闻外，着重以新闻、通讯、言论和专题等不同的节目形式来介绍中国共产党及其领导下的人民军队和解放区情况，通过生动的新闻报道和广播讲话，来驳斥国民党当局的造谣与污蔑。

第三，关于如何办好延安台，文章主张“人民大众的号角要人民大众来鼓吹”，并提出“大家办广播”。这是中国共产党全党办报、全党办新闻

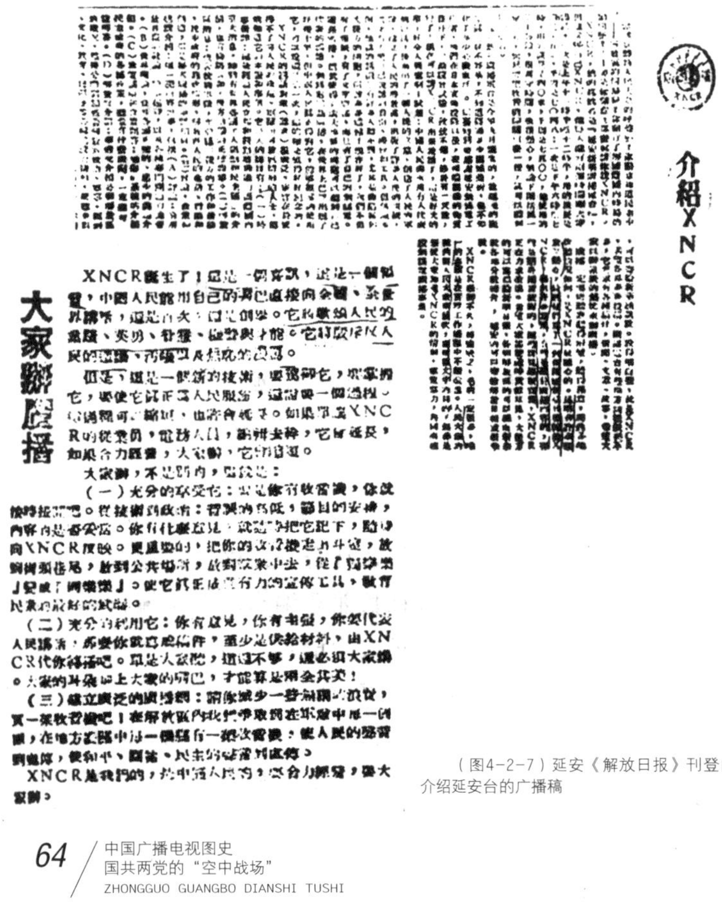
介绍XNCR

大家辦廣播

（图4-2-7）延安《解放日报》刊登的介绍延安台的广播稿

事业的方针在广播工作中的具体体现，也是人民广播区别于旧中国广播的根本特征。

全面内战爆发前夕，1946年5月，根据中央决定，新华社和解放日报社进行了重大改组，实行报、社合一，以通讯社为主的体制，加强和扩充编辑部门。余光生任代理社长兼总编辑，副总编辑陈克寒主管新华社工作。原属编辑科的口头广播组扩大为语言广播部（通称“口播部”），温济泽任语言广播部主任。不久，原属军委三局负责的延安台播音和机务工作，也划归新成立的新华社电务处统一管理。在延安时期，延安台的编辑部一直和新华总社一起。播音室和发射机房，先后迁移到裴庄、大砭沟、北关，1947年1月又迁回盐店子村。（见图4-2-8）

（图4-2-8）1946年11月至1947年3月，延安台在清凉山上的编辑部旧址

延安台恢复播音9个多月来，已初步积累了一些宣传经验，调整机构后又增添了编播人员，宣传业务有了进一步的发展。1947年6月，温济泽主持制定了《语言广播部暂行工作细则》（简称《细则》）。这是解放区广播历史上最早的一份关于宣传工作的规章制度。《细则》规定了语言广播部的任务是：“建设全国性的语言广播机关，宣传党的政策和主张，报道国内外时局的动向；有计划与有系统地宣扬我党我军与解放区的事业和功绩，揭发国民党的腐败黑暗统治并宣传与鼓励其统治区广大人民的民主运动。”根据上述任务，确定语言广播部的具体业务有三项，即研究语言广播的宣传工作，编写语言广播稿件和组织广播节目，指导播音工作。此外，还对编写稿件和节目要求，稿件处理制度，指导播音方法等作了比较详细、具体的规定。《细则》的制定和实施，标志着延安台宣传业务趋于成熟。

为纪念恢复播音一周年，并改进广播宣传工作，延安台于1947年7月向全国各地及东南亚各地听众发出公开信征求意见。9月5日，延安台举办了专题节目，当天播出了中共中央宣传部部长陆定一写的《延安广播电台一周岁》和《大家都来说话——XNCR周年纪念广播》。陆定一的文章明确指出：“我们的广播事业，从它存在的第一天起，就为中国的独立、和平、民主事业服务，就为中国人民的解放事业服务。” 在《大家都来说话——XNCR周年纪念广播》一稿中，延安台重申：“我们创办这个电台，有一个真诚的愿望，就是我们说的话，不仅仅要代表人民的利益，而且我们愿意把它变成全国人民说话的地方。”

延安台十分注意加强和国统区听众的联系，经常邀请国民党地区来延安的人士发表广播讲演，或播出各地民主人士的文章。如驾机起义的刘善本等人曾多次在延安台发表广播讲演。在此期间，延安台还播出过上海失业青年和国民党军队士兵写的向社会呼吁的公开信。上述讲话、文章和书信，说出了在国统区不能说或者不敢说的话，受到了国统区听众的注意和欢迎。延安台的记录新闻，经常被上海、南京、重庆、昆明、西安等地的进步报纸采用。连远在新加坡、菲律宾出版的爱国华侨办的报纸上，也可以不断地看到根据延安广播改写刊登的重要消息和评论。

二、强大的影响力

延安台恢复广播的时候，发射机房和播音室在延安西北的盐店子村，广播稿由新华社编辑科的口头广播组供给。新华社在延安城东的清凉山上，两处相距约10公里，中间隔着延河。1945年9月，延安台每天播音两次，中午、晚上各一次，每次一小时。从这时候起，延安台有了开始曲，起初为《渔光曲》，后改为《兄妹开荒》。主要节目有：1.时事新闻：报道国内外重大消息；2.解放区消息：介绍民主政权的建设、军队活动和人民生活；3.解放区介绍：介绍全国各地解放区的情况，解放区的各项政策和建设的成绩；4.言论：播送延安《解放日报》的评论、国内外的舆论介绍等；5.通讯和故事；6.记录新闻；7.文艺节目：每逢周末或节假日，还邀请文艺团体来演播歌曲、戏曲、秧歌等节目。（见图4-2-9）

延安廣播電台
春節廣播音樂平劇

▲延安二十九日電：延安廣播電台於舊曆元旦（二月二日）中午十二時（上海時間），開始播送音樂與平劇。音樂節目，由魯迅藝術文學院戲劇音樂系擔任，有對唱「打花鼓」，秧歌「夫妻識字」，民歌「詩安娃」，「信天遊」，「秋收」等節目，平劇節目由延安平劇院擔任，有「長坂坡」，延安新編歷史劇「逼上梁山」之一齣，「石秀探莊」，延安新編歷史劇「三打祝家莊」之一齣，「珠簾寨」等劇等節目，延安廣播電台呼號為「XNCR」，波長四二·五米，七〇四八千週波，希各界屆時收聽。（新華社）

（图4-2-9）新华社关于延安台春节广播音乐平剧的报道

延安《解放日报》、重庆《新华日报》和其他解放区的报刊都经常刊登延安台的节目表，发表延安台的广播稿，对于扩大延安广播的影响起了很大的作用。（见图4-2-10）

（图4-2-10）王唯真绘制的反映延安台编播人员紧张工作的两幅画

延安台从抗战胜利到全面内战爆发前的近一年的时间里，根据当时的政治形势和斗争策略，把宣传重点放在大力报道中国共产党领导下的全国人民同美帝国主义及国民党反动派进行和平方式的斗争，揭露国民党当局的“和平”阴谋；教育人们保持高度警惕，做好充分准备，发展壮大自己的力量，准备在国民党发动军事进攻时，给予粉碎性打击。从1945年8月至1947年3月，延安台的广播宣传以1946年6月内战全面爆发为界，可分作两个阶段。第一阶段从1945年8月日本投降至1946年6月内战

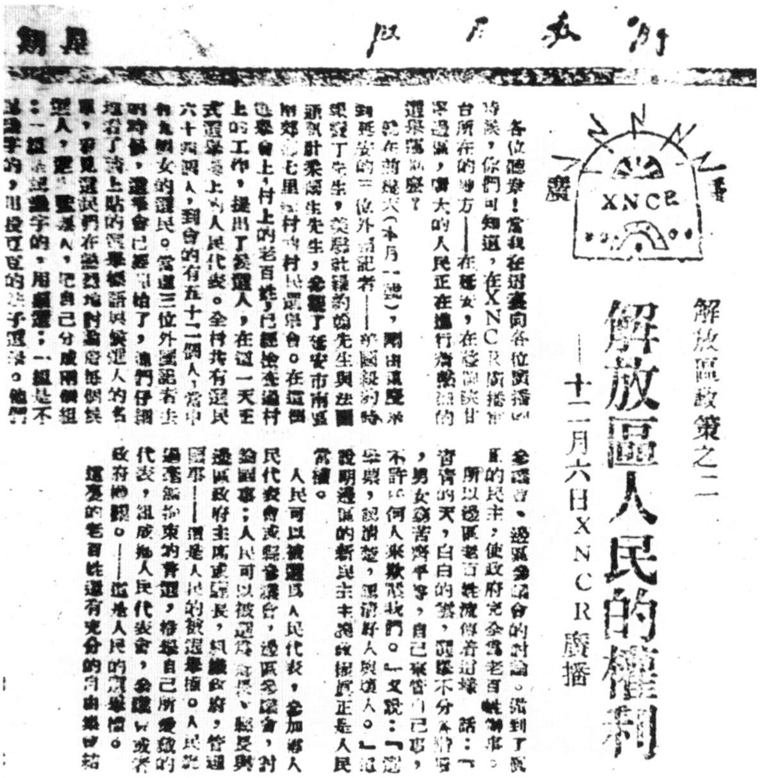

解放區政策之二
解放區人民的權利
——十二月六日XNCR廣播

（图4-2-11）《解放日报》1945年12月刊登的延安台宣传解放区形势的两篇广播稿

全面爆发前。这一阶段广播宣传内容主要是：一、宣传中国共产党和平、民主、团结的主张，揭露国民党反动派准备内战的阴谋。二、积极宣传维护贯彻政协决议，同美蒋反动派“假和平、真内战”的阴谋进行针锋相对的斗争。三、介绍解放区各项事业的成就，揭露国统区的法西斯统治。四、开办文艺节目，介绍解放区的革命文艺作品。（见图4-2-11）

（图4-2-12）1946年周恩来、董必武、邓颖超在南京梅园新村，左侧为收听延安新华广播电台的广播使用的收音机

第二阶段从1946年6月内战全面爆发至1947年3月中旬延安台撤出延安。这一阶段广播宣传内容主要是：一、集中揭露国民党反动派发动内战的罪恶行径，号召解放区军民奋起自卫反抗、保卫解放区。二、举办国民党军起义人员广播讲话节目，号召国民党军队退出内战，制止内战。（见图4-2-12、图4-2-13、图4-2-14）三、举办各界名人演讲，组织特别节目，声援国统区的爱国民主运动。在1947年元旦来临的时候，延安台播出

的毛泽东撰写的《新年祝词》指出：“只要全国人民团结一致，坚持不屈不挠的奋斗，那么，在不久的将来，自由的阳光一定要照遍祖国的大地，独立、和平、民主的新中国一定要在今后数年内奠定稳固的基础。”这一天，朱德总司令来到延安台向全国同胞、海外侨胞、解放区人民和全体将士发表了题为“一九四七年的十大任务”的演讲。他深刻分析了1946年的形势，谴责了国民党反动派继续内战、独裁、卖国的罪行，指出：1947年“将是中国人民斗争形势转变的一年”，“解放区自卫战争的胜利，国统区人民运动的高涨，这两大潮流的汇合，一定能挽救祖国的危机，取消反动派卖国内战独裁的政策，实现独立和平民主的新中国”。

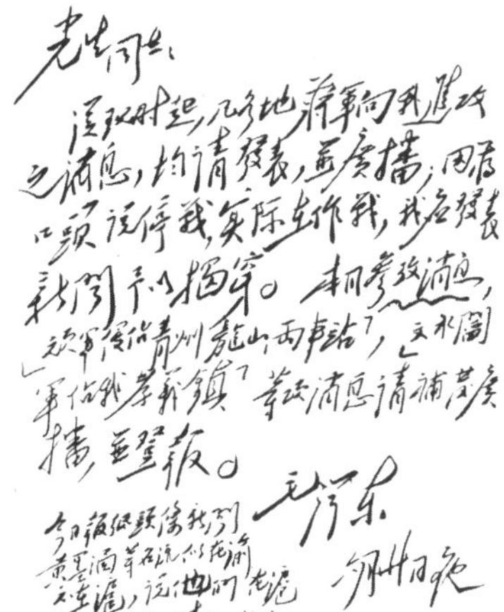

光生同志：

毛泽东

（图4-2-13）1946年6月30日毛泽东写给新华社代社长兼总编辑余光生要求通过广播揭露国民党反动派打内战的信

國民黨空軍上尉劉善本

不願內戰飛抵延安

今日下午七時將向全國廣播演說

泥密勒氏評論報

抨擊美助蔣政策

（图4-2-14）延安台播出刘善本驾机起义到达延安，将要发表广播演说的消息，《晋察冀日报》1946年7月6日刊登

在延安出版的中共中央机关报《解放日报》对延安台的重建给予很大的关注，除报道延安台恢复广播的消息外，还及时预告重要广播节目、刊登

广播稿件，发表有关人民广播的重要文章。1945年10月21日起特辟《广播》专栏，作为刊登有关人民广播稿件的园地。据统计，从1945年9月至1947年初，共发表有关消息、文章和广播稿67篇，六七万字，其中各类广播稿46篇。中国共产党在国统区出版的重庆《新华日报》和上海《群众》周刊也都注意及时报道延安台的有关消息。其他解放区出版的报刊如《东北日报》、《晋绥日报》、《晋察冀日报》、晋冀鲁豫《人民日报》等也都与《解放日报》、《新华日报》等一样，经常刊登介绍解放区广播的报道、文章及广播稿。革命战争年代，延安台和其他解放区广播电台都把党报的评论、报道当作主要内容。中国共产党领导下的报刊和广播的彼此协作，扩大了党的宣传工作的影响，广泛传播了党的政策和主张。（见图4-2-15、图4-2-16）

延安台的广播和其他解放区的广播电台宣传互相配合，特别是张家口台、东北地区各台等及时转播延安台的节目，使中国共产党在抗战后

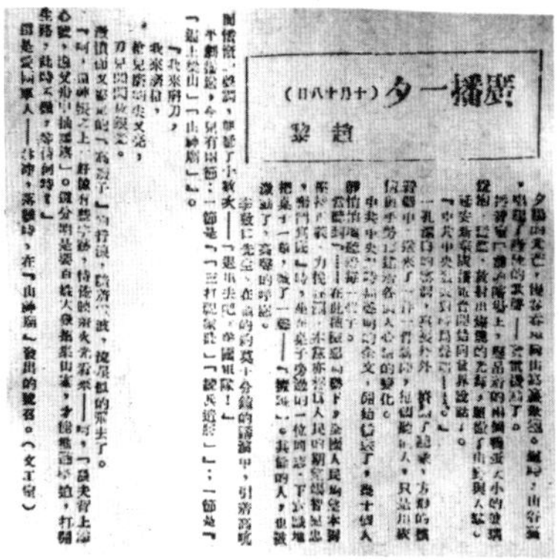
廣播一夕

（图4-2-15）1946年10月延安《解放日报》发表题为“广播一夕”反映延安台播出内容和效果的文章

解放區報導

十九個解放區的形勢

民主政府的施政方針

（图4-2-16）重庆《新华日报》以“管博文”（“管博”与“广播”谐音，管博文即广播的文章之意）署名和其他署名，多次刊登延安台的广播稿

的各项政策迅速传向祖国的四面八方。以延安台为代表的解放区广播，无论在解放区还是国统区都拥有许多听众。1946年春夏之交，中国的上空战云密布，刚刚取得抗战胜利的人们，又在关注中国走向何方。从东北到广东，从四川到上海，人们都在收听延安台的广播。一些新解放的城市，如张家口、宣化、邢台、长治、焦作、淮阴等地，还利用群众集会的场合，组织群众集体收听延安广播。

在贺龙领导的晋绥解放区，指战员们经常收听延安广播。1947年5月25日，在这里工作的徐明收听了延安广播后，心情激动，立刻写了一首诗，用笔名“徐挺秀”发表在当年5月31日的《抗战日报》上，题目是：“听延安XNCR广播”，抒发自己听到广播后的感受，诗中写道：

“收音机发出嗡嗡的声音，
屋子里挤满了人，
延安XNCR开始广播，
大家含着微笑，侧耳静听。
…………
XNCR——你是一个巨人，
站在真理的高峰，
鼓舞中国人民争取民主和平，
吹起预言的喇叭，
报告自由幸福的日子即将来临！”

三、三次转移

1946年10月，国民党军队侵占张家口之后，蒋介石得意忘形，立即下令召开伪国民大会，同时进一步扩大对解放区的全面进攻。延安和陕甘宁边区也面临着遭受侵犯的危险。为保卫陕甘宁边区，11月11日，中共中央在延安召开了干部动员大会。会后，延安军民掀起练兵、参军的高潮，并开始战备疏散。

11月16日，针对伪国大的召开，中共代表团团长周恩来在南京期间举行的最后一次中外记者招待会上严正声明：中国共产党坚决不承认国民党反

动派一手包办的伪国大。11月19日，周恩来毅然离开南京返回延安。11月下旬，周恩来主持召开了由中央军委三局、新华社等有关部门参加的专门会议，研究如何保证在战争情况下不中断无线电联络和广播的问题，并具体部署了延安台战略转移事项。会议决定，在延安东北的子长县建立第一线战备台；在黄河以东，从晋绥、晋察冀和晋冀鲁豫三个解放区中选择适当地点，建立第二线战备台，以便随时接替第一线战备台的工作。会后，新华社和延安台的部分人员开始疏散转移，一部分编播、技术人员转移至陕北子长县的史家畔村。同时，三局的通信技术人员也在陕北勘察台址，准备建立第一线战备台。（见图4-2-17）

1947年3月初，国共两党的和平谈判彻底破裂，驻南京中共代表团分两批撤回延安。原新华社南京分社负责人梅益回到延安后，担任新华总社副总编辑，领导延安台的口语广播。3月13日起，国民党军队

（图4-2-17）1947年3月，延安台从延安撤到瓦窑堡（现子长县），编辑部设在史家畔，右起第二孔窑洞为当时的办公室

纠集兵力进攻陕甘宁解放区，并开始对延安狂轰滥炸。盐店子山头上的延安台的发射机房和播音室，是国民党军飞机重点轰炸的目标之一。延安台的播音、机务人员在一片轰炸声中坚守岗位，直到14日中午播音完毕。当天晚上起，延安台即在陕北子长县的好坪沟继续播音。18日傍晚，人民解放军最后撤出延安。在此前后，毛泽东、朱德曾先后和新华社社长廖承志、三局局长王诤谈过关于保障无线电广播不中断问题。

自1947年3月中旬至1948年5月下旬一年多的时间里，

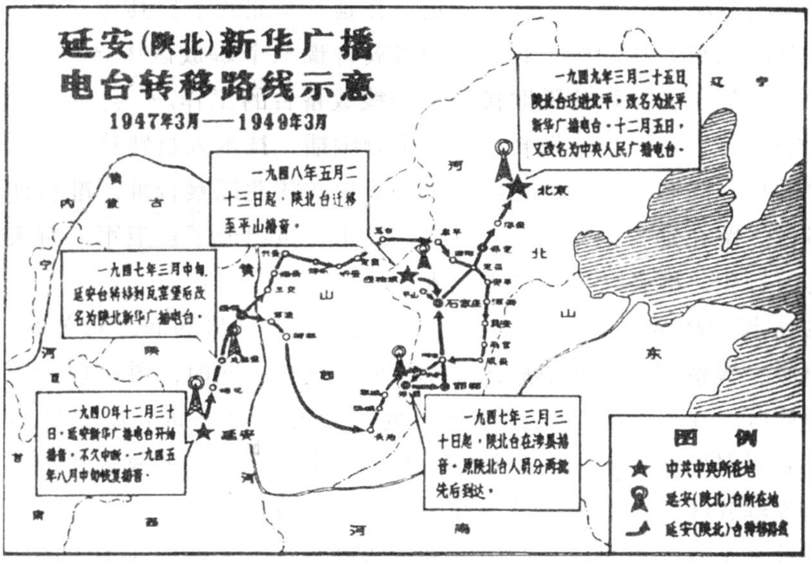

（图4-2-18）延安（陕北）新华广播电台转移路线图

延安台随着解放战争形势的发展，曾经作过三次战斗转移。（见图4-2-18）

第一次：转移子长，坚持播音。

陕北的子长县，原名安定县，为纪念陕北革命根据地创建人谢子长而改名为子长

县。1946年冬天，三局的通信战士经过多次认真勘察后，确定把延安台的战备台建立在子长县的好坪沟村。村口有一座破旧的小庙，上层的庙堂做了播音室，下层的过街门洞经过改造，成为发射机房。使用的广播发射机是利用美军观察组撤退时留下来的无线电通讯机改装而成的。延安台的编辑部与新华社一起设在离好坪沟约10公里的史家畔村。老乡住的一孔窑洞暂时成为延安台编辑部的办公室。编辑人员盘腿坐在老乡的土炕上编写稿件。（见图4-2-19、图4-2-20）

从3月14日晚上起，延安台秘密转移到好坪沟播音，台名未改，停止中午播音，只在晚上播音。19日，国民党军队占领延安后，国民党中央台大肆宣传，似乎共产党和人民解放军从此不存在了。正当国民党反动派得意忘形之际，20日晚，延安台在广播中“向全世界宣告”：在给予国民党军队重大杀伤后，人民解放军主动撤离延安，保卫延安的任务已胜利完成，中共中央机关完好无损，仍然留在陕北继续指挥全国的爱国自卫战争。香港《华商报》21日以“本报特讯”刊载了两篇“延安电台20日下午6时广播”的稿件，报道“延安战事北移”的消息。21日起，延安新华广播电台改名为陕北新华广播电台继续播音。

26日，中共中央在清涧枣林沟举行会议，决定由毛泽东、周恩来、任弼时率中共中央留在陕北，指挥西北和全国解放战争，同时组成以刘少奇为书记，朱德、董必武等人参加的中央工作委员会，前往华北进行中央委托的工作。延安(陕北)台在瓦窑堡坚持播音半个月。在人民解放军主动撤出延安后，新华社的文字广播虽然每天坚持播发稿件，但因战局关系，有时难免不够及时。

（图4-2-19）《新华之声》（油画），反映延安（陕北）台在瓦窑堡坚持播音的油画

（图4-2-20）延安（陕北）台在好坪沟的机房和播音室所在地（童小鹏当年拍摄）

中共中央机关报延安《解放日报》在撤出延安后，曾在子长县坚持出版至3月27日，此后即停刊。在这种情况下，口语广播就显得十分重要。所以，3月28日青化砭大捷的口语广播报道在解放区广播历史上是一个很有意义的事情。播出青化砭大捷的消息之后，延安台的人员立即埋了机器，准备同新华社人员一起转移。

延安台转移至好坪沟继续播音一事，引起国内外舆论的关注。北平《世界日报》设有“第四收音室”，专门收听延安(陕北)台广播，并在报纸上刊登。国民党反动派害怕真理的声音，对延安广播恐惧万分，千方百计地干扰、破坏。国民党军队窜抵延安后，到处搜索延安台。法新社20日报道则说：“据可靠方面探悉，延安电台早已在若干时前迁往新地点，惟呼号仍为延安云。”从外电的反应可以看出，延安台的首次转移，无疑是解放区广播在宣传战线上取得的一次胜利，它使国民党反动派妄图掐断人民喉舌的阴谋破产。

第二次：太行山麓，再建新台。

在陕北战局日趋紧张之际，1947年3月初，晋冀鲁豫解放区接到中共中央紧急来

（图4-2-21）1947年3月至1948年5月陕北台在涉县沙河村的发射机房旧址

电：立即筹建一座新的广播电台，准备必要时立即接替陕北

的广播。接替工作是在刚刚组建的新华社临时总社领导下进行的。临时总社负责人为吴敏(杨放之)，参加领导工作的还有朱穆之、安岗。编辑部设在涉县的西戍、东戍村，电台设在沙河村。（见图4-2-21）

从4月1日起，临时总社正式接替了新华总社的中英文及口语4种广播。设在涉县沙河村的邯郸新华广播电台，为接替陕北的广播创造了良好的条件。邯郸台一共使用两部发射机，一部是短波机，一部是中波机。经商定，把短波机稍加调试，改变波长(延安台波长是40米，邯郸台的波长是49.2

（图4-2-22）1947年6月至1948年5月陕北台在涉县西戍村的编辑部旧址

米)，随时做好接替延安台广播的准备。同时，为保证邯郸台播音的需要，把中波机也改装成短波机。无线电技术人员密切配合，很快地完成了改装发射机、加大发射功率、架设天线等一系列任务。（见图4-2-22）

3月29日晚上，准备接替陕北广播的人员忽然听不到来

（图4-2-23）陕西台在太行时期使用的广播发射机，现藏中国国家博物馆

自陕北的声音了。为不中断人民的声音，常振玉立即决定播出《兄妹开荒》的唱片，然后反复呼叫“陕北新华广播电台，XNCR……”并且重播了青化砭大捷的消息。第二天起，根据陕北来电，接替了陕北台的口语广播，使人民广播一天也没有中断。（见图4-2-23）

太行顺利接替陕北的口语广播，引起了国内舆论的注意。原陕北台的编播、技术人员分为两批，和新华社其他部门的人员一起，跋山涉水，辗转千里，先后到达涉县，和太行的人员胜利会师，并肩投入了紧张的宣传工作中。会师后，临时总社的工作宣告结束。新组建的新华社社务委员会由廖承志、陈克寒、石西民、梅益、徐迈进和祝志澄组成，其中梅益分工领导陕北台的口语广播。新组成的陕北台编辑部由温济泽任主任，胡若木为副主任。陆续参加编辑工作的有左荧、高而公、刘衡、鹿野等，播音队伍中新增加男播音员齐越。

在太行期间，陕北台与留在陕北的中共中央虽然远隔千里，但却一直得到中央的关怀和指导。7月中旬，中共中央宣传部部长陆定一从陕北写信给新华社社长廖承志，希望新

华社建立起好的宣传作风，并且以此影响整个解放区的新闻工作。为提高宣传质量，加强宣传效果，新华总社和陕北台重要新闻和评论的初稿写出后经常用密电发往陕北，经毛泽东、周恩来、任弼时和陆定一等审定后再发回太行，然后才广播出去。（见图4-2-24）

（图4-2-24）陕北台的广播稿

9月5日，为纪念恢复播音两周年，陕北台调整了节目，每天增加播音1小时，改进了新闻、评论节目，同时新开办了《对国民党军广播》和《星期文艺》节目。11日起，继在延安时期开办的日语广播之后，又开办了第二种外语——英语新闻节目。陕北台在《二

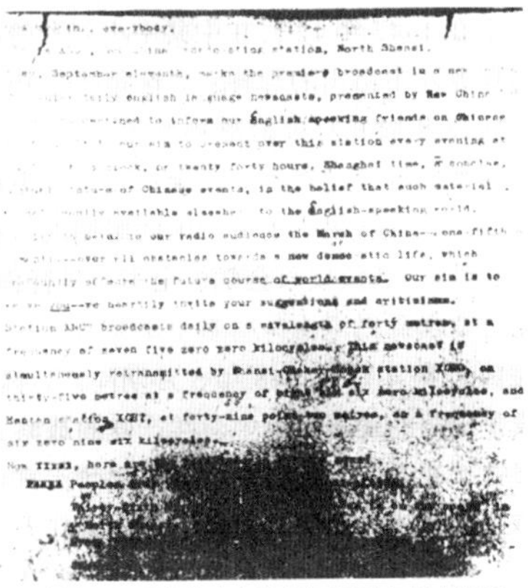

... everybody.
... station, North Shensi.
... September eleventh, marks the premiere broadcast in a new ...
... daily english language newscasts, presented by New China ...
... to inform our English speaking friends on Chinese ...
... our aim to present over this station every evening at ...
... o'clock, or twenty forty hours, Shanghai time, a concise, ...
... picture of Chinese events, in the belief that such material ...
... readily available elsewhere to the English-speaking world.
... to our radio audience the March of China——one fifth ...
... over all obstacles towards a new democratic life, which ...
... affects the future course of world events. Our aim is to ... we heartily invite your suggestions and criticisms.
Station XNCR broadcasts daily on a wavelength of forty metres, at a frequency of seven five zero zero kilocycles. This newscast is simultaneously retransmitted by Shansi-Chahar-Hopeh station XGHO, on thirty-five metres at a frequency of [illegible] kilocycles, and ... station XGHT, at forty-nine point two metres, on a frequency of six zero nine six kilocycles.
Now first, here are ...
[illegible]

（图4-2-25）陕北台1947年9月11日播出的第一篇英语广播稿

（图4-2-26）新华社英文广播部主任沈建图同志使用过的打字机和英文稿合订本

周年告听众》广播稿中满怀信心地宣布：“今后随着人民解放军反攻的胜利，解放区的播音事业一定会有更进一步的发展。代表中国人民的呼声，在祖国乃至全世界的天空，一定会越来越响亮的。”（见图4-2-25、图4-2-26）

1947年6月，刘伯承、邓小平率领晋冀鲁豫野战军主力，强渡黄河天险，千里跃进大别山，揭开战略进攻的序幕。从此，战争形势急转直下，人民解放战争开始走向全国胜利的道路。同时，国统区内的人民革命运动蓬勃开展，出现了第二条战线的斗争。1947年4月至1948年5月，以陕北台为代表的解放区广播根据解放战争形势的发展以及中国共产党的战略方针和军事原则，把宣传重点确定为集中一切力量，加强军事宣传和政治宣传来全面地配合人民解放战争，动员和鼓舞解放区军民和国统区广大人民起来粉碎国民党反动派的军事进攻，争取中国人民革命斗争的伟大胜利。其宣传主要包括：第一，及时传播中共中央重要文件和毛泽东的著作、讲话，指导全国的解放战争。第二，根据解放战争形势的发展，发表有关战局的评论文章和报道人民解放军战略反攻的胜利。第三，开办《对国民党军广播》节目，直接配合军事斗争，从政治上分化瓦解敌军。第四，恢复文艺节目，反映解放区文艺活动。（见图4-2-27、图4-2-28）

从1947年秋冬到1948年春，陕北台在解放区开展的土改运动的宣传中犯了“左”倾错误，片面地宣传“贫雇农路线”，而没有宣传巩固联合中农等政策，特别是由于陕北台播出了某些不正确的新闻，人们误认为这是中共中央认可的意见。在中共中央和毛泽东指出上述“左”倾错误的严重性以后，陕北台检查了从1947

解放軍宣言紛傳前線
劉白羽
（前綫十五日電）

（图4-2-27）《东北日报》1947年11月19日刊登的刘白羽写的通讯《解放军宣言纷传前线》

新年在前線

【前線九日電】（遲到）常工報導：一九四八年元旦，正是我軍殲滅蔣匪七十九師攻克彰武後的第三天，整個前線都浸在空前歡騰中，很多地方舉行了軍民聯歡會，慶祝我軍新的勝利與迎接接近勝利的新年。在彰武城，市民們熱烈的向我軍祝賀，彈痕累累的城牆上貼出了『慶祝人民解放軍勝利』『迎接新年慶祝人民解放』的標語，勝利歌聲隨處可聞。很多在這次殲滅戰中立功的指戰員，都在這天表示繼續立功，以便迎接今後更大的戰鬥和更大的勝利。很多在這次殲滅戰中被解放的蔣匪士兵，也紛紛報名自動參加我軍，並宣誓『不打倒蔣賊誓不甘休』。毛主席關於『目前形勢和我們的任務』報告的廣播，更給前綫以空前的興奮和喜悅，很多沒有看到廣播原文的指戰員，聽到昨晚廣播了毛主席的報告，便到處打聽，逢人便問，大家都說：『只要我們照着毛主席的話去作，便不會犯錯誤，在今年一定能夠取得更大的勝利。』很多在這次彰武殲滅戰中的英雄連隊，聽了廣播中毛主席的報告後，紛訂計劃，相互挑戰，又掀起空前的請戰熱潮。某部二連一排的計劃是：『（一）上級叫我們打那裡，我們堅決打那裡，剩下一個人也要完成任務；（二）提高戰鬥技術，作到傷亡少，繳獲多；（三）把全排鞏固得像鋼鐵一樣，不怕任何困難。』許多指戰員叫記者告訴全東北，全中國的人民，今天是一九四八年的開始，我們堅決在毛主席的旗幟下團結一致，英勇前進，我們一定要戰勝蔣介石，建立新中國。

（图4-2-28）1948年1月9日一篇题为“新年在前线”的广播稿刊登在报纸上

年10月到1948年2月间的100多篇广播稿，对宣传中反映出来的“左”倾错误作了分析和检讨，并且着重研究和确定了关于土改和新解放城市的宣传方针。经过开展批评与自我批评，陕北台的工作作风有了新的改变。

解放区的广播宣传在各地产生了很大影响，国统区的中共地下党和进步群众秘密收听解放区广播的人很多。在国民党军队中，不但中下级军官收听延安（陕北）台广播的不在少数，一些高级军官也经常收听。进攻延安的国民党军最高

（图4-2-29）香港《华商报》1947年9月13日刊登的陕北台宣布大反攻已开始的报道

指挥官胡宗南每天指定他的机要秘书收听延安(陕北)台的广播，并要求摘要报给他。具有讽刺意义的是，这位机要秘书恰恰是中共秘密党员。1947年2月28日，在重庆出版多年的《新华日报》被国民党当局查封后，国统区的地下党和各界人民更多地通过延安(陕北)台的广播来接收中共中央文件和解放战争的真实消息。（见图4-2-29）

陕北台在太行的播音一直持续到1948年5月22日。

第三次：胜利声中，北上平山。

1947年夏初，人民解放军转入了大反攻，相继在中原、西北、华北、华东和东北各战场取得一系列重大胜利。为部署新的战略决策，更好地领导和指挥全国的解放战争，中共中央、毛泽东等于1948年3月下旬离开陕北，东渡黄河，经晋绥解放区，于5月下旬到达晋察冀解放区建屏县(今平山县)的西柏坡村。

根据中共中央的指示，陕北台也随新华总社一起，由太行北上，并从5月23日起开始在西柏坡附近播音。

第三节 在战火中成长的解放区广播

一、东北解放区的广播

根据苏、英、美三国雅尔塔会议的协定，苏联于战胜德国3个月后对日宣战。1945年8月8日，苏联百万红军迅速出兵我国东北，向日本关东军发起突然攻击。八路军冀热辽部队挺进东北、热河，以配合苏联红军作战。1945年9月，中共中央确定党和全国的战略方针是“向北发展，向南防御”，决定加紧派大批部队和干部前往东北，建立以彭真为书记的中共中央东北局。10月，又将东北的人民军队统一组成东北人民自治军(后改称东北民主联军)，林彪任总司令，彭真、罗荣桓分别任第一、第二政治委员。

从1945年“八一五”东北光复到1948年9月辽沈战役之前的三年时间里，东北解放区的广播事业随着战局的发展，以1946年9月东北新华广播电台的建立为界，前后分作两个阶段：第一阶段从1945年8月至1946年9月。苏联红军在我东北抗日联军和冀热辽部队配合下，进展顺利，至8月底已歼灭了日本关东军主力，占领了哈尔滨、齐齐哈尔、吉林、长春、沈阳、大连、承德等一批大中城市。在伪满时期，东北地区(包括热河在内)共有日伪广播电台26座。“八一五”前后，负隅顽抗的日本侵略者先后彻底破坏了其中的11座，其余15座均为苏联红军和中国人民军队接管，并陆续被改建成为人民广播电台，至1946年9月以前已有14座，它们是哈尔滨台、长春台、沈阳台、

（图4-3-1）东北新华广播电台佳木斯和平街二号台址

（图4-3-2）中国共产党领导的第一座地方广播电台——哈尔滨广播电台旧址（1945年8月）

通化台、本溪台、鞍山台、营口台、安东台、吉林台、大连台、抚顺台、齐齐哈尔台、延吉台和承德台等。（见图4-3-1、图4-3-2）

上述十多座广播电台除大连台、齐齐哈尔台和延吉台外，由于国民党军队的进犯，东北地区战局变化频繁，其余各台都曾几经转移，多次迁址更名，有的还曾一度停止播音，直到解放战争在东北地区取得决定性胜利后才稳定下来。（见图4-3-3、图4-3-4）

第二阶段从1946年9月至1948年9月。1946年下半年，东北解放战争形势进入战略防御阶段，中共中央东北局根据中央提出的“向北发展，向南防御”的战略方针和“建立巩固的东北根据地”的指示，具体部署了党在东北地区全

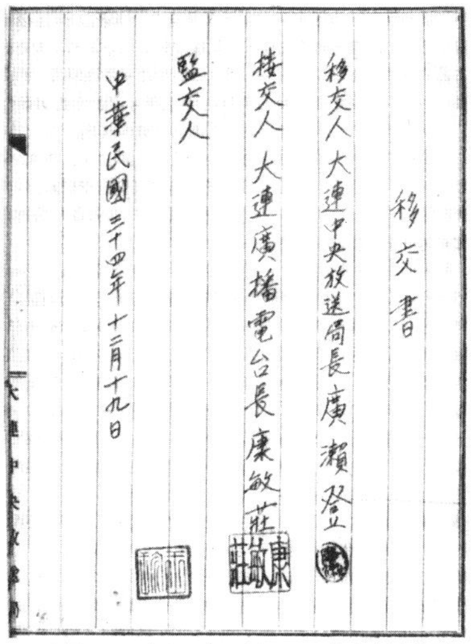

移交書

移交人　大連中央放送局長　廣瀨登

接交人　大連廣播電台長　康敏莊

監交人

中華民國三十四年十二月十九日

（图4-3-3）1945年12月19日日伪大连放送局向大连广播电台移交广播设备的移交书首页

（图4-3-4）1946年5月程子华在承德广播电台作广播讲话《热河应该是谁的》

面开展根据地的创建工作。在军事上，把佳木斯作为东北第二个后方根据地。在这种形势下，东北局决定建立一座由东北局宣传部直接领导的广播电台——东北新华广播电台(简称东北台)，呼号XNMR，1946年9月23日开播。

东北台是以哈尔滨台的设备为基础，由新华社东北总分社和长春台的部分人力、设备参与创建起来的。台址在佳木斯，发射功率为1千瓦(后扩大为3千瓦)，每天早、中、晚播音3次，总计7个半小时，是当时解放区广播电台中播音时间最长的。东北台的宗旨是当好“东北人民自己的喉舌”，在东北局宣传部的直接领导下，围绕建立巩固东北根据地的战略部署，以新闻、通讯、评论等多种形式，充分报道了东北广大人民群众进行土地改革、剿匪反霸、发展生产、参军参战、支援前线等活动，影响所及，可达长春、沈阳、天津、北平、邯郸等广大地

区。除新闻节目外，东北台的广播讲演和文艺节目也很有特色。（见图4-3-5、图4-3-6、图4-3-7）

佳木斯当时是东北解放区军政领导机关的所在地，又是合江省省会，名人荟萃，为东北台开办《名人讲演》提供了有利条件。应邀发表过讲演的有合江省主席、抗联将领李延禄，著名作家萧军，教育家董纯才，戏剧家张庚，作曲家塞克、吕骥、马可等。此外，东北台还于1946年10月间播出自编广播剧《我们宁死不当亡国奴》。值得一提的是，1947年东北台组织出版了第一本人民广播技术著作。（见图4-3-8）

1948 年 1 月，东北台由佳木斯迁回哈尔滨，与新建的

你想收聽解放區的粵語廣播就請注意
早些天亮

（图4-3-5）香港《华商报》以“你想收听解放区的粤语广播就请注意”为题详细介绍了收听东北新华广播电台《粤语广播》的方法

（图4-3-6）东北新华广播电台播送全国第六次劳动大会消息

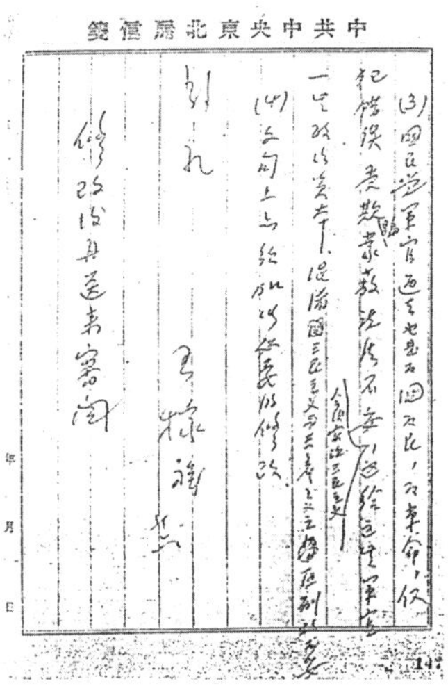
中共中央東北局信箋

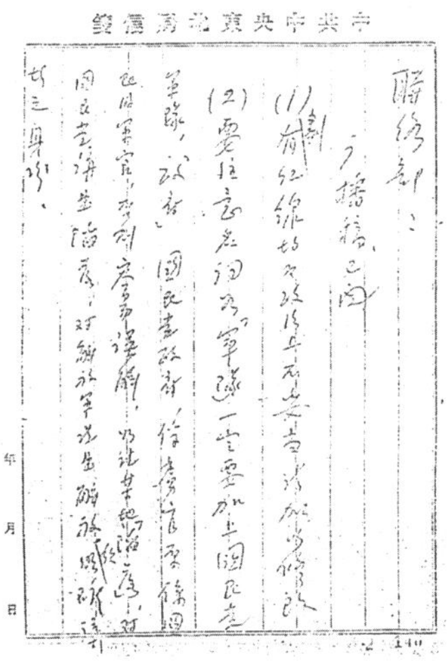
中共中央東北局信箋

（图4-3-7）东北局宣传部长王稼祥审批《对蒋军广播》广播稿的批件影印

（图4-3-8）第一本人民广播技术著作（董林等编译）

哈尔滨广播电台合并。5月间还开办英语、日语和广州话节目。

在经历了将近一年的战略防御以后，从1947年5月起至1948年3月止，东北野战军相继发动了强大的“夏季攻势”、“秋季攻势”和“冬季攻势”，东北解放战争的形势发生了根本性变化，国民党军队被歼灭30余万，其余的已被包围在长春、沈阳、锦州三个狭小地区，东北全境90%以上的地域获得了解放。东北局势的稳定，为人民广播事业的

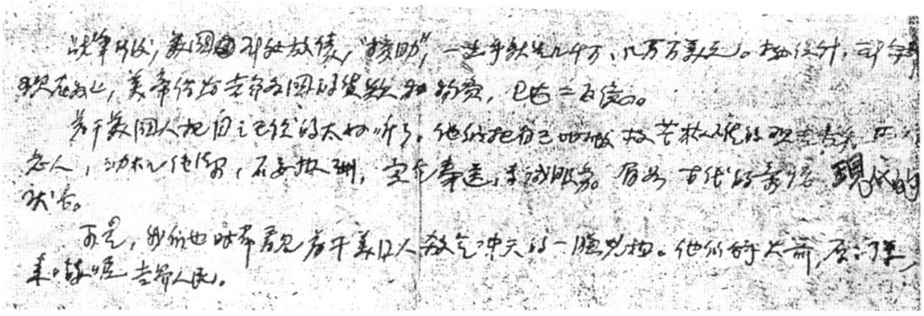

（图4-3-9）大连广播电台潘非于1948年5月间撰写的《广播评论》手稿的一部分

新发展创造了有利的条件。在东北台开播以后的两年中，东北解放区又新建立了哈尔滨台和牡丹江台。原来因战局关系几经转移的安东台、鞍山台和吉林台又迁回原址继续播音。通化台也先后以临江台、海龙台的呼号再度播音。转移到齐齐哈尔的原承德台人员重返赤峰，开始筹建冀热辽新华广播电台，但因形势变化，未及播音而撤离。经过两年的恢复和重建，东北解放区的广播事业有了新的发展。1948年7月，东北新华广播电台(总台)成立前夕，除东北台外，还有8座广播电台，即大连台、齐齐哈尔台、延吉台、哈尔滨台、牡丹江台、安东台、海龙台和吉林台。（见图4-3-9、图4-3-10）

（图4-3-10）东北台机务人员在检修天线（1948年）

东北解放区的广播事业从1945年8月建立，经历了三年多战争环境的考验，在发展—收缩—再发展的道路上不断前进，先后创办起16座人民广播电台，形成近千人的广播队伍，在解放区广播史上有着重要的地位和意义。（见图4-3-11）

（图4-3-11）东北台第一次广播会议出席会议人员合影（哈尔滨）

二、华北广播的双子星——张家口和邯郸新华广播电台

中国共产党领导下的抗日根据地军民在向日伪军发动的强大反攻中，在关内先后胜利地收复了张家口、邯郸、焦作、烟台、威海等一批中小城市。在收复张家口、烟台之际，也接收了日伪广播台的设备，并建立了关内的第二座人民广播电台——张家口新华广播电台。

张家口是华北北部重要城市。日伪占领时期，这里是伪“蒙疆自治政府”的统治中心。伪政府下设有伪“蒙疆广播协会”，并在张家口设有一座广播电台，是晋北、察南一带的日伪广播的中心。1945年8月中旬，朱德总司令发布进军命令后，晋察冀军区决定攻占张家口。8月20日，我军发起攻击，激战3天，8月23日收复了张家口。当天晚上，随部队前进的晋察冀前线记者团即接管了日伪广播电台，其中包括10千瓦短波发射机和500瓦中波发射机各一部，是当时解放区广播电台中功率最大的。8月24日，张家口新华广播电台开播，呼号XGNC(开始为XGCA)。起初主要是播送张家口市军政机关的布告和

命令，以逐步安定社会秩序。以后逐渐增加了国内外要闻、本市新闻以及一些文艺节目。张家口台成立后，中共中央和晋察冀军区领导都很重视它的工作。1945年8月下旬，延安台在和张家口台进行的一次广播通话中，传达了新华总社领导的决定，要求张家口台除广播本地区新闻、政策法令和摘播报纸文章外，每天晚上必须转播延安台的节目。张家口台积极执行上级指示，很好地发挥了广播功率大、传播范围广的优势，实际上成了延安台和东北解放区广播电台的“中转台”，在一定程度上弥补了延安台功率的不足，使中央的声音迅速传向各个解放区、国统区以至海外，为动员全国人民起来反对内战，维护和平起了很好的作用。

张家口台初期属新华社冀察支社领导，9月中旬后改由晋察冀日报社领导。张家口台每天以中、短波两部发射机播送早、中、晚3次节目。主要内容有新闻、评论、时事解说、百科知识、政策法令、广播讲演以及各种文艺节目等。当时全市有收音机5000架以上。1946年7月15日起，该台又增设英语节目。远在菲律宾出版的《华侨导报》对此作了专门报道。（见图4-3-12）1946年10月，国民党军队进犯张家口，我军主动撤出，张家口台也转移到阜平山区，

張家口電台
英語廣播時間與波長
【張家口十四日新華社電】張家口XGNC廣播電台，從七月十五日起開始英語廣播。時間：上海時間每晚八點四十分至九點。波長：[illegible]

（图4-3-12）菲律宾《华侨导报》1946年7月17日刊登的张家口新华广播电台英语广播时间表

改名为晋察冀新华广播电台，于1947年元旦起恢复播出，电台呼号仍然是XGNC。晋察冀新华广播电台的所在地虽然很隐蔽，但是国民党军队一直在设法进行干扰和破坏。他们根据电台发出的电波，不断派飞机搜寻电台台址。敌机经常飞到阜平一带的上空盘旋、轰鸣，甚至低飞掠过，但是晋察冀台的工作人员照样坚持工作。

1948年5月，毛泽东、周恩来、任弼时等和中共中央机关从陕北转移到河北省平山县西柏坡。遵照中央的指示，陕北新华广播电台从太行涉县迁到西柏坡附近。为加强陕北的广播宣传，中共中央决定，晋察冀新华广播电台并入陕北新华广播电台，全部人员和设备迁到西柏坡附近。至此，晋察冀新华广播电台光荣地完成了它的使命，全台工作人员在台长黎韦的率领下，于1948年7月1日到达西柏坡附近的封城村，同陕北新华广播电台的工作人员会师，两台的人员亲密合作，共同投入新的战斗。（见图4-3-13）

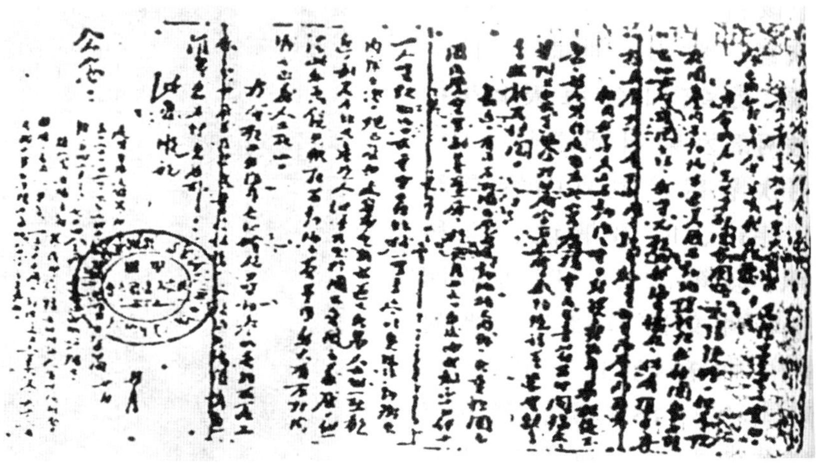

（图4-3-13）1947年7月20日毛泽东委托延安华侨联合会写给华侨曾春水，希望他多收听延安和张家口广播的信

在华北地区的解放区广播电台，除张家口（晋察冀）台外，规模和影响较大的还有邯郸新华广播电台。邯郸新华广播电台，呼号XGHT，1946年9月1日开播，该台由中共晋冀鲁豫中央局宣传部领导。（见图4-3-14）

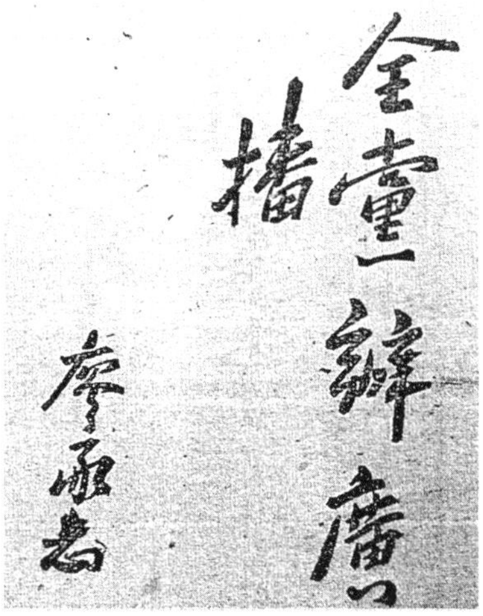
（图4-3-14）1947年廖承志为邯郸新华广播电台题词

邯郸台筹建于1946年初。在此之前，有一架载有两部美制无线电导航台的国民党空军运输机误落在焦作，被解放区军民缴获。晋冀鲁豫中央局和军区决定把这两部导航台改装为广播发射机，建立一座广播电台。该台原拟建在峰峰矿区，后因国民党军进犯，离战场较近，不易保障安全，于6月间转移到太行山东麓的涉县沙河村。这里东距邯郸市约90公里，是晋冀鲁豫解放区的腹心地带，同时又毗邻太行山，易于隐蔽。1947年3月初，邯郸台正式组建编辑部，负责人为萧风、顾文华。邯郸台使用两部发射机，有中波、短波两种波长，每天上午、晚上各播音一次，除转播延安台节目外，自办节目有向人民解放军广播、对国民党军广播、国内外新闻、本区新闻报道以及文艺节目等。（见图4-3-15）

1947年3月间，邯郸台又承担了筹建新台，在太行接替陕北广播的任务，为确保延安（陕北）台的声音不致中断作出了重要的贡献。1947年11月15日，晋冀鲁豫《东北日报》刊登的通讯《新华广播在前

（图4-3-15）邯郸新华广播电台编印的本台介绍

线》，真实、生动地反映了解放军部队积极收听邯郸台广播的情景。从1948年元旦起，邯郸台又开始播送南下军属家书，每天半小时，内容有家乡土地改革后生活改善和家人勉励前方战士英勇杀敌立功、后方积极发展生产支前等情况。有听众来信称邯郸台的工作人员是“真正为人民服务的广播电台同志”。邯郸台播音期间，正值人民解放战争进入战略进攻的重要时期，全国人民关心时局的发展，特别是国统区的人民，为获得真实的消息而冒着生命危险偷听解放区的广播。邯郸台的广播，不仅北平、天津、青岛、济南、徐州、西安、南京、上海、成都、昆明等地可以听到，台湾、港澳以及越南河内、新加坡、南洋各地也都能听到。（见图4-3-16）

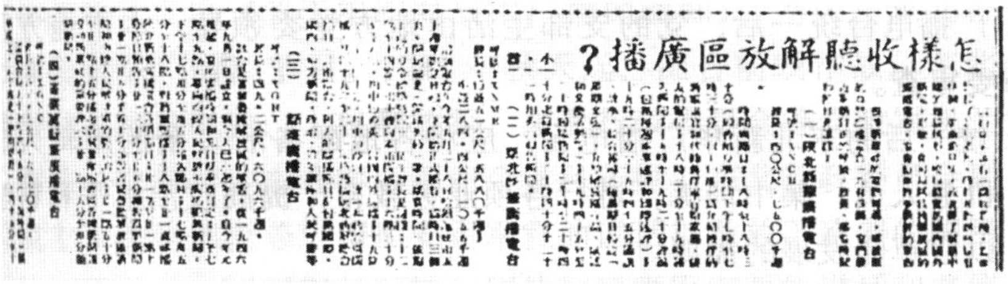
怎樣收聽解放區廣播？

（图4-3-16）香港《华商报》1948年8月30日刊登的《怎样收听解放区广播？》。其中（三）为邯郸新华广播电台，原报缺“邯郸”两字

1948年冬，根据中共中央华北局的决定，邯郸台停止自办节目，改为陕北台的转播台，大部分人员北上平山到达华北人民日报社所在地李

（图4-3-17）1947年11月12日，人民解放军接管河北石门广播电台

庄村，准备进入北平接受新任务。少数技术人员坚持转播工作，至1949年3月下旬结束。

此外，还要提到的是石家庄人民广播电台（前身为石门广播电台）。该台建立于1938年5月，隶属日伪北京中央广播电台，发射功率50瓦，职员26人，台长和90%的技术人员是日本人。抗日战争胜利后被国民党政府接管。1947年11月12日石家庄解放，为人民解放军接管，改为石家庄新华广播电台。（见图4-3-17）

三、三大解放区都有了中心台

1948年春天，继陕北台迁到平山之后，解放区地方广播事业的发展也进入了一个新的阶段，其标志就是在东北、华东和西北三大解放区相继建立起本地区的中心广播电台，东北解放区还实现了对全区广播电台的统一领导和管理。

东北新华广播电台是各解放区中最早建立的面向全区的广播电台，1946年9月23日开始在佳木斯播音。1948年1月，该台迁回哈尔滨，3月17日起试播，5月28日起正式播音。当时，东北解放区已有9座广播电台。1948年5月以后，东北解放战争处于战略进攻的后期，由于人民解放军连续取得关键性的胜利，东北解放区不断巩固和扩大，东北地区的多数广播电台也随之相对稳定。鉴于东北解放区所处地

位，广播需要统一领导、统一管理。根据东北局宣传部的意见，8月7日在哈尔滨召开了东北地区各广播电台联席会议。两天后，东北局作出了《关于统一广播电台的决定》，确定了东北新华台在东北解放区内总台的领导地位，明确了东北各地电台和东北新华台的隶属关系，为在东北地区内实现广播事业的一元化领导，作了舆论准备，制定了政策依据，也给我国人民广播事业管理体制的建立奠定了基础。为叙述方便，以下将1948年7月以后的东北新华广播电台称作东北新华广播电台（总台），简称东北台（总台）。（见图4-3-18）

从1948年7月东北台（总台）成立到11月东北全境解放，正值辽沈战役决战时期。此前，1948年5月，东北局宣传部和东北军区政治部联合发出《关于组织对敌军广播的通知》。不久，东北台开始举办《对国民党军广播》节目。1948年秋天起，配合前线作战，东北台（总台）播出过中国共产党、人民解放军、东北行政委员会等党政军机关发布的政令、布告、公开信等。实践证明，东北台（总台）的广播在瓦解国民党军士气，配合人民解放军作战方面收到了显著的效果。1948年11月2日，人民解放战争中具有决定意义的最大战役之一辽沈战役胜利结束，国民党军在东北占据的

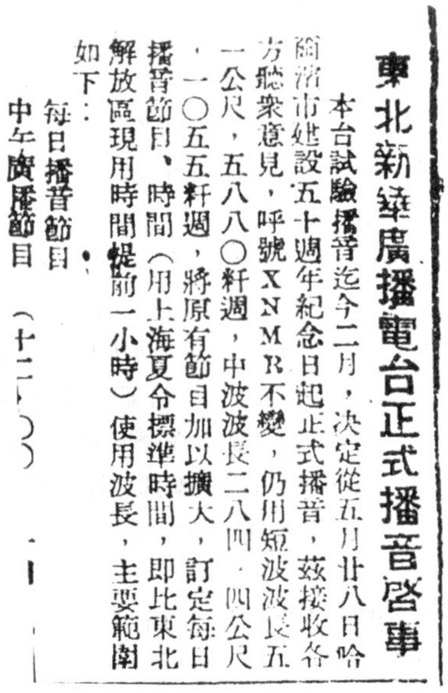

東北新華廣播電台正式播音啓事

本台試驗播音迄今二月，決定從五月廿八日哈爾濱市建設五十週年紀念日起正式播音，茲接收各方聽衆意見，呼號XNMR不變，仍用短波波長五一公尺，五八八〇仟週，中波波長二八四．四公尺，一〇五五仟週，將原有節目加以擴大，訂定每日播音節目、時間（用上海夏令標準時間，即比東北解放區現用時間提前一小時）使用波長，主要範圍如下：

每日播音節目：

中午廣播節目 （十二．〇〇——

（图4-3-18）《东北日报》1948年5月26日刊登的《东北新华广播电台正式播音启事》

（图4-3-19）1949年的沈阳人民广播电台（沈阳新华广播电台是其前身）

最后一座城市沈阳解放，至此东北全境宣告解放。这一历史性的重大新闻，当天由东北台(总台)领导亲自执笔以“本台消息”播出，并在5分钟后作了连续报道。东北台(总台)副台长朱明于11月4日接收了国民党在沈阳的广播电台，并利用其设备办起了沈阳新华广播电台(市台)。12月25日起，东北台(总台)迁至沈阳继续播音，原沈阳新华台(市台)停止播音。（见图4-3-19）

东北台(总台)的成立标志着东北解放区广播事业的发展开始了一个新的阶段，它不仅担负着对东北地区的宣传任务，还担负着对东北地区广播事业的管理任务，这在解放区广播历史上具有首创意义。1949年5月1日起，东北台(总台)改名为沈阳新华广播电台。原沈阳新华台9月10日起改称为沈阳人民广播电台，原沈阳人民广播电台(市台)停播。东北台(总台)成立后，随着辽沈战役的胜利和东北全境解放，又恢复和新建了一批广播电台。（见图4-3-20）

到中华人民共和国成立前，东北解放区先后建立广播电台17座，到1949年9月继续播音的为15座，居各大解放区之首。

华东解放区的第一座广播电台——华东新华广播电台于1948年5月起在山东五莲县农村开始筹建，后又迁至临朐县的程家庄。华东台的主要广

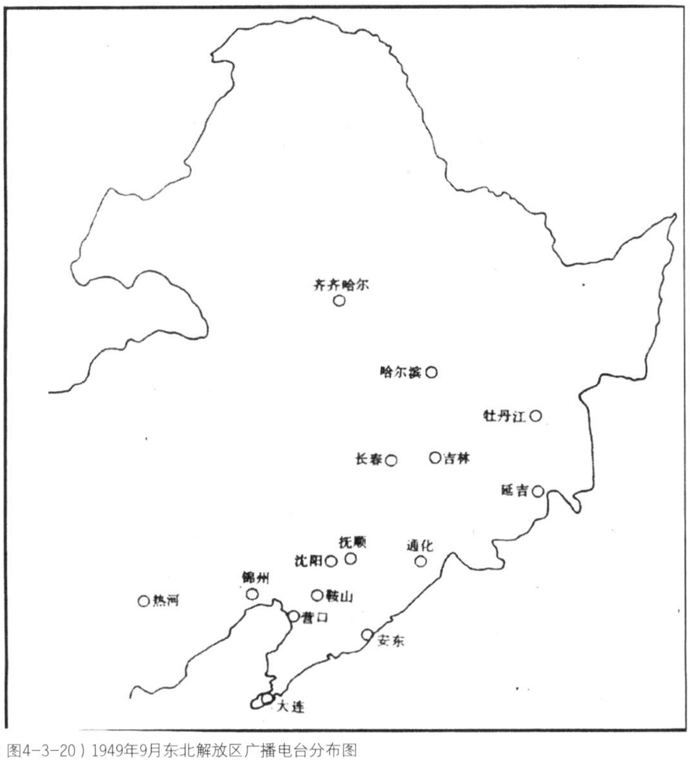

（图4-3-20）1949年9月东北解放区广播电台分布图

播器材是抗战时期宋庆龄领导的保卫中国同盟利用募集的捐款购置，赠送给新四军的。[1]同年9月12日起试验播音，12月20日起正式播音，呼号XNEC，除转播陕北台节目外，并有对华东地区的自办广播节目。华东台由中共中央华东局宣传部领导，华东台管委会

華東新華廣播電台

（图4-3-21）香港《华商报》1948年12月29日刊登的华东新华广播电台开播的报道

由周新武任主任，由陕北台派来的苗力沉任副主任。（见图4-3-21）

华东新华广播电台作为中共中央华东局的新闻舆论机关之一，基本的宣传方针、任务是：宣传中国共产党的各项政策，中国人民解放战争的伟大胜利，扩大中国共产党、人民解放军的影响；向华东国统区人民宣传中央的对敌斗争政策，瓦解敌军；报道国统区人民民主斗争，揭露国民党反动派的欺骗宣传；传达华东局领导机关的指示，报道华东解放区各条战线的成就和经验，鼓舞人民夺取解放战争的胜利。

华东台在试播期间，适逢济南战役进行。整个战役共进行了9天，华东台专门举办了对济南的广播，内容有《华东紧急动员令》、前线战报、对济南前线的国民党军劝降广播等。9月24日下午济南全部解放，陕北台当晚播出这一捷报，但国民党广播28日才承认济南“失守”。同年11月，淮海战役打响，华东台又配合开展宣传攻势。华东台正式播音后，办有对华东战场国民党军广播，对华东人民解放军广播，对南京、上海、杭州、台湾等地的广播节目等。

1949年1月，根据华东战场胜利发展的形势，华东局决定除继续坚持华东台播出的人员外，其余干部按三套班子配备，准备渡江后接管上海、南京、杭州三地的国民党广播电台。2月，华东台的人员和设备陆续迁移到济南继续播音。3月20日，准备南下的人员分批离开济南。在华东解放区先后建立起来的人民广播电台，有济南特别市新华广播电台和徐州新华广播电台。

西北解放区的第一座广播电台——西北新华广播电台1948年12月开始在延安筹建，1949年元旦试播，1月5日起正式广播，由中共中央西北局宣传部领导。（见图4-3-22）

1947年3月，人民解放军主动撤出延安后，经过一年多的辗转作战，相继取得青化砭、羊马河、蟠龙等战役的胜利，并于1948年4月21日收复了延安。同年9月，新华总社提出，在延安增建西北新华广播电台，向西北、西南国统区进行宣传。新建的西北台编辑部设在清凉山，播音室和发射机房设在凤凰山。西北台当时是新华社西北总分社（简称总分社）组成部分，台长由金照兼任。

西北新华广播电台序曲
柯仲平

（图4-3-22）《晋绥日报》1949年3月23日刊登的柯仲平《西北新华广播电台序曲》

西北局在关于西北台的指示中，规定该台的主要任务是向西北待解放地区和国民党军进行宣传，争取早日解放大西北。新华总社在给西北总分社的指示中，要求除转播陕北台节目外，自编节目应包括如下内容：争取陕、甘、宁、绥、川等省市人民，分化瓦解前线的国民党军，为西北人民解放军服务。

5月20日，西安解放。6月1日起，西北台迁至西安继续播音，6日起改名为西安新华广播电台，7月1日起又改名为西安人民广播电台，但其任务仍为面向西北地区的广播。根据西北局的指示，宣传重点转向新解放区的群众，宣传安定社会秩序、恢复生产等政策、法令。

除上述三大解放区的中心台外，中共中央中原局还领导建立了中南解放区的第一座广播电台，即中原新华广播电台。该台1949年2月13日在郑州开播。同年5月武汉解放前夕，总分社随中原局南迁，该台停播。5月23日，中原局(不久改称华中局)领导的武汉新华广播电台开播。9月1日，改称武汉人民广播电台。

据1949年3月初统计，全国各解放区共有广播电台24座，其中华北4座、东北15座、华东3座、西北1座、中原1座。

四、诞生在胜利声中的天津、北平新华广播电台

1949年1月，继辽沈战役、淮海战役胜利后，平津战役也取得决定性胜利。随着人民解放军胜利的号角声，天津、北平相继建起新华广播电台。（见图4-3-23）

（图4-3-23）第一代人民广播工作者从解放区奔赴即将解放的天津城

1949年1月15日，天津解放的当天，人民解放军接管了国民党天津广播电台，当晚该台就以天津新华广播电台的呼号播出天津市军管会第一号布告。天津新华广播电台归天津日报社社委会领导，社委会下设广播部，部主任由《天津日报》总编辑朱九思兼任，鲁荻任副主任。1949年4月电台从报社分出，成为独立的宣传机构。天津新华广播电台开始用两个频率，后增为4个频率播音。当时只有接收过来的500瓦发射机一部、100瓦发射机两部及相应的播出设备。

天津新华广播电台开播时，除转播陕北新华广播电台的节目外，主要播出报纸消息。从1949年1月17日起开办了《本市新闻》及《重要文告》节目；同年2月6日开始，

又陆续增加了新闻性节目、对象性节目、专题性节目以及服务性节目；3月4日起，又先后开设了《妇女时间》和《少年儿童时间》节目。

1949年2月14日，天津市各界群众在民园广场举行盛大集会，庆祝平津解放，会后分两路游行。天津新华广播电台除在中心会场设机器外，还在游行沿途设4个临时转播站，用3个频率同时转播游行实况。1949年3月，民营华声广播电台被接管，改为天津新华广播电台的广告台，除播送经济新闻、行情外，大部分是广告和文艺。同年5月18日，天津新华广播电台改名天津人民广播电台。（见图4-3-24）

（图4-3-24）天津人民广播电台诞生地（南市华安街）外景

1949年1月31日，北平宣告和平解放，当晚人民解放军北平市军事管制委员会接管小组组长徐迈进，率领12名同志进驻国民党北平广播电台。同时，陕北台派出编辑工作人员胡若木、杨兆麟等，参加由报纸、通讯社、电台人员组成的统一编辑部，进驻国民党华北日报社，每天为电台编发稿件。2月2日上午11时40分，北平新华广播电台开播。3月25日，陕北台迁进北平，改名为北平新华广播电台。原北平新华广播电台改为北平人民广播电台。（见图4-3-25）

4月22日，北平人民广播电台调整节目，办有《军管会布告》、《青年生活》、《国内外要闻》、《时事漫谈》、

（图4-3-25）1949年2月2日北平新华广播电台正式播音，同年9月27日更名为北京新华广播电台，图为部分工作人员

《文艺漫谈》、《西乐》、《报告行情》等近20个节目，加上转播北平新华广播电台（原陕北台）的节目，全天播音从7个多小时增至8小时50分钟。

北平市台开办后，机构上隶属于北平新华广播电台领导，石西民为市台第一任负责人。5月，北平市注意在职工中和学校发展广播通讯员的工作，通过通讯员组织节目，撰写稿件，组织群众收听广播；反映群众对广播的意见、要求。9月1日，为使北平新华广播电台和北平人民广播电台的节目更加密切配合，中央广播事业管理处决定北平人民广播电台改称北平新华广播电台第二台。

第四节 开国大典前的广播

一、陕北新华广播电台喜迎新时代

从1948年5月23日，陕北台开始在建屏县（今平山县）播音，到1949年3月25日迁进北平为止，陕北台在平山前后工作了10个月的时间。

平山位于晋察冀解放区境内，东面距离石家庄30余公里。1947年5月，根据中共中央决定，以刘少奇为书记的中共中央工委进驻平山。解放战争进入战略反攻后，同年11月，石家庄解放，晋察冀解放

区与南面的晋冀鲁豫解放区连成一片，构成了华北解放区。1948年5月，中共中央由陕北经晋绥迁至平山，与中央工委会合，中央工委即行撤销。

中共中央领导机关设在平山的西柏坡村，陕北台编辑部迁至平山之初，曾一度设在郜家庄，不久，即与新华总社一起迁至西柏坡附近。发射机房和播音室起初在张胡庄，后迁至窟窿峰。张胡庄距离编辑部约20公里，窟窿峰距编辑部则约40公里，中间还隔着滹沱河。一般情况下，每天的广播稿件于前一天下午编好，当天上午由通信员骑马送到播音室，傍晚首次播出。当解放战

（图4-4-1）陕北台在张胡庄的播音室旧址

（图4-4-2）1948年10月至1949年3月，陕北台在窟窿峰的发射机房旧址

争的重大战役紧张进行时，战场上捷报频传，骑马送稿往往来不及于当晚播出，这时候，编辑部就利用电话传稿，由播音员记录，再经核对无误后，及时播出。（见图4-4-1、图4-4-2）

在平山，陕北台的建设有了多方面的发展，对于确保繁重宣传任务的顺利完成起了积极的作用，主要表现在以下几方面：

第一，编辑队伍逐步充实。除太行时期的编播人员陆续北上到达平山外，1948年7月，晋察冀新华广播电台撤销，该台负责人黎韦带领柳荫、丁一岚、江炎等加入陕北台。到1949年春天，陕北台迁进北平前夕，已有编播人员三四十人。在新华总社的编制上，语言广播部(亦称口播部)为二部，播音组为五组。此外，陕北台的英语广播由新华总社英语广播部负责编播工

（图4-4-3）陕北台编印的《新华广播稿》

作。

第二，编播制度日趋完善。陕北台在平山开播前夕，编辑部就编播工作中的一系列问题作出了决定。决定除了明确规定每天的发稿字数、人员分工、稿件编审时间等外，还特别规定每天要写工作日记，每周要作一次稿件总结，同时编辑要轮流收听每天的播音，并作记录，供改进播音工作参考。此后，又陆续制定了《播音手续》、《编辑发稿工作细则》、《口播清样送审办法》等制度，还不定期编印《新华广播稿》。（见图4-4-3）

在平山时期，为准确地传达中共中央的重要指示，及时播送解放战争的重大捷报，负责语言广播工作的梅益、温济泽等几乎每天都要写信给播音组提示宣传要点、指明播音时的注意事项，并对播音工作给予鼓励和批评。编播往来的书信中，还记录了当时中共中央

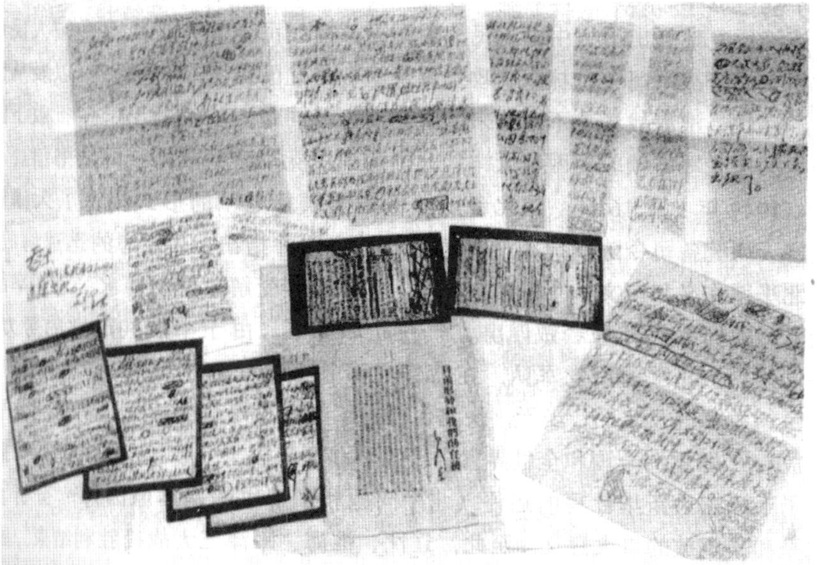

（图4-4-4）毛泽东撰写或修改过的部分广播稿

以及周恩来、刘少奇对做好广播工作的意见以及收听国民党中央台、莫斯科广播电台、美国之音和英国广播公司的情况等。毛泽东、周恩来等中共中央领导人还亲笔撰写了大量的广播稿件。（见图4-4-4）

第三，自力更生建立发射台。1947年底，在窟窿峰西南的天户村，天线专家、时任中央军委电讯总局副局长的李强主持动工，修建了一座短波发射台。天户发射台共有5副天线，其中3副65米高的同相水平天线用来对美国广播；1副50米高的菱形天线，用来对欧洲广播；1副20米高的木杆天线，用来对南京、上海广播。天户发射台的发射功率为3千瓦，是当时解放区最大的发射台。1949年1月建成后作为陕北台的发射台，后来又成为北平新华广播电台的转播台。

从1948年7月起，人民解放战争进入第三个年头。这时候，军事战线上的胜利更为迅速，各个解放区随之急剧扩大，并且逐步连成一片。8月间，华北人民政府成立，首先统一了华北解放区的政权。

在即将夺取全国胜利的形势下，1948年9月，中共中央在平山县西柏坡召开了一次政治局会议，提出从根本上打倒国民党反动统治，夺取全国胜利的伟大任务，并作了具体部署。会后，陕北台和其他解放区广播电台的广播宣传围绕着上述总目标，从1948年夏至1949年春主要进行了三项工作：第一，配合三大战役，大力开展分化瓦解国民党军的广播攻势。第二，揭露国民党反动派的“和平攻势”，号召全国人民将革命进行到底。第三，宣传中共中央纪念“五一”节口号，推动新政协运动的开展。

1949年3月23日，陕北台广播了中共七届二中全会公报。公报提出，在全国胜利的

局面下，党的工作重点必须由乡村转移到城市。公报宣布了在全国胜利以后，党在政治、经济等方面的基本政策，以及使中国由农业国转变为工业国，由新民主主义国家转变为社会主义国家的总任务和主要途径。公报还宣布，全会批准了由中国共产党发起，并协同各民主党派、人民团体及民主人士召开没有反动分子参加的政治协商会议及成立民主联合政府的建议。

陕北台在平山时期除了承担起繁重的宣传任务外，还在中共中央的关怀和领导下，和新华总社一起，为迎接全国胜利的新局面做了多方面的准备工作。这是解放区广播发展史上的一个重要的阶段，对于进城后人民广播事业的发展有着重大的历史意义。

第一，关于指导思想方面。

1948年4月2日，毛泽东在晋绥解放区发表《对晋绥日报编辑人员的谈话》。10月2日，刘少奇在平山发表《对华北记者团的谈话》。这两篇无产阶级新闻工作的纲领性著作，系统总结了解放区新闻工作的经验教训，深刻阐明了党的报刊、通讯社和广播电台宣传工作的基本任务和作用，它们与人民群众的关系，以及新闻宣传的无产阶级风格和特点，新闻工作者的政治修养和业务修养等一系列无产阶级新闻学的基本原理。1949年3月，毛泽东在中共七届二中全会上的报告中又明确指出，在城市工作中“通讯社报纸广播电台的工作，都是围绕着生产建设这个中心工作并为这个中心工作服务的”。毛泽东、刘少奇的谈话以及这个时期中共中央《关于宣传工作中请示与报告制度的决定》等，都是做好迎接新的历史任务的重要指导性文件。

第二，关于培训干部方

面。

1948年夏天，中共中央为提高新华社的宣传水平，指示新华总社的主要业务干部，包括直接负责口播宣传的梅益、左荧等20多个编辑组成一个工作队，当时称为“小编辑部”，集中住在西柏坡中央负责同志的住地附近，以便于直接听取有关宣传工作的指示和意见。当时，毛泽东、周恩来、刘少奇等都曾经撰写、审阅、修改过许多重要的文稿，包括新闻、述评、社论、发言人谈话、广播讲话等，并对做好宣传工作发表过许多重要的意见。胡乔木作为新华社总编辑每天晚上和有关人员一起传阅中央负责同志经手的重要稿件，指导大家如何写好新闻、评论。为提高口播的宣传质量，从1949年元月起开始编印《新华广播稿》[2]，每日4—8页不等，1万字左右，凡陕北台每天编发的消息、通讯、评论和专稿均收编入册。此外，1948年9月起新华总社编印的《业务汇报》(双周刊)内部刊物中曾先后刊载了《语言广播业务通报》(第一号)、《陕北台处理敌俘信稿的经验》等有关语言广播的材料。

第三，关于加强管理方面。

1948年10月，新华总社召开了关内广播电台会议，出席会议的有廖承志、徐迈进、梅益、温济泽、黎韦、胡若木、常振玉(代表华北局宣传部及邯郸台)和苗力沉(代表华东台)等。会议就全国性的短波广播和全国性的中波广播的管理都作出具体规定，并要求邯郸台应准备接收华北地区国民党城市的广播电台，华东台应准备接收华东地区国民党城市的广播电台。

此次会议前后，新华总社的领导机构作了调整。为了加强对语言广播工作的领导，新华总社成立了广播管理部，

由廖承志兼部长，梅益为副部长，同时开始筹建中央广播事业管理处，以便逐步建立全国性的广播管理机构。新华总社1949年1月15日发出通知，要求解放区各广播电台自2月1日起，皆以自己的台名即“××(地名)新华广播电台”为呼号，取消原有的英文字母(如XNCR、XNMR等)呼号。今后新建或新解放城市的广播电台也不要以英文字母作呼号。

第四，关于制定政策方面。

随着解放战争的不断胜利，国统区的一批大中城市陆续获得解放。为了及时、正确地处理新解放城市原有的新闻机构，中共中央于1948年11月先后作出《关于新解放城市中中外报刊通讯社处理办法的决定》和《对新解放城市的原广播电台及其人员的政策决定》，明确了新中国广播事业由国家经营的原则。1949年9月又发出《关于对旧广播人员政策的补充指示》，指出中国人民解放军军事管制委员会将全部接收国民党政府、军队及党部管理的广播电台，然后迅速利用其设备建立人民广播电台，并播送入城法令、布告、城市政策等，同时按时转播陕北台的节目。对原有广播电台技术方面的从业人员，应根据情况，分别作出安排。关于民营广播电台，在军事管制期间，一律归军管会统一管理，按照有关规定，办理登记手续，经批准后始得广播。凡外国资本及外国人经营的广播电台均应停止广播。这些文件，为人民解放军迅速在新解放城市中接收国民党广播电台、建立人民广播电台以及处理私营台、外商台等，制定了明确的政策及措施。

二、国民党广播的崩溃和民营广播的衰落

1948年秋冬，中国人民解放军相继取得了辽沈、淮海、

平津三大战役的伟大胜利，解放了长江以北的大片国土。国民党在全国的反动统治已四分五裂、濒于灭亡。国民党的官办广播事业也面临着崩溃的命运。

国民党官办广播事业的主要部分，即中央广播事业管理处所属的广播电台，这批广播电台实际上都是国民党的“党营”广播事业。抗日战争时期，国民党的各部门、各级大小官吏大发国难财。战后的国民党更加腐败不堪，经办广播事业的人员大都是政府官吏，专业人才缺乏，管理不善。“党营”电台的节目充斥反动叫嚣，谣言谎话连篇，越来越不得人心。为了摆脱困境，国民党当局早在抗日战争时期就曾多次酝酿另谋出路。1943年，中央广播事业管理处在拟订战后发展广播事业的方案时，提出以管理处所辖电台为基础，成立中国广播公司，实行企业化经营。但不久就因意见分歧而搁浅。抗日战争胜利后，1946年1月，陈果夫等重提旧议，经国民党政府行政院批准，于同年12月召开了成立大会。1947年1月，陈果夫代表中国广播公司与行政院订立合约，由行政院“征用”该公司作为政府的御用宣传工具。这种换汤不换药的做法，并没有改变国民党“党营”广播的腐败状况。在经营管理上，由于人事问题的纠葛，直到国民党军逃出大陆之前，中国广播公司实际上并未正式建立，一切业务仍由中央广播事业管理处继续办理(1949年11月，中国广播公司才在台湾宣告正式成立)。（见图4-4-5）

国民党反动派在其挑起的全面内战中接连遭到惨败，使得国统区的经济体系日益瓦解，经济生活混乱不堪，最集中地表现为物价急剧上涨。仅1947年，国统区就发生了6次遍及全境的大涨风，物价普遍

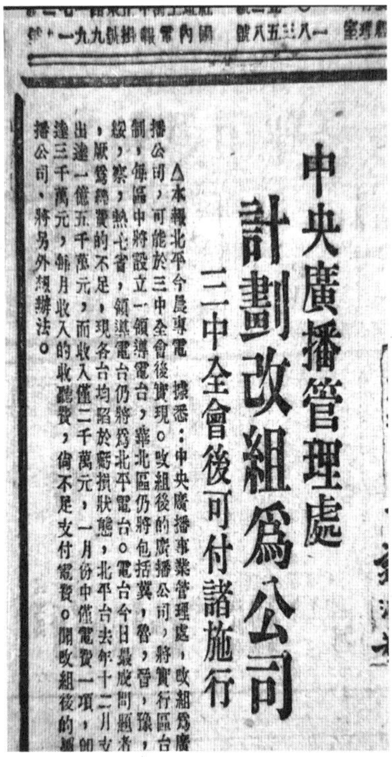
中央廣播管理處
計劃改組爲公司
三中全會後可付諸施行

△本報北平今晨專電 據悉：中央廣播事業管理處，改組爲廣播公司，可能於三中全會後實現。改組後的廣播公司，將實行區台制，每區中將設立一領導電台，華北區仍將包括冀，魯，晉，豫，綏，察，熱七省，領導電台仍將爲北平電台。電台今日最成問題者，厥爲經費的不足，現各台均陷於虧損狀態，北平台去年十二月支出達一億五千萬元，而收入僅二千萬元，一月份中僅電費一項，即達三千萬元，每月收入的收聽費，尚不足支付電費。聞改組後的廣播公司，將另外規辦法。

（图4-4-5）报纸上关于中央广播管理处计划改组为公司的报道

上涨了20倍左右。国民党政府的所谓“征用”中国广播公司，实际上就是由行政院从1947年1月起，每月拨款20亿法币给中国广播公司以便维持广播。由于国统区货币贬值，中国广播公司每月入不敷出。为了利用广播进行反共反人民的宣传，国民党政府只能增加拨款。1948年6月，中央广播事业管理处以“紧急支付，以资救济，而维广播”为由，一次申请拨款1500亿元。但由于1948年国统区的物价比抗日战争前上涨了几百万倍，所以尽管表面上广播经费像天文数字般地不断增加，实际上仍是杯水车薪。1934年创刊、1946年9月在南京恢复出版的《广播周报》至此已无法维持，1948年12月出版至总312期而宣告终刊。至此，连当时国统区出版的刊物，也不得不承认“党营”广播事业已经到了“崩溃前夕”。[3] 此前，1948年5月底，蒋介石当选总统就职大典之后，负责国民党中央组织工作的陈立夫曾通过中央电台发表评论，似可视作国民党中央电台最后的“呐喊”。（见图4-4-6）

1949年初，淮海战役胜利结束后，国民党政权面临崩溃。1月21日，蒋介石宣布

（图4-4-6）1948年5月底，蒋介石当选总统就职大典之后，负责国民党中央组织工作的陈立夫通过中央台发表评论

“引退”，在幕后操纵政局，指示国民党党政机关迁往广州办公。当时，南京只留下李宗仁的代总统办公室。此前，国民党广播事业的首脑人物陈果夫已于1948年11月赴台湾“养病”。留在南京的中广处处长兼中央台台长吴道一又一次面临拆机搬迁的任务。在他主持下，先后将南京、上海的广播器材约700吨装船运往广州，准备在广州重建中央台，后因局势危急，又仓皇转运台湾。吴道一离开南京之前，委任原山东台台长张维和任代理台长，负责收拾残局。此时，国民党中央社早已南迁，中央台的正常新闻来源渠道断绝，只能靠收听美国之音、英国广播公司的新闻加以编排，聊以充数，加之人心涣散、经费匮缺，张维和被迫拍卖无线电器材，用来发放薪金，无奈之下

于4月16日提出辞职，虽未获准，也就不辞而别了。国民党中央台至此已是气息奄奄。

在三大战役中，国民党反动派在东北和华北地区的10多座广播电台先后被人民解放军接管。人民解放军利用接管的广播设备办起了一批人民广播电台，其中较大的有沈阳、天津和北平等地的广播电台。1949年春天，人民解放军横渡长江。长江以南的国民党官办广播电台随后被人民解放军接管，改建为人民广播电台。在此前后，人民解放军已解放了西南、西北的广大国土，接管了兰州、迪化(乌鲁木齐)、贵阳、重庆、桂林、昆明等地的国民党的一批广播电台。为了阻止人民广播事业的建设，国民党反动派对许多广播设备蓄意破坏。尽管这样，国民党也未能阻止人民广播事业的迅速发展。台湾出版的广播史哀叹，1949年是国民党广播事业“最为暗淡的一年”。[4]

在南京、上海获得解放的时刻，留存下来的20多家民营台，除了有一家受国民党反动派的裹胁迁到台湾以外，其余的都留在大陆，迎接解放的到来。1949年10月1日，中华人民共和国胜利诞生。至此，存在了20多年的国民党及其管理下的广播事业在大陆宣告终结，中国的广播进入了新的发展时期。

三、全国人民广播网初具规模

1949年3月25日，中共中央由西柏坡迁进北平。同一天，新华总社和陕北新华广播电台也由平山北上来到北平。从这一天起，陕北台改名为北平新华广播电台，并开始具有对全国广播的中央台的性质。原北平新华广播电台则改名为北平人民广播电台(不久又改称为北平新华广播电台第二台)作为北平市台。

为了适应广播事业日趋扩

大的需要，6月5日，中共中央发出通知：将原新华总社语言广播部扩充为中央广播事业管理处，管理并领导全国广播事业，由廖承志任处长，李强任副处长。通知指出，中央广播事业管理处与新华总社为平行组织，同受中共中央宣传部的领导；各中央局所属广播电台，今后应该受各中央局宣传部与中央广播事业管理处两方面领导。各地广播电台与中央广播事业管理处的关系，与各地新华总分社、分社与新华总社的关系相同。

陕北台由乡村迁进城市和中央广播事业管理处的成立，标志着人民广播事业的发展开始了一个新的阶段。从此，广播事业脱离新华社成为单独的宣传系统，与人民日报社、新华通讯社并列为中央级三大新闻机关。

中央广播事业管理处存在的近4个月的时间里，在廖承志的主持下，遵照中共中央的有关指示和决定，为统一领导和管理全国的广播事业做了大量的工作，其中主要有：一、对地方广播电台的设置原则、管理办法以及有关事项作了一系列明确的规定。二、为了统一领导和管理华东地区的广播电台，8月10日与中宣部联合发出成立华东广播事业管理处的指示。该处的任务为管理并领导华东各地人民广播电台，管理华东各地私营广播电台和收音机的调查、登记、配售等事项。三、加强对广播宣传工作的统一领导，规定各地方台从6月20日起，每天20时30分至21时30分必须转播北平新华台的新闻、综合报道、评论和国际时事节目。四、编印出版了人民广播史上的第一份业务刊物《广播资料》。该刊从7月起先后共出刊三期，除刊登中央广播事业管理处的有关指示、决定和通知等外，特别有意义的是，把列宁关于无线电

广播的论述介绍给中国读者。

1949年3月26日，根据中共中央的指示，中央广播事业管理处通过北平新华广播电台通知南京国民党方面派出代表，到北平举行和平谈判。中共中央派出以周恩来为首席代表的代表团，国民党李宗仁政府派出以张治中为首席代表的代表团。4月1日，国共双方代表开始在北平谈判。15日，双方代表拟订了《国内和平协定草案》的“最后修正案”，全文共八条二十四款，是以中国共产党提出的八项条件为基础商定的。中共代表团宣布以4月20日为最后签字的日期。但南京李宗仁政府竟然拒绝在协定上签字，决意与人民顽抗到底。

4月21日，北平新华广播电台反复播出毛泽东主席、朱德总司令发布的《向全国进军的命令》。同一天，人民解放军百万雄师分作西、中、东三路，在长达500余公里的战线上强渡长江，直指国民党反动统治中心——南京。次日，北平新华台即播出毛泽东撰写的《我三十万大军胜利南渡长江》、《人民解放军百万大军横渡长江》两篇重大消息。

自4月下旬至6月下旬，人民解放军在为期两个月的渡江战役中，先后解放了南京、杭州、武汉、上海、南昌等一批大中城市以及江苏、浙江、安徽、福建、江西、湖北等省的广大地区。北平新华台先后播出了毛泽东撰写或修改的《南京国民党反动政府宣告灭亡》、《祝上海解放》等新华社消息、社论。在此期间，新解放区的一批人民广播电台相继建立起来。

4月23日，南京获得解放。第二天，南京的广播电台奉命转播北平新华台的全部节目。5月6日，人民解放军南京市军管会文教委员会派李强、陆亘一两人接管了原国民党在

（图4-4-7）1949年5月18日，南京人民广播电台（江苏人民广播电台前身）在原国民党中央广播电台旧址——南京市中山东路西祠堂巷正式播音（门景）

（图4-4-8）到上海去创建人民广播事业的队伍

南京的中央台及国防部所属的军中广播电台。从18日起，利用上述两台设备建立的南京人民广播电台开播。在此前后，在江苏省境内先后建立起南通新华广播电台、无锡广播电台、常州人民广播电台和苏州新华广播电台。（见图4-4-7）

5月27日，上海解放。同日，人民解放军上海市军管会接管了国民党上海广播电台。晚上，上海人民广播电台即开播。同时，设在济南的华东新华台停止播音。9月1日起，上海人民台开始承担向华东地区广播的任务。（见图4-4-8）

人民解放军南下之后，相继开播的大中城市广播电台还有：武汉新华广播电台、浙江新华广播电台、南昌新华广播电台、福州人民广播电台等。在西北地区，人民解放军第一野战军在挺进大西北的战斗中，先后解放了甘肃、青海，并先后建立了兰州人民广播电台、西宁人民广播电台。

到中华人民共和国成立前夕，据1949年9月统计，全国各地已有人民广播电台近40座，一个遍布全国的人民广播网初步形成。

四、开国大典的广播

随着全国解放的到来，北平新华广播电台的宣传任务日益繁重。1949年3月，进城之初，北平新华台每天播音5小时。中央广播事业管理处成立以后，直接领导该台工作，由廖承志兼任台长、英语广播部主任，李强兼副台长、工程部长，梅益为编辑部第一部长。为满足面向全国宣传的需要，北平新华台及时改进工作，增加播音时间，开办新节目。其中较大的改进主要有两次：第一次是进城后不久，从6月20日起，北平新华台每天晚上8时半至9时开办新闻、综合报道、评论、国际时事节目，供全国各地广播电台转播。同日，继英语广播之后，又开办日语节目，同时还开办了广州话、潮州话和厦门话节目。第二次在新中国成立前夕，从9月1日起，北平新华台每天播音增加到5次，时间增加到3小时。同一天，该台与中华全国自然科学工作者代表会议筹委会联办的第一个知识性节目——《自然科学讲座》节目开播，每星期播送6次。为了用新的曲艺向全国示范演唱，该台又与中华全国曲艺改进会筹备会联合举办了《曲艺节目》。

在此期间，北平新华台宣传的主要内容是关于新的政治协商会议的召开和迎接新中国的成立。6月20日晚上，北平新华台首次播出了毛泽东6月15日在新政治协商会议筹备会上的讲话录音。同时播出的还有周恩来的开幕词以及朱德、李济深、沈钧儒、郭沫若、陈嘉庚等的讲话录音。这是全国人民第一次从广播中听到人民领袖毛泽东的声音。30日晚上，北平新华台首次播出了毛泽东为纪念中国共产党诞生28周年而写的《论人民民主专政》一文。这篇具有伟大历史意义的著作，全面地总结了中国革命斗争的历史经验，阐明了中华人民共和国的政权性质及其对内对外的基本政策。

（图4-4-9）毛泽东在中国人民政治协商会议第一届全体会议上讲话

9月14日，新华总社发出通知，要求各地报社、通讯社、广播电台均应派人采访即将开幕的中国人民政治协商会议。在会议前后，“全国各地报纸、通讯社、广播电台均应以会议作为宣传中心，进行系统有力宣传”。

9月21日晚7时整，中国人民政治协商会议第一届全体会议在北平隆重开幕，北平新华广播电台和各地广播电台均以这次会议为中心，进行了全面的宣传。北平新华台的宣传报道发挥了广播宣传迅速及时、

「聽到毛主席的聲音了！」

宇平

二十日午後兩點，校長從外面帶回來了一個令人興奮的消息：晚上七時五十分，北平新華廣播電台有毛主席在新政協籌備會上講詞的錄音廣播。這一消息很快就傳遍了二中全校，同學們興奮得聽講也聽不下去了。

三點鐘起，全校就忙着裝整收音機，因爲收音機只有一架，一些教師和同學便飛快地跑回家裏，把自己的收音機拿到學校來，在禮堂裡、宿舍裡、校園裡，都安裝起來了。

下課後，走讀的同學也不回家，教員和住宿同學飯也顧不上好好吃，大家一直焦急地等待着。技師檢查了又檢查，惟恐它到時候不能把這有歷史意義的聲音很好地傳達出來。這時時間也好像過得特別慢，掏出錶來看看，是六點十分，覺得過了好久，再掏出來看看，才六點十五分，好容易才等到這個偉大的時間七點五十分的來臨。

當毛主席的聲音從廣播中傳來的時候，十幾個收音機的前面都是鴉雀無聲，大家都凝精會神地側着耳朵傾聽着。聲音小了，圍在外面的同學趕緊往裡擠，而緊挨收音機旁邊的同學就更將耳朵貼在收音機上。小孩跌倒了，一個先生立刻把他拖起來，跑得遠遠的，怕小孩的哭聲妨碍了廣播的聲音。禮堂裏的同學們

收音機前 傾聽人民領袖聲音

平瀋千萬人民聽毛澤東講話

（新華社北平廿二日消息）瀋陽北平等地人民在收音機前熱烈傾聽中國人民領袖毛澤東主席的講話。當本台廿日晚上播送毛主席在新政治協商會議籌備會講話錄音片的時候，瀋陽市各工廠、機關、商店、街頭的每一架收音機和擴音器前都擠滿了人群，聽衆們用熱烈的掌聲和歡聲來歡迎毛主席的講話。北平清華大學、北京大學學生，都在大禮堂等地方架設擴音器，傾聽毛主席的講話。清華大學一千多名師生員工聽完了毛主席講話以後，高呼「人民領袖毛澤東萬歲」，「新政協萬歲」，「中華人民民主共和國萬歲」。

（图4-4-10）两则关于人民收听毛泽东讲话录音的报道

感染力强的特点，除了大量采编新闻稿件外，还采用讲话录音、实况广播、录音报道等形式对大会作了充分的报道，在全国亿万听众中引起强烈反响。北平新华台在当天晚间8时30分的第3次新闻节目里播出了会议隆重开幕的消息。随后，北平新华台在9时15分播出了毛泽东致开幕词的讲话录音，此时此刻，全中国都在静听着毛泽东的声音：“占人类总数四分之一的中国人从此站起来了。”广播中随即传来一阵欢呼和鼓掌声。人们听到毛泽东洪钟一样的声音：“让那些内外反动派在我们面前发抖罢”，“中国人民的不屈不挠的努力必将稳步地达到自己的目的。”此后几天，全国各地报纸大量报道了全国人民收听毛泽东开幕词讲话录音后的反应。（见图4-4-9、图4-4-10）

为了突出宣传全国各族人民团结一致、建设新中国的坚定信念，北平新华台对与会各党派、团体、地方、部队代表和特邀代表的绝大多数发言以及会议的重要报告都一律录音

播出，据不完全统计，多达90人次以上。

北平新华台还尝试利用实况广播的形式，向全国人民真实地报道会议通过《共同纲领》和其他文件以及国都、纪元、国歌、国旗四项议案的情景。9月27日，会议通过中华人民共和国定都北平，即日起改名为北京的决定。同一天起，北平新华广播电台改名为北京新华广播电台（简称北京新华台）。29日，会议通过《共同纲领》，第49条规定：“保护报道真实新闻的自由。禁止用新闻以进行诽谤、破坏国家人民利益和煽动世界战争。发展人民广播事业。”30日，中国人民政治协商会议第一届全体会议胜利闭幕，毛泽东当选为中央人民政府主席。北京新华台通过实况广播，生动地把那热烈的场面传达给国内外听众。

在历时10天的宣传中，北京新华台详尽地报道了会议的进程和国内外的反应，同时还配合会议开办了一系列专题性节目。各类节目围绕第一届政协会议形成了一个空前规模的广播宣传的高潮。

10月1日下午3时，中华人民共和国开国大典在北京天安门广场隆重举行。当天的

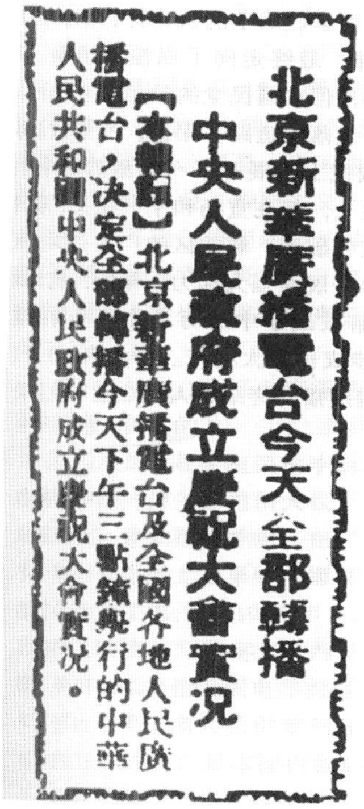
北京新華廣播電台今天全部轉播
中央人民政府成立慶祝大會實況
【本報訊】北京新華廣播電台及全國各地人民廣播電台，決定全部轉播今天下午三點鐘舉行的中華人民共和國中央人民政府成立慶祝大會實況。

（图4-4-11）《人民日报》1949年10月1日预告北京新华广播电台于当天下午3时转播“开国大典”实况

《人民日报》向全国预告北京新华台将作实况广播，各地人民广播电台同时转播。（图4-4-11）梅益在现场主持这次实况广播工作，这是人民广播史上第一次大规模的全国性实况广播。在城楼上负责技术工作的是李伍、傅英豪、黄云和李志海等，胡若木、高而公和杨兆麟等提前采写了实况广播初稿。全国各族人民和五大洲的广大听众从广播中聆听了毛泽东主席豪迈有力、气势磅礴的声音：“中华人民共和国中央人民政府今天成立了！”随后转播了毛泽东主席宣读《中央人民政府公告》、朱德总司

（图4-4-12）毛泽东在开国大典上宣读《中央人民政府公告》，北京新华广播电台向全国实况广播

令检阅人民解放军陆海空三军部队和规模盛大的群众游行等情景。播音员丁一岚、齐越在天安门城楼西侧，用简洁、明快的语句，把一幕幕振奋人心的场景报告给全国各地围坐在收音机旁的亿万听众。整个开国大典的实况广播持续6个半小时，至晚上9时25分宣告圆满结束。（见图4-4-12）

北京新华台通过开国大典前后的广播宣传，把全国亿万人民紧密联结在一起。《人民日报》等各大报纸都对开国大典进行了全面的报道。1949年12月5日，北京新华台第一台定名为中央人民广播电台，成为名副其实的中共中央、中央人民政府和全国人民的喉舌。[5]（见图4-4-13、图4-4-14）

首都三十萬人齊集天安門廣場隆重舉行慶祝典禮

中華人民共和國中央人民政府成立

毛澤東主席宣讀中央人民政府公告

朱總司令檢閱海陸空軍宣讀人民解放軍總部命令

中央人民政府委員會首次會議

正副主席及委員宣佈就職

外交部周恩來部長

將毛主席公告送達各國政府

願與各國建立正常外交關係

中國人民解放軍總部命令

（图4-4-13）《人民日报》1949年10月2日对开国大典的报道

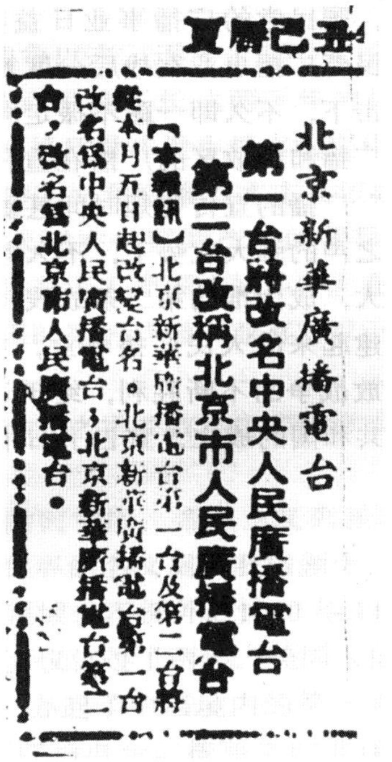

北京新華廣播電台

第一台將改名中央人民廣播電台

第二台改稱北京市人民廣播電台

【本報訊】北京新華廣播電台第一台及第二台將從本月五日起改定台名。北京新華廣播電台第一台，改名為中央人民廣播電台；北京新華廣播電台第二台，改名為北京市人民廣播電台。

（图4-4-14）《人民日报》1949年12月2日报道北京新华广播电台将改名为中央人民广播电台

注 释：

〔1〕《宋庆龄同志为新四军送来了无线电器材》，载《中国人民广播回忆录》第4集，第197—200页。

〔2〕《新华广播稿》在平山时期，从1949年1月1日至3月15日，共出74期，计513页。陕北台迁北平期间一度停刊。4月14日恢复，期号另起，至年底终刊，又出254期，约1800多页，另从9月起编印增刊《广播曲艺》3辑。总计前后共出328期，总字数约500万字。

〔3〕见麦克疯：《崩溃前夕的党营广播事业》，载《新闻天地》第47期，1948年9月1日出版。

〔4〕曾虚白主编：《中国新闻史》第653页，台湾三民书店1966年4月出版。

〔5〕《人民日报》1949年12月2日。同月5日，北京新华广播电台第二台改称北京市人民广播电台。

中篇

新中国广播奠基立业　　曲折中的发展

动乱年代的“专政工具”

第5章 新中国广播奠基立业

中华人民共和国的成立，为人民广播事业的发展开辟了广阔的前景。从1949年到1956年，是中国共产党发动、组织全国人民恢复国民经济、贯彻执行过渡时期总路线，把新建立的人民共和国由新民主主义国家变为社会主义国家的历史时期，也是中国共产党和人民政府通过接管、改造旧中国的广播电台，在全国范围内开创、建设人民广播电台，为发展人民广播事业奠定基础的历史阶段。

第一节 人民广播事业体制的建立

新中国成立后，中央广播事业管理处改组为广播事业局，由中央人民政府政务院文化教育委员会所属之新闻总署领导。李强（见图5-1-1）任广播事业局局长，梅益[1]（见图5-1-2）、徐迈进任副局长。1952年9月，李强调任其他工作，由梅益继任局长，徐迈进、温济泽任副局长。广播事业局的任务是：一、领导全国各地人民广播电台；二、直接领导中央人民广播电台对国内和对国外（呼号为“北京广播电台”）的广播；三、普及人民广播事业；四、指导和管理各地私营广播电台；五、培养和训练广播事业干部。各地人民广播电台同时领导和管理所在地方的广播事业和广播工业。1952年2月12日新闻总署撤销后，广播事业局由政务院文化教育委员会领导，宣传业务由中共中央宣传部领导。1954年11月，由于国家机关改组，广播事业局的技术行政业务改由国务院第二办公室领导，宣传业务仍由中共中央宣传部领导。

（图5-1-1）李 强

（图5-1-2）梅 益

一、统一领导和建设人民台

1950年2月27日，新闻总署召开京津新闻工作会议，讨论了报纸、通讯社和广播电台的发展方向与相互关系等问题。关于广播电台的发展方向，会议提出：“广播电台应以发布新闻、社会教育及文化娱乐为主，市台则应着重社会教育。人民广播电台对全国及对国际广播节目，应集中于中央人民广播电台；地方人民广播电台除联播中央人民广播电台外，并应特别加强地方性节目。”关于报纸、通讯社与广播电台的相互关系，会议的意见是：“全国性与全世界性的重要新闻，报纸与广播（电）

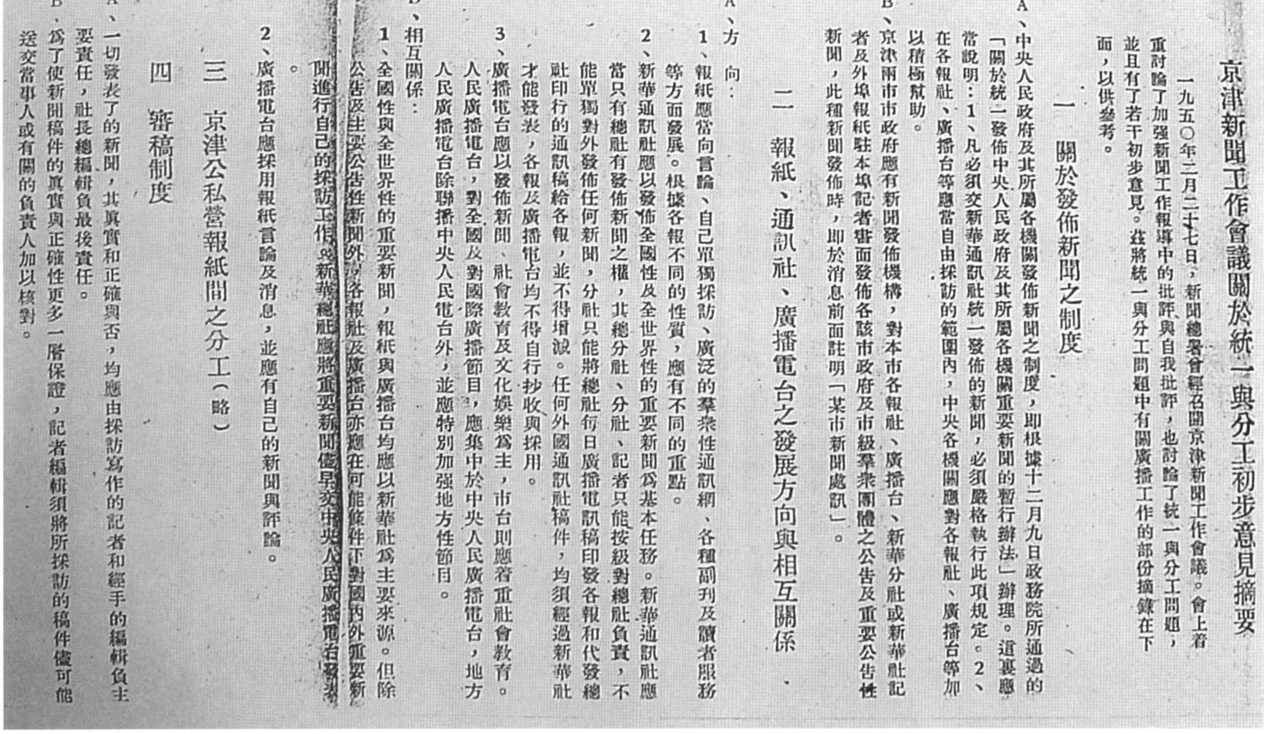

京津新聞工作會議關於統一與分工初步意見摘要

一九五〇年二月二十七日，新聞總署曾經召開京津新聞工作會議。會上着重討論了加强新聞工作報導中的批評與自我批評，也討論了統一與分工問題，並且有了若干初步意見。茲將統一與分工問題中有關廣播工作的部份摘錄在下面，以供參考。

一　關於發佈新聞之制度

A、中央人民政府及其所屬各機關發佈新聞之制度，即根據十二月九日政務院所通過的「關於統一發佈中央人民政府及其所屬各機關重要新聞的暫行辦法」辦理。這裏應當說明：1、凡必須交新華通訊社統一發佈的新聞，必須嚴格執行此項規定。2、在各報社、廣播台等應當自由採訪的範圍內，中央各機關應對各報社、廣播台等加以積極幫助。

B、京津兩市市政府應有新聞發佈機構，對本市各報社、廣播台、新華分社或新華社記者及外埠報紙駐本埠記者書面發佈各該市政府及市級羣衆團體之公告及重要公告性新聞，此種新聞發佈時，即於消息前面註明「某市新聞處訊」。

二　報紙、通訊社、廣播電台之發展方向與相互關係

A、方　向：

1、報紙應當向言論、自己單獨採訪、廣泛的羣衆性通訊網、各種副刊及讀者服務等方面發展。根據各報不同的性質，應有不同的重點。

2、新華通訊社應以發佈全國性及全世界性的重要新聞爲基本任務。新華通訊社應當只有總社有發佈新聞之權，其總分社、分社、記者只能按級對總社負責，不能單獨對外發佈任何新聞，分社只能將總社每日廣播電訊稿印發各報和代發總社印行的通訊稿給各報，並不得增減。任何外國通訊社稿件，均須經過新華社才能發表，各報及廣播電台均不得自行抄收與採用。

3、廣播電台應以發佈新聞、社會教育及文化娛樂爲主，市台則應着重社會教育。人民廣播電台，對全國及對國際廣播節目，應集中於中央人民廣播電台，地方人民廣播電台除聯播中央人民電台外，並應特別加强地方性節目。

B、相互關係：

1、全國性與全世界性的重要新聞，報紙與廣播台均應以新華社爲主要來源。但除公告及主要公告性新聞外，各報社及廣播台亦應在可能條件下對國內外重要新聞進行自己的採訪工作。新華總社應將重要新聞儘早交中央人民廣播電台發表。

2、廣播電台應採用報紙言論及消息，並應有自己的新聞與評論。

三　京津公私營報紙間之分工（略）

四　審稿制度

A、一切發表了的新聞，其眞實和正確與否，均應由採訪寫作的記者和經手的編輯負主要責任，社長總編輯負最後責任。

B、爲了使新聞稿件的眞實與正確性更多一層保證，記者編輯須將所採訪的稿件儘可能送交當事人或有關的負責人加以核對。

（图5-1-3）1950年2月，京津新闻工作会议关于（新闻工作）统一与分工初步意见摘要（原载《广播画报》第1卷第7期）

台均应以新华社为主要来源。但除公告及主要公告性新闻外，各报社及广播（电）台亦应在可能条件下对国内外重要新闻进行自行的采访工作。新华总社应将重要新闻尽早交中央人民广播电台发表。”“任何外国通讯社稿件，均须经过新华社才能发表，各报及广播电台均不得自行抄收与采用。”“广播电台应采用报纸言论及消息，并应有自己的新闻与评论。”上述意见，在很长一段时间内成为我国有关新闻机构之间互相分工和协作的基本原则。（见图5-1-3）

1950年3月29日至4月16日，全国新闻工作会议在北京召开。会议讨论改进报纸工作，统一新华社的组织和工作以及建立全国收音网等问题。梅益副局长在会上作了题为“人民广播事业概况”的报告，指出人民广播事业独有的特点是：“为广大人民服务，在工作中不断加强他们与听众的联系，并使它成为新闻的源泉、教育的讲坛和文化娱乐的工具。”会议认为，应在全国建立广播收音网，以便使人民广播事业建立在确实的群众基础上，发挥应有的宣传教育作用。同年4月22日，新闻总署发布《关于建立广播收音网的决定》。（见图5-1-4）这是中华人民共和国成立后第一个由政府公布的有关无线电广播的政令。三天后，4月25日，新闻总署作出关于省、市、区新闻机关员额暂行编制的决定，其中具体规定了人民广播电台员额编制。上述会议的决定和政府的政令，是新中国成立初期广播工作的指针，对以后发展人民广播事业和组织宣传工作具有很大的影响。

配合这一精神，从1950年起，《人民日报》相继发表了题为“各级领导机关应当有效地利用无线电广播”和“必须重视广播”的社论，指出：

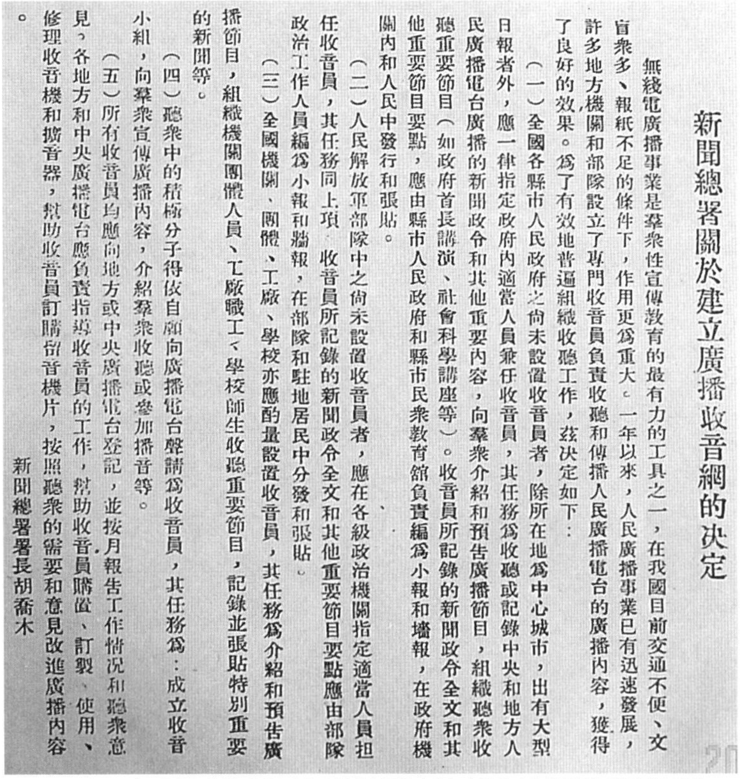

新聞總署關於建立廣播收音網的決定

無綫電廣播事業是羣衆性宣傳教育的最有力的工具之一，在我國目前交通不便、文盲衆多、報紙不足的條件下，作用更爲重大。一年以来，人民廣播事業已有迅速發展，許多地方機關和部隊設立了專門收音員負責收聽和傳播人民廣播電台的廣播內容，獲得了良好的效果。爲了有效地普遍組織收聽工作，玆决定如下：

（一）全國各縣市人民政府之尚未設置收音員者，除所在地爲中心城市，出有大型日報者外，應一律指定政府內適當人員兼任收音員，其任務爲收聽或記錄中央和地方人民廣播電台廣播的新聞政令和其他重要內容，向羣衆介紹和預告廣播節目，組織聽衆收聽重要節目（如政府首長講演、社會科學講座等）。收音員所記錄的新聞政令全文和其他重要節目要點，應由縣市人民政府和縣市民衆教育舘負責編爲小報和墻報，在政府機關內和人民中發行和張貼。

（二）人民解放軍部隊中之尚未設置收音員者，應在各級政治機關指定適當人員担任收音員，其任務同上項。收音員所記錄的新聞政令全文和其他重要節目要點應由部隊政治工作人員編爲小報和牆報，在部隊和駐地居民中分發和張貼。

（三）全國機關、團體、工廠、學校亦應酌量設置收音員，其任務爲介紹和預告廣播節目，組織機關團體人員、工廠職工、學校師生收聽重要節目，記錄並張貼特別重要的新聞等。

（四）聽衆中的積極分子得依自願向廣播電台聲請爲收音員，其任務爲：成立收音小組，向羣衆宣傳廣播內容，介紹羣衆收聽或參加播音等。

（五）所有收音員均應向地方或中央廣播電台登記，並按月報告工作情況和聽衆意見。各地方和中央廣播電台應負責指導收音員的工作，幫助收音員購置、訂製、使用、修理收音機和擴音器，幫助收音員訂購留音機片，按照聽衆的需要和意見改進廣播內容。

新聞總署署長胡喬木

（图5-1-4）1950年4月新闻总署《关于建立广播收音网的决定》（原载《广播通报》第1卷第10期）

“无线电广播是群众性宣传教育的最有力的工具之一，特别是在我国目前交通不便、文盲众多、报纸不足的条件下，如果善于利用无线电广播，则将发挥极大的作用。”强调各级领导机关应当充分重视和利用广播。这些都进一步说明，在新中国成立初期百废待兴的形势下，党和政府仍很关心人民广播事业的发展。（见图5-1-5）

遵循党和政府的指示，广播事业局积极、认真地履行了自己的职责。1950年1月4日，广播事业局发出《关于规定各地人民广播电台分区管理办法

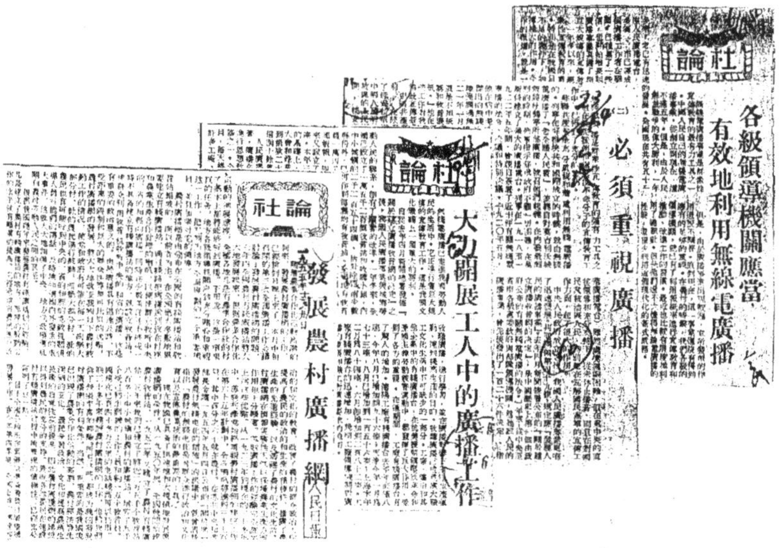

（图5-1-5）1950—1955年间《人民日报》发表的有关广播工作的社论

的通令》。通令规定，除华北五省、京、津及唐山等人民广播电台由其直接管理外，各大行政区内的各人民广播电台及私营广播电台，均由各大行政区台管辖，华东区仍由华东军政委员会广播管理处负责。紧接着，广播事业局编印的《广播通报》第一期于2月1日出版。这一内部刊物主要刊登新闻总署和广播事业局给各地方台的指示和通知、中央电台各部门的工作总结和节目情况、地方电台的工作报告和节目情况等，旨在加强对广播工作的领导。1950年3月12日，广播事业局发出《关于宣传政务院统一国家财政经济工作决定的通知》。其后又连续发出指导各地广播工作的文件，如《关于各地人民台联播中央人民广播电台节目的规定》（1950年4月1日），《关于各台编播分工、工程方针、中波波段分配、短波机使用等办法的规

（图 5-1-6 ）1952年12月第一次全国广播工作会议留影

定》（1950年4月6日），《关于人民广播电台订定广播节目时间的规定》（1950年5月11日），《关于中南、武汉、长沙三个人民电台转播发生错误给各人民广播电台的通知》（1950年5月25日），《关于人民广播器材厂营业方针给各人民电台的通知》（1950年6月1日），《关于调查广播电台〈听众服务〉节目的通知》（1950年7月11日）和《关于广播电台如何进行批评与自我批评工作的指示》（1950年8月14日）等。广播事业局在成立不到一年的时间里，对人民广播的重大问题作出决定、发出文件不下十个，说明所做工作严肃、认真、及时、具体，对各地人民广播电台初期建设的指导相当有力。

截至1956年底，广播事业局还在北京召开了四次全国广播工作会议。（见图5-1-6）这四次会议，紧密结合当时的形势，提出了广播工作的基本任务和奋斗目标，并探索了社会

（图5-1-7）华东人民广播电台、上海人民广播电台旧址

第一至第四次全国广播工作会议一览表

会议名称	召开时间	主要内容
第一次全国广播工作会议	1952年12月1—11日	此次会议总结了中华人民共和国成立三年多来广播事业取得的经验和成绩，研究了存在的问题和缺点，确定了今后的发展方针和任务。在事业发展方面，提出“重点建设，稳步前进”的方针；在宣传方面，讨论了联系群众、联系实际，做好广播宣传的基本措施，提出了“精办节目”的口号。并强调指出，广播宣传的所有节目都必须把听众和经济建设联系起来，动员广大人民群众为完成社会主义建设任务而奋斗。
第二次全国广播工作会议	1954年11月8—20日	此次会议提出广播的基本任务是宣传党在过渡时期的总路线和国家的建设计划，鼓舞教育和组织广大人民积极参加社会主义建设和社会主义改造事业，并逐步提高其政治觉悟和文化水平。并强调了各级电台必须认真“学习苏联广播工作经验”。
第三次全国广播工作会议	1955年12月15—22日	此次会议明确了全国广播事业近期和远景的发展规划，并提出了发展农村广播网的方针和规划。
第四次全国广播工作会议	1956年7月25—8月16日	此次会议对如何改进广播宣传工作提出了要求，并明确了广播要更好地为社会主义建设服务的思路。

主义初级阶段广播工作的特点，对指导各地的广播工作和事业建设发挥了积极作用。

在中央的统一部署和广播事业局的具体领导下，新中国成立初期，我国初步构建了以中央电台为中心的四级广播宣传网，即中央电台、大行政区台、省（直辖市）台及市台四级。当时，全国分为六大行政区，除华北行政区外，先后建立了5个大行政区广播电台：华东人民广播电台（上海，1950年4月1日起使用现名称）（见图5-1-7）、东北人民广播电台（沈阳，1950年4月15日起使用现名称）、中南人民广播电台（武汉，1950年5月1日起使用现名称）、西南人民广播电台（重庆，1950年5月5日起正式开播）和西北人民广播电台（西安，1950年9月1日起使用现名称）。各大行政区台担负着面向全区的广播宣传和管理本区广播事业的双重任务。（见图5-1-8）

二、发展广播收音网

新中国成立初期，各地共有收音机约100万架，但拥有收音机的大都是城市的中上等人家，整体普及率不高。为了解决广大群众收听广播的工具问题，新闻总署于1950年4月22日发布《关于建立广播收音网的决定》，规定全国各县市的人民政府、每个部队的政治机关，都应设置收音员；全国各机关、团体、工厂、学校，也酌量设置收音员。收音员的任务是收听和记录中央和地方人民广播电台的新闻、政令和其他重要内容，向群众介绍和预告广播节目，组织听众收听重要节目。当天，中央电台发表广播评论《拥护新闻总署关于建立收音网的决定》。四天后，广播事业局发出为实施新闻总署关于建立广播收音网的决定给各人民广播电台的通知。1951年4月6日，人民革命军事委员会总政治部发布

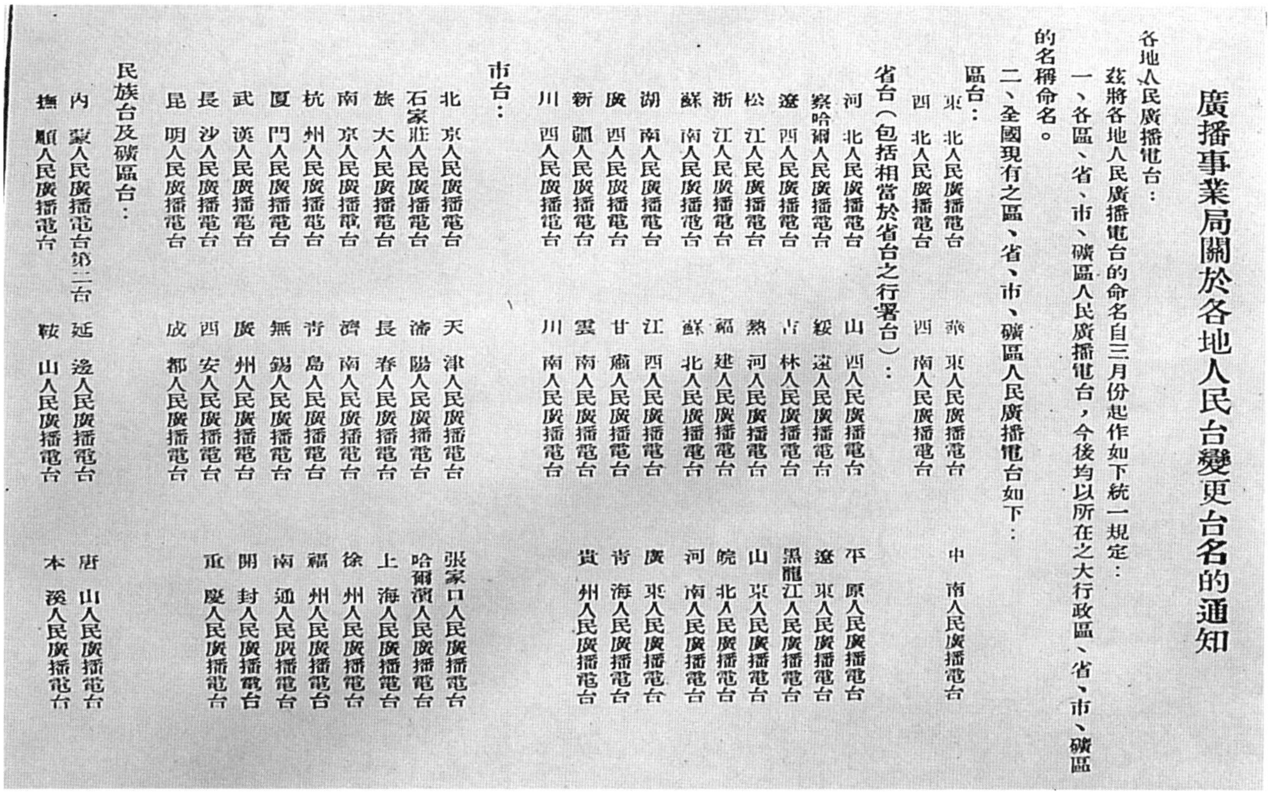

廣播事業局關於各地人民台變更台名的通知

各地人民廣播電台：

茲將各地人民廣播電台的命名自三月份起作如下統一規定：

一、各區、省、市、礦區人民廣播電台，今後均以所在之大行政區、省、市、礦區的名稱命名。

二、全國現有之區、省、市、礦區人民廣播電台如下：

區台：

東北人民廣播電台　華東人民廣播電台　中南人民廣播電台
西北人民廣播電台　西南人民廣播電台

省台（包括相當於省台之行署台）：

河北人民廣播電台　山西人民廣播電台　平原人民廣播電台
察哈爾人民廣播電台　綏遠人民廣播電台　遼東人民廣播電台
遼西人民廣播電台　吉林人民廣播電台　黑龍江人民廣播電台
松江人民廣播電台　熱河人民廣播電台　山東人民廣播電台
浙江人民廣播電台　福建人民廣播電台　皖北人民廣播電台
蘇南人民廣播電台　蘇北人民廣播電台　河南人民廣播電台
湖南人民廣播電台　江西人民廣播電台　廣東人民廣播電台
廣西人民廣播電台　甘肅人民廣播電台　青海人民廣播電台
新疆人民廣播電台　雲南人民廣播電台　貴州人民廣播電台
川西人民廣播電台　川南人民廣播電台

市台：

北京人民廣播電台　天津人民廣播電台　張家口人民廣播電台
石家莊人民廣播電台　瀋陽人民廣播電台　哈爾濱人民廣播電台
旅大人民廣播電台　長春人民廣播電台　上海人民廣播電台
南京人民廣播電台　濟南人民廣播電台　徐州人民廣播電台
杭州人民廣播電台　青島人民廣播電台　福州人民廣播電台
廈門人民廣播電台　無錫人民廣播電台　南通人民廣播電台
武漢人民廣播電台　廣州人民廣播電台　開封人民廣播電台
長沙人民廣播電台　西安人民廣播電台　重慶人民廣播電台
昆明人民廣播電台　成都人民廣播電台

民族台及礦區台：

內蒙人民廣播電台第二台　延邊人民廣播電台　唐山人民廣播電台
撫順人民廣播電台　鞍山人民廣播電台　本溪人民廣播電台

（图5-1-8） 1951年3月广播事业局关于各地人民台变更台名的通知（原载《广播通报》第2卷第1期）

关于建立广播及广播收音网的指示。同年9月12日，新闻总署、中华全国总工会联合发布《关于在全国工厂、矿山、企业中建立广播收音网的决定》，要求凡是尚未建立有线广播台或收音站的工矿企业，都应在行政方面的帮助和当地人民广播电台的协助下，将有线广播电台或收音站建立起来。次日，《人民日报》发表社论《大力开展工人中的广播工作》。同年9月29日，广播事业局又发出《为执行〈关于在全国工厂、矿山、企业中建立广播收音网的决定〉给各地人民广播电台的指示》。同年12月29日，广播事业局进一步发出1952年广播收音网建设工作的方针和计划，指出应健全和巩固县的、工厂矿山的和部队的广播收音站，并有计划地在全国建立中等以上学校的收音站；有重点地在有电源的中小城市推广有线广播，在靠近大中城市的农村推广矿石机；在华北及华东若干地区建立收音站。上述一系列指示，勾画出了全国城市收音网的基本蓝图。

为了贯彻上述指示和决定，中央电台及时订出了本台的《收音员条例》，于1950年4月29日公布。6月开始举办《收音员服务》节目，每星期一次，播送收音员、听众的来信和问题解答。1951年3月起开始编印《收音员通讯》。1951年初，根据中央广播事业局关于记录广播内容与时间的规定，中央和地方电台都增设了记录广播，并将记录广播的内容逐步加以改善，以便更好地传布新闻、政令，组织时事宣传。为适应广播收音网建立、发展的需要，各地电台还组建了收音网科，以加强管理工作。许多电台编辑部业务组，如农业组、工业组、讲座组、秘书组等，也分工做收音站和听众的工作，使广播更好地联系群众，联系实际。1950年6月11日，上海电台最先成立“广播之友”组织，召开了第一次“广播之友”座谈会。其后，许多省、自治区、直辖市电台纷纷发展“广播之友”，把听众工作与收音工作结合起来。

对农业进行社会主义改造，是过渡时期总路线、总任务中根本的、重要的内容之一。发展农村有线广播，加强对农业社会主义改造的宣传，就成为广播事业在过渡时期的重要政治任务。1952年4月1日，吉林省九台县第一个把收音站发展为农村有线广播站，

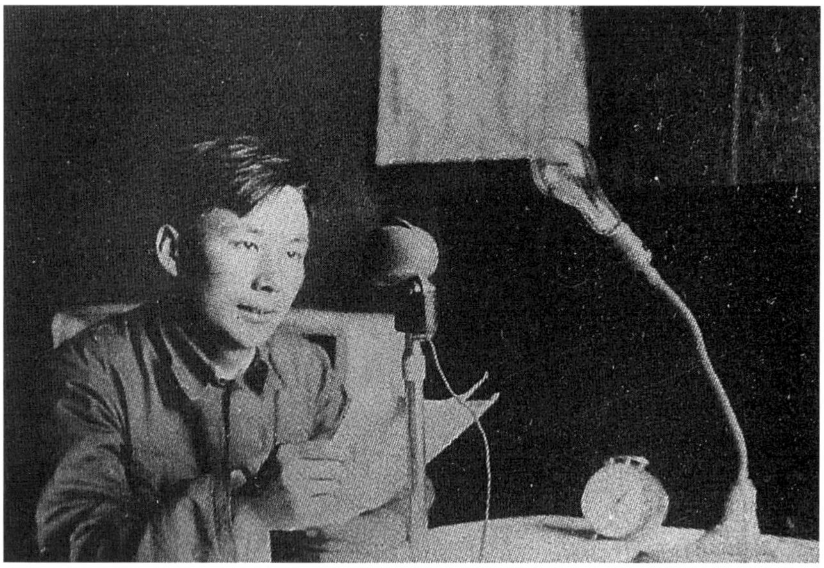

（图5-1-9） 1952年4月1日，吉林省九台县建成全国第一个农村有线广播站

得到了中央广播事业局的充分肯定，并决定向全国推广。（见图5-1-9）

以此为契机，全国掀起了建设农村广播网的高潮。据1952年底统计，各地共建广播收音站23700多个，收音小组数以万计，专职或兼职的收

（图5-1-10）收音员训练班的学员在进行扩音机线路和检查故障的机务实习

音员两万多名，他们负责抄收中央和地方电台的新闻、政令和其他重要节目，并通过办油印小报或黑板报等方式向广大群众再传播。各地有1056个收音站编印了收音小报，有25个省的收音站联系了17.16万个黑板报和“屋顶广播”（用喇叭筒口头广播）。仅1952年1月至10月中旬，就有21个省2900多位收音员下乡组织群众收听广播，人数达1800多万。（见5-1-10、图5-1-11、图5-1-12、图5-1-13、图5-1-14、图5-1-15）到1957年底，全国农村有线广播事业获得了长足发展。县级广播站1698座（1949年仅11座），广播喇叭增长至94.12万只。1956年全国三分之二的县（市）建立了有线广播站，共装设喇叭51万多只，其中80%装在农村。

广播收音网的建立和发展，不仅对城乡人民的政治、文化生活起着重要的作用，而且使人民广播事业具有实在的群众基础和有利的发展条件。

三、改造私营台

对国民党统治时期遗留下来的私营电台进行社会主义改造，既是中共中央的既定政策，也是解放后各地广播管理机构的一项重要任务。早在新中国成立前夕，中共中央在《对新解放城市的原广播电台及其人员的政策决定》中即明确规定：“新中国之广播事业，应归国家经营，禁止私人经营。”解放后，根据这一方针，上海、北京、天津、重庆等私营台比较集中的几个大中城市相继制定政策，对本地的

（图5-1-11）20世纪50年代初，为了让偏远山区人民群众听到广播节目，收音员常要挑着收音机下乡

（图5-1-12）收音员给农民讲解广播内容

新聞摘要

華東抗美援朝會作出九項決定
通知各地深入普及抗美援朝運動

為獲得斯大林國際和平獎金
宋慶齡發表談話

周總理電賀宋慶齡榮獲斯大林國際和平獎金

上海抗美援朝分會
祝賀宋慶齡榮獲斯大林國際和平獎金

黑板報材料

（图5-1-14）20世纪50年代初，有线广播深入农村

(图5-1-13) 根据记录广播编印的油印小报

（图5-1-15）广播站工作人员将广播设备搬进田头，以方便农民收听

私营电台进行统一管理。

据1950年4月统计，当时内地共有私营广播电台33座。（见图5-1-16）一般来说，私营台的节目以文艺娱乐为主，依靠商业广告收入来维持营业并获取利润。私营广播电台不同于一般的私营工商业，它是属于意识形态范畴的。私人资本家开办的广播电台不可避免地要宣扬资产阶级的世界观、人生观和价值观，这与共产党和人民政府提倡的无产阶级的新思想和新作风存在着不可调和的矛盾。加之有些私营台的频率干扰了人民台的播音，还有的为了吸引听众，旧习难改，仍不择手段地大量播出虚假广告和低级下流的娱乐节目，对社会经济秩序和正常的文化生活带来较大的负面影响。更有甚者，个别私营台还胡编乱播政治性文章和消息，扰乱社会治安。凡此种种，都表明对私营广播电台的改造势在必行。

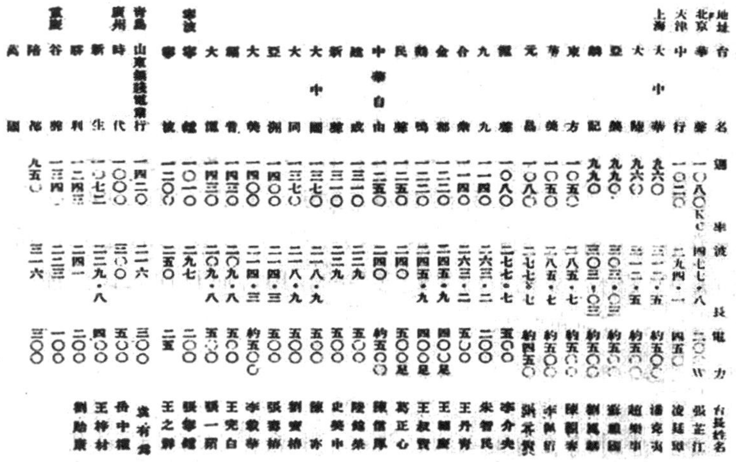

全國各地現有私營廣播電台調查表 五〇·四·八·

地址	台名	週率	波長	電力	台長姓名
北京	華聲	一〇八〇KC	四七七·八	二〇〇W	張芷江
天津	中行	一〇二〇	二九四·一	四五〇	[illegible]
上海	大中華	九六〇	三一二·五	約五〇〇	潘克[illegible]
	大陸	九六〇	三一二·五	約五〇〇	[illegible]
	亞美	九九〇	三〇三·〇三	約五〇〇	[illegible]
	[illegible]記	九九〇	三〇三·〇三	約五〇〇	劉鳳[illegible]
	東方	一〇五〇	二八五·七	約五〇〇	[illegible]
	[illegible]美	一〇五〇	二八五·七	約五〇〇	[illegible]
	元昌	一〇八〇	二七七·七	約四五〇	[illegible]
	福音	一〇八〇	二七七·七	五〇〇	李介夫
	九九	一一四〇	二六三·二	二〇〇	朱智民
	合衆	一一四〇	二六三·二	五〇〇	王丹青
	金都	一二二〇	二四五·九	四〇〇足	王[illegible]
	鶴鳴	一二二〇	二四五·九	四〇〇足	王叔賢
	民聲	一二五〇	二四〇	五〇〇足	葛正心
	中華自由	一二五〇	二四〇	約五〇〇	陳信厚
	建成	一三一〇	二二九	五〇〇	陸[illegible]
	新聲	一三一〇	二二九	五〇〇	史[illegible]中
	大中國	一三七〇	二一八·九	五〇〇	陳[illegible]
	大同	一三七〇	二一八·九	五〇〇	劉[illegible]
	亞洲	一四〇〇	二一四·三	五〇〇	張[illegible]
	大美	一四〇〇	二一四·三	約五〇〇	李[illegible]
	[illegible]音	一四三〇	二〇九·八	五〇〇	王完白
	大[illegible]	一四三〇	二〇九·八	五〇〇	[illegible]
寧波	[illegible]	一〇一〇	二九七	二〇〇	張[illegible]
	[illegible]	一二〇〇	二五〇	二五	王之[illegible]
青島	山東無線電業行	一四二〇	二一六	三〇〇	[illegible]
廣州	時代	一〇〇〇	三〇〇	五〇〇	[illegible]
	新生	一〇七二	[illegible]	四〇〇	王梓材
	新利	[illegible]	二四一	二〇〇	劉貽康
重慶	谷聲	[illegible]	[illegible]	一〇〇	
	陪都	九五〇	三一六	三〇〇	
	[illegible]				

（图5-1-16） 1950年4月全国各地现有私营广播电台调查表

新中国成立初期对私营台的处理和改造，大致经过了以下几个步骤：

第一，接管或查封名为私营台，实际上是国民党党政军或其派系经营的广播电台。

第二，因违犯军管会条例和人民政府法令而被明令停止播音的，如上海市于1950－1952年先后被勒令停止播音的私营台有“鹤鸣”、“亚洲”、“新声”、“福音”等6座。

第三，根据私营台主的申请，由人民政府出资收购其广播器材而随后停止播音的，如北京市的“华声”、天津市的“中行”、重庆市的“谷声”等私营台。

第四，实行公私合营，最后根据私方代表的申请，由人民政府出资收购私股，从而完成改造的。

对私营台的社会主义改造早于对一般资本主义工商业的改造，这是由广播电台本身性质决定的，也是为了适应党和政府的宣传需要。中国内地私营台改造工作的完成，使所有广播电台实现了由国家经营，这在中国广播史上是一件具有历史意义的事件。

第二节 初试“自己走路”

新中国成立初期，遵照中共中央、政务院的指示和决定，贯彻胡乔木署长提出的“自己走路”方针，人民广播注意发挥其独具的特点和优势，在经过一段时期的摸索后，各电台开办了一些为广播所特有的也为广大听众所喜爱的节目。

一、对内广播

根据新闻总署关于“发布新闻、传达政令，社会教育，文化娱乐”三项任务的要求，中央电台从我国幅员辽阔、人口和民族众多，人民科学文化水平不高这一基本国情出发，在20世纪50年代初期创办了一批适合中国亿万听众需要的节目，其中代表性的有：

第一，开办《报摘》、《联播》等新闻性节目。《报摘》节目，全称《首都报纸摘要》节目，于1950年4月10日开播。（见图5-2-1）当时受通信、交通条件的限制，安排在每天傍晚播出。1952年1月3日调整节目时，该节目停办；1955年4月4日恢复播出，更名为《中央报纸摘要》，改在每天清晨播出；同年7月4日，定名为《新闻和报纸摘要节目》。以后一直沿用下来。《联播》节目，全称为《全国各地人民广播电台联播节目》，1951年5月1日开办，每天晚间播出，1955年7月4日起，定名为《各地人民广播电台联播节目》，以后长期沿用下来。在此之前，早在1949年6月20日中央广播事业管理处、1950年4月1日广播事业局都曾发布过地方台必须联播北平新华广播电台、中央电台重要节目的规定（见图5-2-2），但开办有固定“联播”名称的节目则始于此时。这两个节目的相继开办，并为全国各地方电台所转播，使其影响日益扩大，长久不衰，在全国亿万听众中享有很高的声誉，成为人们了解国内外大事以及党和国家的重大方针、政策的重要新闻渠道之一。（见图5-2-3）

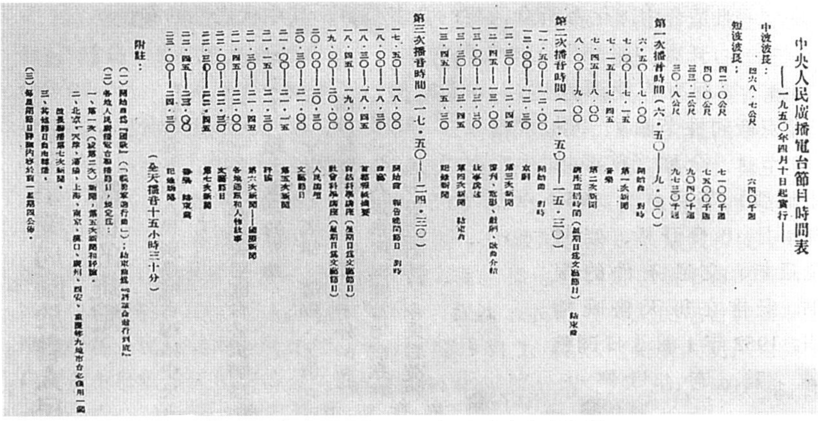

中央人民廣播電台節目時間表
——一九五〇年四月十日起實行——

中波波長：四六八·七公尺 六四〇千週
短波波長：
四二·〇公尺 七一〇〇千週
四〇·〇公尺 七五〇〇千週
三三·二公尺 九〇四〇千週
三〇·八公尺 九七三〇千週

第一次播音時間（六·五〇——九·〇〇）
六·五〇——七·〇〇 開始曲 對時
七·〇〇——七·一五 第一次新聞
七·一五——七·四五 音樂
七·四五——八·〇〇 第二次新聞
八·〇〇——九·〇〇 解放區時間（星期日爲文藝節目） 結束曲

第二次播音時間（一一·五〇——一五·三〇）
一一·五〇——一二·〇〇 開始曲 對時
一二·〇〇——一二·三〇 京劇
一二·三〇——一二·四五 第三次新聞
一二·四五——一三·〇〇 書刊、電影、戲劇、歌曲介紹
一三·〇〇——一三·三〇 [illegible]
一三·三〇——一三·四五 第四次新聞 結束曲
一三·四五——一五·三〇 記錄新聞

第三次播音時間（一七·五〇——二四·三〇）
一七·五〇——一八·〇〇 開始曲 報告總的節目 對時
一八·〇〇——一八·三〇 音樂
一八·三〇——一八·四五 首都報紙摘要
一八·四五——一九·〇〇 自然科學講座（星期日爲文藝節目）
一九·〇〇——二〇·〇〇 社會科學講座（星期日爲文藝節目）
二〇·〇〇——二〇·三〇 人民園地
二〇·三〇——二一·〇〇 文藝節目
二一·〇〇——二一·一五 第五次新聞
二一·一五——二一·三〇 評論
二一·三〇——二一·四五 第六次新聞——國際新聞
二一·四五——二二·〇〇 各地通訊和人物故事
二二·〇〇——二二·三〇 文藝節目
二二·三〇——二二·四五 第七次新聞
二二·四五——二三·〇〇 音樂 結束曲
二三·〇〇——二四·三〇 記錄新聞
（全天播音十五小時三十分）

附註：
（一）開始曲爲「國歌」（「義勇軍進行曲」），結束曲爲[illegible]
（二）各地人民廣播電台聯播節目，規定如下：
一、第一次（或第二次）新聞，第五次新聞和評論。
二、北京、天津、瀋陽、上海、南京、漢口、廣州、西安、重慶等九地市台必須用一個波長聯播第七次新聞。
三、其他節目自由轉播。
（三）各星期節目詳細內容於前一星期四公佈。

（图5-2-1）1950年4月中央人民广播电台节目时间表（原载《广播通报》第1卷第7期）

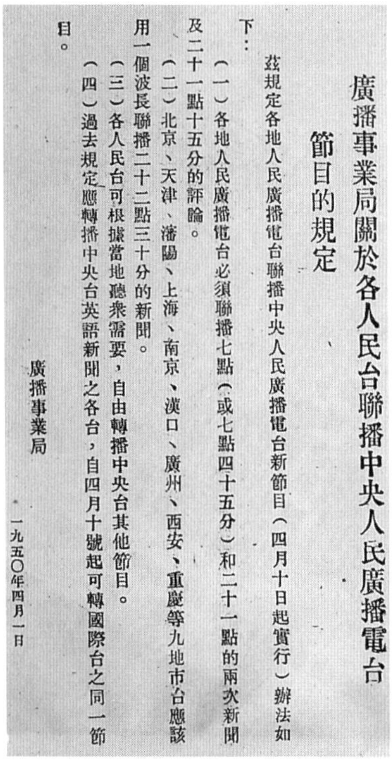

廣播事業局關於各人民台聯播中央人民廣播電台節目的規定

茲規定各地人民廣播電台聯播中央人民廣播電台新節目（四月十日起實行）辦法如下：

（一）各地人民廣播電台必須聯播七點（或七點四十五分）和二十一點的兩次新聞及二十一點十五分的評論。

（二）北京、天津、瀋陽、上海、南京、漢口、廣州、西安、重慶等九地市台應該用一個波長聯播二十二點三十分的新聞。

（三）各人民台可根據當地聽衆需要，自由轉播中央台其他節目。

（四）過去規定應轉播中央台英語新聞之各台，自四月十號起可轉國際台之同一節目。

廣播事業局
一九五〇年四月一日

（图5-2-2）1950年4月中央广播事业局关于各人民台联播中央人民广播电台节目的规定（原载《广播通报》第1卷第10期）

第二，开办受听众欢迎的知识性节目。为了普及马克思主义理论的基本知识，加强对干部的理论教育，1950年4月，中央电台开办了《社会发展史》讲座和《政治经济学》讲座，全国有27个省市电台转播，组织收听，影响深远。许多省、市电台在当地党委宣传部的直接领导下，也开办了各自的《学习节目》、《讲座节目》和《理论节目》。这些讲座的主讲人和撰稿人大多是各省、自治区、直辖市的专家、学者，对推动本地区干部理论学习起了很大作用。此后中央台又举办了《哲学》、《唯物主义》等讲座，受到听众的欢迎。为了使节目的表现形式更为丰富，还经常邀请各行业有代表性的人物来广播电台参加节目的录制，另外，每逢重大节日，电台还走出演播室进行实况广播。（见图5-2-4）

第三，开办对象性节目。新中国成立初期，为推动全国干部和知识分子的政治学习，中央电台于1950年4月开办《社会科学讲座》节目。此外，中央电台还根据解放军总政治部的建议，从1950年5月

（图5-2-3）20世纪50年代初期，听众在收听中央电台的节目

（图5-2-4）中央电台的"普通话语音教学讲座"受到听众的热烈欢迎。这是讲授人徐世荣播送"普通话语音教学讲座"录音时的情形

(图5-2-5) 解放军战士在收听中央电台的《部队节目》

(图5-2-7) 20世纪50年代，新战士张绍森在中央电台向全国部队广播他入伍后的愉快生活

(图5-2-6) 20世纪50年代，黄继光烈士的母亲到中央电台录音

（图5-2-8）小朋友们在电台演播儿童歌曲

（图5-2-9）儿童们都热爱他们自己的广播——中央电台的少儿节目

1日起开始举办《部队节目》（见图5-2-5）。朝鲜战争期间，作家魏巍的通讯报道《谁是最可爱的人》在《部队节目》中播出后，"最可爱的人"随即成为全国人民对志愿军指战员的最尊敬和亲切的称呼。而中国人民志愿军中涌现出来的英雄模范人物杨根思、邱少云、黄继光、罗盛教等人的英雄事迹，也随着广播的声音传遍了全中国，极大地激励了中国人民抗美援朝、保家卫国的斗志。（见图5-2-6、图5-2-7）各地听众纷纷自觉地以实际行动捐款献物，支援抗美援朝。

（图5-2-10）20世纪50年代初期的藏民们在收听中央电台的藏语广播

为满足广大少年儿童收听广播的需要，1951年5月1日起，中央电台又开办了对少年儿童广播节目，受到少年儿童的很大欢迎。（见图5-2-8、图5-2-9）

第四，开办对少数民族广播节目。1950年5月22日，中央电台的第一个少数民族语言广播——藏语广播节目开始播音。（见图5-2-10）同年8月15日，蒙古语节目开始播音。此后，在1956年、1957年又陆续开播了朝鲜语、维吾尔语和壮语广播节目。

第五，开办对台湾广播节目。对台广播原由华东人民广播电台开办。1954年华东台撤销后，改由中央电台举办，于1954年8月15日正式开播。对台广播为综合性节目，使用普通话、闽南话播出，后又增设客家话，每天播出4小时，后又陆续延长。

总之，从第一次全国广播工作会议确定了“精办节目”的方针后，中央电台一直在精

（图5-2-11）天津人民广播电台第一代女播音员

（图5-2-12）20世纪50年代，山西人民广播电台记者抄收新华社新闻稿件

办节目之路上探索前行。到1956年，中央电台已拥有两套面向全国的综合节目，全天播音时间从1949年的5小时增加到23小时55分钟。另外，有一套民族语言广播和一套对台湾广播。中央电台注意从广播的特点出发，努力办好新闻性、文艺性、社会教育性以及服务性的节目，同时加强了《新闻报摘》、《全国联播》等新闻节目。加强了对国际问题的评述和世界知识的介绍，并建立了广播民族乐团、广播说唱团等表演团体，节目来源逐渐扩大，文艺广播的内容日益丰富，音乐文学戏曲等的欣赏性、知识性、娱乐性节目不断增加。

地方电台也在“自己走路”的探索中逐步形成了各自的特色。如北京市人民广播电台设有广告台，即第四台。1951年12月，北京电台对广告台的工作进行改进，取消了私人演员、剧社“包时间”、“包节目”、为私营工商业做广告宣传的办法，取缔了广告工作中的一部分“把头式”和“拉纤式”的恶劣做法，保留了正当广告社的做法及其合法利润。所有广告业务统由电台管理。通过这一整顿、改进，广告台提高了节目质量，增加了国家收入。

1949年1月开办的天津人民广播电台也先后开设了三个台：第一台为综合台，第二台为职工台，第三台为经济台。（见图5-2-11）

太原人民广播电台于1950年1月1日增加为两套节目，第一套对山西全省广播，第二套主要对太原市广播。同年4月6日又开办一套广告节目，称太原人民广播电台经济台。1950年12月，太原人民广播电台改称为山西人民广播电台。（见图5-2-12）

济南人民广播电台于1950年10月27日改为“山东省台兼济南市台”，济南市台的名称为“济南人民广播电台经济台”，后又改称“山东人民广播电台经济台”，但仍担负对济南地区的广播宣传任务，直至1954年12月31日停止播音。

广州人民广播电台（见图5-2-13）于1951年3月建立工商台，拟订方针为：宣传财经政策，解释工商法令并将有关财经节目全部移交到工商台播出，作为华南区和广州市财经部门与工商界联系的桥梁。这个工商台是广州人民广播电台第二台，集中播送工商广告、行情牌价和水位消息等，一年多后停办。

（图5-2-13）叶剑英为广东广州人民广播电台建台一周年题词

在东北行政区政府所在地沈阳，于1951年8月1日开办沈阳广告台，以所得收入支援抗美援朝，捐献“人民广播号”飞机。

在政务院新闻总署、中华全国总工会倡导下，许多工厂、矿山、企业建立起数以百计的有线广播台，为广大工人服务。鞍山钢铁公司、武汉钢铁公司、重庆钢铁公司等的有线广播台、站就办得颇有生气。由于有本单位党委、行政和工会加强领导，以企业经济实力作保障，这类工厂、矿山的有线广播台、站适应了广大职工的需要，故能持续办下去。

但令人遗憾的是，20世纪50年代初期曾一度开设的许多职工台、经济台、工商台

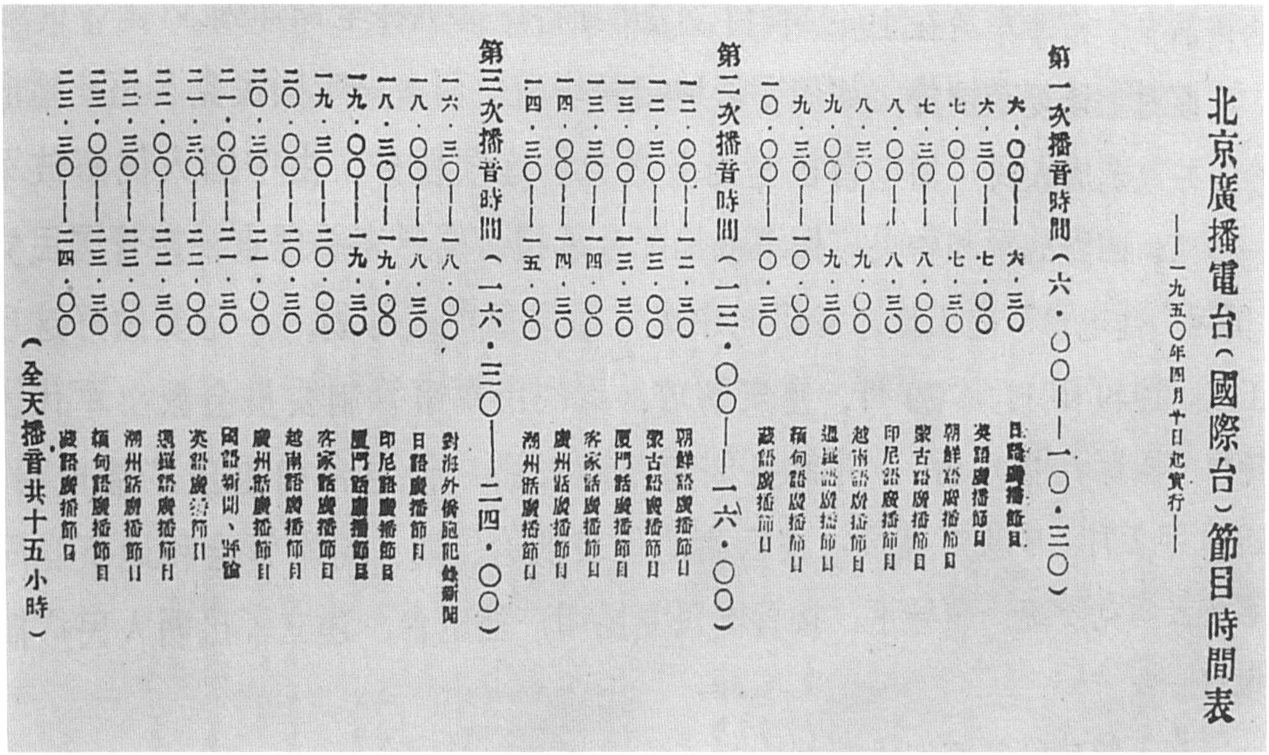

北京廣播電台（國際台）節目時間表

——一九五〇年四月十日起實行——

第一次播音時間（六·〇〇——一〇·三〇）

六·〇〇——六·三〇 日語廣播節目
六·三〇——七·〇〇 英語廣播節目
七·〇〇——七·三〇 朝鮮語廣播節目
七·三〇——八·〇〇 蒙古語廣播節目
八·〇〇——八·三〇 印尼語廣播節目
八·三〇——九·〇〇 越南語廣播節目
九·〇〇——九·三〇 暹羅語廣播節目
九·三〇——一〇·〇〇 緬甸語廣播節目
一〇·〇〇——一〇·三〇 藏語廣播節目

第二次播音時間（一三·〇〇——一六·〇〇）

一二·〇〇——一二·三〇 朝鮮語廣播節目
一二·三〇——一三·〇〇 蒙古語廣播節目
一三·〇〇——一三·三〇 厦門話廣播節目
一三·三〇——一四·〇〇 客家話廣播節目
一四·〇〇——一四·三〇 廣州話廣播節目
一四·三〇——一五·〇〇 潮州話廣播節目

第三次播音時間（一六·三〇——二四·〇〇）

一六·三〇——一八·〇〇， 對海外僑胞記錄新聞
一八·〇〇——一八·三〇 日語廣播節目
一八·三〇——一九·〇〇 印尼語廣播節目
一九·〇〇——一九·三〇 厦門話廣播節目
一九·三〇——二〇·〇〇 客家話廣播節目
二〇·〇〇——二〇·三〇 越南語廣播節目
二〇·三〇——二一·〇〇 廣州話廣播節目
二一·〇〇——二一·三〇 國語新聞、評論
二一·三〇——二二·〇〇 英語廣播節目
二二·〇〇——二二·三〇 暹羅語廣播節目
二二·三〇——二三·〇〇 潮州話廣播節目
二三·〇〇——二三·三〇 緬甸語廣播節目
二三·三〇——二四·〇〇 藏語廣播節目

（全天播音共十五小時）

（图5-2-14）1950年4月北京广播电台（国际台）的节目时间表（原载《广播通报》第1卷第7期）

和广告台，后来因政治的、业务的指导方针又有了新的规定，或者不具备过多办台条件等缘故，大都仅存在几年就相继停办了。

二、对外广播

新中国成立初期，对国外广播的任务主要由中央电台承担。作为国家电台，中央电台从1950年4月10日起相继开办了越南语、缅甸语、泰国语、印度尼西亚语和朝鲜语五种外语广播，同时开办对东南亚地区华侨的广播，使用广州话、厦门话、潮州话和客家话播音。同一天，对外广播启用“北京广播电台”呼号，但对华侨广播仍用“中央人民广播电台”呼号。此后，中央电台的对内、对外广播开始使用不同的频率。（见图5-2-14）也就是从这一天起，中央电台正式组建国际广播编辑部，负责对外广播节目的编辑、翻译和播音工作。（见图5-2-15）中央电台对内、对外呼号以及频率的分开和专门编辑部的组建，意

（图5-2-15）中央电台国际广播编辑部的工作人员合影

味着对外广播的正式开办。

到1956年，中央电台已有英语、日语、朝鲜语、印度尼西亚语、越南语、泰国语、缅甸语、西班牙语、老挝语、柬埔寨语等10个语种对外广播。还以普通话和厦门话、广州话、潮州话、客家话对华侨广播。中国对外广播的影响逐渐扩大。1951年，中央电台仅收到18个国家和地区的听众来信1000封，1956年收到62个国家和地区听众来信15284封，增加了14倍多。

三、广播宣传改革的尝试

1956年，党在过渡时期总路线所规定的任务中对工业、手工业和资本主义工商业的社会主义改造已基本完成；同年4月召开的中共中央政治局扩大会议，提出了“百花齐放，百家争鸣”的科学文化方针，这就对广播事业提出了新的要求。随后召开的第四次全国广播工作会议，重点对下一步如何贯彻“双百”方针、改进广播宣传进行了讨论。（见图5-2-16）会议提出：

第一，改进新闻报道，做到又多又快又短又好。好就是真实、生动、有兴趣和有

（图5-2-16）1956年8月第四次全国广播工作会议留影

立场。会议认为，只有把事情的真相告诉听众，才能有效地教育听众。新闻报道要全面，不要报喜不报忧，当然也要有立场，要有利于人民和无产阶级。还应有自己的评论，最好采取述评的形式。广播记者不但要带着笔，还要带着话筒进行工作，最好用录音机来代替笔记本。

第二，扩大节目取材范围，加强同群众的联系，更多地关心和指导人民的生活。要从政治上关心人民，同时也要从生活上关心人民。要使节目办得更多样些，更丰富些，更生动些。还要改进文风，少唱八股，让广播语言更接近生活。

第三，要在广播中展开批评。在广播中进行批评和自我批评，目的是纠正缺点和错误，以教育人民和做好工作。原则是要严肃对待，看是否对当前的斗争有利，是否对革命事业有利；要注意效果，最好能分析和说明产生错误和不良现象的原因；中央台、省台和市台进行批评的方法有所不同；批评时要有分寸。中共中央关于在报纸上展开批评的指示，在广播中应该严格遵守。

第四，根据广播特点对待“百家争鸣”，在广播中展开自由讨论。科学研究和贯彻广播工作中的“百家争鸣”，对广播电台来说，不宜播送太深和太长的论文，但是在可能的条件下，应该向听众介绍正在进行的学术性争论情况，以启发、培养听众对学术问题的兴趣。广播中展开讨论应是有领导的，要慎重对待。

第五，贯彻“百花齐放”的方针，办好文艺广播。在文艺广播中贯彻“百花齐放”精神，必须加强对文艺工作的领导。应该更多地播送艺术质量较高的作品，更多地采用为当地人民所喜爱的文艺形式，必须扩大选材，不应一花独放。为了办好文艺广播，应该加强

文艺采访工作，做好中央台和地方台以及地方台之间的节目交换工作。定期召开文艺工作专业会议，以交流经验和提高文艺干部的业务水平。在播音风格上，要有不同的风格，不要只有一派。

第六，要让听众听到更多的节目，就是要有更丰富的内容、多样的形式、高度的思想艺术水平，并用新技术制作的节目，来满足广大听众对广播日益增长的需要。精办节目和多办节目并不矛盾。多办节目有两种做法：一是适当增加每天的播音时间，同时紧缩每一分钟节目时间，以腾出时间增办新节目，这是唯一可行的方法；另一种是增加电台，增添频率。为了实现多办节目，需要增加发射设备，增加电力，增加编制和经费等，这些都应在年度计划中加以解决。

后来的实践说明，第四次全国广播工作会议在中国广播发展的历程中具有重大意义和深远影响。

中央和地方广播电台，根据第四次全国广播工作会议精神，结合各台具体情况，认真展开学习、讨论，纷纷订出改进广播宣传工作的方案，在报经当地党委宣传部批准后付诸实施，从而迈出了改革的新步伐。

中央电台注意从广播的特点出发，努力办好新闻性、文艺性和社会教育性以及服务性的节目。为了紧密配合党的中心工作，宣传中国独立自主的和平外交政策，中央电台加强了《新闻报摘》、《全国联播》等新闻节目。1956年，每天的新闻节目从1949年的4次增加到15次。《国际生活》节目改为《国际时事》、《国际生活》两个节目，加强了对国际问题的评述和世界知识的介绍。随着文艺事业的日益繁荣，中央电台的文艺广播进入发展阶段。由于对民族、民

(图5-2-17) 江苏电台的节目作了改进后得到听众的广泛认可，这是渔工在渔船上收听江苏台的广播

间音乐和戏曲进行了广泛的采录工作，并建立了广播民族乐团、广播说唱团等表演团体，节目来源逐渐扩大，文艺广播的内容日益丰富，音乐文学戏曲的欣赏性、知识性、娱乐性不断提高，相应的节目类型也有所增加。为了普及马克思主义理论的基本知识，加强对干部的理论教育，中央电台还举办了《哲学》、《唯物主义》等讲座和学习中国共产党第八次全国代表大会文件等节目，受到了广大听众的欢迎。

这一时期，各省、自治区、直辖市广播电台纷纷制订出节目的改进方案。例如，辽宁电台的办台口号是“质量第一，效果第一”，充分发挥广播的特点，使节目通俗、活泼，软一些，宽一些。江苏电台提出广播宣传要扩大报道面，广泛、深入、丰富多彩地反映社会生活。专题节目开始运用对话形式。长期不被重视的新闻节目摆上了重要位置，并且作了较大改进；力求摆

脱广播新闻是报纸新闻翻版的局面，多用自己采写的新闻，减少新闻重播次数。（见图5-2-17）云南电台集中力量办好新闻性和文艺性节目，增加了新闻节目次数，丰富了文艺节目内容，新办了《对家长广播》、《科学卫生》、《民族语言广播》、《对云南境外国民党军残部广播》等节目。同时加强了具有民族特点和地方特点的节目的采录工作。（见图5-2-18）

这一时期，为了找出广播独有的特性，办出具有广播特点的节目，广播从业者还开始了多方的求索。

（图5-2-18）云南电台景颇族播音员在工作

1955—1956年，北京市电台在听完苏联专家巴宾科讲录音报道的采制经验，并观摩分析了莫斯科电台播出的录音报道后，开始采制录音报道，摸索配乐广播、广播杂志的运用。在节目播出方式上，采取了实况广播、实况录音、讲话录音、录音报道、录音访问等多种形式。

许多电台除探讨录音报道外，还研究了广播的指导性和潜移默化的关系，特定对象节目和共同兴趣的关系，广播宣传和报纸宣传的异同，广播特点和地方特点等问题。许多地方电台都增加了新闻次数，添设了新闻品种，从多、快、短、好上下工夫，并加强了新闻和评论，广泛开展批评报道。

各电台还注意到了广播播放文艺节目的优势，纷纷加大文艺节目改革的力度，使得文艺节目的取材范围不断扩大，在电台广播中的数量也日益增加。（见图5-2-19）

为了更好地服务和联系听众，全国很多电台都举办了直接为听众日常生活服务的节目，并且在其他节目中注意密切同听众的联系。如北京电台开办的《一周来的北京》、《周末广播》等节目，就是通过介绍一周来首都文艺、文化生活动态，并介绍首都风光，兼作导游，很受各方听众的青睐。吉林电台开办的《生活与知识》节目，关心人们的衣食住行，普及科学知识，指导社会生活。江苏电台开办的《江苏生活》、《听众之友》节目，内容涉及社会各个方面，具有新闻性、知识性和趣味性。广东电台开办的《广东生活》、歌曲、音乐和服务性新闻节目，听众既可听到自己关心的衣食住行方面的消息，又可听到悦耳的歌曲或音乐，适应群众多方面的需要。

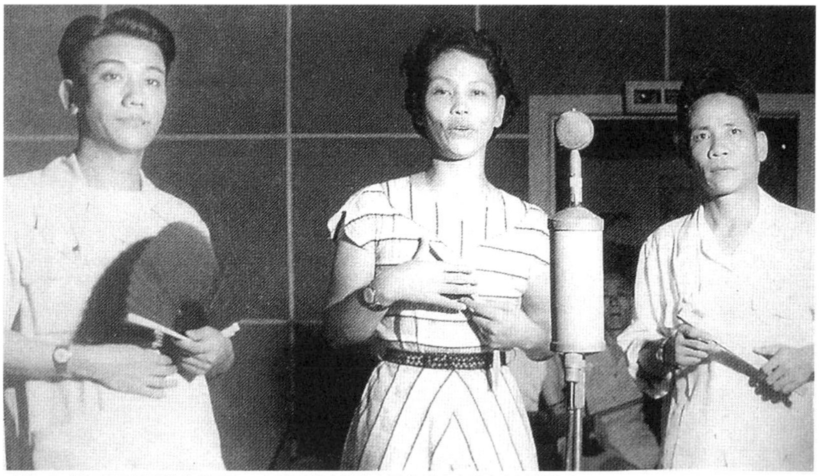

(图5-2-19）著名闽剧演员郭西珠、李铭玉等在福建人民广播电台播音室录制节目

经过1956年的改革，各地广播电台的宣传面貌焕然一新。各电台注意发挥广播的特点和优势，关心人民群众的生活，联系社会实际，更好地为社会主义建设服务，受到各方听众的赞许，迈出了广播宣传

改革的第一步。但遗憾的是，1957年夏天以后，由于反右派斗争扩大化的影响，这场刚刚开始的广播宣传改革被迫中断。

此外，新中国成立初期，广播事业局加强了对广播业务研究工作的组织领导，于1949年11月3日组建了地方台编辑研究部。这是新中国广播系统的第一个研究机构。后来，地方台编辑研究部改为地方广播部，以管理和指导地方台广播业务为主要任务，逐步开展多方面的广播业务研究活动。1955年10月，广播事业局创办了第一份业务性刊物《广播业务》。

20世纪50年代初，我国广播对外合作与交流活动也初步开展起来。1952年，我国应邀参加了总部设在捷克斯洛伐克首都布拉格的“国际广播组织”（OIR），1953年9月，国际广播组织理事会第24次会议和技术委员会第9次会议在北京举行。这是我国广播机构首次主办的国际会议。同时，我国与苏联及其他社会主义国家的广播电台开始互相交换广播节目。1952—1956年，我国还与有关国家多次互派广播代表团访问。这些对外交流活动促进了中外之间的了解，也有利于让中国的声音更好地传向世界。（见图5-2-20）

（图5-2-20）中国阿尔巴尼亚广播合作协定1955年9月28日在北京签字

注 释：

〔1〕梅益(1914—2003)，原名陈少卿，中央广播事业局第一任副局长。1949年春进入北平后，任北平新华广播电台（今中央人民广播电台）编辑部第一部长兼北平人民广播电台管理委员会委员。新中国成立后，历任中央广播事业局副局长、局长、顾问等职，其间曾任全国记协副主席。1978年调中国社会科学院，历任副秘书长、副院长、顾问等职。1986年调中国大百科全书出版社任总编辑。

第6章 曲折中的发展

1956年，新中国的第一个五年计划提前完成。从这时至1966年春“文化大革命”前，近十年的社会主义建设取得了很大成就。但在探索社会主义道路的进程中，20世纪50年代中后期出现了较为严重的“左”倾错误，致使社会主义经济建设遭受了较大挫折。在这十年中，广播事业和新兴的电视事业受“左”的影响，也走过了一段弯路，但总的来看成绩还是主要的。

第一节 广播电视发展中的得与失

按照党和政府的既定路线，从1956年开始，我国进入全面建设社会主义的时期。为了顺利实现社会主义的宏伟目标，党和政府在政治与经济领域相继发动了全党范围的整风运动、反右派斗争以及全国范围的“大跃进”运动。这一时期，广播电视事业建设取得了很大成就，宣传工作也时有亮点。但正如几次运动有经验也有教训一样，这一时期的广播电视宣传也是有得有失，瑕瑜互见。

一、扩大化了的反右派斗争宣传

1957年4月，为了纠正当时党内存在的脱离群众、脱离实际和官僚主义等不良作风，以便更好地建设社会主义，中共中央决定在全党展开一场整风运动。

整风运动开始后，广播事业局多次召开会议，布置广播系统职工积极参加整风，同时要求各广播电台要搞好整风宣传报道。6月2日，广播事业局在《广播怎样进行关于正确处理人民内部矛盾的宣传》的初步意见中强调，“广播在报道人民内部矛盾的时候，应当尽可能选择那些具有代表性的，为多数人所关心的，而又可以公开报道的事例，并且尽可能交代背景，分析原因，使各种不同的听众对矛盾和它的正确处理能有比较全面的了解，关于人民内部矛盾的报道一般地不要零敲碎打，不要追求数量，也不要作纯客观的报道，而应该更多采用综合和分析的方法”。“广播电台应该组织一些通俗地向听众讲解为什么人民内部有矛盾，和怎样处理这些矛盾的节目”。[1]根据上述精神，全国各地的广播电台对于整风运动的宣传报道比较慎重，把握得比较好。同年6月4日，中央电台开始举办《正确处理农村内部矛盾》专题节目。

整风运动的开展得到工农群众、知识分子和爱国民主人士的热烈响应，他们为帮助中国共产党整风提出了许多建设性意见。但整风运动的开展也为极少数敌视社会主义制度，对中国共产党心怀不满的人提供了一次公开发难的机会。1957年6月8日，中共中央发出《关于组织力量准备反击右派分子进攻的指示》。此后，全国由整风转入大规模的反右派斗争。9月，反右派斗争已经发展成为全民性的斗争。

反右派斗争开始后，中共吉林省委根据邓小平关于“地方广播宣传的方针和报纸宣传的方针的根本不同，一不鸣，二不放”的指示，于1957年6月12日就省广播电台在反右派斗争中的报道问题向中央请示。7月5日，中共中央在复电中指示：“反右派斗争目前已经成为工农参加的群众性的政治斗争，地方广播电视台可以在省委的领导下对当地主要的右派典型人物的反动言行进行揭密和驳斥”。[2]此后各地的广播电台都转入了声势浩大的反右派斗争宣传。这类宣传背离了实事求是的优良传统，实际上助长了反右派斗争的扩大化。同年8月，广播事业局分别在成都和长沙组织召开了广播宣传座谈会，交流各台前一时期“鸣放”和反右派斗争的宣传情况和经验。

与此同时，广播系统内部的反右派斗争也开展起来。1957年7月17—24日，广播事业局召开12个省、市的广播电台负责人会议，一方面检查整风反右宣传，一方面了解各台内部反右派斗争的情况。由于反右派斗争扩大化，全国各广播电台（不包括广播站）内部划了一批“右派分子”，据1958年4月的材料，全系统为364人，其中编辑干部占76%，组长到总编辑等人约占30%。广播事业局被定为“右派分子”的1957年11月时有65人，到反右派运动后期，增加到85人。1978年9月，中共中央决定对被错划为“右派分子”的人进行复查，把划错了的改正过来。中共十一届三中全会之后，1979年有关部门经过审改，证明广播系统绝大多数的“右派分子”属于错划，给予纠正。

反右派斗争对广播宣传的影响，还表现在对外广播方面。新中国成立后，我国的对外广播（即国际广播）得到很

大发展，在向世界介绍传播中国革命和建设成就、加强和促进与各国人民的交流和友谊方面作了许多努力。为了加强国际广播宣传的针对性，广播事业局在1956年制定的《对国际广播改进方案和1957年工作要点》中，明确指出了“对某一国家或者某一地区广播的节目中，应当考虑到听众的特殊需要，在采用统一供给的广播稿件的时候，应当根据具体情况酌量加以增删和修改”。“各部组应当根据特殊需要，组织一些专门对某一国家或者某一地区广播的稿件和节目”。不久又规定了“在各种语言节目中，为特定对象组织的节目应不少于10%”，根据对象国听众要求组织的节目“应不少于该节目的全部稿件的20%—30%”。

广播事业局副局长温济泽[3]在分管领导对外广播宣传的工作中，总结出了对外广播和对内广播的“四不同”原则，即对象不同、任务不同、内容不同和报道方式方法不同。“四不同”抓住了对外广播的根本特点，对探索搞好对外广播具有非常重要的意义。但受1957年反右派斗争的影响，对外广播所进行的探索尝试遭受破坏，对外广播实践中总结出来的“四不同”被斥为“对外广播特殊论”，多年在广播系统工作，负责对外广播宣传工作的温济泽被打成“反党小集团”的头子，划为“右派分子”，受到严厉的批判。在广播事业局1958年10月的有关文件中，称：“小集团所进行的反党活动是早就开始了的，是有纲领、有组织、有计划的，而且是长期坚持的。他们在政治思想上坚持修正主义、右倾机会主义的路线，篡改了对外广播的政治方向；在组织上进行反党活动，搞独立王国，破坏党的团结；在外事工作、反右派斗争和

干部工作上敌我不分，严重丧失立场。”而在温济泽等领导下得到改进的对外广播节目也受到批判和排斥，一些深受国外听众喜爱的节目因被扣上了“资产阶级新闻观点”、“修正主义倾向”、“右倾机会主义”等帽子而被迫取消。

在以后的几年里，对外广播生硬、呆板、政治调门高、内外不分的倾向越来越严重，引起国外听众的反感，这一局面直到60年代初才有所改观。

二、“大跃进”宣传的严重失误

1957年11月13日，根据毛泽东等中央领导同志的精神，《人民日报》发表社论，提出了“大跃进”的口号。1958年5月，在中共八大二次会议上，正式通过了“鼓足干劲，力争上游，多快好省地建设社会主义”的总路线和第二个五年计划，提出了一系列不切实际的任务和指标。会议结束后，在全国范围内迅即掀起了“大跃进”运动和农村人民公社化运动。

各地广播电台也随之投入到轰轰烈烈的“大跃进”宣传中。中央电台举办了《大跃进凯歌》、《先进集体、先进人物》、《三面红旗万万岁》等专题节目，河北电台、辽宁电台开办了《社会主义建设总路线专题节目》，甘肃电台举办了《怎样建立人民公社》，山东电台举办了《社会主义大跃进节目》。这些节目宣传了党的建设社会主义总路线的方针政策，反映了人民群众要求摆脱贫困落后面貌的强烈愿望，热情歌颂了人民群众在生产建设中的积极性和创造精神。但由于受“左”的思想影响，广播电台在宣传报道上同样犯有严重的“左”倾错误。

一是对内广播节目中存在严重浮夸现象。

首先是在宣传生产建设成绩上出现浮夸风。在报道我国

粮食和钢铁产量时，不顾事实，乱放“卫星”（1957年苏联成功发射了第一颗人造卫星，在与美国争夺空间技术方面领先了一步，这颗“卫星”也就成了社会主义的骄傲和成就的代名词）。1958年夏天，安徽电台组织了5次《庆丰收特别节目》，只要放出亩产早稻万斤的“卫星”，省电台就为其敲锣打鼓庆贺，结果当地早稻亩产从1万斤拔高到3万斤。四川省电台播出了新都县崇义公社(后改名为大丰公社)亩产稻谷2.4万斤的报道后，

廣播節目報 169
GUANGBO JIEMU BAO
中央人民广播电台 1958年7月21日——1958年7月27日广播节目
坚决摘掉谷子、高粱的“低产帽子”，大力实现粮食生产全面大跃进！
欢庆我国棉产跃居世界第一
——本台举办广播庆祝晚会

（图6-1-1）中央电台报道1958年我国小麦产量世界第二、棉花产量世界第一

花生亩产13241斤
人民日報
人民日報
二亩九分小麦亩产3530斤
“人有多大胆 地有多大产”
向日葵异軍突起

（图6-1-2）中央电台1958年播出的《人民日报》有关农业高产的报道

崇义公社在省内名声大振。中央人民广播电台先后报道了1958年我国小麦总产量超过美国跃居世界第二、棉花总产量将超过美国跃居世界第一的消息，（见图6-1-1）还先后播出了湖北、福建等地早稻、花生、小麦等的高产纪录。（见图6-1-2）这些报道均严重失实。

在工业战线，广播电台重点宣传全民大炼钢铁运动。1957年我国的钢铁产量是535万吨，中共中央决定1958年要生产钢1070万吨，比上年翻一番。为了完成这个指标，全国建起小高炉几百万座。在宣传报道“全民炼钢”时，中央电台在《在钢铁战线上》节目中报道广西罗成县36小时生产生铁26.6万吨的虚假消息。这一年年底，中央电台报道说，年产1070万吨钢的指标不仅“胜利实现”，而且“超额完成”。但实际上，炼出的钢许多是不符合国家标准的“土钢”。这些“土钢”只有政治意义，没有经济意义。“土钢”浪费了大量的人力物力，得不偿失。

广播的浮夸宣传助长了浮夸风，各地出现了许多弄虚作假的“高产”、“高速度”典型。有人形容当时的广播宣传是“日日充满前进的‘战斗声’，天天传出振奋人心的‘大捷报’”。

其次是推广先进生产经验方面的瞎指挥。广播电台在宣传农业增产措施时，大力推广“土地深翻和高度密植”的经验。1958年9月北京市电台在通讯《一个民兵连》中说：“为了创造小麦高产纪录，这个连计划种麦600亩，施肥200万斤，地深翻5尺，争取亩产25万斤。”1959年4月早稻插秧季节，经广播等新闻媒介宣传的“高度密植”经验，各地都在雷厉风行地硬性推广，“越密越先进，越密越革

命”，农民对此实在想不通。这种不顾土质、种子、水、肥等条件，硬性规定强求一致的“瞎指挥”给生产造成很大损失。广播电台在推广先进生产经验时只注意报道数字、产量和成绩，字里行间都是高产丰收的景象，而对灾情或因灾减产等消息却几乎从不报道。

再次是在理论、政策宣传上的片面性。在人民公社化的报道中，广播在政策宣传上片面盲目提倡社有经济的发展，如中央电台1959年下半年举办的《人民公社万岁》节目，播出的都是条件好、收入多、公积金多的公社典型，而对条件差的、问题多的公社却很少提及。另外，在宣传人民公社“一大二公”时，就否定多种经济成分，甚至把社会主义阶段某些现行的合理政策都当作“本位主义”、“个人主义”加以批判。广播还片面宣传“以粮为纲”、“以钢为纲”，忽视了其他方面的发展，使国民经济的生产的平衡发展受到破坏。一些否认客观条件的唯心主义的口号如“人有多大胆，地有多大产”、“不怕做不到，就怕想不到；只要想得到，就能做得到”、“乘卫星、驾火箭，围着地球转几转”等，都当作正确的观点和口号加以提倡，鼓励人们苦干蛮干，不顾本地实际情况，追求高指标、高速度。广播宣传还强调“多、快”，忽略“好、省”。报道群众的干劲时常用“日夜苦战”、“七天七夜不合眼”等违背人的生理常识的提法，甚至在卫生工作中提出了开展“除四害和消灭疾病运动”等违反科学的口号。

二是广播大会的盛行，影响了人民群众的日常工作和生活。

在宣传“大跃进”运动的过程中，从中央台到地方台，普遍运用了广播大会的形式。

广播大会是中国广播的一种独特的报道方式，它是在抗美援朝、镇压反革命运动的宣传实践中，北京、天津等地的广播电台创造出来的。大会的主会场一般设在广播电台或装有转播设备的某处会场，若干个分会场设在基层单位，大会主会场的实况通过无线电广播传播到各分会场。广播大会对于短期的大规模动员群众积极行动起来能发挥显著作用，但如果使用过多，每次都组织大批听众到指定会场收听，就会严重影响广大群众的日常工作和生活。1959年4月至1960年4日，仅中央电台就与国务院各部门及群众团体举办广播大会19次。平均每两个月3次，每次都有几百万人收听。而在地方电台中，1958年6月 30日，广东电台同广东省委联合举办的“报丰收、庆丰收广播大会”，全省约有1000万农民和城市居民、机关干部收听了这次广播。同年7月30日，江西电台在星子县召开现场广播大会，庆祝早稻“空前”丰收，夺取晚稻更大丰收。江西省委领导在广播中号召全省人民，鼓足更大干劲争取一年完成五年粮食生产计划。同年底，江西省举行庆祝1958年农业大丰收广播大会，全省收听人数达400万。这一年，江西电台共举办广播大会11次，收听总人数达250多万人次。据18个省（市）、自治区统计，1958年地方台一共召开广播大会303次。广播大会在宣传动员组织人民群众投身社会主义经济建设上具有一定的鼓动性和号召力，但也同时助长了浮夸风、瞎指挥和高指标倾向，违背新闻真实和实事求是的原则，由于当时滥用成风，副作用很大。经常召开广播大会，也会使人民群众感到疲劳。（见图6-1-3、图6-1-4）

三是对外广播的信誉滑坡。

（图6-1-3）播音员在广播大会上播音

（图6-1-4）20世纪50年代广播大会收听会场

“大跃进”期间，我国的对外广播宣传报道也出现了许多令人遗憾的地方。对外广播节目的时间在不断增加，但节目质量却明显下降。

这一时期，对外广播节目的内容片面强调政治化，认为只有报道政治和外事活动以及宣传“大跃进”才是政治，把公报和社论全文播发出去才算政治挂帅。在这一认识论指导下，对外广播的取材日益狭窄。由于片面强调政治性，忽视了对外广播的编写技巧、用语和音响技巧，节目内容单调枯燥，形式呆板，似乎认为宣传是我的事，听不听是你们（外国听众）的事，因而传播效果差。有的听众反映，收听北京的广播“就像在受训”。还有就是节目在受众定位上存在一定的偏差，不考虑国外听众的多种需要，不注意发挥外国专家的作用，长时间不让他们写稿子，使对外广播失去了特点，甚至把对国内广播宣传中的脱离实际浮夸风的做法搬到对外广播中，引起外国听众的反感。

“大跃进”期间，对内和对外的广播宣传受“左”的影响而出现的浮夸风、瞎指挥和片面性的严重错误，一度为高指标、“共产风”等推波助澜，给实际工作造成很大的危害。广播在国内外的信誉大大降低，我国在国际上的形象也受到损害。可以说，从新中国成立到“文革”前的十几年中，20世纪50年代后期是对外广播宣传最差的一个时期。

三、广播基础建设的“跃进”式发展

在事业建设方面，三年“大跃进”期间，全国各地的广播电台在原有的基础上空前发展。1957年全国有广播电台61座，1958年有91座，这一年新建广播电台30座；1959年全国有广播电台121座，三年“大跃进”期间，电台数量每年平均以30%左右的速度递增。1959年1月1日，西藏人民广播电台开始播音，至此，各省、自治区、直辖市都有了广播电台。

但由于受“左”的指导思想的影响，各地也出现了不顾条件、不讲究质量、急于扩大规模和数量，突击建设和盲目发展的问题。有些广播电台建成后，由于资金、人员、电力等条件不具备，开播后不久便停播，只好改为他用。在农村有线广播网线路建设中，为了让群众迅速听到广播，采取的主要办法是依靠群众筹集电线杆，“因陋就简，土法上马”，由于过分强调“土”、“简”，结果竹竿、木杆一起上，线路也不符合标准，输出质量差，维护工作很困难。一遇刮风下雨，电线杆东倒西歪或断裂，经常中断广播，有些地方的广播网线路不注意质

量，几乎是边建边垮。一些地方的群众批评说：“广播线，不停建，今天有，明天断，声音小，听不见。”发展过程中出现的只求数量不求质量造成的后果，就是大大削弱了广播应有的作用，也挫伤了人民群众办广播的积极性。20世纪60年代中后期，经过整顿，用水泥杆代替木杆作电线杆，有线广播的状况得到了改善。

（图6-1-5）中央广播大楼

新中国广播事业的发展和广播宣传工作规模的扩大，迫切需要改善广播工作的环境和设施。1953年秋天，广播事业局把建设广播大楼这项工程列入了第一个五年计划。当时正值我国百业待兴，各方面资金都很紧缺，尽管如此，为了发展人民的广播事业，中央还是批准了这项工程。1955年12月，广播大楼破土动工，经过建设者们几年的紧张施工，全部工程于1958年底竣工。广播大楼的建筑面积为 68562平方米，中央部分共11层，大楼由东翼技术区、西翼办公区和中央部分的音乐厅、电视台几部分组成。20世纪50年代末起，

（图6-1-6）1958年4月第五次全国广播工作会议留影

（图6-1-7）1960年3月第七次全国广播工作会议留影

广播事业局机关、中央人民广播电台、对国外广播的北京广播电台和北京电视台均在大楼内办公。（见图6-1-5）

事实上，“大跃进”到“文革”开始前召开的三次广播会议，都在不同程度上助长了广播电视宣传和建设的“左”倾错误。（见图6-1-6、图6-1-7）

四、中国电视诞生

20世纪50年代初，西方国家的电视业进入蓬勃发展时期。在这一形势下，1955年2月，广播事业局提出了在北京建立电视台的设想。周恩来批示：列入文教五年计划中讨论。1956年广播事业局在向中央汇报工作时，提出了第二个五年计划期间试办电视的问题，刘少奇代表中共中央听取

第五至第七次全国广播工作会议一览表

会议名称	召开时间	主要内容
第五次全国广播工作会议	1958年4月7—18日	主要讨论广播工作“大跃进”的方针、目的以及在办节目和事业建设中怎样贯彻“多、快、好、省”的方针等问题。会议认为，“广播是阶级斗争的工具”。在广播宣传工作中存在着两条道路、两种方法的斗争，强调“政治是广播工作大跃进的统帅”。会议提出，广播工作“大跃进”的方针是多、快、好、省办节目，办事业，为教育和团结广大人民，为保卫祖国、灭资兴无、促进社会生产力的发展服务。并认为这个方针是社会主义建设总方针在广播工作中的体现。
第六次全国广播工作会议	1959年2月23—3月3日	总结1958年宣传工作的主要经验，讨论广播事业第二个五年计划草案以及各台在广播宣传和事业建设方面的协作问题。
第七次全国广播工作会议	1960年3月1—15日	讨论1960—1962年的发展规划。

工作汇报时对这个问题非常重视，并提出了很好的建议。

在中央的支持下，1957年8月17日，广播事业局决定成立北京电视台（中央电视台的前身）实验台筹备机构。同年8月，北京广播器材厂受命试制电视发射和播出系统设备。经过技术人员和有关单位大力协作，共同努力，1958年春，我国第一套黑白电视广播设备试制成功。从摄像机到发射机，除某些关键器件外，都是技术人员和工人群众坚持自力更生，克服技术上的种种难关生产的。

几乎与此同时，1957年12月，广播事业局派出中国电视工作者代表团，对苏联和民主德国进行了为期3个月的访问，主要是考察上述两国电视节目的设置安排情况。1958年5月1日，中国的第一座电视台——北京电视台(今中央电视台)开始试播。同年9月2日正式播出。（见图6-1-8、图6-1-9）

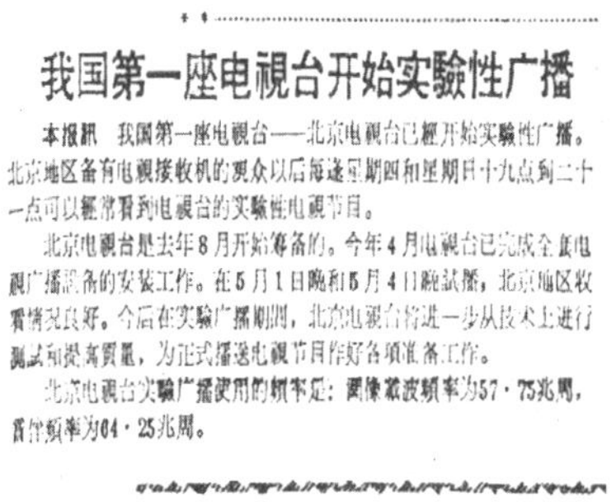

我国第一座电視台开始实驗性广播

本报訊 我国第一座电視台——北京电視台已經开始实驗性广播。北京地区备有电視接收机的观众以后每逢星期四和星期日十九点到二十一点可以經常看到电視台的实驗性电視节目。

北京电視台是去年8月开始筹备的。今年4月电視台已完成全部电視广播設备的安装工作。在5月1日晚和5月4日晚試播，北京地区收看情况良好。今后在实驗广播期間，北京电視台将进一步从技术上进行测試和提高質量，为正式播送电視节目作好各項准备工作。

北京电視台实驗广播使用的頻率是：圖像載波頻率为57·75兆周，音伴頻率为64·25兆周。

（图6-1-8）1958年5月1日我国第一座电视台开始实验广播（原载《人民日报》1958年5月5日）

（图6-1-9）北京电视台转为正式播出时，首位电视播音员沈力在播音时的情景

北京电视台开播后，国家为了解决电视收看问题，最先从苏联进口了200台黑白电视机应急。不久，天津广播器材厂很快生产出了第一批“北京牌”电视机投放市场。继北京电视台之后，许多省、市也纷纷建立电视台。1958年10月

上海电视台成立，同年12月哈尔滨电视台开始播出。1959—1961年，天津、广东、吉林、陕西、辽宁、山西、江苏、浙江、安徽、山东、湖北、四川、云南等地也相继建立电视台。1961年底，全国已建立电视台、实验电视台和转播台26座，并且预计到1962年发展到50座。20世纪50年代末全国有电视机1.7万部，大多数安装在公共场所供集体收看。（见图6-1-10、图6-1-11、图6-1-12、图6-1-13、图6-1-14、图6-1-15）

（图6-1-10）北京电视台首次播出后部分工作人员合影

（图6-1-11）早期的北京电视台在直播文艺节目

（图6-1-12）中国直播的第一部电视剧《一口菜饼子》

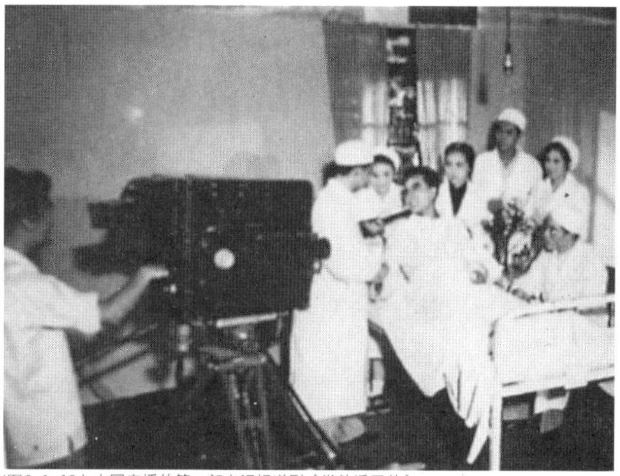

（图6-1-13）中国直播的第一部电视报道剧《党救活了他》

（图6-1-14）没有升降机，电视台记者因陋就简登高摄影

（图6-1-15）电视的播出给人们带来了新的欢乐

五、广播电视教育、广播电视报刊的出现

随着广播电视事业的发展，迫切需要相应的技术人才和编播干部。为了提高他们的业务水准，开展专业教育就显得尤为重要。最初的广播电视专业教育是从训练班开始的。1954年3月，广播事业局开办广播技术人员训练班，开始培养中级广播技术人才。

1958年9月2日，广播事业局在原有的广播技术人员训练班的基础上，创办了北京广播专科学校。这是广播事业局直属的第一所高等专科学校。该校学制两年，设立发送、传音、电视3个工科专业。同年11月，根据对外广播工作的需要，北京广播专科学校又设立波斯语专业本科班，开始培养广播高级人才的尝试。

为了尽快发展广播电视高等教育，1959年9月，经国务院批准，广播事业局把北京广播专科学校扩建为北京广播学院，这是我国第一所培养广播电视专门人才的高等学府。（见图6-1-16）北京广播学院的建立和发展，标志着中国的广播电视高等教育进入了一个新的阶段。

与此同时，各地的广播电视机构根据工作的需要，也积极开办广播电视中等专业教育，培养技术维修和值机人员，以及录音、录像、灯光、音响、美工、化妆、服装、制片等方面的中级人才。1958年9月15日，湖南省广播事业局创办的湖南广播技术学校正式成立，这是我国第一所广播电视中等专业学校。至1960年，山西、山东、安徽、上海、吉林、辽宁、黑龙江、内蒙古、陕西、广东等省、自治区、直辖市广播事业局也都办起广播学校。这些学校培养的中等专业人员在广播电视事业的发展中都发挥了重要的作用。

利用广播电视这种现代化的传播媒介举办教育节目和教学节目，以提高全民族的科学文化素质，是中国特色的社会主义广播电视的一个重要标志。新中国成立不久，新闻总署在有关工作会议上就强调广播在传播科学文化知识、提高人民政治素质和文化素质方面的重要作用。

20世纪50年代初，中央电台举办过多种理论讲座节目，受到广大干部的欢迎。各地电台根据本地情况，和教育部门联合举办的广播师范学校或广播师范大学对提高中小学教师和幼儿教师的水平起了很大作用。

我国第一所广播事業高等学校

北京广播学院举行开学典礼

我國第一所广播專业高等学校——北京广播学院已正式成立。这所社会主义的新型的学院，目前設有广播与电視；无綫电、外語三个系，共有学生近一千人。它的任务是培养具有較高的阶級覺悟、政策水平和專門业务知識的广播、电視的編輯、記者和无綫电技术干部。9月7号上午，全院师生員工齐集在广播大厦音乐厅举行了开学典礼。广播事业局局長梅益同志参加了开学典礼。

会上，学院的主持人、广播事业局副局長周新武同志首先講話。他主要說明了广播学院建立的背景和学院的任务。

接着，广播事业局局長梅益同志講話。他在講話中用事实說明了党和政府一貫重視广播宣傳和广播事业，并广泛地介紹了十年来广播事业在党和政府的領导下迅速發展的情况，和我国人民广播在国内外的重大影响。最后他向同学們提出了三点要求：1、注意政治学習，提高政治思想水平。因为广播是党的宣傳工具，它向着全国人民和全世界人民講話，广播节目要求有高度的政治性、思想性。而工作的好坏則取决于干部的思想水平。因此，党的政策和在各个时期关于重大問題的指示，我們都要进行学習。2、認真学習，掌握系統的專业知識。每个人都必須把自己培养成熟悉一門專业知識的人，在畢业后能独立工作，出色地完成工作任务。每个人都要学好汉語，提高語文水平。广播电視系的同学还要有广泛的基础知識。历史、地理等知識对新聞工作是很重要的。还要学会說标准的普通話。基础知識懂得越多，專业也就可以鑽得越深。3、要把書本知識和实踐結合起来。要重視劳动，把劳动和政治学習結合起来。因为参加劳动不但可以使我們的非无产阶級的思想意識得到改造，而且可以使我們获得广泛的知識，为今后的学習和工作打下基础。最后梅益同志說：广播学院是初办的，設备暫时还不够完善。但是学院一定会得到發展。我們一定要鼓足干勁，把学院办好。

伊朗專家法基米，也向同学們祝賀新学年的开始，并了祝同学們在学習中都成为优秀生。

接着教職員代表張榴高、学生代表熊惠民、張梅荣等相繼講話，祝賀广播学院的誕生和新学年的开始，并表示今后将努力教好学好，为不断提高教学質量而奋斗。

（图6-1-16）1959年9月北京广播学院举行开学典礼

（图6-1-17）北京电视台早期的汉语拼音教学节目

（图6-1-19）上海电视台办起的电视大学

（图6-1-18）北京电视大学学员在上课

1958年，我国出现电视以后，电视教育性节目和教学节目也随之开展起来。1959年5月，北京电视台和中国文字改革委员会联合举办《汉语拼音字母电视教学讲座》节目，这是我国最早的电视教学节目。为了更有效地开展广播电视远距离教学，经过一年多的筹备，1960年3月8日，北京电视大学正式开学。继北京电视大学之后，各省市陆续开办了广播电视大学。（见图6-1-17、图6-1-18、图6-1-19）

此外，20世纪50年代中期，随着广播节目的丰富，广播节目报和广播研究的刊物也应运而生了。从1953年到1959年，上自中央台，下至省、市台，大都出版过广播节目报。新中国第一家公开发行的广播节目报是上海人民广播电台1955年元旦创刊的《每周广播》，同年4月25日中央电台的《广播节目报》（与北京市电台合办）也正式创刊，公开向各地发行，这是我国第一份中央级的广播节目报。1958年全国有47家广播电台出版《广播节目报》。《广播节目报》的任务是预告和介绍广播节目，反映听众的意见和要求，介绍广播方面的知识。1959年，全国广播节目报的总发行量达26万份。1960年以后国民经济困难，大部分广播节目报都停刊了。

20世纪50年代至“文革”前，国内出版时间较长、影响较大的广播刊物是《广播业务》。它于1955年10月创刊，1959年1月改为月刊，至1966年3月，共出版100期。1959年2月，广播事业局研究室编印了三期刊载外国广播资料的不定期刊物《广播业务译丛》。

广播报刊的出版，加强了广播同人民群众的联系，促进了电台节目的改进和水平的提高，也促进了广播单位内部工作经验的交流，提高了广播工作者的业务水平。以这些报刊为阵地，业内和业外的许多人士对一些重要的广播、新闻理论问题进行了研究探讨。

第二节 事业规模的调整和宣传业务的改进

1960年，由于“大跃进”、人民公社化以及苏联单方面撕毁援助我国建设协议等多种原因，我国国民经济出现了严重困难，主要表现为国民经济比例严重失调、工农业总产值和主要农产品价格连续走低，以及人民生活水平大幅度下降。

为了扭转这一局面，中共中央和国务院连续召开有关会议，制定有关方针政策和措施，首先对工农业生产进行初步调整。1961 年 1 月，中共八届九中全会确定了“调整、巩固、充实、提高”的八字方针，改变了“大跃进”以来追求高速度、高指标等错误做法，但仍然认为“三面红旗”是适合中国国情的。会后，全党全国大兴调查研究之风，提倡恢复实事求是的优良作风，先后制定了《农业六十条》和《工业七十条》等，对推进贯彻执行“八字方针”，促进国民经济的恢复起了积极的作用。

1962年1月，中国共产党在北京召开扩大的中央工作会议（又称“七千人大会”），会上总结了“大跃进”以来的教训，对党的工作方针的失误和当时的经济困难作了比较符合实际的分析。这次会议使全党同志和全国人民对经济困难的严重性和调整工作的紧迫性有了更加深刻的认识。会后经过全党和全国人民的努力，很快克服了困难，扭转了局面，到1963年，国民经济开始好转。1966年“文革”前夕，国民经济的发展水平已经达到并超过了1957年的水平。

在此期间，广播系统根据中共中央和国务院的有关决定和部署，主要做了两个方面的工作：一是贯彻“八字方针”，精简机构，压缩编制；二是大力改进宣传工作，提高广播电视节目质量。同时，为加强对广播事业的领导，1962 年 10 月，中央决定调丁莱夫[4]任广播事业局党组书记（见图6-2-1)，梅益任副书记、局长。

一、精简和压缩事业规模

根据中央的“八字方针”，广播事业局提出了“紧缩规模、合理布局、精简人员、提高质量”的相应办法。此后，广播电视系统以提高节目质量为中心，对广播节目、播音时间以及中小城市广播电台、电视台和有线广播等都作了相应的调整。调整的主要原则为：

（图6-2-1）丁莱夫

1. 撤销各省、自治区、直辖市广播电台所属的广播文工团、中等技术学校。

2. 省会所在地的市台与省台合并。

3. 1958年后开办的广播电台除林牧渔区、少数民族地区等特殊情况外，其他停办。

4. 撤销各省、自治区、直辖市广播管理机构，但可以保留名义，并入省、自治区和直辖市广播电台。

5. 保留部分电视台，其余停办。

6. 农村有线广播站整顿后停办一部分，保留一部分。

经过调整，相继停办了一些中小城市广播电台。1962年初，全国有地方广播电台135座，到同年10月，只保留了省、自治区、直辖市台28座，省辖市台53座，总计81座。在停办的中小城市广播电台中，有江苏的扬州、淮阴、常州、连云港台，河北的邯郸、邢台、保定、张家口、承德、沧州等台。1962年，全国广播电台共办有134套节目，比原来减少了53套。为了提高节目质量，原来办有两套节目的中小城市电台大都停办了第二套节目，只集中力量办好第一套节目。

1960年底，中央电台停

办了5种少数民族语言广播节目；1961年，中央电台的对台湾广播节目压缩时间，从全天播音16小时减为13小时30分钟。1962年，中央电台3套节目全天总播音时间由1961年夏秋季节的50小时50分钟压缩为34小时15分钟。同年，全国广播电台的年平均每天播音时间由原来的1614小时12分钟减为1306小时25分钟。

压缩规模后，全国电视台和电视实验台最初只保留了北京、上海、广州、沈阳、天津5座。1963年初，哈尔滨、长春电视台和西安电视实验台经批准后也保留下来。安徽、太原电视实验台批准只办教育节目，不作电视实验台。1962年停办了齐齐哈尔、鞍山、抚顺、吉林、南京、浙江、济南、长沙、武汉、佳木斯、重庆、昆明电视实验台和苏州电视转播台。另外武汉、南京为妥善维护设备，每周放映一次电影。（见图6-2-2、图6-2-3、图6-2-4、图6-2-5）

这一时期对有线广播和地方广播工业也进行了较大调整。1960年，全国有市县广播站2404座，1962年调整为

（图6-2-2）天津电视台采用直播形式播出了该台第一部电视剧《搬家》

（图6-2-3）哈尔滨电视台直播电视剧《列宁与第二代》

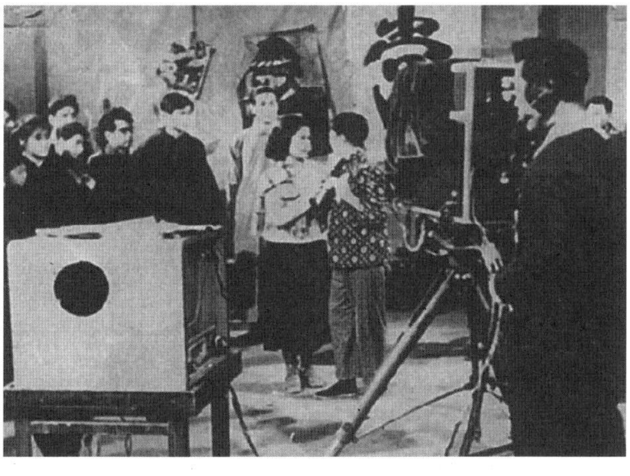
（图6-2-4）长春电视台直播《放下你的鞭子》

（图6-2-5）1960年5月1日，南京电视实验台（江苏电视台前身）正式开播。台址在南京鼓楼广场食品商店4楼

2029座，同期广播喇叭由604万只减为548万只。地方广播工业则大部分撤销，只保留了北京广播器材制造厂和上海唱片厂。

本着精简的原则，在陆续停办一些广播电台、电视台和有线广播站，撤销或合并了一些行政管理机构之后，广播系统压缩了职工编制。1961—1962年，北京广播学院暂停招生。1963年恢复少量招生。各地广播电视中专学校一律停办。

到1962年10月底，全国各省辖市广播电台等的调整工作已经基本完成。

在实施一系列的调整方针后，我国的经济困难局面开始缓解，从1963年到1965年，国民经济得到比较顺利的恢复和发展，广播电视事业也得到新的发展。

1963年以后，随着我国经济形势的好转和地方宣传工作的需要，又恢复了一批广播电台和电视台。1963年底全国共有广播电台89座。中央电台对内广播共有4套节目（包括对台湾广播1套），每天播音增至59小时。1963年，哈尔滨、长春电视台和西安试验电视台经国务院文教办批准，作为试验台使用。这样，电视台恢复到8座（另有4个办电视教育节目，即太原、南京、武汉、合肥电视试验台撤销后可以协同有关部门举办电教节目），1964年1月武汉电视台恢复，1965年6月哈尔滨、长春、西安三座电视台和太原教育电视台均转为正式电视台，至“文革”前，我国的电视台发展到12座。

1963年以后，全国的有线广播网得到一定程度的改善。为了帮助各省、自治区迅速整修广播线路，广播事业局从事业经费中拨出15万元作为补助费。在有线广播的恢复和重建中，浙江余杭县广播站用木模翻转法制造水泥电杆的经验在

全国得到推广，使有线广播在线路建设的质量上有了提高。到1966年春，全国广播网的全面调整工作基本结束，恢复到1962年调整前的规模，并有所发展，全国有县级广播站2000多座，放大站和公社广播站8435座，广播喇叭872万只，都超过了农村有线广播网历史上的最高水平。（见图6-2-6）农村广播网的传输质量和收听效果比过去有了显著的提高。有线广播喇叭普及77%的人民公社、54%的生产大队和26%的生产队。与此同时，调频广播的试验也已经开始。

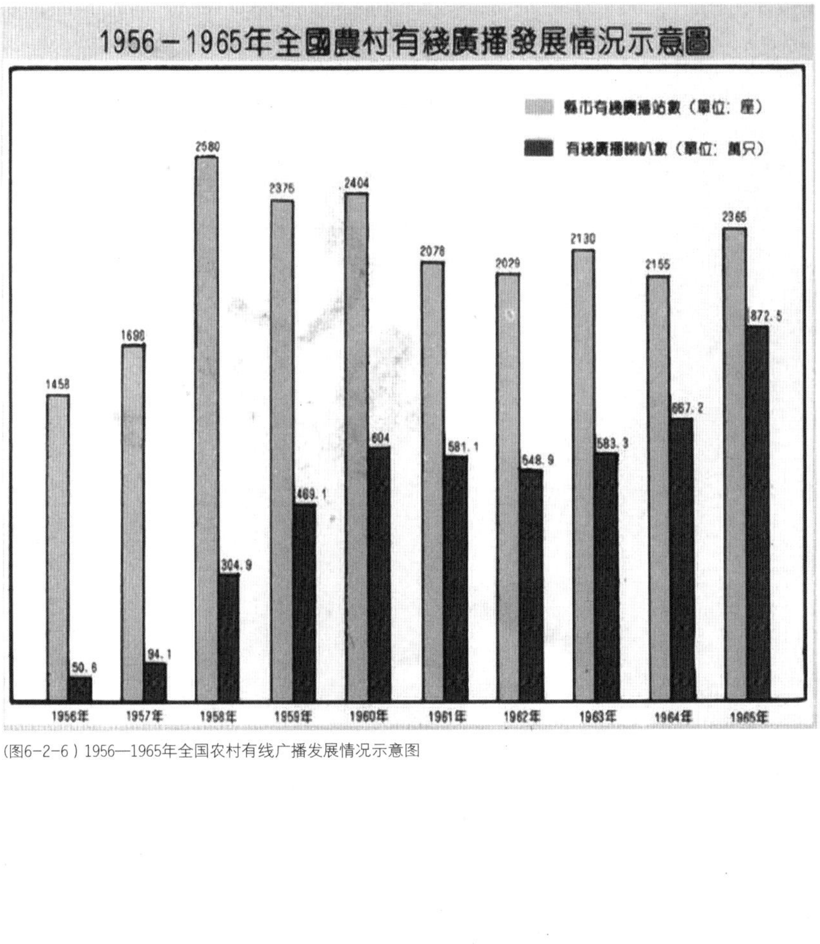

（图6-2-6）1956—1965年全国农村有线广播发展情况示意图

二、调整和改进宣传业务

在对广播基础建设实施调整方针的同时，从中央到地方，各级电台、电视台进一步总结“大跃进”期间的经验教训，分析研究改进和提高节目质量的办法和措施。1962年1月，毛泽东在中共中央召开的“七千人大会”上的讲话中，要求“人民日报、新华社、广播事业局要检查一下，看前几年说了哪些不妥当的、违反政策、对人民不利的话，说了哪些助长‘五风’的话”。不久，中央及地方电台对“大跃进”期间在节目、宣传中所出现的问题进行了全面的反省。

中央电台为了精办节目，压缩播音时间，集中力量办好主要节目，合并、撤销了部分节目，同时根据实际需要，增设了一些新节目。1961年，中央电台撤销了文艺专题节目《三面红旗万万岁》，并把原来的省、市、自治区各地

（图6-2-7）中央电台播音员齐越[5]在播音

人民广播电台编排的节目并入《在祖国各地》节目。1961年5月，中央电台增设《历史故事》、《阅读与欣赏》、《讲卫生》等知识性节目。另外还调整了18时到22时听众最集中的黄金时间的节目，使三套节目的内容尽量做到多样化，并增加欣赏性文艺节目。（见图6-2-7、图6-2-8）

中央电台还注意对节目精选精编，在精办节目方面提出办好十大名牌节目。这些节目是《新闻和首都报纸摘要》、《全国各地人民广播电台联播节目》、《国际时事》、《科学常识》、《在祖国各地》、

（图6-2-8）中央电台播音员夏青[6]

《广播剧院》、《文艺信箱》、《星期演讲会》、《少年儿童节目》和《小喇叭》。这些节目注意根据各自的特点，分别加强了新闻性、知识性和娱乐性，成为中央电台办

得比较好、影响比较大的名牌节目。同时，在对一些重大新闻事件的报道上，也加强了时效性。（图6-2-9）

（图6-2-9）1961年，中央电台在转播第26届世界乒乓球锦标赛

根据听众渴求学习科学知识的要求，中央电台于1963年5月为农村听众举办了《农业科学技术讲座》、《世界地理知识》等节目。文艺广播设置了听众喜欢的《小说连续广播》、《诗文朗诵》等节目，以及话剧、故事等，广东音乐、小提琴协奏曲《梁山伯与祝英台》因听众喜欢，多次组织播出。

地方电台在改进节目中，也注意加强地方特色，不断扩大报道面，增强知识性，在“自己走路”的探索中进行了多方面的尝试。到1963年，在执行国家调整方针的同时，各电台、电视台在提高节目质量、增加花色品种等方面取得了显著成就，播出了一批深受国内外听众喜欢的节目。

20世纪60年代初，随着国家调整方针的实施，我国的对外广播比20世纪50年代后期有了一些重要的变化，不仅在广

播语言、广播时间和广播规模上有所扩大，而且在节目的内容和形式上有较大的改进和提高。我国的对外广播，是世界人民了解中国的主要窗口，也是架设中国人民和世界人民友谊的纽带和桥梁，把中国的形象展现给世界，让更多的人了解中国，是对外广播的一个重要任务。20世纪50年代后期，对外广播受“左”的影响，一度出现宣传不看对象，内外不分、政治调门高、内容枯燥、形式呆板、千篇一律的问题，遭到外国听众的冷落。要改变对外广播宣传的被动局面，重新赢得外国听众的喜欢，就必须调整广播宣传方针，提高节目质量。

在周恩来等中央领导同志的关怀和帮助下，20世纪60年代初，北京电台（国际电台）对对外广播的宣传方针重新作了调整。对外广播工作者认真调查国外听众的情况，了解他们的爱好、生活规律和收听习惯。经过调整，节目有了很大改进，题材逐步扩大，花色品种增多，节目也更多地采用了录音报道、配乐广播、故事、小说等生动活泼的形式。

在改进对外的新闻报道方面，北京电台（国际电台）也做了许多工作。1961年3月，梅益看了北京电台（国际电台）新闻组编发的国际新闻稿和新闻节目，并与莫斯科电台、美国广播公司、美国之音、日本电台等国外同行新闻节目作了比较之后，指出北京电台对外新闻报道存在的问题是：一少，报道面窄，新闻信息量少；二迟，时效性差；三长，新闻稿件长。以上问题使对外广播宣传缺少声势，缺少分量，缺少力度，削弱了对外宣传的效果。梅益强调，为了改进新闻报道，对外广播要重视新闻报道，要把它办成全世界最好的节目；另外在文风和编写方针以及掌握政策等方面

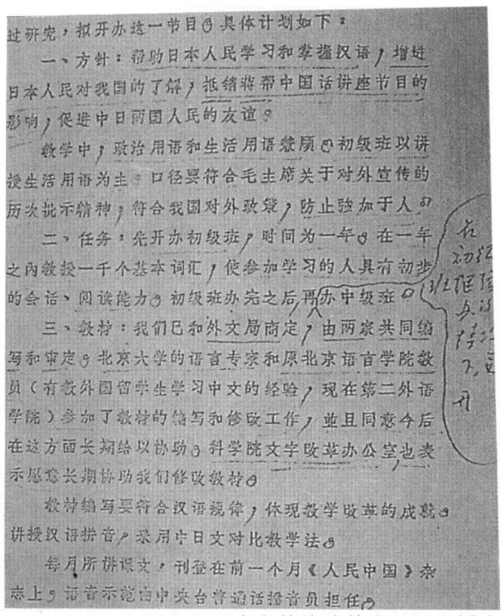
过研究，拟开办这一节目。具体计划如下：

一、方针：帮助日本人民学习和掌握汉语，增进日本人民对我国的了解，抵销蒋帮中国话讲座节目的影响，促进中日两国人民的友谊。

教学中，政治用语和生活用语兼顾。初级班以讲授生活用语为主。口径要符合毛主席关于对外宣传的历次批示精神，符合我国对外政策，防止强加于人。

二、任务：先开办初级班，时间为一年。在一年之内教授一千个基本词汇，使参加学习的人具有初步的会话、阅读能力。初级班办完之后再办中级班。

三、教材：我们已和外文局商定，由两家共同编写和审定。北京大学的语言专家和原北京语言学院教员（有教外国留学生学习中文的经验，现在第二外语学院）参加了教材的编写和修改工作，并且同意今后在这方面长期给以协助。科学院文字改革办公室也表示愿意长期协助我们修改教材。

教材编写要符合汉语规律，体现教学改革的成就。讲授汉语拼音，采用中日文对比教学法。

每月所讲课文，刊登在前一个月《人民中国》杂志上。语音示范由中央台普通话播音员担任。

（图6-2-10）周恩来亲笔修改的在日语广播中开办《中国话讲座》的计划

（图6-2-11）《中国话讲座》的编辑人员在研究节目

也要积极改进。在调整宣传方针时，对外广播还明确了几个问题，如内外有别、加强针对性等。以后的几年里，对外广播对一些重大的国内外问题的报道，如党和国家领导人的出国访问活动等，都做得比较好，报道得比较充分。

经过调整，对外广播加强了针对性，节目从内容题材到形式基本适应了外国听众的需要。1962年4月，根据国外听众的需要，北京电台在日语广播中开设了《中国话讲座》节目。（见图6-2-10、图6-2-11）

20 世纪 60 年代中期，由于对外广播调整了宣传方针，加强了宣传的针对性，节目质量有了较大提高。从 1963 年起，我国的对外广播收到听众来信增多，1964 年收到听众来信 28.6 万封，与北京电台保持通信联系的有 140 多个国家和地区的 20 多万听众。（见图 6-2-12）1957 年以来，我国陆续开办了波斯语、土耳其语、阿拉伯语、法语、马来语、印度语、德语、葡萄牙语、意大利语、塞尔维亚—克罗地亚语、斯瓦希里语、俄语、泰米尔语、蒙古语、世界语和菲律宾语等 16 种外语的对外广播，到 1965 年对外广播已经使用

（图6-2-12）北京电台收到的国外听众寄来的部分信件和礼品

27 种外语和汉语普通话及四种方言对外播音，每天播音时间由 80 多小时增加到 100 小时左右。我国对外广播的规模不断扩大，继苏联、美国之后，居世界第三位，已经成为世界上很有影响的国际广播大国。

在这期间，电视作为我国的一个新兴事业，在“立足北京，面向世界”方针的指引下，也逐渐在国内外新闻报道中显示了它的作用。

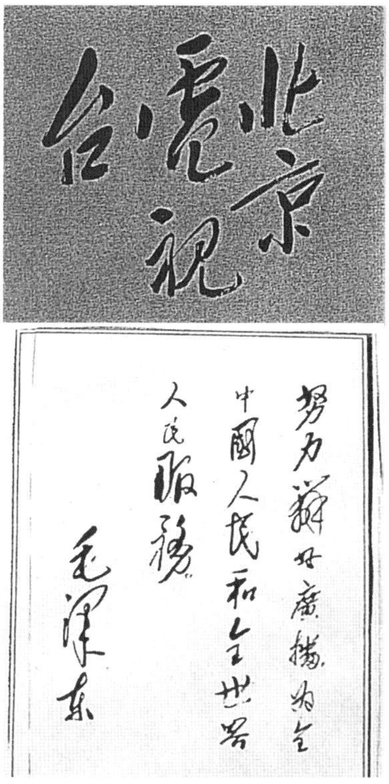

（图6-2-13）1964年12月毛泽东为“北京电视台”（今中央电视台）题字、1965年9月为人民广播事业题词

1963年，第一届新兴力量运动会在印尼雅加达举行，北京电视台（见图6-2-13）第一次派出记者出国报道体育活动。1964年10月我国第一颗原子弹爆炸成功，1965年4月第28届世界乒乓球锦标赛等重大事件，北京电视台都积极进行报道，不仅在国内电视台播放，还把电视片寄往国外，在美、英、日等国的新闻机构发行。（见图6-2-14）到1965年8月，北京电视台已经和世界上27个国家的电视机构建立了交流电视片的关系。我国电视台拍摄的科教片《金小蜂与红铃虫》、《对虾》、《水地棉花蹲苗》还分别在1963—1965年的国际电视节上获奖。

（图6-2-14）电视台现场转播足球比赛

20世纪60年代中期，电视对社会主义建设事业中涌现出来的先进集体和先进个人给予充分的报道。雷锋、王杰、欧阳海、王进喜、焦裕禄等人的名字，大庆、大寨战天斗地的英雄事迹通过电视传到千家万户。（见图6-2-15）他们的先进事迹和崇高的思想境界对于教育鼓舞全国人民克服困难、战胜自然灾害和建立社会主义的道德风尚起了重要的作用。

（图6-2-15）全国劳动模范王进喜到北京电视台

还须提及的是，1964年4月3日—5月21日，第八次全国广播工作会议在北京举行。会议的主要内容是讨论全国广播事业两年的调整和第三个五年计划的方针和安排，研究当前广播宣传工作和加强广播电台政治工作的有关问题。

1966年3月，第九次全国广播工作会议在北京举行。（见图6-2-16）会议研究了今后进一步加强面向农村的广播宣传和发展农村广播网等问题。会议认为，所有广播电台都是阶级斗争的重要工具，要保证党对电台的绝对领导。会议还再次强调了广播电台要实行党委制，建立政治工作机构。

这次会议明确提出，要在今后的广播宣传和一切工作中突出政治。会议认为广播电台内部的阶级斗争、两条道路的斗争相当严重，必须大抓广播战线的阶级斗争。要认识到政治工作是广播电视事业和一切工作的生命线。

办好广播面向农村，为6亿农民服务和积极发展农村广播网是这次会议讨论的重要内容。会议认为突出政治就是用毛泽东思想武装农民。会议提出，要办好各类对农村广播、为农民服务的节目。各种节目都要注意突出政治。关于有线广播的发展规划和广播事业的第三个五年计划，会议要求仍按原定计划执行，并根据工作

（图6-2-16）1966年3月第九次全国广播工作会议留影

进展情况加以补充。会议还分析了农村广播网在宣传和事业建设中存在的问题，并提出了解决的意见。

这次会议是在“文革”前夕举行的。中共八届十中全会以后，在全党推行的“以阶级斗争为纲”的“左”倾错误指导方针，不可避免地对这次会议有重大影响。会议提出的一些“左”的观点和要求，在不久到来的“文革”中被变本加厉地执行了，而一些正确和比较正确的意见和措施，却没有得到积极的贯彻执行。

第八至第九次全国广播工作会议一览表

会议名称	召开时间	主要内容
第八次全国广播工作会议	1964年4月3—5月21日	讨论全国广播事业两年的调整和第三个五年计划的方针和安排，研究当前广播宣传工作和加强广播电台政治工作的有关问题。
第九次全国广播工作会议	1966年3月20—4月9日	会议研究了今后进一步加强面向农村的广播宣传和发展农村广播网等问题。

注 释:

〔1〕转引自《当代中国的广播电视》编辑部选编:《中国广播电视大事记》第92—93页,北京广播学院出版社1987年7月出版。

〔2〕转引自《当代中国的广播电视》编辑部选编:《中国广播电视大事记》第93页,北京广播学院出版社1987年7月出版。

〔3〕温济泽(1914—1999),1949年10月至1958年9月,任中央人民广播电台副总编辑、中央广播事业局副局长、全国记协副秘书长。反右派斗争开始时任广播事业局对外广播方面的负责人。1958年10月被划为"右派分子",受到开除党籍、撤销一切职务的错误处理。后到北京广播学院新闻系任教。1978年1月调中国社会科学院,错划右派问题得到纠正,并成为中国几十万"右派"中第一个被平反的人。

〔4〕丁莱夫(1912—1983),原名丁之夏,山东广饶人。20世纪30年代初,在济南读书时参加爱国抗日活动,1936年加入中国共产党。1937年4月,赴延安抗日军政大学学习,正式参加中国工农红军。抗日战争和解放战争时期,历任县委书记、地委书记、旅政委、师政委、兵团组织部部长等职。新中国成立后,历任华北军区政治部组织部副部长、第二十兵团政治部组织部部长、中国人民志愿军政治部副主任、中国人民解放军军政委等职。1962年11月,调任中央广播事业局,先后任党组书记、党委第一书记。1964年被选为第三届全国人民代表大会代表。1975年10月起,先后任中国人民解放军总参谋部政治部主任、通讯部顾问。1982年离休。

〔5〕齐越(1922—1993),曾用名齐斌濡。中国人民广播事业的第一位男播音员,1947年担任陕北新华广播电台播音员。解放战争时期,许多重要的文告新闻经齐越播出。新中国成立后任中央人民广播电台播音员。1975年调北

京广播学院任教。齐越在担任播音工作期间,以他特有的庄重、深沉的声音播出过许多不朽的广播作品,感染了几代人。

〔6〕夏青(1927—2004),本名耿绍光,1949年进新华社新闻干部训练班学习。1950年毕业于北京新闻学校后,到中央人民广播电台任播音员,主要担任《新闻和报纸摘要》节目、《各地人民广播电台联播节目》等新闻以及其他专题节目的播音工作,以语音纯正、庄重朴实为全国听众所熟悉和喜爱。在此期间,他还担负中央台播音员的正音工作。

第7章 动乱年代的“专政工具”

1966年，正当国民经济的调整基本完成，国家开始执行第三个五年计划的时候，一场长达十年、给党和人民造成深重灾难的“文化大革命”爆发了。在这场动乱中，林彪、江青反革命集团控制了广播电视的领导权，利用广播电视宣传为“文化大革命”鸣锣开道，为他们篡党夺权制造舆论，使得广播电视事业遭受了严重挫折，广播电视队伍受到了摧残迫害，在新中国的广播电视史上留下了沉痛的教训。

第一节 十年动乱期间的广播电视宣传

“文化大革命”发动的导火索可以追溯到1965年11月10日姚文元在上海《文汇报》发表的《评新编历史剧〈海瑞罢官〉》。京剧《海瑞罢官》是历史学家、当时任北京市副市长的吴晗响应毛泽东关于宣传海瑞不畏权贵、刚直不阿精神的号召而写的，于1961年1月在北京上演。20世纪60年代中期，江青、康生竟无中生有地指责《海瑞罢官》同1959年的庐山会议有关，同彭德怀的问题有关。毛泽东支持对《海瑞罢官》的批判，并说：“《海瑞罢官》的要害是‘罢官’。嘉靖皇帝罢了海瑞的官，1959年我们罢了彭德怀的官。彭德怀也是‘海瑞’。”由此揭开了“文化大革命”的序幕。这样一来，对《海瑞罢官》的批判就成为一场严重的政治斗争，并在全国报刊上迅速形成了批判的高潮。广播中及时播出了批判《海瑞罢官》的有关报道。

为了把已开始的对《海瑞罢官》的批判限制在学术范围内，避免把学术界的思想斗争发展为政治运动，时任中央政治局委员、北京市委第一书记、“文化革命五人小组”组长的彭真，主持拟订了《关于当前学术讨论的汇报提纲》，即《二月提纲》，对当前学术批判中的一些根本问题进行了阐述。《提纲》指出，在学术讨论中“要坚持实事求是，在真理面前人人平等的原则，要以理服人，不要像学阀一样武断以势压人。要提倡坚持真理、随时修正错误。要有破有立”。“只有这样，才能利用无产阶级思想逐步地改造旧知识分子，提高革命的知识分子。”《提纲》还特别提到，“报刊上公开点名作重点批判要慎重，有的人要经过有关领导机构批准”。

1966年5月4—26日，中共中央政治局召开扩大会议。5月16日，会议通过了《中国共产党中央委员会通知》（简称《五一六通知》）。《通知》决定，撤销《二月提纲》和原来的“文化革命五人小组”及其办事机构，重新设立文化革命小组，隶属于政治局常委之下。《通知》认为：“所谓‘五人小组’的汇报提纲是根本错误的”。它完全抹杀了新中国成立以来思想文化战线上的成就，歪曲国内阶级形势和党、国家的状况，提出文化革命的目的是对一大批反党反社会主义的资产阶级代表人物进行批判。《通知》反映了毛泽东关于“文化大革命”的主要论点，为“文化大革命”确定了理论、路线、方针和政策，是“左”倾错误的纲领。它的通过和贯彻，标志着“文化大革命”的全面发动。《五一六通知》通过后，即作为中共中央文件，在党内逐级传达。它的基本精神和主要内容通过报刊、广播迅速传播到全社会，人们预料不到的“文化大革命”在全国迅速开展起来。（见图7-1-1）

中央人民广播电台

广播节目报 492

GUANGBO JIEMU BAO

1966年5月13日出版

介绍1966年5月20日——1966年5月31日广播节目

毛主席语录

凡是错误的思想，凡是毒草，凡是牛鬼蛇神，都应该进行批判，决不能让它们自由泛滥。

——《在中国共产党全国宣传工作会议上的讲话》

高举毛泽东思想伟大红旗 搞掉反党反社会主义的黑线

……《擦亮眼睛，辨别真假》的文章；五月十日和十一日连续播送了姚文元同志的《评“三家村”——〈燕山夜话〉〈三家村札记〉的反动本质》一文；广大听众纷纷来信，强烈谴责这些反党反社会主义的黑帮的罪行。

为了及时报道广大工农兵和革命干部对反党反社会主义黑线的揭露、批判和反击，彻底揭露和铲除“三家村”黑店及所有的牛鬼蛇神，本台将在各类广播节目中继续进行有关社会主义文化大革命的报道。在“新闻和首都报纸摘要”、“各地人民广播电台联播节目”和其他新闻节目，以及在“解放军生活”、“对农村广播”、“理论学习”、“对少年儿童广播”等节目里都要继续广播工农兵的文章和讲话。

在文艺节目里，还要腾出专门时间继续批判坏戏、坏电影。

（图7-1-1）1966年5月《广播节目报》报道中央电台关于“文革”初期的广播宣传

一、一场劫难的开始

1966年5月18日，也就是在《五一六通知》通过两天之后，林彪在中央政治局扩大会议上的讲话中说：“搞政变，有两个东西必须搞。一个是宣传机关，报纸、广播电台、文学、电影、出版，这些是做思想工作的，资产阶级搞颠覆活动也是思想领先，先把人们的思想搞乱。另一个是搞军队，抓枪杆子。文武相配合，抓舆论，又抓枪杆子，他们就能搞反革命政变。”在这里，林彪

在批判别人的时候，不打自招地暴露出他们一伙篡党夺权的野心和步骤。

“文革”一开始，林彪、江青等即通过中央文革小组，控制中央的广播电视大权。在他们的把持下，广播电视原有的宣传格局被迅速打破。

作为中央重要新闻领导机关的中央广播事业局当时担负着双重的任务：一是要部署、安排中央人民广播电台、北京电台（国际广播电台）的对国内外广播和北京电视台（今中央电视台）对“文化大革命”的广播电视宣传。“文革”一开始，中央人民广播电台和北京电视台就分别作出了“文革”期间宣传工作的安排和措施。中央人民广播电台决定，从版面介绍、重要文章的摘要或全文播送、综合报道、工农兵言论选播四个方面进行宣传报道。北京电视台安排在《简明新闻》中播出“文革”消息和重要文章的摘要，拍摄有关“文革”的电视新闻，社教节目举办专栏《高举毛泽东思想伟大红旗，搞掉反党反社会主义的黑线》，还要组织少年儿童开展大批判。二是要在机关内部开展“文化大革命”，揭发批判新中国成立以来广播电视系统的所谓“修正主义路线”。1966年5月24日，中央广播事业局动员开展“文化大革命”，造反派开始张贴大字报，揭发批判广播电视系统“反革命修正主义”的种种现象。此后，广播电视系统的许多同志相继受到不公正的批判和打击，广播电视队伍遭受了空前的劫难。

“文革”宣传开始后，各广播电台的政治性节目急剧增加。中央电台开办了《每周一首革命歌曲》、《讲革命故事》、《革命歌曲》、《全世界人民热爱毛主席，热爱新中国》等专题节目，以及《毛主席语录歌曲》和《毛主

席著作选读》专栏。对外广播也照搬照播，反复重播国内的“文革”宣传报道。到1966年底，政治性宣传一般已经占到一半左右的播出时间。1967年2月，中央电台实行新的节目时间表。根据中央文革小组成员王力提出的“节目要反映革命造反派的声音”的要求，政治性节目的时间比例由48.02%增加到72.1%，文艺性节目由48.33%降低为24.2%，增加了《老三篇天天读》、《红卫兵》和《无产阶级文化大革命文章和文件》节目，撤销了《科学和生产》、《讲卫生》、《体育运动》等知识性和专题性的节目。文艺节目则只有“样板戏”和语录歌。京剧《红灯记》、《智取威虎山》、《沙家浜》，芭蕾舞剧《红色娘子军》等少量实验性革命现代戏剧，是“文化大革命”中仅有的和反复播出的广播电视文艺节目。（见图7-1-2）

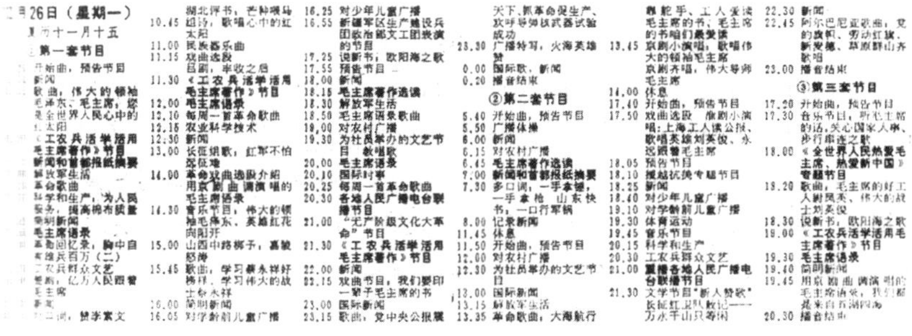
26日（星期一）
十一月十五
第一套节目
开始曲，预告节目
新闻
歌曲，伟大的领袖毛泽东，毛主席，您是全世界人民心中的红太阳
《工农兵活学活用毛主席著作》节目
新闻和首都报纸摘要
解放军生活
革命歌曲
科学和生产，为人民服务，提高棉布质量
简明新闻
毛主席语录
革命回忆录，胸中自有雄兵百万（二）
工农兵群众文艺
歌曲，亿万人民跟着毛主席
新闻
对口词，想学案文
湖北评书，老种喂马
10.45 组诗，歌唱心中的红太阳
11.00 民族器乐曲
11.15 戏曲选段
吕剧，丰收之后
11.30 《工农兵活学活用毛主席著作》节目
12.00 毛主席语录
12.10 每周一首革命歌曲
12.15 农业科学技术
12.30 新闻
13.00 长征组歌，红军不怕远征难
14.00 革命戏曲选段介绍用京剧曲调演唱的毛主席语录
14.30 音乐节目，伟大的领袖毛泽东、英雄红花向阳开
15.00 山西中路梆子，高髌怒涛
15.45 歌曲，学习蔡永祥好榜样，学习伟大的战士蔡永祥
16.00 简明新闻
16.05 对学龄前儿童广播
16.25 对少年儿童广播
16.55 新疆军区生产建设兵团政治部文工团表演的节目
17.25 说新书，欧阳海之歌
17.55 预告节目
18.00 新闻
18.15 毛主席著作选读
18.30 解放军生活
18.50 毛主席语录歌曲
19.00 对农村广播
19.30 为社员举办的文艺节目 教唱歌
20.00 毛主席语录
20.10 国际时事
20.25 每周一首革命歌曲
20.30 各地人民广播电台联播节目
21.00 “无产阶级文化大革命”节目
21.30 《工农兵活学活用毛主席著作》节目
22.00 新闻
22.15 戏曲节目，我们要印一辈子毛主席的书
23.00 国际新闻
23.15 歌曲，党中央公报展天下、抓革命促生产、欢呼导弹核武器试验成功
23.30 广播特写，火海英雄赞
0.00 国际歌，新闻
0.20 播音结束
②第二套节目
5.40 开始曲，预告节目
5.50 广播体操
6.00 新闻
6.15 对农村广播
6.45 毛主席著作选读
7.00 新闻和首都报纸摘要
7.30 多口词，一手拿镰，一手拿枪 山东快书，一口行军锅
8.00 记录新闻
11.45 休息
11.50 开始曲，预告节目
12.00 对农村广播
12.30 为社员举办的文艺节目
13.00 国际新闻
13.15 解放军生活
13.35 革命歌曲，大海航行靠舵手、工人爱读毛主席的书，毛主席的书咱们最爱读
13.45 京剧小演唱，歌唱伟大的领袖毛主席
京剧齐唱，伟大导师毛主席
14.00 休息
17.40 开始曲，预告节目
17.50 戏曲选段 沪剧小演唱：上海工人读公报、歌唱英雄刘英俊、永远跟着毛主席
18.05 预告节目
18.10 援越抗美专题节目
18.25 新闻
18.40 对少年儿童广播
19.10 对学龄前儿童广播
19.30 体育运动
19.45 音乐节目
20.15 科学和生产
20.30 工农兵群众文艺
21.00 重播各地人民广播电台联播节目
21.30 文学节目“新人赞歌”长征红卫队散记——万水千山只等闲
22.30 新闻
22.45 阿尔巴尼亚歌曲，党的旗帜、劳动红旗、新战将、草原群山齐歌唱
23.00 播音结束
③第三套节目
17.20 开始曲，预告节目
17.30 音乐节目，听毛主席的话，关心国家大事、步行串连之歌
18.00 《全世界人民热爱毛主席、热爱新中国》专题节目
18.20 歌曲，毛主席的好工人尉凤英、伟大的战士刘英俊
18.30 说新书，欧阳海之歌
19.00 《工农兵活学活用毛主席著作》节目
19.30 毛主席语录
19.40 简明新闻
19.45 用京剧曲调演唱的毛主席诗词，我们都是来自五湖四海
20.30 播音结束

（图7-1-2）中央电台1966年12月26日的节目预告（原载《广播节目报》第513期，1966年12月14日版）

全国各地的广播电台如出一辙，小异而大同。

电视与广播宣传一样受到冲击。除了“文革”宣传，就只剩下革命“样板戏”了。（见图7-1-3、图7-1-4）

林彪、江青等人为了实现个人野心，假借毛泽东之名，行造反夺权之实，极力掀起对毛泽东个人崇拜的狂潮。他

（图7-1-3）北京电视台录制革命歌曲现场

（图7-1-4）电台、电视台反复播放的八个“革命样板戏”之一《智取威虎山》演出录音实况

们制造了大量风行一时的“文革语言”，对毛泽东的吹捧达到了无以复加的地步。他们强调“宣传毛泽东思想不要怕重复”，“不要受时间框框限制”，“不要只算次数账，不算政治账”。按照军管小组的意见，中央台播出的毛泽东语录、文章、中央文件等，都是反复多次重播。中央电台每天要播出一段毛主席语录，并开办了《毛主席语录》节目，每日广播三次，每次10分钟，以《大海航行靠舵手》为开始曲，连对台湾广播也开办了《毛主席语录》节目。北京电视台则在节目开始时首先播出

毛泽东主席头像和语录。担负国际广播任务的北京电台也增办了《毛主席语录》节目。在此前后，中央电台和北京电视台又相继开办了《毛主席著作选读》、《老三篇天天读》、《毛主席语录歌曲》节目。甚至连《对农村人民公社社员广播》节目也要改称为《工农兵活学活用毛主席著作》节目。连毛泽东为人民广播事业题词也被谱成歌曲，在中央电台的《每周一首革命歌曲》中反复播送。（见图7-1-5）

此外，还有各种名称大同小异的《活学活用毛主席著作》的节目。“三忠于”、

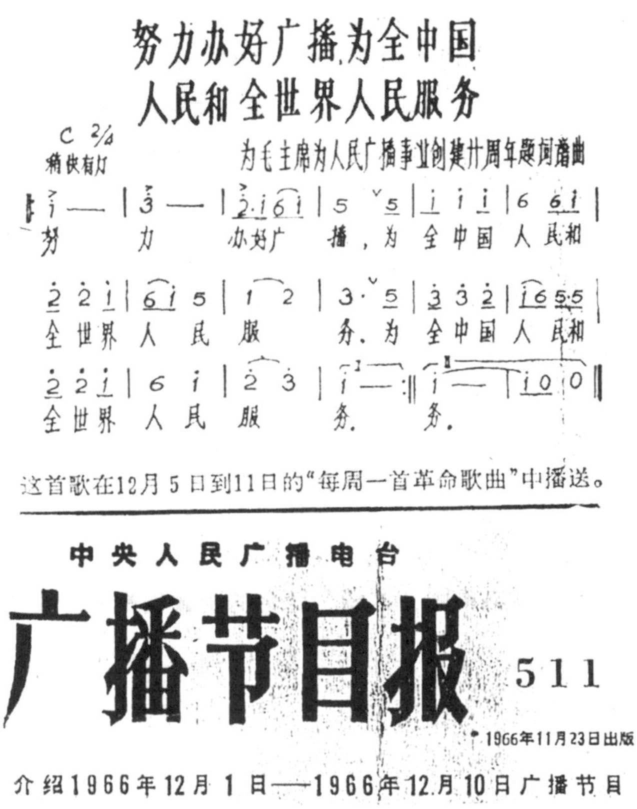

（图7-1-5）为毛泽东为人民广播事业题词谱写的歌曲

“四无限”、“四个伟大”（“三忠于”是要求“忠于毛主席”、“忠于毛泽东思想”、“忠于毛主席的革命路线”；“四无限”是对毛泽东要“无限热爱”、“无限信仰”、“无限忠诚”、“无限崇拜”；“四个伟大”是指毛泽东是“伟大的导师”、“伟大的领袖”、“伟大的统帅”、“伟大的舵手”）等颂扬毛泽东的语言每天都充斥于声屏之中。凡有毛泽东活动的电视片均反复多次播出。毛泽东本人虽然有时也对报刊、广播、电视中泛滥的个人崇拜宣传表示过不满，也曾有过制止这类宣传的批示和谈话，广播电视中有时也有一些收敛，但在极“左”思潮横行的年代，出于某种政治斗争的需要，个人崇拜的宣传在“文革”期间几乎没有停止过。（见图7-1-6）

（图7-1-6）广播电台录制语录歌

二、峰回路转

“文革”初期，林彪集团与江青集团出于实现各自反革命政治野心的需要，借开展“文化大革命”为名，相互勾结利用。林彪通过江青一伙，借广播电视“大树特树”他个人的权威和地位，为其篡党夺权制造舆论。但随着时间推移，林彪一伙的野心逐渐暴露。1971年8月中旬至9月12日，毛泽东去南方巡视，在与沿途各地党政军负责人谈话的时候，着重谈了中共九届二中全会上的斗争，明确指出这场斗争并没有结束，并且点名批评了林彪及其同党。当时住在北戴河的林彪、叶群和林立果等人从他们的同伙那里得知毛泽东的谈话内容后，决定对在旅途中的毛泽东采取谋杀行动，进而发动武装政变。同时，林彪等还策划带领亲信骨干南逃广州，并企图届时利用广州的广播电台宣布另立中央。9月12日，林立果得到谋刺不成、毛泽东已离开上海的密报后，指挥“联合舰队”的骨干，仓皇准备飞机，拟订名单，妄图于13日早晨会同林彪集团核心成员南逃广州，另立中央，实行割据。林立果私调飞机准备南逃的阴谋败露后，林彪一伙即于13日凌晨强行登机起飞外逃，在飞越国界进入蒙古境内后，专机在温都尔汗附近坠毁，林彪、叶群、林立果等人当场死亡。“联合舰队”的其他骨干分子有的畏罪自杀，有的被拘捕。林彪反革命集团的武装政变阴谋彻底破产。

“文化大革命”爆发后，社会上的造反派冲进广播电台，与台内造反派一起夺权，致使广播中播出了类似“夺权宣言”等极“左”的内容，更加剧了社会的混乱。

为了控制这种混乱局面，1967年，中共中央、国务院、中央军委、中央文革小组下发《关于对广播事业局实行军事管制的决定》，规定“军管小组在中央文革小组的领导下，对广播事业局的各项工作实行统一领导”。在实行军管初期，中共中央曾经发出指示，各地方台一律停止自办节目的播出，全天转播中央电台的节目，后来，虽允许地方台自编一部分节目，但“这些节目必须是反映无产阶级革命造反派的声音，而不得反映资产阶级反动路线的声音”。这实际上就使得地方台变成了以转播中央电台为主、自办节目为辅的广播电台了。但在“文革”期间，中央电台的节目又几乎都是照搬“两报一刊”（即《人民日报》、《解放军报》和《红旗》杂志）上的报道和文章，广播实际也就成了报纸的“有声版”。因此，军管虽然对稳定局势、确保安全播出起了积极的作用，但由于“文革”总的指导思想是错误的，而且军管小组都是“在中央文革小组的领导下”工作，因此根本不可能改变广播电视

（图7-1-7）刘建功

（图7-1-8）邓岗

（图7-1-9）河南电视台记者拍摄“红旗渠”

（图7-1-10）群众收听我国自行研制的“东方红”卫星发射上天的新闻

被“四人帮”控制的局面；同时，由于军管小组贯彻的是“左”的一套，在领导“斗、批、改”等运动的过程中，犯了阶级斗争扩大化的错误。

1972年8月，中共中央决定，撤销地方电台的军管，1973年1月，中央广播事业局的军管也宣告结束，原军管小组长刘建功[1]（见图7-1-7）改任局长。1974年9月，邓岗[2]（见图7-1-8）替刘建功任广播事业局代局长（后任局长）。

随着揭批林彪反革命集团的深入和对“文革”以来广播电视宣传中泛滥的极“左”思潮的初步清理，广播电视节目在一段时间内有所改进。

从1971年11月22日起，北京电视台取消了每日节目开始前播放的毛主席语录，一些陆续恢复播出或自办节目的地方电视台也效仿北京电视台作了一些改进。上海人民广播电台恢复了业余外语广播讲座，进行英语初级班教学，其后又开办了日语班、法语班。北京人民广播电台也开办了《英语广播讲座》节目，安徽、广州等地也都恢复了外语广播讲座。随后，各地电视台、电台的知识性节目、体育性节目等也相继恢复播出。一些面向特定对象的节目也有所改观。少数民族地区的民族语言广播也得到恢复。（见图7-1-9、图7-1-10）

1971年5月1日，中央电台恢复了1960年年底停播的对少数民族地区的民族语言广播，首先播出了维吾尔语、哈萨克语两种语言的节目。后又分别开播了蒙古语、朝鲜语和藏语节目，使原有的五种少数民族语言节目均得到恢复。（见图7-1-11、图7-1-12）

1975年5月12日，在各行各业的整顿工作中，中央电

（图7-1-11）中央电台恢复播出的藏语广播编播人员

（图7-1-12）20世纪70年代中央电台民族部编播人员合影

台调整节目，把《马列著作、毛主席著作选播》、《学习与实践》、《批林批孔专题节目》合并为《学习节目》，把《红小兵》改为《少年儿童节目》，把《红卫兵》和《对上山下乡知识青年广播》合并为《青年节目》。7月1日，上海电视台经过试办两期“回沪探亲知青电视教育讲座”之后，正式开办设有政治理论、工业知识、农业知识、农村机电、医疗卫生和数学等课程的电视教育讲座。全国的广播电视也都经历了这种调整与转变。

国际关系的改善为恢复“文革”以来中断的广播电视对外合作和交流创造了条件。1972年10月14日，在伊朗召开的“亚洲—太平洋广播联盟”（亚广联）第9届全体会议通过决议：中华人民共和国国家广播组织应享有亚广联正式会员的资格。（见图7-1-13）1975年，在亚广联第12次全体会议上，中国广播电视组织首次当选为亚广联理事，此后多

次连任。

1974年10月和1975年10月，中央广播事业局两次派代表，出席了国际电信联盟在日内瓦召开的有关会议，维护了我国和第三世界国家在频率资源方面的正当权益。

在此期间，广播事业局仅1972年就接待了来自7个国家的9个电视摄影队。这个数字相当于过去22年接待外国摄影队数量的总和。1973年又接待了10个国家的15个电视摄影队。他们摄制的电视片绝大多数都比较客观地介绍了我国的情况，有助于外国观众了解中国，其中美国全国广播公司摄制的《故宫》最有代表性。

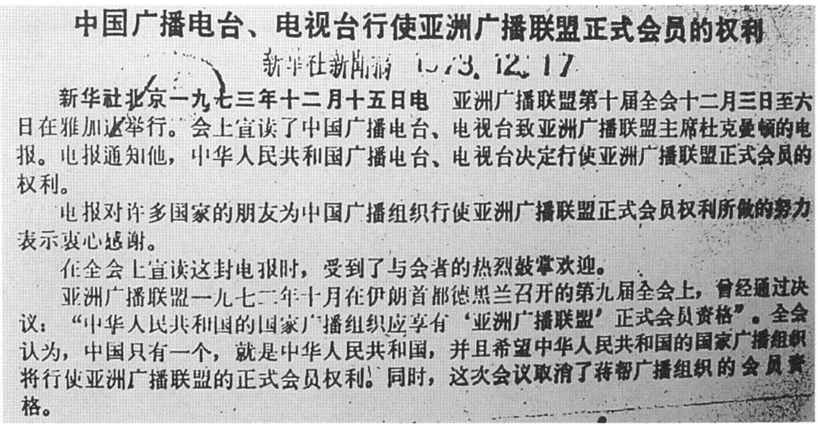

中国广播电台、电视台行使亚洲广播联盟正式会员的权利

新华社新闻稿　1973.12.17

新华社北京一九七三年十二月十五日电　亚洲广播联盟第十届全会十二月三日至六日在雅加达举行。会上宣读了中国广播电台、电视台致亚洲广播联盟主席杜克曼顿的电报。电报通知他，中华人民共和国广播电台、电视台决定行使亚洲广播联盟正式会员的权利。

电报对许多国家的朋友为中国广播组织行使亚洲广播联盟正式会员权利所做的努力表示衷心感谢。

在全会上宣读这封电报时，受到了与会者的热烈鼓掌欢迎。

亚洲广播联盟一九七二年十月在伊朗首都德黑兰召开的第九届全会上，曾经通过决议：“中华人民共和国的国家广播组织应享有‘亚洲广播联盟’正式会员资格”。全会认为，中国只有一个，就是中华人民共和国，并且希望中华人民共和国的国家广播组织将行使亚洲广播联盟的正式会员权利。同时，这次会议取消了蒋帮广播组织的会员资格。

（图7-1-13）1973年12月中国广播电台、电视台行使亚广联正式会员权利的报道

三、对外广播语种的增加

“文革”期间，北京广播电台的对外广播语种由于此前的多年筹备又有12种语言节目陆续开办。其中有1966年8月开办的乌尔都语广播，1968年8月开办的捷克语、波兰语和罗马尼亚语广播，1969年开办的孟加拉语广播和阿尔巴尼亚语广播，1973年7月开办的普什图语广播，1974年开办的保加利亚语广播和克丘亚语广播（10月1日开办，1980年6月

14日停办），1975年先后开办的僧伽罗语和尼泊尔语广播和1976年6月14日开办的匈牙利语广播。至此，我国对外广播使用的外语达到39种。此外，还使用汉语普通话和广州话、厦门话、潮州话和客家话对全球华侨、华人广播。每天累计播音时间达到138.5小时，基本上覆盖了世界五大洲的广大地区。

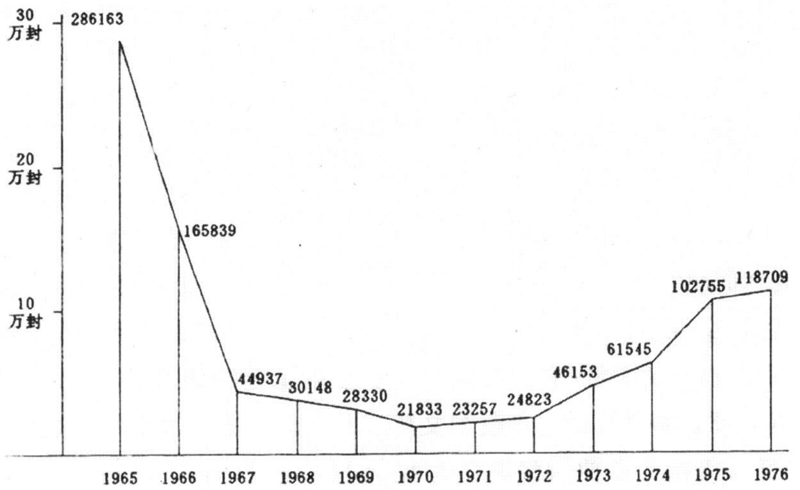

（图7-1-14）“文革”期间对外广播听众来信示意图

广播语种的增加并不意味着节目质量的同步提高。“文革”期间，在极“左”路线的主导下，对外广播中同样充斥着阶级斗争和个人崇拜的宣传。广播内容不看对象，形式千篇一律，引起国外听众的反感。20世纪60年代初期逐步恢复的相对和谐的传受关系受到很大破坏，听众来信明显减少。据统计，北京电台（国际电台）1970年全年仅收到听众来信两万封，直到“文革”后期才有所好转，但却连“文革”前的水平都未达到。（见图7-1-14）

第二节
基础建设的发展

一、有线广播迎来鼎盛时代

“文革”时期，有线广播不仅以其传播迅速的特点，适应了当时政治宣传的需要，更以其技术简单、成本低廉、架设容易和使用方便等特点，为在经济落后的中国农村大面积普及提供了可能。为了“使党中央和毛主席的声音更好更快地传播到农村每一个角落，使广播更有效地为农民服务，为无产阶级政治、为社会主义革命和社会主义建设服务”[3]，在“有条件要搞，没有条件创造条件也要搞”的时代精神鼓动下，全国有线广播事业在规模上出现了前所未有的扩张。

“文革”爆发前后，农村有线广播正处于大发展的初期。1966年，全国有县级广播站2181座，放大站和公社广播站8435座，广播喇叭有1100多万只，均达到了农村广播网历史上的最高水平。77%的人民公社、54%的生产大队和26%的生产队普及了有线广播。1969年，财政部和中央广播事业局决定，县级广播站的经费列入国家财政预算，公社级放大站的事业经费由地方财政拨款。这一措施的出台，无疑更进一步刺激了农村有线广播网的发展。短短几年，整个中国就陷入一片有线广播喇叭的海洋。至1973年，全国有线广播网已基本普及。全国95%的生产大队和91.4%的生产队通了广播，61.5%的农户有了广播喇叭。全国农村有线广播喇叭已达9900万只，比“文革”前的870万只增加10倍以上。

1973年9月，在全国广播事业规划座谈会上，有关部门制定了巩固提高和积极发展农村广播网的方针：继续建设好以县广播站为中心、以公社广播放大站为基础、以专线传输为主的质量高、效能好、适应战备需要的农村广播网。经费要贯彻国家、集体、个人三级负担的原则。在线路建设中，则要贯彻“三为主”的精神，即办有线广播以专线为主，广播专线以钢筋混凝土电杆为主，钢筋混凝土电杆以自己制作为主。1974年8月，《农村有线广播技术标准和技术管理规程（试行）》颁发（1978年颁布正式本）。从此，农村有线广播走向逐步正规和提高质量的阶段。到1976年，全国就已建成县级有线广播站2503座，安装有线广播喇叭11325万只。97%的人民公社、93%的生产大队和86%的生产队通了有线广播，农户安装广播喇叭的也达60%。有线广播一跃而成为当时中国普及最广、受众数目遥遥领先的大众化传媒。十年“文革”，“经济没有发展，政治没有发展，文化、教育、科学均没有发展，但广播喇叭却得到了世界历史上不曾有过的飞速发展”[4]。这一奇特的历史景观，被有的学者称作“‘文革’十年中唯一值得称道的奇迹”[5]。（见图7-2-1、图7-2-2）

（图7-2-1）内蒙古草原架起了有线广播

人民日报

毛主席语录

努力办好广播，为全中国人民和全世界人民服务。

在毛主席的光辉题词指引下

我国农村有线广播事业蓬勃发展

已拥有一亿多只广播喇叭，形成了遍及农村的有线广播网，对于推动农村学习无产阶级专政的理论和农业学大寨运动，发挥普越来越大的作用

努力办好农村有线广播

——纪念毛主席为广播事业题词十周年

我国农村广播网迅速发展

据新华社讯 在毛主席无产阶级革命路线指引下，我国农村广播网发展很快，已经基本上实现了社、队通广播，百分之六十的农户有了广播喇叭。目前正在继续向社员家庭普及。

无产阶级文化大革命以前，由于刘少奇修正主义路线的干扰和破坏，农村广播网的发展缓慢。在无产阶级文化大革命和批林整风运动中，各级党委和革委会领导广大干部和群众深入批判了刘少奇、林彪的修正主义路线，认真学习、坚决贯彻毛主席关于“努力办好广播，为全中国人民和全世界人民服务”的指示，开展了有步骤、有计划地建设农村广播网的工作。到一九七二年底，

人民日报

毛主席语录

努力办好广播，为全中国人民和全世界人民服务。

在伟大领袖毛主席的光辉指示指引下

我国农村有线广播事业蓬勃发展

各县、市基本上建立了广播站，大多数生产大队和生产队建立了有线广播，推动活学活用毛泽东思想群众运动深入开展

传国内外大胜利闭幕的电台播出后全国亿万各战斗力量。

农村广作用。各级工作，指导国各地都在多县开展了

（图7-2-2）20世纪70年代《人民日报》有关农村有线广播事业蓬勃发展的报道

二、 彩色电视开播

为配合政治宣传的需要，这一时期，电视技术研究和事业建设也取得突破性进展。1970年初，中央广播事业局会同有关工业和电信部门，召开了全国电视专业会议。会议确定，今后将集中主要技术力量研制彩色电视，同时适当发展黑白电视。之后，恢复和建立电视台以及对彩色电视技术进行联合攻关，成为中央及各省、自治区、直辖市电视工作的重点。截至1971年底，除西藏自治区和北京市外，中国内地各省、自治区、直辖市级电视台都相继设立。北京、天

津、上海等地关于彩色电视制式的“攻关会战”也陆续开始。1972年10月，我国还曾先后派出技术人员赴法国、瑞士、联邦德国、荷兰和英国，考察它们的彩色电视制式，并对选购彩色电视设备问题进行了详细的调查和探讨。经过各方的积极努力，1973年5月1日，北京电视台正式宣布彩电试播，使用八频道，面向首都观众，每周4次播出，1974年5月后改为每日播出。（见图7-2-3）8月1日，上海电视台开始试播彩色电视。10月1日，天津电视台、成都电视台也开始了彩电试播。8月7日，北京电视台的彩色电视节目开始通过京津、京沪微波线路向外地传送，每周一次，以后逐步增加。至1975年，北京电视台通过微波向外地传送的节目已由黑白、彩色交替播出改为全部彩色播出。1974年10月1日，北京电视台对外正式宣布彩色电视播出。

（图7-2-3）北京电视台的第一套彩色电视设备

三、有线电视的出现和发展

有线电视也叫电缆电视（Cable Television，缩写

CATV），它是相对于无线电视（开路电视）而言的一种新型电视传播方式，就是把录制好的节目通过线缆（电缆或光缆）传输，将电视信号送给用户，再用电视机重放出来。由于电视信号通过线缆传输，不受高楼山岭等的阻挡，所以收视质量好。而有线电视台不需要昂贵的发射机和巨大的铁塔，所以建台费用低，有利于快速发展。1964年，北京饭店建成了我国第一座电视共用天线系统。1976年4月，北京东方红炼油厂建立了中国第一个有线电视中心，可以同时转播北京地区3套电视节目，自办两套节目。随着国家邮电通信用微波中继干线的逐步建成，广播电视开始利用这一网络传送节目。各大城市间的微波中继干线相继开通。1974年10月1日，中央广播事业局首次租用邮电部微波干线，由北京向部分对外广播发射中心传送节

（图7-2-4）地方电视台编辑通过微波向北京电视台回传新闻

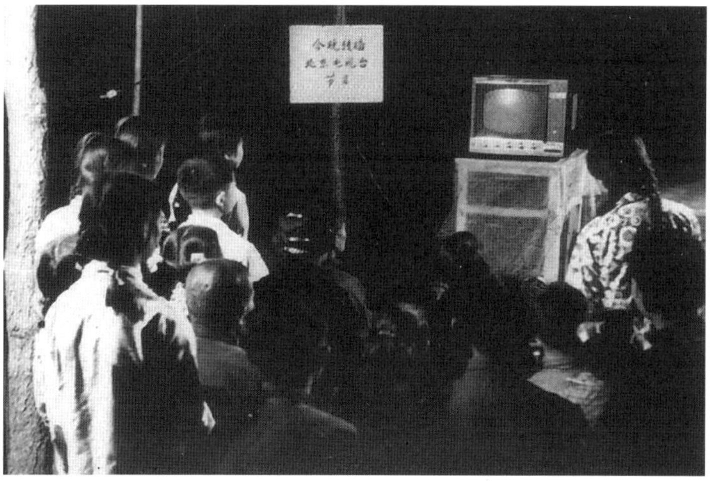

（图7-2-5）农民集体看电视

目，改变了过去单靠短波传送、效果不佳的状况。此后，微波线路也纳入中央广播传送网，各地记者站还能通过微波与北京电视台通话或传递稿件。1976年底统计，电视广播的全国人口覆盖率已达36%。北京电视台的彩色节目通过微波线路，已到达全国除山东、内蒙古、新疆、西藏和台湾以外的25个省、直辖市、自治区。（见图7-2-4、图7-2-5）

第三节 正义的声音

“文革”期间，“四人帮”一伙出于篡党夺权的目的，极力控制广播、电视的宣传大权。他们将广播电视视为“全面专政的工具”，用以煽动群众起来造反夺权、批斗“走资派”；利用广播电视煽动“批邓、反击右倾翻案风”，鼓吹工人“不为错误路线生产”“不为资产阶级上台做嫁衣裳”；在铁路运输中，“宁要社会主义的晚点，也不要资本主义的正点”；在农业生产中，“宁长社会主义的草，也

不要资本主义的苗”。这给工农业生产带来了极大的破坏。在“批林批孔”和“反击右倾翻案风”的运动中，“四人帮”制造了“风庆轮事件”、“蜗牛事件”（见图7-3-1）等一系列无中生有的政治事件，大批“洋奴哲学”、“卖国主义”在报纸、广播电视宣传“自力更生”的问题上制造了许多混乱，广播电视中充斥着假大空的宣传。

这一切，引起了群众的强烈不满，他们开始抗争。具体反映在广播电视领域，就是广大听众观众与违背民意的广电媒体的斗争，以及广播电视系统的一部分职工对“四人帮”压制民意行为的抗争。

（图7-3-1）揭露“安东尼奥尼事件”和“蜗牛事件”的有关文章

一、人民大众的呼声

“文革”期间，广播电视

中充斥着不切实际、上纲上线的宣传鼓噪。不少群众忍不住写信给广播电台、电视台，对此提出了严厉的批评和指责，这种批评和指责从“文革”开始就有了。例如，1966年6月1日，中央电台播送了北京大学聂元梓等人的大字报以后，北京大学部分学生即不断打电话向中央电台提出质问。[6]

（图7-3-2）电台、电视台记者报道周恩来陪同尼克松访问上海

广大群众对于“四人帮”控制下的广播电视宣传的不满情绪，在1976年周恩来逝世以后表现得尤为明显。愤怒的群众撕毁节目表，卖掉电视机，甚至摔掉收音机。党的宣传工具在人民群众中的威信下降到如此程度，可以说是有史以来从未有过的。人民广播在革命战争年代建立起来的崇高信誉，被“四人帮”一伙破坏殆尽。

周恩来总理在世时，“四人帮”千方百计地利用各种手段（其中也包括广播电视），诬陷、折磨和迫害他。（见图7-3-2、图7-3-3）周恩来逝世

（图7-3-3）1973年陕西电视台记者顶住“四人帮”压力，拍摄周恩来总理重返延安的新闻

后，“四人帮”特别是姚文元利用手中的权力，连续下达命令，多方刁难，百般破坏广播电视对周恩来治丧活动的宣传报道。

周恩来的逝世让人民群众万分悲痛。在讣告播出后的几天里，对人民群众自发的悼念活动，中央电台、北京电视台都没有反映。1976年1月11日，当周恩来的灵车从北京医院缓缓驶向八宝山时，首都百万群众冒着严寒，自动伫立在十里长安街上送别总理，群情悲痛，景况感人。而此时中央电台照旧播放音乐和“样板戏”，激起听众的极大愤慨。北京电视台记者拍摄了动人的场面，姚文元却不准在电视中播放。同日，上海电视台记者冲破“四人帮”禁令，分七路拍摄了上海人民沉痛悼念周恩来的活动。1月14日，正当全国人民沉浸在悼念周恩来的悲痛中，关注着第二天的追悼会时，中央电台清晨的《报摘》节目却根据《人民日报》的版面，头条播出了清华大学的经验介绍《大辩论带来大变化》，无中生有地断言“近来，全国人民都在关心清华大学关于教育革命的大辩论”。节目播出后，听众纷纷打来电话质问，称这种宣传是“强奸民意”。在周恩来逝世以后的一个星期内，广播事业局接到各地电话2000多次，来信200多封，充分表达了广大听众、观众对周恩来总理的无限怀念，对“四人帮”控制下的广播电视压制、贬低周恩来治丧报道活动的强烈不满。（见图7–3–4）

广大群众不满和愤怒的心情，从给广播事业局、中央电台和北京电视台的来信来电中可以看出：

一封观众来信说：“昨天我们怀着极其悲痛和万分思念的心情，希望通过电视向我们最敬爱的周总理遗体告别，

·1977.1.6·光明日报·3·

周总理永远活在中国人民和世界人民心中

——愤怒声讨“四人帮”破坏周总理治丧活动电视报道的罪行

中央广播事业局批判组

伟大的无产阶级革命家、杰出的共产主义战士、敬爱的周恩来总理离开我们快一年了。我们广播电视工作者深深地怀念和崇敬周总理。他对党、对人民、对毛主席革命路线的无限忠诚，他为无产阶级革命事业英勇斗争、鞠躬尽瘁的崇高品质，永远鼓舞和激励我们前进。

每当我们回忆起举国哀悼周总理的那些极其悲痛的日子，我们心情似波涛起伏，久久不能平静。每当我们想到万恶的王张江姚“四人帮”反党集团疯狂陷害周总理，破坏周总理治丧活动的电视报道，我们就感到无比愤慨！

在极其沉痛地悼念周总理的日子里，北京和全国各地群众每天晚上都急切地打开电视机，渴望从电视屏幕上瞻仰总理的遗容。但是，总理逝世后除第一天播送一遍讣告外，一连几天电视里竟没有一点关于悼念周总理的报道，而且竟然照常播映配有快乐的音乐、歌曲的影片。这是“四人帮”利用他们把持的舆论工具，竭力缩小周总理治丧活动的一个罪恶阴谋。姚文元左一个电话，右一个“批示”，气势汹汹，下达种种禁令，充分暴露了“四人帮”仇恨和反对周总理的狰狞嘴脸。

我们要在电视里广播周总理治丧委员会名单，姚文元说：“不要播”。

我们在播映周总理遗像时，配了哀乐，姚文元知道后，十分恼火，说：“哀乐只能在讣告后面用一次。”并且大加训斥：“象这样重大的安排，应尽早请示汇报。”

我们把周总理的二十四幅生平照片录了像，准备播映三次，为此写了请示报告，说：这将“鼓舞全国人民学习周总理的无产阶级革命精神和高尚的品质”。可是，姚文元与新生资产阶级的典型代表王洪文和老牌反革命分子张春桥密谋，下令：“不要播”。

对电视片《向周恩来总理遗体告别》，反革命文痞姚文元抡起板斧，大砍大杀。总理毕生为人民，人民爱戴周总理。首都群众在向周总理遗体告别时，悲痛万分，个个泪如泉涌，许多人抑制不住心头的哀伤，失声恸哭。电视摄影记者、编辑含着热泪摄制的电视片真实地纪录了这感人至深的情景，反映了人民群众对周总理的无限爱戴之情。但是，片子送到姚文元那里，他却以“化悲痛为力量”为借口，命令“把哭得厉害的镜头剪掉”，“最好用不哭的”。就这样，影片中最能表达人们对周总理的感情的镜头，一个个都为“四人帮”疯狂反对周总理、阴谋篡党夺权的罪证！

“四人帮”在砍杀这个电视片的同时，别有用心地在片子中突出宣传他们自己。比如奸诈狡猾的张春桥就无耻地与邓颖超同志拥抱，又长时间地拉着手说话，企图制造他是总理接班人的假象。审片时，编辑人员曾对这一镜头能否剪用表示疑问，姚文元马上回答：“可以嘛！”与总理遗体告别临走时，张春桥回跑过来，要再次同邓颖超同志拥抱，被邓颖超同志推开拒绝了。“四人帮”篡夺党和国家的领导权，真是迫不急待！姚文元自己用九十度的深鞠躬来表示他的“虔诚”，这还不够，他发现影片中没有他和邓颖超同志握手的镜头，就下令一定得加上，并说：“不要让外国人猜测，谁跟总理亲，谁跟总理远。”真是此地无银三百两！“四人帮”明明是一伙阴险毒辣、丧心病狂地迫害周总理的罪人，却偏要在周总理遗体前故作姿态，装出一副最恭敬、最伤心的样子来欺骗群众。他们是一伙布哈林式的反革命两面派，是一伙专用卑鄙手段谋求卑鄙目的的无耻之徒！当“四人帮”一伙令人作呕的丑恶表演出现在电视屏幕的时候，广大工农兵群众一眼就看穿了他们的伪善面目和恶毒心肠，许多人骂他们卑鄙、无耻！至于那个白骨精江青，在周总理遗体前面既不脱帽，也不鞠躬、默哀，眼露凶光，来去匆匆，充分表露了她对周总理的仇恨和敌视。当时，有的电视观众愤怒高喊：“江青脱帽！江青脱帽！”表现了对周总理的无比深厚的感情和对江青这个大野心家、阴谋家的蔑视和憎恨！

向周总理遗体告别的电视片播出时，从北京到全国各地，千百万群众同时收看。人多电视机少的地方，大家排着队轮流收看。人们怀着无比悲痛的心情瞻仰周总理亲切、坚毅的遗容，电视机前一片哭泣之声。电视台根据广大观众的要求，决定把片子连播三个晚上。姚文元一听说，非常恼火，急忙规定只许播两个晚上。但是，电视台同志认为，应该满足广大人民群众的要求，让更多的人有机会瞻仰总理遗容，而且节目预告已在《北京日报》登出，便要求第三天晚上继续播出。姚文元竟怒气冲冲地质问：“我已经打了招呼，为什么《北京日报》还登预告？”并且威胁说：“不再继续播，这不是我个人的决定。工作都是毛主席、党中央领导的，是有步骤地进行的”，“你们再也不要向中央施加压力了”。他还命令：吊唁仪式和追悼大会的电视片不许发预告，不能到处组织看。姚文元凶相毕露，拿出了“四人帮”惯用的吓人战术，企图把“反党”的帽子扣到我们头上。但是，他所谓的“党中央”，其实就是他们“四人帮”。他的“决定”确实不是他“个人的”，而是“四人帮”共同策划的。为了反对周总理、分裂党中央，他们有一整套不可告人的阴谋诡计。最不能令人容忍的是，他们竟狗胆包天，盗用毛主席的名义！“四人帮”就是打着红旗反红旗的反革命极右派。

周总理的逝世，在世界各国人民心中引起了深切的悲痛。各国领导人、各界友好人士和广大人民群众纷纷前往我驻外使馆参加吊唁活动，沉痛悼念周总理。一些国家的电视机构给我们寄来了反映这些吊唁活动的电视片。电视台准备放在《国际新闻》节目中播出。谁知又是这个姚文元一个批示：“不播”，把这些电视片统统打入冷宫。许多国家的电视机构还要求我们及时寄发我国人民悼念周总理的电视片。电视台研究决定通过卫星向全世界转播电视片《向周恩来总理遗体告别》。但是，请示报告送到姚文元那里，他根本不批，原件退回，借口这是外事工作而一推了之。这就说明他对周总理在世界人民心目中的崇高威望的嫉恨和恐惧。后来，党中央批准了我们的报告。悼念周总理的电视片通过卫星向全世界播送。五大洲的千百万人民瞻仰了周总理的遗容，同我国人民一起沉痛哀悼中国人民伟大的忠诚的无产阶级革命家周恩来总理。

在那悲痛的日子，人民群众通过各种形式寄托对周总理的哀思。在首都人民英雄纪念碑前，从清早到夜晚，多少人冒着严寒在这里沉痛哀悼周总理。工人们含泪唱着《国际歌》，决心学习周总理的革命精神，把无产阶级革命事业进行到底。红卫兵们举起手命路线。老人们肃立默哀，怀念亲人。孩子们也跟着大人一起哭泣。——我们摄影记者看见这样悲壮的场面，无不感动落泪，多么想把这些情景全部拍摄下来。可是，“四人帮”在清华大学的一个黑干将却找姚文元告状说，由于记者拍片，清华、北大的学生也要求去人民英雄纪念碑悼念周总理，对校党委施加压力。姚文元一听，马上命令电视记者全部撤回。“四人帮”及其在清华的黑干将合谋迫害周总理由来已久，这一次，他们又狼狈为奸，配合得多么紧密！

一月十一日，周总理的遗体送八宝山火化。从北京医院到八宝山，百万群众肃立在街道两旁，凝望着周总理的灵车，以抑制不住的悲痛心情向周总理告别。灰暗的天空下，刺骨的寒风中，多少人在哭泣，多少人在呼唤着周总理的英名。——当我们拍摄、剪接这些悲切动人的镜头时，止不住的热泪，滚滚地往下掉。可是，姚文元又根本不准编用这部分片子。“四人帮”真是罪大恶极！

周总理治丧活动一结束，“四人帮”就再也不允许在电视里出现周总理的形象。电视台原计划汇编一部悼念周总理的纪录片，结果被姚文元所扼杀。电视台根据观众要求准备播出一九七〇年周总理访问朝鲜的朝鲜纪录影片《兄弟的中国人民的使者》，姚文元不批准。唐山地震后，电视台准备放映科教片《地震》，但由于影片中出现了周总理亲临邢台地震灾区视察、同灾区群众心连心的动人情景，而被姚文元一口否定。“四人帮”就是这样用种种卑鄙手段，妄图从全国人民心目中抹掉周总理的伟大形象。

王张江姚反党集团如此仇恨周总理，不是偶然的。因为他们把周总理看成是他们篡党夺权的巨大障碍。他们利用他们篡夺的宣传大权，疯狂反对和迫害周总理的罪恶累累。他们在反对周总理的同时，突出地宣扬他们自己，千方百计地为自己树碑立传。“四人帮”朝思暮想篡夺党和国家的最高权力，梦想把自己的名字刻在历史上，永远不朽。

但是，历史无情地嘲弄了王张江姚这一伙反革命的野心家、阴谋家。他们可以一时从电视屏幕上抹掉敬爱的周总理的形象，但是他们永远抹不掉周总理的丰功伟绩，抹不掉亿万人民群众对周总理的无限爱戴之情，抹不掉铭刻在全国人民心头的周总理的光辉形象。“四人帮”越是反对周总理，我们就越是怀念和崇敬周总理，就是激起对“四人帮”的深仇大恨。周

（图7–3–4）1977年1月6日《光明日报》刊登的揭露“四人帮”破坏周总理治丧活动电视报道的文章

但是，看了你们的电视，我们感到非常失望和难以理解。你们为什么不把成千上万的革命群众自发地扶老携幼聚集到护送总理遗体去八宝山火化的路上，从东交民巷一直到八宝山沿途那么多悲壮的、革命领袖和人民心连心的动人场面表现出来？你们的电视为什么把周总理和广大革命群众隔离开来？你们的阶级感情到哪里去了？你们的群众观点到哪里去了？”

一封外地听众来信说：“周总理的逝世，引起了全国人民的巨大悲痛，在悼念周总理的各项活动中，北京人民和全国人民为之痛哭，从《参考消息》上看到一点点北京人民悼念的悲痛场景，虽然只有一点点，但我们已能感到北京人民自发伤痛之情——周总理永远活在我们心中……此情此景，难道你们没有看到吗？难道只有外国人看到吗？为什么你们沉默不言，丝毫也不广播，你们要对全国人民封锁吗？你们对总理还有感情吗？这是为什么？”

一位听众在给中央电台的电话中愤怒地说：“今天（指1976年1月14日）你们把其他新闻（指的是《大辩论带来大变化》）放在总理唁电之前，对你们的所作所为我们不禁要问：你们对总理是什么感情？你们是中国共产党党员吗？中国人民对总理逝世的反应却要从国外的报纸上去了解，你们不觉得这是莫大的讽刺吗？告诉你们，广大人民群众对总理的热爱、怀念，你们是封锁不住的、压制不下去的！”一位男听众在打电话时火冒三丈直拍桌子，大声质问：“你们电台是代表谁的？是什么人掌权？什么心理？你们在许多问题上为什么总是和群众想不到一块儿去？”有的女听众在电话里哭得说不出话来。

二、广播电视从业者的抗争

有许多广播电视媒体工作者其实与人民群众一样，不愿制作假大空的宣传报道，却因受到种种“宣传纪律”的约束，无法通过广播电视表达出来。但是，也有少数干部职工在反思十年“文革”的过程中较早地认清了“四人帮”的真实面目，直接地、勇敢地投入到反对“四人帮”的斗争中去。其中有代表性的是广播事业局大修队干部窦守芳和技术人员刘万勇。

1975—1976年，窦守芳先后给邓小平和其他中央领导写了9封信，信中历数“四人帮”篡党夺权和祸国殃民的罪行。周恩来逝世后，1976年2月中旬，他看到“四人帮”疯狂反对周恩来，并加紧了篡党夺权的步伐，奋然而起，写了100多张小字报，在清华大学、王府井、西单、西四等地散发，号召人们起来和阴谋家、野心家作最后的斗争。他在小字报中写道：“起来！起来！战斗！战斗！全国人民紧急行动起来，以实际行动向叛徒、野心家、阴谋家张春桥、江青、姚文元之流进行坚决的斗争！”“张春桥、江青、姚文元是林彪式的大小舰队，是陈伯达式的政治骗子。他们欲把大批老同志置于死地而篡党夺权。绝不能让他们的罪恶阴谋得逞！”不久，窦守芳遭到逮捕。（见图7-3-5）

周恩来总理逝世期间，几百万群众相继自发地来到首都天安门广场敬献花圈、花篮，张贴传单，朗诵诗词，发表演说，表达对总理的深切怀念之情，痛斥“四人帮”的罪恶之举。广播事业局的青年录音员刘万勇觉得自己有责任把人民的呐喊、战斗的呼唤和深情的怀念记录下来。从3月下旬起，他每天都把一台盒式录音机放在随身背着的书包里，穿插在

为捍卫毛主席革命路线而战斗

——记共产党员窦守芳同“四人帮”斗争的事迹

党的十届三中全会胜利召开的喜讯传来，中央广播事业局大修队政治干事窦守芳同志感到分外的激动和高兴。他衷心拥护全会的各项决议，他有多少话要对英明领袖华主席讲，对党中央讲啊！

年轻的共产党员窦守芳，以大无畏的革命精神，旗帜鲜明地反对“四人帮”，曾被资产阶级异己分子姚文元亲自定为“新生的反革命分子”，受到“四人帮”的残酷迫害。以英明领袖华主席为首的党中央，继承毛主席的遗志，一举粉碎了“四人帮”，窦守芳获得了解放。

在部队里锻炼过五年的窦守芳，一九七〇年复员到了广播事业局大修队。几年来，他从实际斗争中越来越深刻地感到，有一条错误路线在干扰和破坏毛主席的无产阶级革命路线。这条错误路线以批判“唯生产力论”、“管卡压”为名，煽动反动的无政府主义，压制广大群众大干社会主义的积极性，严重破坏社会主义建设事业，在一些基层生产单位造成了明显的恶果。究竟要不要建设社会主义？要不要搞生产？要不要劳动纪律？要不要合理的规章制度？窦守芳认真学习马列著作和毛主席著作，从中找到了对这些问题的肯定回答，从而也就明白了当时报纸、广播大肆宣传的那些观点，根本违背马列主义、毛泽东思想。许多文章引用马列语录、毛主席语录都是断章取义，面目全非。他越来越感到当时把持舆论工具的张春桥、姚文……

（图7-3-5）1977年8月16日《北京日报》刊登的窦守芳同“四人帮”斗争的通讯

人群中秘密录音。4月4日清明节那天深夜，正在录音的刘万勇被逮捕。（见图7-3-6）

在此前后，广播事业局干部林玉兰在1974年批林批孔中公开提出，广播事业局有的问题“需要张春桥姚文元来澄清”。她坚强不屈地说：“我的矛头指的是张春桥、姚文元，我讲的话是对的。就是宣布开除我的党籍，我还是要讲。”另一名干部李景春，在听完了宣布天安门广场“反革命事件”的广播后，写下了“反周总理的江、张、姚（恶狼）

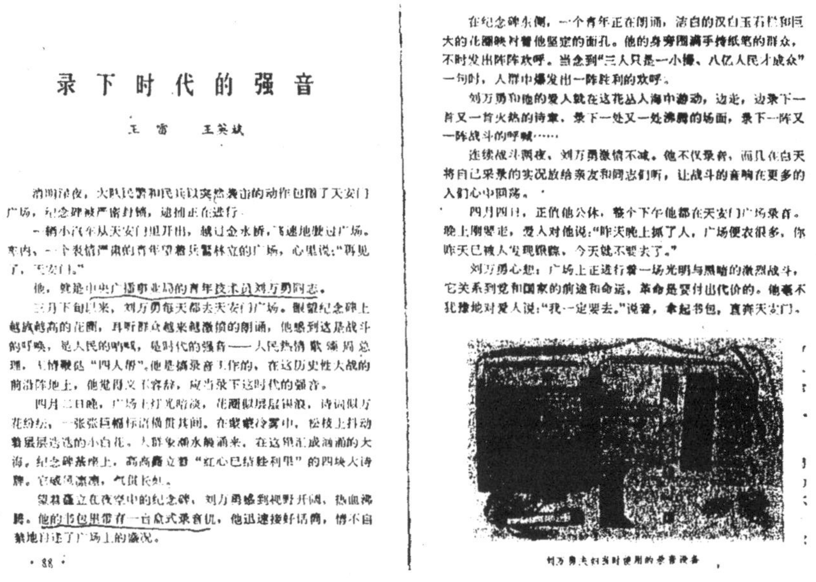

录下时代的强音

王雷 王英斌

清明前夜，大队民警和民兵以突然袭击的动作包围了天安门广场，纪念碑被严密封锁，逮捕正在进行。

一辆小汽车从天安门里开出，越过金水桥，飞速地驶过广场。车内，一个表情严肃的青年望着兵警林立的广场，心里说：“再见了，天安门。”

他，就是中央广播事业局的青年技术员刘万勇同志。

三月下旬以来，刘万勇每天都去天安门广场。眼望纪念碑上越垒越高的花圈，耳听群众越来越激愤的朗诵，他感到这是战斗的呼唤，是人民的呐喊，是时代的强音——人民热情歌颂周总理，无情鞭挞“四人帮”。他是搞录音工作的，在这历史性大战的前沿阵地上，他觉得义不容辞，应当录下这时代的强音。

四月三日晚，广场上灯光暗淡，花圈似层层银浪，诗词似万花纷坛，一张张巨幅标语横贯其间。在蒙蒙冷雾中，松枝上抖动着层层洁白的小白花。人群象潮水般涌来，在这里汇成汹涌的大海。纪念碑基座上，高高矗立着“红心已结胜利果”的四块大诗牌。它威风凛凛，气贯长虹。

望着矗立在夜空中的纪念碑，刘万勇感到视野开阔，热血沸腾。他的书包里带有一台盒式录音机，他迅速接好话筒，情不自禁地门述了广场上的盛况。

· 88 ·

在纪念碑东侧，一个青年正在朗诵，洁白的汉白玉石栏和巨大的花圈映衬着他坚定的面孔。他的身旁围满手持纸笔的群众，不时发出阵阵欢呼。当念到“三人只是一小撮、八亿人民才成众”一句时，人群中爆发出一阵胜利的欢呼。

刘万勇和他的爱人就在这花丛人海中游动，边走，边录下一首又一首火热的诗章，录下一处又一处沸腾的场面，录下一阵又一阵战斗的呼喊……

连续战斗两夜，刘万勇激情不减。他不仅录音，而且在白天将自己采录的实况放给亲友和同志们听，让战斗的音响在更多的人们心中回荡。

四月四日，正值他公休，整个下午他都在天安门广场录音。晚上刚要走，爱人对他说：“昨天晚上抓了人，广场便衣很多，你昨天已被人发现跟踪，今天就不要去了。”

刘万勇心想：广场上正进行着一场光明与黑暗的激烈战斗，它关系到党和国家的前途和命运，革命是要付出代价的。他毫不犹豫地对爱人说：“我一定要去。”说着，拿起书包，直奔天安门。

刘万勇当年录音时使用的录音机

（图7-3-6）记载刘万勇事迹的文章和他在天安门广场录音时使用的盒式录音机

绝没有好下场，不得好死！”“打倒江、张、姚！”等标语。

据统计，1966年春天以来，在“四人帮”的淫威下，广播事业局有133人上了黑名单，他们当中许多人遭到了残酷迫害，有的被关押、批斗，有的被开除党籍、公职，直到1978年5月才宣布平反昭雪。

1976年10月6日，华国锋、叶剑英、李先念等党和国家领导人代表全党全国人民的意愿，一举粉碎了王洪文、江青、张春桥和姚文元“四人帮”的阴谋，广播电视事业重新走上了健康发展之路。

注 释：

〔1〕刘建功（1918—1996），河南西华人。1937年加入中国共产党，1938年参加新四军。抗日战争时期，历任政治指导员、政治教导员等职，率部参加了反扫荡、津浦路西等战斗。解放战争时期，历任团政治处主任、团政治委员等职。新中国成立后，历任师政治部主任、师政治委员、副军长、军政治部主任、军副政治委员、军政治委员、兰州军区政治部主任、副政治委员、顾问等职。其间，1969年11月起，任中央广播事业局军管组组长，1973年7月到1974年9月任局长兼党的核心小组组长。

〔2〕邓岗（1916—1991），原名高弈鼎。原籍安徽怀宁，生于江苏苏州。毕业于苏州农业专门学校。1938年参加革命，1939年7月加入中国共产党。1938年，在安徽省动员委员会第29工作团任团员、团长。1940年奉调担任豫皖苏抗日民主根据地亳北县独立大队政治指导员，同年转入党的新闻战线，先后任《人民报》主编、《群众导报》和《人民报》编辑主任、中共泗阳县委宣传部长等。1944年，进入新华社工作，任新华社淮北分社通联科长、淮北分社社长兼《拂晓报》社长。1947年由地方调入中国人民解放军工作，先后担任新华社华东前线分社副社长、社长。1949年担任南京《新华日报》副社长。1951年调新华总社工作，曾先后担任社办公室主任、副秘书长、秘书长、党组成员、副社长兼党委书记等职务。1974年调中央广播事业局任代局长、局长。1977年调回新华总社，任副社长兼副总经理、顾问等。

〔3〕《丁莱夫同志在第九次全国广播工作会议上的总结发言》，载《全国广播工作会议文件选编》，第286页，中央广播事业局办公室1982年编内部资料。

〔4〕朱生春著：《中国改革开放史》（上卷），第14页，红旗出版社1998年版。

〔5〕朱生春著：《中国改革开放史》（上卷），第14页，红旗出版社1998年版。

〔6〕1996年6月4日《人民日报》刊登的有关文章中透露，在播出聂元梓等的大字报时，中央电台编辑部曾不断接到打来的质问电话："谁让你们播这张大字报？"又据北京大学校史研究室研究员王效挺、黄文一《康生、曹轶欧与"第一张大字报"》一文称："大字报广播后，许多师生不理解甚至气愤。当晚到23时45分止，仅中央人民广播电台新闻部就接到询问和质问电话59次。"载上海《世纪》2003年1月号。

下篇

第8章

从“专政工具”向“大众传媒”的回归

“文革”之后，随着党的执政能力日渐提高和社会主义现代化建设快速发展，作为党和国家新闻宣传工具的广播电视也进入了一个探索自身发展规律，从“专政工具”回归至“大众传媒”的全新的历史时期。

第一节 “拨乱反正” 重现生机

在“文化大革命”中，林彪、“四人帮”一伙控制了广播电视的领导权，特别是中央的广播电视领导权，广播电视成了他们实现篡党夺权野心的“专政工具”。在粉碎“四人帮”的同时，为了加强对广播电视的领导，中央委派时任中共中央对外联络部部长的耿飚到中央广播事业局统一领导。不久之后，耿飚调离，去重建统一领导宣传舆论阵地的中宣部，中央广播事业局的工作则由对外联络部副部长张香山[1]负责。1977年1月7日，张香山被任命为中央广播事业局局长。1977年10月重新建立中共中央宣传部以后，张香山出任中宣部副部长，仍兼中央广播事业局党组书记、局长，统一主持局内的业务和揭批“四人帮”的工作。（见图8-1-1）

（图8-1-1）张香山

随着揭批“四人帮”的深入开展，人们越来越感到有必要清理“文革”及此前的“左”倾错误，同时也就涉及如何看待毛泽东晚年所犯错误的问题。在这个问题上，当时担任中共中央主席、国务院总理的华国锋在指导思想上仍然继续坚持“左”的错误，肯定“文化大革命”，并且错误地提出了“两个凡是”的方针，使得否定“文革”、清理“左”倾错误的努力遇到了严重的障碍。

1977年四五月间，邓小平在正式出来工作之前就明白无误地指出，“两个凡是”的观点是错误的，必须准确、完整地掌握毛泽东思想体系。邓小平的这一科学论断，得到了党内外普遍的拥护。按照马克思主义的观点，判定某一认识和理论是不是正确，只能拿到实践中检验，实践是检验真理的唯一标准。党内最高领导层在思想理论观点上的重大分歧，在全国引发了一场真理标准的大讨论。1978年5月11日，《光明日报》以特约评论员的名义发表了题为“实践是检验真理的唯一标准”的文章。这

人民广播的政治方向不容篡改

——揭发、批判姚文元妄图把广播、电视变成篡党夺权舆论工具的罪行

中央广播事业局批判组

（《人民日报》1977年1月14日）

选择时机贩卖私货

——揭露“四人帮”在全国电视会议上的阴谋活动

中央广播事业局批判组

（《人民日报》1977年3月26日）

“四人帮”残酷围剿文艺广播罪责难逃

中央广播事业局批判组

（《人民日报》1977年2月2日）

姚文元妄图扼杀体育转播居心何在

钟　广　屏

（《体育报》1977年1月31日）

“四人帮”怎样在电视中突出他们自己

中央广播事业局批判组

（《人民日报》编印的《情况汇编》，1977年4月9日）

（图8-1-2）1977年《人民日报》、《体育报》等发表的关于揭发、批判“四人帮”的文章

篇文章是经过当时中央党校常务副校长胡耀邦审阅修改定稿的。文章尖锐地提出，“四人帮”加在人们身上的精神枷锁还远远没有完全粉碎，对“四人帮”设置的禁区要敢于去弄清是非，并且从根本理论上否定了“两个凡是”的错误方针。当天，新华社向全国播发了这篇文章的全文，第二天，《人民日报》、《解放军报》等转载此文，此后，各地报纸均先后转载，广播电视中也对此作了报道。

中央一些新闻单位，坚定地引导着这场关系到党和国家的命运和前途的大讨论。中央电台顶住了从上面来的压力，经过几个月的准备，在1978年11月的《学习节目》中，播出了《理论和实践问题——实践是检验真理的唯一标准》讲座（共13讲）。同时，一些省市级电台、电视台也举办了类似的讲座。安徽电台的《理论和实践》节目先后推出《学习〈实践论〉》和《学习马克思

主义认识论》两个讲座，上海电台举办了《关于真理标准问题》的专题讲座，上海电视台也开设《实践是检验真理的唯一标准》的电视讲座。（见图8-1-2）

中央广播事业局在展开群众性揭发、批判林彪、“四人帮”运动的基础上，专门成立了批判组，先后撰写和发表的代表性文章有《周总理永远活在中国人民和世界人民心中——愤怒声讨“四人帮”破坏周总理治丧活动电视报道的罪行》、《人民广播的政治方向不容篡改——揭发、批判姚文元妄图把广播、电视变成篡党夺权舆论工具的罪行》、《选择时机贩卖私货——揭露“四人帮”在全国电视会议上的阴谋活动》、《“四人帮”残酷围剿文艺广播

（图8-1-3）1978年11月23日中央电台播出“四五”运动天安门广场实况录音的报道

罪责难逃》、《姚文元妄图扼杀体育转播居心何在》和《“四人帮”怎样在电视中突出他们自己》等，这些文章在中央电台多种节目中全文或摘要播出，还在《光明日报》、《人民日报》等报纸上进行了刊登。1978年11月为“天安门事件”平反后，中央电台播出了“四五”运动期间天安门广场的实况录音。[2]（见图8-1-3）

在清理涉及林彪、“四人帮”的人和事的过程中，1979年5月、11月，中央广播事业局、北京市公安局先后在广播局召开大会，为受到天安门事件牵连的人平反昭雪。1980年5月14日，河南人民广播电台对迎送刘少奇同志骨灰的过程进行了实况报道。（见图8-1-4）

（图8-1-4）1980年5月14日，电台记者现场采访迎送刘少奇同志骨灰

从粉碎“四人帮”到中共十一届三中全会之前两年多的时间里，全国广播电视系统一方面深入揭批林彪、“四人帮”利用广播电视制造篡党夺权舆论的罪行，清理有关涉及林彪、江青反革命集团的人和事，一方面广泛宣传报道粉碎“四人帮”以后全国面临的形势和任务，努力拨乱反正，使广播电视宣传的面貌有了初步改观。

一、从理论节目开始“拨乱反正”

林彪、“四人帮”利用党内长期存在的“左”的指导思想，以及毛泽东晚年发动和坚持“文化大革命”的错误，肆无忌惮地歪曲、随心所欲地解释马克思列宁主义、毛泽东思想，并且通过他们把持的广播电台和电视台广为传播，为他们篡党夺权大造反革命舆论。在广播电视的新闻和其他节目中，唯心主义和形而上学的内容肆意泛滥，杜撰的“事实”和捏造的谎言俯拾皆是，真伪难辨，一片混乱，严重损害了广播电视在国内外受众中的声誉。

十年动乱结束后，广播电视宣传的一个首要任务，就是要揭露和批判林彪、“四人帮”在思想理论战线上的罪恶行径，而且要恢复党的新闻工作的好传统，讲真话、不讲假话，讲道理、不打棍子，用客观的事实去说服、教育和鼓舞人民，使全党的工作转到真正的马克思列宁主义、毛泽东思想的轨道上来。

1977—1978年，仅中央电台在《学习节目》中，针对林彪、“四人帮”搞乱了的思想理论是非，以及实际工作中提出的新问题，就举办了18个理论讲座，一共207讲102万字。在这些讲座中，具有突出代表性的就是关于真理标准大讨论的有关内容。这个讲座全面阐述了真理标准问题，反复强调：理论和实践的统一是马克思主义一个最根本的原则；检验真理的标准，只能是社会实践；马克思主义理论在实践过程中，必然要不断增加新的观点、新的结论，抛弃那些不适合新情况的个别旧观点、旧结论。讲座通过实事求是的论证，通俗、明了的说理，对“句句是真理”、“一句顶一万句”和“两个凡是”进行了具有很强说服力的批判。

中央电台办的这种系统性的真理标准讲座，在全国还是第一个。有四家出版社出版了这个讲座的广播稿。中央电台和地方电台20世纪50年代就在理论学习节目中举办讲座，或者单辟时间开设讲座节目，比较系统地对党的路线、方针、政策和重大政治任务，从理论上和实践上作通俗易懂的说明，取得了很好的效果。在“文化大革命”中，讲座节目一概被取消。中央电台曾要求恢复，却遭到姚文元的拒绝，直到“四人帮”被粉碎，中央电台和地方电台的讲座节目才重见天日。（见图8-1-5）

广播电视节目报

GUANGBO DIANSHI JIEMU BAO

中央人民广播电台 中央电视台编印 第13期

实践是检验真理的唯一标准

电台《学习》节目将播送《理论和实践问题广播讲座》

（图8-1-5）1978年11月中央电台播出《理论和实践问题广播讲座》的预告。正式播出时的节目名称为《理论和实践问题——实践是检验真理的唯一标准》，共13讲

除了《理论和实践问题——实践是检验真理的唯一标准》外，《学习节目》中的讲座还有《谈谈革命和生产的辩证关系》、《社会主义经济问题》、《知识分子问题》等。这些讲座的内容，绝大部分是通过阐述马克思主义的基本原理，着重批判“四人帮”的反革命谬论，讲了一些过去不敢讲的属于“禁区”的问题，有力地配合了当时揭批“四人帮”罪行活动的开展。（见图8-1-6）

（图8-1-6）《学习节目》的各类广播讲座和广播漫谈，受到基层宣传工作者的欢迎，多数节目的广播稿汇编成册，在各地出版社出版，广泛发行

理论节目是我国广播节目的一个传统，更是我国广播节目在特定历史阶段的特殊形式。此时的理论性节目虽然弱化了“文革”期间“政治传声筒”的功用，但仍然存在简单执行宣传任务的“左”的问题。作为线性传播、稍纵即逝的电子媒介，广播要承载如此艰深的传播内容，其象征意义必定远远高于其实际的传播效果。

二、科教节目与文艺节目的复苏

1978年3月，全国科学大会在北京召开，邓小平在开幕式上讲话，强调“科学技术是生产力”这个马克思主义观点。这个重要的大会，使全国迎来了“科学的春天”，也给中央电台恢复不久的《科学知识》节目注入了活力。为了充分宣传“科学技术是生产力”，《科学知识》节目邀请一批我国著名的科学家介绍当代科学技术的新水平。例如，

(图8-1-7) 中央电台《科学知识》节目编辑向著名科学家钱学森征求办好节目的意见

请钱学森谈系统工程，请王守武谈半导体科学技术，请王葆仁谈高分子，请冯秉铨谈信息科学，请宋健谈现代自动化技术，请严东生谈材料科学。同时，《科学知识》节目还配合科学大会上提出的八种带头学科，在节目中举办了《电子计算机讲座》、《激光和现代化讲座》、《能源知识讲座》、《材料世界漫谈》等系统讲座。（见图8-1-7）

各地方电台也纷纷恢复或新办了科学知识节目，像浙江电台的《科学技术》、陕西电台的《科学知识》，就是在1978年上半年新办的。地方电台的科普节目，注重从本省、自治区、直辖市的实际出发，服务于当地的经济建设和人民生活。

在这期间，电视科普节目也开始复苏。北京电视台1960年创办的《科学常识》和《医学顾问》专栏节目，在“文化大革命”中也难逃厄运。《科学常识》节目虽在1971年恢复，但因节目数量少，编辑力量薄弱，技术设备落后，步履维艰。在全国科学大会精神的鼓舞下，北京电视台改进了《科学与技术》（即原来的《科学常识》）节目，充分运用电视的特殊手段，把人类已经掌握的科学技术知识，以及先进的科学思想、科学方法，通俗、形象地传播到广大观众中去，取得了良好的社会效益。许多地方电视台也相继充实或开办了科学知识节目。

刚粉碎“四人帮”时，文艺节目在广播电视整个播出时间中，广播占50%以上，电视大约占50%，但内容过于贫乏、单调。十年动乱时的文艺节目一度只剩下八首歌曲、八个“样板戏”，文艺宣传处于百花凋零、一片萧条的状态。“四人帮”被打倒后，广播电视工作者和广大受众都认为节目萧条的局面不能再

继续下去，只有采取积极主动的态度，千方百计去争取改变现状。中央电台为了在广播中播出小提琴协奏曲《梁山伯与祝英台》，先是征求了上海市委的意见，然后通过文化部、中宣部，最后经中央批准才排上广播节目表。北京电视台在1977年10月18日向中央宣传口递交一份关于审看传统录像剧目的请示报告。审查过关后，《十五贯》等一批剧目陆续在电视中播放。当时要求开放的传统剧目、中外音乐歌曲、电影、相声老段子等非常多，不可能全部送审请示，要由广播电视部门自行审批。到1978年下半年，以中央电台的音乐节目为例，重新播出的曲目数以千计。一些文艺专栏节目，如《星期音乐会》、《音乐厅》、《银幕上的歌声》、《听众点播的音乐节目》、《京剧选段》、《地方戏选段》、《小说连续广播》、《阅读和欣赏》等，相继恢复播出。各地广播电台采录了各种音乐会、音乐节、艺术节的演出，丰富了文艺广播的内容。这些工作是在极其困难的条件下进行的，由于“四人帮”的流毒还没有肃清，在某些节目要不要放开的问题上，不仅广播电视部门内部争论颇多，而且播出以后，一些群众也持有不同看法，意见尖锐而激烈，为此，电台、电视台多次受到指责。但总的看来，广播电视中的文艺节目还是丰富了广大人民群众的业余文化生活，受到群众的喜爱。（见图8-1-8、图8-1-9）

1978年2月6日（农历除夕），北京电视台举办了春节晚会。这是粉碎“四人帮”后，北京电视台举办的第一次春节晚会。这场晚会气氛活跃，喜气洋洋，与前几年春节的文艺宣传形成鲜明的对比。

这个时期，国际文化交流开始恢复，日本著名交响乐指

（图8-1-8）录制音乐专题片《小提琴协奏曲——梁祝》

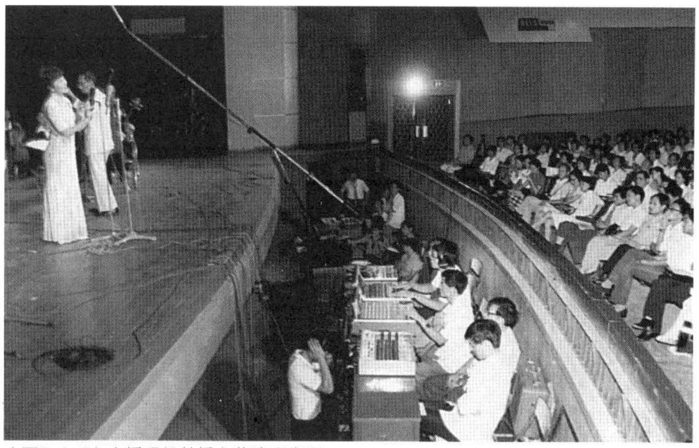

（图8-1-9）广播现场转播文艺演出实况

挥小泽征尔和中央乐团合作演出，中国广播民族乐团出访意大利、联邦德国等国，这些新闻都及时在广播电视里作了宣传。美国波士顿交响乐团来北京演出，中央电台转播了演出实况。北京电视台1977年11月开办了《外国文艺》节目，向观众介绍外国的优秀文艺作品，包括音乐、舞蹈、文学名著欣赏等，目的是普及文化艺术知识，提高观众的艺术欣赏能力。地方电台、电视台的文艺节目也都恢复并逐渐丰富起来。

三、对外广播的变化

粉碎“四人帮”后，对外广播部门认真总结了“文化大革命”的历史教训，端正了宣传指导思想，彻底否定了对外广播应面向“坚定的革命

左派”的论调，重新确认服务对象是国外广大听众。对外广播严格遵循了“内外有别”和“外外有别”的原则和本身的特点，从节目的内容、风格到形式，都照顾到国外听众的收听动机和心理承受能力，讲究宣传艺术，注重宣传效果，中国的对外广播又逐渐赢得了世界各国听众的欢迎和信赖。

为了适应我国对外广播事业发展的需要，1978年5月1日，担负对外广播工作的中央广播事业局下属对外广播部，改名为中华人民共和国国际广播电台。在对外广播节目中，沿用“北京广播电台”的呼号。同一天，北京电视台改名为中央电视台，英文缩写为“CCTV”，对外称中华人民共和国中央电视台。中央人民广播电台、中国国际广播电台和中央电视台简称为“中央三台”。作为国家级的权威性传播媒介，它们共同担负着向国内外进行广播电视宣传的重要任务。（见图8-1-10）

北京电视台易名为中央电视台后，西安、哈尔滨、成都、太原、武汉、兰州、长春等电视台，先后改成以省的名称命名的电视台。1979年5月16日，北京市市级电视台——北京电视台开播。至此，“北京电视台”完成了代表中央媒体的历史使命，全国省级电视台全部成立。

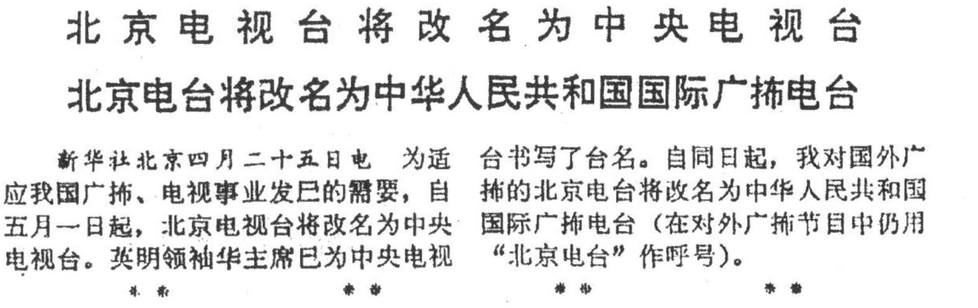

北京电视台将改名为中央电视台

北京电台将改名为中华人民共和国国际广播电台

新华社北京四月二十五日电　为适应我国广播、电视事业发展的需要，自五月一日起，北京电视台将改名为中央电视台。英明领袖华主席已为中央电视台书写了台名。自同日起，我对国外广播的北京电台将改名为中华人民共和国国际广播电台（在对外广播节目中仍用“北京电台”作呼号）。

（图8-1-10）　1978年5月1日起北京电视台改名为中央电视台。北京广播电台改名为中华人民共和国国际广播电台（原载《人民日报》1978年4月28日）

“文革”过后的最初三年，广播电视部门为拨乱反正作了不少努力，取得了一定成绩。但由于当时的党中央没有在指导思想上彻底清理“左”的错误，又受“两个凡是”方针的影响，全国各项工作进展缓慢，出现了两年徘徊的局面。广播电视事业也不例外，宣传工作虽有变化，前进的步子却迈得不大，许多带有理论性的根本问题还没有突破原来的束缚，宣传上仍留有“文化大革命”的痕迹，对马克思列宁主义、毛泽东思想的宣传仍有断章取义的地方。文艺节目也没有完全摆脱“左”的影响，不适当地宣传了个别领导人的个人作用，在反映工农业题材的作品中，出现了一些不科学的提法，甚至有错误的口号。这些现象，到十一届三中全会后才逐步改变。

第二节 重申“自己走路”方针

1980年，为了进一步贯彻十一届三中全会的精神，中央广播事业局先后召开了全国广播事业规划会议和第十次全国广播工作会议。两次会议分别总结了新中国成立30年来广播电视事业建设和广播电视宣传工作的成就、经验和存在的问题，并且确定了新时期广播电视工作的基本任务和奋斗目标：努力办好广播事业，优先发展电视事业，积极建设电视网、广播网，争取20世纪末基本实现广播、电视在全国的覆盖，并进入世界广播电视先进国家的行列。

1980年5月4日，国务院批转中央广播事业局《关于加强地方广播事业管理工作的请示报告》。报告提出，各省、市、自治区广播事业局受该省、市、自治区人民政府和中央广播事业局双重领导，以同级政府领导为主。省、市、自治区广播事业局的广播宣传工作，受省、市、自治区党委领导和中央广播事业局指导；广播事业建设受省、市、自治区人民政府和中央广播事业局双重领导，以同级政府领导为主。这一管理体制的调整，成为1983年开始的“四级办”改革的先声。

1980年10月7—18日，第十次全国广播工作会议在北京召开。这次会议的主要任务是总结新中国成立30年来广播电视宣传工作正反两方面的经验，明确新时期的基本任务和奋斗目标，规划了广播电视宣传业务的发展远景，制定了明确的奋斗目标：“到本世纪末建成完整的、自成体系的广播和电视宣传网，中央人民广播电台、中央电视台和省、市、自治区广播电台、电视台，分别成为全国和本省、市、自治区的新闻舆论中心之一，成为电化教育、科学普及、文艺欣赏和娱乐的重要阵地；国际广播电台要经过努力提高节目质量，使它成为世界各国人民心目中一支可以信任的舆论力量。”（见图8-2-1）

第十次全国广播工作会议

（图8-2-1）1980年10月第十次全国广播工作会议留影（局部）

认为，各项工作都应确定相应的方针、任务，在宣传工作上则坚持“自己走路”。这个口号并不是新提出来的，新中国成立之初，当时的新闻总署署长胡乔木就对广播电台提出要求：“广播要学会自己走路。”这个宣传业务指导方针，在第十次全国广播工作会议上再次加以重申。

“自己走路”的方针，解放了广播电视工作者的思想，调动了他们的积极性，激发了他们提高广播电视节目的创造力。落实这一方针，标志着广播电视宣传的进一步拨乱反正和改革的起步。从第十次全国广播工作会议到1983年3月第十一次全国广播电视工作会议召开的两年多时间里，广播电视“自己走路”，开始逐步按照媒介本身的特点和规律前进。主要表现在以下几个方面：

一、新闻开始“短”、“快”、“活”

从1981年起，中央电台《各地人民广播电台联播节目》播出的本台消息，所占比重一直稳定在70%以上；《新闻和报纸摘要》节目中的本台消息，一般情况下占35%左右，遇重大事件报道（如党代会、人代会、党和国家领导人的国事活动、重要纪念日、节日等），则可占到60%或70%以上。各地电台也摆脱了“读报台”、“抄报台”的困境，在本省的联播节目中，均以自采自编的消息为主。中央电台的新闻，除个别政令性、文件性的消息外，重要消息一般500字左右，动态消息300字左右，简讯100字左右。地方电台大体上也是这样。山东电台的全省联播节目，1978年时每条消息平均900字，到1982年降为260字。稿件短了，节目容量扩大，增加了信息量，拓宽了报道面，丰富了节目内容。（见图8-2-2）

（图8-2-2）中央电台播音员方明、赵培正在播送《新闻和报纸摘要》

（图8-2-3）1980年11月至1981年1月，最高人民法院特别法庭审判林彪、江青反革命集团十名主犯，中央电台播音员齐越（右）、潘捷参加第一审判庭的播音工作

电台新闻节目中那些“最近”、“近来”、“不久前”之类时间概念模糊的字眼大为减少。很多电台的新闻节目，不仅“今天”的新闻日见增多，而且都争取在新闻事件刚刚发生或正在进行时就发消息。1981年1月4日，中央电台早上6时30分《新闻和报纸摘要》节目播出了湖北记者站发来的当天5时30分葛洲坝合龙工程已向江心推进125.4米的消息。晚上8时的《各地人民广播电台联播节目》就播出了大江截流合龙成功的录音报道。1981年1月25日上午11时多，最高人民法院特别法庭对林彪、江青反革命集团两案的10名主犯刚宣判完毕，中央电台中午12时的新闻节目就播出了本台记者采写的消息。（见图8-2-3）

（1）十年动乱期间，电视新闻来源少，时效差，篇幅长，重播多，观众不满意。在“自己走路”方针指引下，电视台采取了很多对策。以《新闻联播》为例，1978年元旦《全国电视台新闻联播》（简称《新闻联播》）正式设立，1980年将《国际新闻》并入《新闻联播》中，受到广大观众的欢迎。（见图8-2-4）

（图8-2-4）中央电视台创办之初的《新闻联播》和播音员李娟

而《国际新闻》的编排也促进了国内新闻工作者的工作：新闻越来越短小精悍，报道面越来越宽，报道方式越来越多样化。从1981年7月1日起，《新闻联播》节目面貌一新。1.新闻短了，每条新闻不超过3分钟。新闻条数逐年增加，1980年播出3670条，1981年播出4186条，1982年播出4961条。2.由于微波干线建设的发展，加强了地方电视台向中央电视台传送国内新闻的时效性。各省上午发生的重大事件，下午可传送到北京，晚上《新闻联播》节目即可播出。3.中央电视台通过国际通信卫星收录英国维斯新闻社和美英合资的合众独立电视新闻社的国家新闻，同时采用新华社每天专为电视台编写的国际要闻简讯（口播），世界上发生的重要新闻事件，中国电视观众在第二天就能知道。4.增加了国内口播新闻，按题材与录像的新闻混合编排，丰富了国内新闻的内容。

地方电视台的新闻节目也有新的发展。各省级台办的本省新闻节目，开始每周一次到两次，后来增加到每天一次，播出的新闻数量明显增多。少数民族地区的电视台开办了用当地民族语言播出的本地新闻节目。内蒙古、西藏、新疆、延边电视台，分别设有蒙古语、藏语、维吾尔语、朝鲜语的新闻节目。一部分省市电视台，也办起了本地新闻节目，

（图8-2-5）蒙古语播音员在播音

如《大连新闻》、《无锡新闻》等等。（见图8-2-5）

1982年，中共中央明确规定，从9月1日起，将我国重大新闻由中央电台20时的《各地人民广播电台联播》中发布，提前到在中央电视台19时《新闻联播》中发布。从此，中央电视台也成为一个独立的新闻发布机关。此后，中央电台从1987年1月1日起将《各地人民广播电台联播节目》，提前到18时30分首播，20时重播。

（2）新闻评论与舆论监督的复苏。

评论是新闻单位的旗帜，是完成党的宣传任务的重要手段之一。广播电台、电视台没有自己的评论，就不能成为名副其实的重要舆论阵地，无法更好地发挥社会舆论的导向作用。在“自己走路”中，继“本台消息”比重上升之后，广播恢复被“四人帮”扼杀的评论，这是势在必行、顺理成章的。

“自己走路”的方针提出后，中央电台即积极筹备“本台评论”，1980年8月抽调得力编辑，组建了评论组。评论组成立后不久，1980年9月28日播出的评论《大快人心的审判》，是中央各新闻单位第一篇有关审判林彪、江青反革命集团的评论。这一年，《各地人民广播电台联播节目》和《新闻和报纸摘要》节目，共计播出广播评论132篇，开

创了中央电台评论工作的新局面。（见图8-2-6）

国际广播电台也在1980年组建了评论队伍。它经常就国际形势的新发展和一些重大国际事件发表评论，表达了中国人民维护世界和平以及发展与各国人民的友好关系的愿望和要求，也反映了中国政府对国际形势和国际事件所持的立场、主张和态度，阐明了中国的外交政策。国际电台除了有各种语言节目通用的评论外，有些语言部（组）还根据自己的特定对象撰写评论。如当时对东南亚广播的语言节目，常就越南侵略柬埔寨的问题发表

（图8-2-6）中央电台评论组的编辑们在精心地编写评论稿

言论。

地方电台的评论工作，同样取得可喜的进展。如上海电台的评论性稿件，紧密结合本地实际工作和群众思想中出现的问题，以及社会上带有倾向性的错误思想和各种歪风邪气，言之有物，态度鲜明，起到了很好的引导舆论的作用，形成了独特的风格，在听众中有较大影响。

电视里的评论，一种是在新闻节目中就某一新闻事件发表议论，一般就是在某一条新闻的前面或后面加上简短的评语；另一种是举办评论性专栏，

如《电视论坛》、《观察与思考》、《国际瞭望》、《国际纵横》等。1980年，中央电视台创办了第一个评论性专栏《观察与思考》。1988年初，《观察与思考》改名为《观察思考》，每周日19时50分固定播出，每次15－20分钟，节目的基本形式是演播室与现场采访相结合。这个专栏的宗旨是通过对具有普遍意义的或群众关心的事件、问题或人物进行调查、介绍、分析和研究，说明某种道理，引起观众思考，以起到影响舆论、推动舆论和引导舆论的作用。该栏目是依照电视传播规律制播评论类节目的尝

（图8-2-7）中央电视台的第一个新闻评论性栏目

试，比较成功。经过十几年的不断探索，1994年3月27日，《观察思考》播完最后一期，全体人员转到《焦点访谈》。（见图8-2-7）

然而，如何提高评论的质量，创造有广播电视特点的评论形式，直到今天仍需要广播电视工作者加以深入探讨，付出更大的努力。

20世纪80年代初，中央电台先后播出的关于黑龙江省双城堡火车站野蛮装卸事件、吉林北站扩建工程互相扯皮十年事件等批评性报道，都获得了良好的社会效果。《人民日报》发表社论指出：“中央人民广播电台（关于双城堡火车站事件）的报道，给我们一个重要的启示，这就是不能满足于在事情引起领导重视之后，已经解决再去写‘严肃处理’的综合报道，也应该同时经过调查，有选择地发表一些尚未引起重视的案件，及时给受害的一方以支持。”[3] 这些批评性报道可谓意义深远，这意味

（图8-2-8）中央电台驻黑龙江记者在转变为先进单位的双城堡火车站采访。双城堡火车站曾因野蛮装卸洗衣机受到中央电台和新闻界的批评

着广播电视开始逐渐体现出社会公器的作用。（见图 8-2-8）

二、灵活的主持人节目

1981年元旦，中央电台对台湾广播、由徐曼主持的《空中之友》节目率先问世。同年4月，广东电台由李一萍主持的《大众信箱》与听众见面。之后，四川、江苏、浙江、黑龙江等省级电台和一些市台也相继办起了主持人节目。中央电视台由沈力主持的《为您服务》节目，虽创办于1979年，但直到1983年才成为设有固定主持人的专栏节目。迅速崛起的主持人节目，突破了广播电视节目的固有模式，使受众耳目一新。因此，主持人节目一时间成了广播电视界的热门话题，徐曼、李一萍、沈力等也成为知名度颇高的新闻人物。贯彻“自己走路”方针后崛起的主持人节目，给我国广播电视宣传带来了新的生命力。（见图8-2-9、图8-2-10）

（图8-2-9）中央电台对台湾广播《空中之友》节目主持人徐曼在阅读台港听众来信

（图8-2-10）中央电视台《为您服务》的主持人沈力

20世纪80年代推出的主持人节目，基本上分为两种类型：一种是采编播合一，主持人能采访、编稿，也具备播音的条件。在整个节目生产、播出的过程中，主持人处于主导地位，是节目的总体设计人。像广东电台的《大众信箱》节目可以归入这一类。另一种是编辑、记者和播音员合作。编辑、记者按谈话体的要求提供稿件，或按主持人的口吻和语言习惯写稿，由相对固定的播音员播出。播音员有时也参加少量采编工作，但基本上只是对稿件进行语言加工。中央电台对台湾广播的《空中之友》节目和电台的其他大部分主持人节目，都属于这一类型。

主持人节目在20世纪80年代初一出现，就在广播电视界形成一股热潮。但是，关于节目主持人和主持人节目的业务研究和理论探讨，却开展得不够广泛和深入，停留在较低的层次，不利于这种新的节目形式的不断提高。直到90年代中后期，主持人素质依然是人们关注的热点问题。（见图 8-2-11）

三、“没有围墙的学校”

以经济建设为中心的历史新时期，更需要大批有科学文化知识的专业人才。在广大农村，农民为了提高生产力，勤劳致富，迫切要求学习和掌

（图 8-2-11）1990年10月31日—11月4日，“全国广播电台主持人节目现场研讨会”在福州举行

握农业科学技术。然而，当时的教育条件，包括资金投入、师资力量、学校房舍、教育设备，与尽快地提高全民族的科学文化水平发生了尖锐的矛盾。在这种情况下，广播电视部门凭借自己的优势，运用无线电传播和录像等教学手段，大力发展远距离教育，在1979年和1981年先后创办了中央广播电视大学（以下简称“电大”）和中央农业广播学校，为两个文明建设服务。在这种特殊学校的“课堂”里，一个老师讲课，可以同时教授几万、几十万、几百万学生。人们管它们叫“空中大课堂”、“没有围墙的学校”。（见图8-2-12、图8-2-13）

1982年1月，中央电视台开始播出一套别开生面的英语

（图8-2-12）全国广播电视大学工作会议

（图8-2-13）中央广播电视大学在上课

教学系列片《跟我学》，在社会上掀起了学习英语的热潮。中文版的《跟我学》是中央电视台最受欢迎的一套英语教学节目，其原制作者英国广播公司（BBC）认为这是最成功的一套外国版本的《跟我学》。

在此期间，“文革”中被迫停刊的广播节目报陆续恢复，并新创办了一批广播电视节目报。1978年1月，上海 《每周广播》率先复刊并改名为《每周广播电视》。6月，中央电台主办的《广播节目报》复刊，改名为《广播电视节目报》，由中央电台和中央电视台联合主办。1981年1

月起，该报改组为《广播节目报》和《电视周报》两家。到20世纪80年代初，绝大多数省级广播电视报均已创办并出现了一批地市级广播电视报。

四、电视剧开始大规模生产

电视剧是电视文艺节目中举足轻重的组成部分。中国的电视剧自诞生以来，1958—1966年为开创和初步发展阶段，“文化大革命”期间是停顿阶段，十年动乱结束后开始恢复，至1983年第11次全国广播电视工作会议时，已发展到相当繁荣的程度。1978年5月22日，中央电视台播出了粉碎“四人帮”后的第一部电视剧《三亲家》。这一年，中央电视台共播出8部电视剧。经历了10年文化饥渴的广大电视观众，对电视文艺节目的期望值很高，希望通过屏幕丰富精神文化生活，获得艺术享受。一年寥寥几部电视剧与观众的要求相去甚远。就电视台而言，由于播放电影受到限制，其他文艺节目源一时也难以有较大的开拓，要加强电视文艺节目，只有走自己的路，加速发展电视剧这门年轻的艺术。

1979年8月在北京召开的第一次全国电视节目会议提出要多拍电视剧。为了调动各单位的积极性，会上决定在1979年庆祝新中国成立30周年时，举办全国电视节目联播。这实际上是一场竞赛，更是一个转折点，是中国电视从长期等待外援走向独立自主办节目的开端。以这次会议为契机，中国电视剧发展的速度大大加快。从中央电视台播出的电视剧数量来看：1979年18部，1980年103部，1981年117部，1982年235部（集）。其实，全国各地电视台录制的电视剧，远远超过了中央电视台播出的数量。电视剧的生产规模，为电影所望尘莫及。以1981年为例，全国生产电影100部，

电视剧已达到150部左右，多出1/2。据该年的统计，全国拥有电视机1000万台左右，以平均每台电视机有10个观众计算，就有一亿左右的观众。电视剧拥有如此庞大的观众群，更是电影无法比拟的。

此后，电视剧的题材更加广泛，有反映农村改革、城市建设、青年生活、民族团结，以及老一辈无产阶级革命家优良作风等的当代题材，也有历史题材。电视剧的品种有单本剧、连续剧、电视小品、儿童剧和神话剧等等。更可喜的是，电视剧的质量日见提高。

从1980年开始，每年举办一次全国优秀电视剧评选（1983年以后定名为“飞天奖”）。“飞天奖”是采取领导、专家、群众三结合的办法进行评选的。另外，浙江电视台办的《大众电视》杂志根据读者的要求，从1982年起，由读者直接投票，评选“大众电视金鹰奖”。一批好的电视剧，如《凡人小事》、《蹉跎岁月》（中央电视台）、《好好叔叔》（上海电视台）、《武松》（山东电视台）、《周总理的一天》（河南电视台）等，都在评选中获奖。这些优秀电视剧在思想内容和艺术形式上都有独到之处，

（图8-2-14）中央电视台《蹉跎岁月》剧组在工作

受到了中央和地方领导同志以及广大观众的好评。（见图8-2-14、图8-2-15）

这几年录制的电视剧，也有一部分平庸之作。有些情节雷同，粗制滥造；有些内容庸俗，格调不高；有些生编硬凑，违反历史；有些揭露“四人帮”的“伤痕”电视剧，调子过于低沉，暴露缺乏分

（图8-2-15）1983年全国优秀电视剧飞天金像奖颁奖大会

寸，使人丧失信心。还有个别电视剧，内容存在较严重的错误，如中央电视台录制的我国第一部电视连续剧《敌营十八年》，全剧共10集，1981年播出后受到了公众的批评，不少人认为该剧歪曲了中共地下斗争的真实情况。

中央电视台从1979年开始，从国外购进一些电视剧和影片，组织专门人员译制。第一部电视译制片是1979年4月译制的菲律宾影片《我们的过去》。之后，中央电视台陆续译制了《巧入敌后》、《居里夫人》、《大卫·科波菲尔》、《娜拉》、《大西洋底来的人》、《达尔文》、《老古玩店》、《安娜·卡列尼娜》等外国电视剧，还有《敌后金达莱》、《红与黑》等外国故事片。地方电视台也开展了译制工作，如广东电视台译制了《海蒂》、《血疑》，北京电视台译制了《女奴》。这些译制片丰富了电视文艺节目的内容，促进了中外文化交流，很受电视观众的欢迎。

中央台和地方电视台已形成了一支粗具规模的电视剧创作和录制队伍。同时，不少电影制片厂也纷纷成立电视剧部，加入了电视剧制作的行列。为了推动电视剧的提高和繁荣，1982 年 7 月成立了电

视剧艺术委员会。这个委员会是由中央戏剧学院院长、中国剧协副主席金山提议，经中共中央主席胡耀邦批准成立的。1983 年 10 月，中国广播艺术团电视剧团和中央电视台电视剧部、电视剧艺委会的制作部合并，成立了力量雄厚的中国电视剧制作中心。

五、广告现声屏

广播电视业是一项重装备、高消耗的事业，不仅其基础设施建设需要大量的资金投入，而且它的日常运转，包括设备的维护和改造、更新，节目的采录与制作等各个方面，都必须以强劲的财力作后盾，所需经费大大超过其他新闻传媒。改革开放前，我国广播电视事业的经费来源主要是国家财政拨款。进入 20 世纪 70 年代末期后，随着事业规模的迅速扩大，经费开支也大幅度攀升，单纯地依靠国家财政拨款已远远不能满足事业发展的需要，各级广播电视部门普遍面临着经费拮据、入不敷出的困难。为了解决这一矛盾，在国家政策和社会各方的支持下，广播电视系统从经营广告开始，渐次扩展到经营节目、技术、影视基地、网络等多种领域，经济效益不断提高。在这段时期，广告的出现给广播电视经营带来了新的出路。

新中国成立初期，上海、天津、北京等地的私营电台都曾以广告维持生计。在国有国营的人民电台中，除中央电台外，各地人民广播电台也都普遍开展了广告业务，有的大中城市甚至还设立了专门的广告台（也有的称为工商台、经济台）。这些国营广播电台的广告收入，在一定程度上弥补了国家财政拨款的不足。但自 20 世纪 50 年代中期以后，由于受“左”的思潮影响，各地人民广播电台的广告节目都相继停办，广播电视事业的经费来源，也就只剩政府拨款的单

一渠道了。

1979 年 1 月 28 日（农历 1979 年春节），在改革开放的新形势下，上海电视台为解决进口设备经费的燃眉之急，播放了中国内地的第一条电视商业广告（见图 8-2-16）；同年 3 月 5 日，上海人民广播电台也在内地广播电台中率先恢复了广告业务；4 月，广东电视台

（图8-2-16）第一条电视广告“参桂养容酒”（《中国广告20年》纪录片）

开始推出商业广告；11 月，中共中央宣传部发出《关于报刊、广播、电视台刊播外国商品广告的通知》，对大众传媒播发商业广告的行为给予认可。文件下发一个月后，中央电视台同时在第一和第二套节目中推出了商业广告。1979 年 9 月 30 日，中央电视台播出了第一条有偿广告——美国威斯汀豪斯电器广告。1979 年 12 月中央电视台播出第一条自制广告“首都出租汽车公司”；不久又为河北冀县暖气片厂制作并播出了广告。这一时期中央电视台分别在两套节目中播出广告，每天五分钟。初期电视广告分三种形式：一种是介绍商品的，一种是介绍厂商，还是一种是外商提供的带广告性的节目（如纪录片）。1980 年 1 月，中央电台开办《广告》节目，广告业务迅速在全国大众媒介中推广开来。广告业务的恢复和开办，使长期以来全部费用都依赖国家拨款的广播电视事业有了另一条经费来源渠道，而广播电视广告在宣传商品、引导和扩大消费、促进生产等方面所发挥的多种作用，也越发引起企业界的重视。

六、复苏中的广播电视事业建设

据 1979 年底统计，对国

内的无线广播，已建成中央和地方各级广播电台99座，发射台和转播台502座，调频台99座。对国外广播已办有38种外国语言节目，以及对华侨、华人广播的普通话和4种方言节目。电视台全国有38座，1千瓦以上的电视发射台和电视转播台238座，小功率（50瓦以下）电视差转台2000多座。全国2300多个县、旗、市都建立了农村有线广播站。事业建设规模的不断扩大，广播电视技术的不断发展，收听、收看工具的不断普及，为广播电台、电视台提供了必要的物质技术基础，使得我国广播电视宣传在国内外的影响日益扩大。1978年6月，中央电视台从阿根廷传回第11届世界杯足球赛实况，这是中国观众首次通过国际卫星观看现场直播的体育比赛。

中央还把中央电视台彩色电视中心列为“六五”期间的重点工程。各地对发展广播电视事业的投资也有所增加，兴建了不少广播电视发射台和转播台。1982年底与1980年底相比，全国广播电台从106座增加到118座，电视台从38座增加到47座。广播电视的发射台和转播台，这两年也增加了，特别是电视发射台、转播台，从1980年的2469座猛增到5635座。一些省、自治区开始投资建设传送节目的广播电视专用微波线路，到1982年底已达10330公里。各地的农村有线广播基本巩固，有的地方有相当规模的发展。像四川省，1982年由集体和个人筹集资金2000多万元，用来整顿有线广播网络。在这两年里，广播电视的人口覆盖率有了较大幅度的提高。广播人口覆盖率从1980年底的53%提高到1982年底的64%，电视人口覆盖率则从45%提高到57.3%。

1979—1982年广播电视事业建设发展情况

年份	电台数量	电视台数量	广播发射台、转播台数量	电视发射台、转播台数量	广播人口覆盖率	电视人口覆盖率
1979	99	38	502	238	—	—
1980	106	38	—	2469	53%	45%
1982	118	47	—	5635	64%	57.3%

注　释：

〔1〕张香山（1914—　　），笔名张莳人、时仁等，浙江宁波人，日本东京高等师范肄业。1932年参加革命，1938年加入共产党。1976年10月调入中央广播事业局主持工作，1977年1月至1982年5月任局长。

〔2〕《人民的怒吼　历史的纪录——“四五”运动天安门广场实况录音》，载中央电台、中央电视台《广播电视节目报》第23期，1978年11月23日出版。

〔3〕见《人民日报》1983年5月13日社论：《勇于负责，敢于斗争——从处理双城堡车站事件中汲取教益》。

第 9 章

“四级办”政策推动下的广播电视

第一节 新形势下的广播电视体制改革

一、“四级办”的提出

1982 年 5 月 4 日，第五届全国人民代表大会常务委员会第 23 次会议通过《关于国务院部委机构改革实施方案的决议》，宣布撤销中央广播事业局，成立广播电视部。吴冷西[1]出任广播电视部第一任部长。（见图 9-1-1）广播电视部成立后，各省、自治区、直辖市广播事业局，也陆续改为广播电视厅或广播电视局。

（图9-1-1）吴冷西

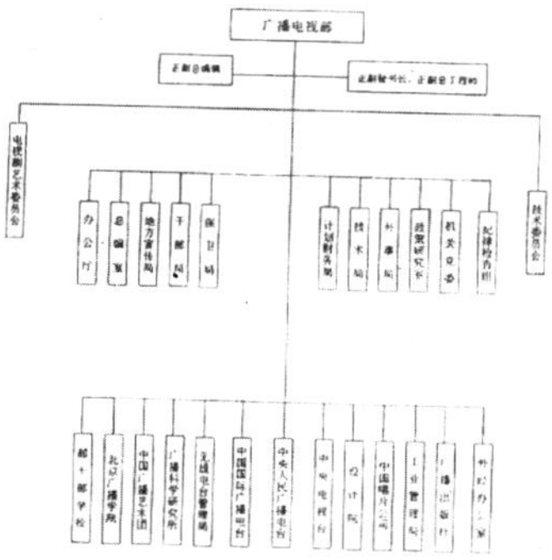

（图9-1-2）1982年广播电视部机构表

广播电视部的主要任务是，领导中央人民广播电台、中国国际广播电台和中央电视台的对国内外宣传工作；领导中国唱片公司和中国广播电视出版社的图书、杂志、录音录像制品的出版发行，以及中国广播艺术团和中国电视剧制作中心的节目制作；指导全国广播电视宣传工作；管理全国广播电视事业；领导和管理部直属单位的干部工作，加强思想政治工作和业务建设，逐步改善工作条件和生活条件；主办和归口管理广播电视系统的外事工作；归口管理全国录音录像制品的出版和发行工作。（见图9-1-2）

广播电视部成立后，于1983年3月在北京召开了第十一次全国广播电视工作会议。这是中央广播事业局改为广播电视部后第一次召开的本系统全国性的工作会议。与机构名称的变更相对应，会议名称也加上了“电视”二字。会议总结了第十次全国广播工作会议以来的经验，确定了改革和发展广播电视事业的一系列重大方针、政策。这次会议是广播电视事业发展进程中一次重要的会议，是广播电视事业发展史上的里程碑。（见图 9-1-3）

会议研究和确定了广播电视事业的奋斗目标：“到本世纪末，要在我国建成一个具有社会主义中国特色的，中央和

（图9-1-3）1983年3月第十一次全国广播电视工作会议留影（局部）

地方、无线和有线相结合的，广播和电视、城市和农村、对内和对外并重的广播电视现代化宣传网。这个宣传网，要与我国经济和社会发展相适应，与我国国际地位相称，使我国广播电视事业无论在事业规模和技术水平方面都进入世界先进行列。”

第十一次全国广播电视工作会议作出的最重要的决定是实行“四级办广播、四级办电视、四级混合覆盖”的方针。1983年以前，我国的广播电视事业建设的实际做法是，四级办广播（中央、省、市三级办无线广播，县办有线广播）、两级办电视、分级覆盖。这个方针，存在不少弊端，限制了广播电视事业发展的规模和速度。中国地域辽阔，地形

复杂，由中央和省两级来实现广播电视覆盖十分困难，特别是资金投入过大，单靠国家财力是远远无法满足需要的。而市、县两级自办电视的愿望很强烈，却又得不到决策部门的支持，控制很严。到1983年，全国仅有24个市开办了电视台，自办电视节目。这次会议提出的四级办节目、四级混合覆盖，就是除了中央和省、自治区、直辖市两级办广播电台和电视台以外，凡是条件具备的省辖市、县，也可以根据当地的需要和可能开办广播台和电视台，除了转播中央和省的广播、电视节目外，可以播出自办的节目，覆盖该市、县。

1983年10月26日，中共中央批转了广播电视部党组《关于广播电视工作的汇报提纲》，并发了一个通知（即中央〔1983〕37号文件）。中央的通知规定了广播电视的根本性质和任务，以及广播电视的努力方向，对指导广播电视事业的改革和发展意义重大。通知强调：“广播电视是教育、鼓舞全党、全军和全国各族人民建设社会主义物质文明、精神文明的最强大的现代化工具，也是党和政府联系群众的最有效的工具之一。各级党委都要按照这个精神，加强和改进对广播电视工作的领导。同时，根据需要和可能，适当增加一些人力和财力，发展和办好广播电视事业。”

二、“四级办”背景下的广播电视体制改革

十一届三中全会以后，我国各方面实行了一系列的改革，形势发生了很大变化。其中有些变化与广播电视有关，对广播电视的事业建设提出了新的要求，最突出的有以下三点：

1. 地方自主权扩大，机动财力增加，自筹资金发展广播电视事业的积极性提高了。

2. 农村实行了家庭联产

承包责任制，农民经济条件有了改善，他们迫切要求听广播、看电视，发展农村的广播电视势在必行。

3．在经济发达地区，中央决定以中心城市带动农村，逐步实行市领导县的体制。这一体制改革，激发了中等城市办广播电视的积极性。

在此形势之下，随着第十一次全国广播电视工作会议提出“四级办”的方针，广播电视的体制改革也拉开了帷幕。

“四级办”构建了一套责权清晰的机构管理模式。广电系统的领导体制是：从中央到地方实行相互协作的“三位一体”的部、厅、局管理体制。省、自治区、直辖市广播电视厅（局）受该省、自治区、直辖市人民政府和广播电视部双重领导，以同级政府领导为主。同时，省、自治区、直辖市广播电视厅（局）的宣传工作，受省、自治区、直辖市党委领导和广播电视部指导；事业建设受省、自治区、直辖市人民政府和广播电视部的双重领导，以同级政府领导为主。这些原则，也适用于省、自治区、直辖市广播电视厅（局）与省辖市、县广播电视局之间的关系。

到1984年底，全国除台湾之外的29个省、自治区、直辖市都建立了广播电视厅（局），还建有地区省辖市广播电视局（处）350个，县级广播电视局1700个。在建立和健全了各级广播电视机构以后，从中央到地方各级广播电视机构根据自己的实际情况，创造了多种体制管理模式。这些体制模式归纳起来大致分为这样几类：一是厅（局）台分设，政事分开，两台为一级或二级新闻单位，独立负责地开展新闻宣传工作，厅（局）对台不进行直接管理，更不越级插手台里的工作，主要进行宏

观指导，台拥有完整的党、团组织和人事、财务、工作决策以及其他方面的权力。这一类体制在全国占大多数。二是厅（局）台合一型，即广播电视厅（局）、广播电台、电视台三者合为一体。对外呼号为广播电台或电视台，但实际上两台的一切职能均由厅（局）里充当。三是厅（局）台名义上分设，但明分实合。两台的人权、财权和工作决策权等，均由厅（局）里掌握，厅（局）领导时常直接指挥台里的工作。在地市级广播电视体制中还有这样一种形式：两台与报社一样，都是市委和市政府直接领导的独立的新闻事业单位，没有一个管理它们的广播电视局。

“四级办”的方针极大地调动了地方市、县两级发展广播电视事业的积极性。由于市、县两级党委、政府可以使用广播电视这个强有力的宣传工具，因而加大了对广播电视事业的投入和支持力度，从而大大加速了广播电视事业的发展，扩大了广播电视的覆盖。从1983年到1988年，我国广播电视事业建设迎来了有史以来发展最快的时期。全国普遍兴起办广播、办电视的热潮，广播电台、电视台的数量逐年递增，递增幅度平均每年30%以上。

理顺各级广播电视机构之间关系的问题，是广播电视系统体制改革的一个方面，另一方面则是广播电视机构内部管理体制的改革。

	广播电台数量	电视台数量	全国广播人口覆盖率	全国电视人口覆盖率
1982年	118座	47座	64.0%	57.3%
1988年	461座	422座	70.6%	75.4%

在第十一次全国广播电视工作会议上，广播电视部决定成立“三位一体”的领导体制。即在宣传工作方面实行总编辑负责制，由部长任总编辑，副部长和中央人民广播电台、国际广播电台、中央电视台的台长任副总编辑；在技术工作方面实行总工程师负责制，由总工程师协助部领导处理技术工作，加强技术建设；在行政管理工作方面，实行部长负责制，几位副部长协助部长分管宣传、技术、行政工作，同时设秘书长、副秘书长，协助部领导处理日常工作，使部领导能够集中力量来考虑重大方针政策问题，实现思想政治领导、方针政策领导。同时建议省、自治区、直辖市的广播电视厅（局）参照部的做法，从各自的实际出发，进行必要的改革。但是，由于多种原因，“三位一体”的领导体制没有能按构想落实。

1985年6月18日，第六届全国人民代表大会常务委员会第11次会议决定，任命艾知生[2]（见图9-1-4）为广播电视部部长，免去吴冷西的广播电视部部长职务。

1986年1月20日，第六届全国人民代表大会常务委员会第14次会议审议通过了《关于

（图9-1-4）艾知生

广播电视部改为广播电影电视部的决定》。对电影和电视事业实行统一领导后，电影局由原属文化部成建制地划归广播电影电视部领导。广播电影电视部部长仍由艾知生担任。（见图9-1-5）

CRFTM

（图9-1-5）广播电影电视部标志

根据国务院的有关规定，广播电影电视部的职能为加强广播电视新闻宣传工作，领导和管理“中央三台”，把握舆论导向，加强对全国广播电影电视事业发展的规划和政策、法规、标准的制定以及监督、检查协调服务。

长期以来，电影和电视事业分别由两个部门管理，电影片、电视片在题材规划、创作生产、播映、对外合拍、进口等方面，存在着一些不协调现象，不仅不能很好地为社会服务，而且造成了人力、财力、物力的浪费。对电影和电视事业实行统一领导和管理，有利于加强电影电视的团结协作和合理分工，减少矛盾和摩擦，并且可以相互取长补短，促进影视事业的共同繁荣和发展。然而，由于出现不同意见，原

（图9-1-6）1989年10月，广播电影电视部副部长徐崇华在国际电信联盟举办的“第一届世界电子传播媒介讨论会及展览会”的政策讨论会上发言，向世界介绍我国广播电视政策及发展状况

拟订的全国电影系统全部划归广播电影电视部和各省广播电视部门实行统一领导的计划迟迟未能实现，使得影视协调、共同发展的优势没有得到充分的发挥。但是，作为一种积极的改革探索，影视合并的决策对我国的电影事业和电视事业的发展，都起了重要的推动作用。（见图9-1-6）

第二节 广播电视的经营管理与法制建设

一、广播电视经营管理变革

1983年，第十一次全国广播电视工作会议在提出“四级办”方针的同时，确定对广播电视经费管理体制进行改革，在经费来源上放开搞活，由过去单纯依靠国家财政拨款，改为经费来源渠道多元化，广泛开辟财源，以弥补国家拨款的不足。（见图9-2-1）

第十一次全国广播电视工作会议后，各级广播电视部门一方面加强了广告经营，另一方面积极开展多种渠道的创收集资活动；同时，中央和地方财政对广播电视事业建设的拨款数额也不断增加。1984年，全国广播电视财政拨款（包括事业费和基本建设费）为13.2

（图9-2-1）中央电视台管理工作及管理规章制度问卷调查

亿元，到1987年时就已达到22亿元。不仅如此，各级财税部门还对广播电视系统实行了减免税收和免征“两金”（能源交通重点建设资金和预算调节基金）的优惠政策；海关总署也对省以上的广播电台、电视台进口广播电视专用设备免征进口关税。但由于广播电视事业发展的速度快，规模大，

再加上物价上涨、通货膨胀等因素，国家拨款和广播电视部门创收集资所得，仍不足以使广播电视事业完全摆脱经费不足的困境（缺额一般占20%—50%），严重制约了事业的进一步发展。

1988年召开的全国广播电视厅局长会议再次强调，各级广播电视部门必须进一步开源节流，通过各种渠道和方式增加自筹资金，增强自我发展能力。会议根据当时国家正在实行治理整顿、几年之内对广播电视的拨款不可能有较大幅度增长的实际情况，对各级广播电视部门又提出了若干经营创收的新思路。包括：把一些广播电视节目投放市场，收回制作成本，增强再生产能力；广播电台、电视台同音像单位密切合作，增加录音录像制品的出版和发行量，积极开展出租业务，占领音像市场；同社会各界合办节目、实行有偿服务；积极、慎重地与国外合拍、协拍电视节目，在坚持政治原则的前提下，多接待一些外国摄影队来我国采访拍片，既有利于开展对外宣传，又可以增加外汇收入。

把优秀的节目推向国内外市场是各级电台、电视台的重要任务和自身发展的要求。1984年，中央电视台为了促进中外电视业务的交流和贸易往来，成立了中国电视国际服务公司，后改为中国国际电视总公司，围绕电视节目开展多方面的经营活动，如电视节目和录像制品的进出口、同国外合拍电视节目、向全国各无线和有线电视台供片，以及与广播电视业务有关的其他业务等，

（图9-2-2）中国电视国际服务公司外景

几年下来，业绩不凡。（见图9-2-2）

两年一次、交替举行的上海电视节和四川电视节，是又一个国内外电视节目交易的重要场所——为增进与国内外同行的电视节目交流，1986年12月，由上海市政府外事办公室和上海电视台联合举办了“上海国际友好城市电视节”（第一届上海电视节），邀请16个国家19个友好城市的24家电视台参加，共为电视节提供了电视剧和歌舞片、风光片等各类专题片105部。到1988年第二届上海电视节时，电视节目的成交量已达1000多小时，成交

（图9-2-3）上海电视节标志

额约100万美元。上海电视节也因此被称为“亚洲最大的电视节目市场”。上海电视节每逢双年11月举办一届，由六大主体活动组成：白玉兰奖电视节目评选，电视节目交易会，电视学术交流，广播电视设备展览，开幕式，颁奖典礼暨闭幕式。（见图9-2-3）1991年9月，在四川成都举行的第一届“中国四川国际电视节”上，来自14个国家和地区的170多家电视台、电影电视制作公司和音像出版社（公司）参加了这次节目交易会。会上，我国向国外影视机构出售电视片213部，成交额达40余万美元；引进海外影视剧29部620集。（见图9-2-4）

这些交易会，不仅使国内电视台尤其是地方电视台向海外输出电视节目的信心大为增强，也使国内电视界同行对海外电视节目市场的需求动态有了大致的了解。

利用系统内的技术优势和

（图9-2-4）1991年中国四川国际电视节会旗和会徽

人才资源从事广播电视技术经营活动，也是广播电视系统从事多种经营的一个方面。技术经营包括广播电视基础设施的工程设计和技术器材的销售，以及广播电视系统的设备制造和安装等业务。广播电影电视部设计院是广播电视系统唯一的设计院，其天线、声学、高塔结构的专业水平居于国内领先地位。从1984年开始，在“事业单位，企业化管理”的体制下，该院积极开展了以企业经营机制为模式、以广播电视技术为指导、以专业设计为主体的多种服务性业务，除为本系统设计了一大批大中型广播电视发射塔、彩电中心、电台业务大楼等工程（包括中央电视塔、中央彩色电视中心、国际电台中心大楼、中央电台业务大楼和众多省、市、县的广播电视基础设施）外，还先后为几十个国家设计了广播电台、电视台、发射台、转播台和议会大厦、国际会议中心、体育场馆等工程项目，仅1991年的综合产值就达370万元，年收入291万元；其中包括设计收入276万元，工程承包收入14.6万元。1992年6月，外经贸部下发文件，批准广电部设计院为首批拥有对外经营权的设计单位。（见图9-2-5）

自20世纪80年代末期起，广播电视界在从事行业内

（图9-2-5）1989年11月，亚广联（ABU）第26届年会授予广播电影电视部设计院“ABU技术论文最佳奖”，图为艾知生部长(右)向设计院代表授奖

相关业务的经营活动的同时，还积极拓展渠道，纷纷把经营触角伸向跨行业领域。1989年，四川广播电视实业开发公司与美国百事可乐公司签订了《引进百事可乐的一揽子意向性协议》，生产百事可乐饮料。1992年，为了保障上海东方明珠广播电视塔建设资金的充足供应，上海广播电视发展公司联合上海电台、上海电视台等单位，共同发起组建了上海东方明珠股份有限公司。公司拥有一系列子公司，经营范围包括广播电视传播服务，广告经营业务，环保、气象、地震、公安、消防、邮电等综合服务设施的租赁，旅游观光，特色餐饮，健康娱乐，商业服务，房地产经营和出租汽车经营等。

由于放开搞活，广为开辟财源，各级广播电视部门的自筹资金逐年增多。“1982年，全国广播电视部门的收入只有0.72亿元，1992年达到20.9亿元，增长了28倍，相当于当年国家拨款的85.7%。虽然从总体上看，财政拨款仍然是我国广播电视事业经费的主要来源，但在一些经济发达和经济比较活跃的地区，自筹资金在广播电视经费支出中的比重，已经超过国家的拨款。如北京、上海、广东、湖南、山东、辽宁、江苏、浙江、四川、湖北、福建等省、市的收入都已经超过亿元，还出现了一批收入过千万元、百万元的市、县，收入过十万元的乡镇。”[3]

自筹资金的不断增加，一定程度上弥补了广播电视事业正常经费的不足，提高了广

播电视事业自我发展的能力。1982—1992年十年间，广播电视多种经营收入的73%都用在事业发展上，有的地方甚至高达90%以上，总计金额约有60亿元。利用这笔款项，广播电视系统改造了一批陈旧设备，添置了一批先进的制作播出设备，还增加了对电视剧和大型节目的投入，不仅提高了节目制作能力，也改善了节目播出效果和传输手段。广播电视资金来源的日益多元和经营规模的不断扩大，也对计划经济体制下所建立和完善起来的一整套僵化的经营管理体制提出了加快改革的客观要求。

1987年，上海市广播电视局率先提出了“只有发展产业，才能建设事业”的口号；5月，经中共上海市委批准，上海人民广播电台和上海电视台引入社会化专业化生产模式：广播电台分为上海人民广播电台新闻教育台、上海人民广播电台经济台和上海人民广播电台文艺台；电视台则分为负责新闻、文艺类节目的上海电视台一台和负责经济、体育、社教节目的上海电视台二台；此外，上海市广播电视局还成立了一个上海电视剧制作中心、一个技术服务中心、一个生活服务中心，这就是著名的“五台三中心体制”。这一举措出台后，各机构之间责、权、利的关系更为明晰，大大

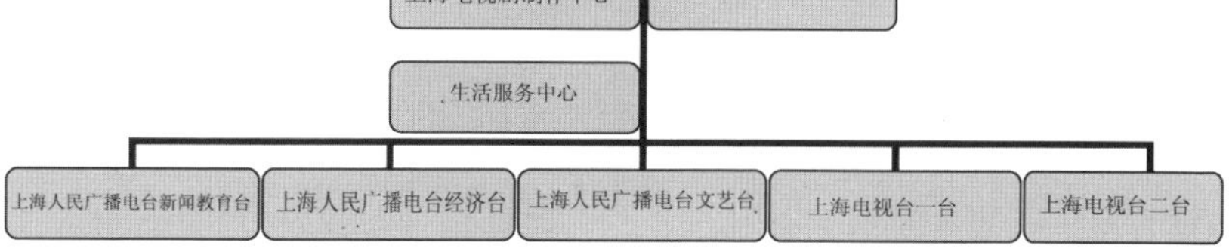

（图9-2-6）1987年上海广播电视局的“五台三中心体制”

加快了上海市广播电视产业化运营的步伐。（见图9-2-6）

广东省广播电视的改革也颇有特色。1988年1月，广东省广播电视厅提出，“让广东电视台实行企业化管理，让它自我积累、自我壮大”。同年3月，广播电影电视部在向中共中央宣传思想工作领导小组的汇报中指出：“多年来的实践证明，电视台完全依靠国家拨款很难满足事业发展的需要”，“因此我们同意对电视台实行事业单位内部按企业管理办法管理的体制，通过这种体制，鼓励电视台开拓多种渠道，自筹一部分资金，弥补国家拨款的不足”。[4] 1989年2月，中共广东省委正式批准广东省广播电视厅实行事业单位、企业化管理的新体制。（见图9-2-7）1991年和1992年，中央电视台、中央电台则在财务制度上先后实行了财务预算包干管理的办法，也取得了良好的社会效益和经济效益。

广东电视台

（图9-2-7）广东电视台标志，一直沿用至今

二、广播电视系统法制建设

法制建设一直是广播电视事业建设的一个薄弱环节，对广播电视各项工作的管理，主要是依据各个时期的方针、政策，通过党组织发布指示、命令等各种行政手段来进行，无法可依、无章可循的现象较为突出。广播电视系统的法制建设正式开始于20世纪80年代中期，由广播电影电视部具体承担并启动。

20世纪80年代以来，在“四级办”政策的推动下，全国广播电视事业发展迅猛。但在发展的过程中，许多新矛盾、新问题也层出不穷，如有

的地方有线电视台因管理不善，致使播出的节目内容混乱；有的卫星地面站任意播放接收到的外国节目，在社会上造成不良影响；还有一些广播电视基础设施被人为破坏，严重时甚至威胁到正常的节目播出。类似事件发生后，司法机关在执法办案时却找不到相应的法律依据。由此，广播电视系统日益认识到法制建设的重要性和紧迫性，立法工作被提上了重要议程。

1986年1月成立的广播电影电视部不仅担负着制定本部门规章的任务，还担负着《广播电视法》和广播电视行政法规的草拟任务。根据国务院部署，1986年1月，广播电影电视部对“七五”期间本部门立法工作的指导思想、目标和具体项目进行了规划；同月成立了法规领导小组，在部政策研究室（后改为政策法规司）下设法规处，组织领导全系统的法制工作。同年4月，广播电影电视部下发了《广播电影电视部关于立法工作的若干规定》（试行），进一步明确了上述各机构法制工作的职责、法规草拟和报批程序。随后部属各有关单位也成立了法规领导小组和法规、规章起草小组。（见图9-2-8）

广播影视系统的法规分为

（图9-2-8）1991年1月，广播电影电视部和国家版权局与世界知识产权组织联合在北京举办“广播电视、音像和唱片版权培训班”

三个层次：全国人大颁布的法律，国务院颁布的行政法规和广播电影电视部颁布的规章。1986 年 5 月，广播电影电视部开始着手制定“七五”（1986—1990）期间的立法工作计划。“七五”期间，由广播电影电视部拟出草案，上报国务院审议，需经全国人大常委会制定公布的法律有《广播电视法》和《电影法》两件；由广播电影电视部拟出草案，需经国务院制定公布的行政法规有《广播电视设施保护条例》、《有线电视管理暂行规定》、《卫星地面接收设施接收外国卫星传送电视节目管理办法》，以及《电影片、电视片进出口条例》等 16 件；由广播电影电视部制定颁布的规章有《关于实行电视剧制作许可证制度的暂行规定》、《广播电视广告管理规定》以及《电影审查办法》等 25 件。（见图 9-2-9）

（图9-2-9）1987年8月，广播电影电视部召开的第一次法制工作会议

《广播电视法》是同《宪法》相衔接、代表国家意志、实现党和政府对广播电视全面领导和管理的大法，是广播电视法规体系的核心。为保证这一法律规范的严肃性和科学性，自 1986 年开始，广播电影电视部就组织专人进行调研，次年拟出了《广播电视法》初稿，之后又多次召开会议，认真研讨和论证，在广泛听取意见的基础上反复修改。至 1990 年底，已修改出第五稿，拟于 1992 年初上报国务院。但此后由于广播电影电视部认为制定《广播电视法》的条件还不成熟，如与邮电等部门的工作关系还没有理顺、《新闻法》还没有出台等，因此，

（图9-2-10）广播电影电视部与联邦德国艾伯特基金会合作举办广播电视法律讲习班

可以先从制定具体的行政法规入手。这样，《广播电视法》的出台便自然延期了。（见图 9-2-10）

电台、电视台发布广告，涉及保护消费者权益、维护社会经济秩序等一系列问题，需要相关的管理措施对其加以规范。为此，国务院从1980年开始，把建设规范、有序的广告市场作为政府的重要议题，明确把广告管理工作划归工商行政管理局负责。1982年2月，国务院颁布《广告管理暂行条例》，从而为广播电视机构开展广告业务提供了法制保障。

第三节 “扬独家之优势，汇天下之精华”

第十一次全国广播电视工作会议强调“宣传工作的改革要以新闻改革为突破口”、“坚持‘自己走路’，扬独家之优势，汇天下之精华”的业务方针，在实践中得到普遍而又认真的贯彻执行。广播电视要“扬独家之优势，汇天下之精华”，最初是在1982年10月在无锡召开的华东六省一市广播电台第二次新闻节目经验交流会上提出的。[5] 在第十一次全国广播电视工作会议上，

吴冷西对其作了进一步的分析说明。它是广播电视要“自己走路”方针的重要补充和生动形象的阐述，在这一方针的指引下，广播电视走上了探寻各自传播规律的发展之路。

一、以新闻改革作为广播电视宣传改革的突破口

中央电台采取了以下两大举措来推进新闻改革：一是加强驻地方记者的力量。1984年增建了北京、重庆、大连、香港4个记者站；之后不久，又建立了深圳记者站。从1987年起，地方记者站统一称为“中央人民广播电台、中国国际广播电台驻××记者站”，仍受广电部和当地党委的双重领导，以广电部领导为主，委托中央电台统一管理（至1995年底，驻地方记者站发展到36个，形成了一个遍布全国的广播记者网）。二是在1984年12月组建了中央电台范围内的广播新闻中心，在体制上实现了对全台新闻宣传业务的统一组织和领导。这些举措反映在新闻节目中，主要是信息容量扩大，特别是时效性有了提高。中央电台对1987年中共第十三次全国代表大会的报道，可以说是达到了先声夺人的要求。10月25日十三大开幕，中央电台进行了现场广播，在第一套节目直播的同时，第二套节目插播会议开始举行的消息。11时40分开幕式结束，12时就播出十三大报告的要点，13时播出开幕的录音新闻。11月1日11时56分十三大宣布闭幕，4分钟后，听众就从广播中听到闭幕的消息，以及新选出的中央委员和候补中央委员、中顾委和中纪委委员的名单。11月2日15时，十三届一中全会举行，中央电台同步播出简讯，15时42分会议通过公报，过了41秒钟，中央电台就播出了公报的全文，时效之快在中国广播史上是罕见的。会议期间举行的中外记者招待会、酒会和

（图9-3-1）1987年10月，李鹏在中共十三大会议期间为中央电台审阅稿件

代表接受记者采访的活动，中央电台都播出了录音剪辑。播出时间一般比电视早半个小时以上，在各种新闻媒介中是最快的。十三大期间，有些地方电台设专人收录中央电台的最新消息。中央电台新闻快，也使地方电台的新闻加强了时效性。（见图9-3-1）

在调整节目布局方面，中央电台根据广播的特点、听众的心理和收听规律，对早、中、晚3段收听率较高时间的节目，采取如下编排方法：早晨（6：00—8：00）以新闻为主，中午（11：30—13：30）以综合性节目为主，晚上（18：00—23：00）以文艺节目为主。从整体上看，形成了以新闻为骨干，以文艺和专题为两翼，以服务性节目为补充的格局。1987年，中央电台创办了新闻综合节目《午间半小时》，在内容上注意把握时代脉搏，接触群众关心的热门话题，在反映群众意见和建议的同时，寓教育于谈天说地之中，进行正确的舆论引导。节目开办后很受听众欢迎。1988年7月，中央电台对新闻节目的布局作进一

步调整，第一套节目以新闻为主，基本上做到整点有新闻，次次有更新，时效性强的重要新闻随时插播。四川、浙江、吉林、河南、甘肃、黑龙江等省一级电台，也对节目的总体布局作了较大幅度的调整。在调整中，既注意开发和利用广播早、中、晚听众密集的“黄金时间”，又尊重一般听众的收听习惯和需要，注意节目结构的科学性、合理性。（见图9-3-2、图9-3-3）

（图9-3-2）上海东方广播电台工作人员正在紧张地播出早新闻

（图9-3-3）1991年，珠江经济电台与浙江、南京、安徽、武汉电台进行联合直播

电视新闻的改革，首先表现在增加新闻节目时间，扩大新闻节目的比重上。中央电视台1984年开办了《午间新

（图9-3-4）中央电视台的《午间新闻》节目和直播现场

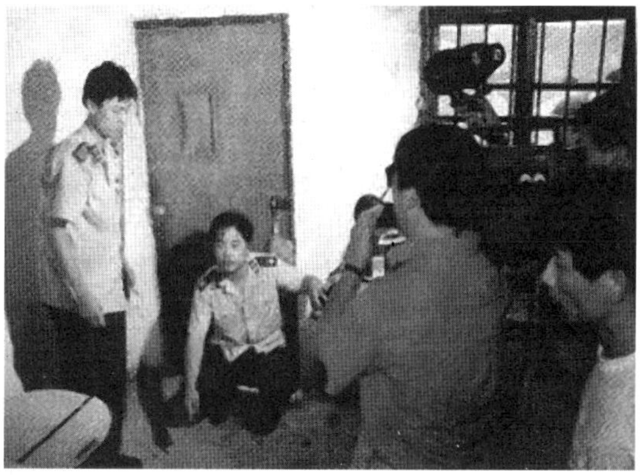

（图9-3-5）上海东方电视台《东视新闻》、《东方夜新闻》、《东视深夜新闻》每晚三次滚动播出，图为东视记者在现场采访

闻》，（见图9-3-4）1985年开办了《晚间新闻》，1987年开办了《经济新闻》（后改为《经济信息》）。中央电视台第一、二套节目中，每天播出的新闻节目（包括重播）至1988年已增加到10次。同时采取许多新的手段和方式提高新闻的时效性，比如在正常的播音时以插播新闻和飞字幕相结合的形式将最新的新闻及时传播出去。

许多省级电视台也增设了《晚间新闻》。（见图9-3-5）广州、上海、北京等电视台还在早上开办了新闻节目，打破了早上没有电视新闻可看的局面。为了适应对外开放的需要，1986年和1987年，上海电视台和中央电视台先后办起了《英语新闻》节目。（见图

（图9-3-6）中央电视台的《英语新闻》节目

9-3-6）

拓宽报道面，增加信息量，增加新闻条数，是电视新闻改革的另一项措施。30分钟的《新闻联播》，大体播出35条新闻，不少可称为“一句话新闻”。同时，中央电视台对时政新闻进行了改革，压缩新闻长度，控制会议报道，这就为增加经济、科技、文化、体育、社会新闻和批评性新闻，以及国际新闻，腾出了节目时间，使电视新闻节目的内容更加广泛，信息量明显增多。

时效是衡量新闻价值的标准之一，也是电视新闻改革的一个主要目标。电视可以在事情发生的同时，把现场的画面和声音传送到千家万户，这是其他新闻媒体无法比拟的优势。中央电视台对一些重大政治事件和活动，或者是人们关注的体育比赛和文艺演出，都采取现场直播的做法。1985年3月第六届全国人民代表大会第三次会议召开，1987年10月中共第十三次全国代表大会召开，中央电视台均现场直播了开幕式，这在全国人代会和党代会的报道史上尚属首次。（见图9-3-7）

（图9-3-7）中央电视台记者报道中国共产党第十三次全国代表大会

争分夺秒的时效观念，在电视新闻的采录、编辑、传送、播出的各个环节得到了充分的体现，各电视台新闻节目中的当天新闻和刚发生的新闻所占的比例大大提高。1986年8月19—21日，邓小平在天津视察，21日下午视察结束。邓小平在当晚进餐时，就从屏幕上看到天津电视台播出的《邓小平同志在天津视察》的新闻。邓小平高兴地勉励天津电视台的记者：“你们的效率很高，希望继续努力。”（见图9-3-8）

电视新闻的改革，除了增加新闻次数和每次节目的信息量，以及提高新闻时效以外，还注意充分发挥电视宣传的优势，大胆尝试，在某些方面取得了突破性的进展。

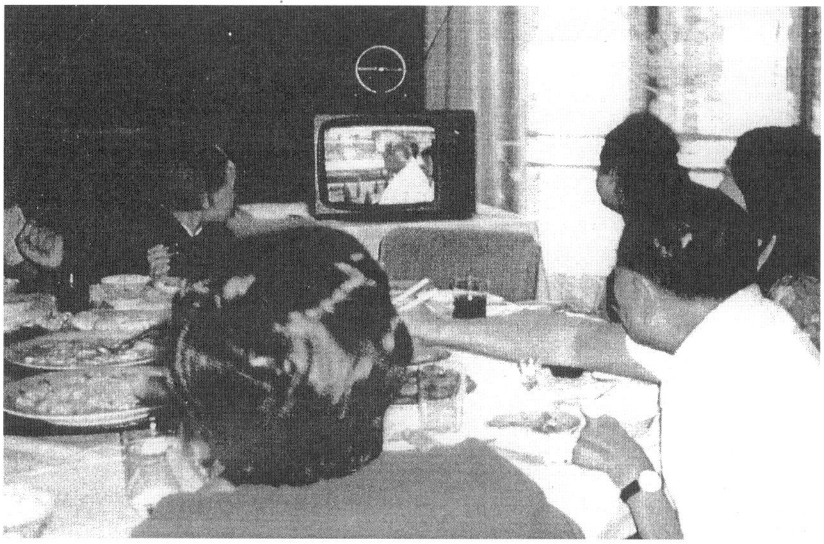

（图9-3-8）1986年8月，邓小平在天津视察期间， 21日兴致勃勃地观看天津电视台当天拍摄播出的 《天津新闻》节目

1987年3月，第六届全国人大第五次会议召开。会议期间，中央电视台播出了8次记者招待会的录像剪辑，社会上反应很好。这次实践，不但使电视工作者加深了对电视功能的认识，也使各级领导更加重视电视的作用。（见图9-3-9）

（图9-3-9）1987年3月20日，中央三台实况转播中国人民政治协商会议第六届全国委员会第五次会议

中央批准的《关于改进新闻报道若干问题的请示》中，在回顾了六届人大五次会议期间电视播出记者招待会实况录像剪辑的情况后写道：“广播电视是同人民群众对话的新闻渠道中最迅速、最广泛、最直接，为广大群众喜闻乐见的现代化工具，具有文字报道不可替代的作用”，“今后应推广这一经验，把利用广播电视同人民群众对话的工作经常化、制度化”。此后不久，中央电视台录像剪辑播出国务院处理大兴安岭地区特大森林火灾问题的常务会议，这在国务院会议报道史上是第一次。

在电视新闻改革中，各地电视台另一个已被实践证明行之有效的探索，就是对一些群众普遍关心的问题或者对一些突发性事件，采取连续报道、系列报道的办法。1984年，中央电视台就北京市民乘车难的问题，一连进行了10次报道。1986年，四川电视台的记者、编辑，跟随洛阳长江漂流探险队，从长江源头到长江入海处吴淞口，采访达半年之久。四川电视台播发了48条新闻，中央电视台采用了其中的28条。1987年，东北大兴安岭发生特大火灾，从5月11日到6月9日的28天中，中央电视台的《新闻联播》对火灾情况作了22次连续报道。为了配合中共十三大的召开，中央电视台和山西、广东、广西、北京、江苏、黑龙江、上海、陕西、大连、安徽、天津、山东等电视台合作，共同完成《改革在你身边》大型系列新闻报道。中央电视台从1987年9月30日至10月24日一共播出25集。

二、多种形式的综合性信息节目出现

中央电台在1985年11月提出了缩短战线、精办节目、提高质量、全面调整的改革设想和接近群众、接近生活、接近现实的方针。经过一年的准

（图9-3-10）《历史故事》节目的记者编辑在古观象台采访

（图9-3-11）河南经济台《空中大观园》节目主持人在直播节目

备，从1987年1月1日起，全台进行节目调整和改革，《历史故事》（见图9-3-10）等7个节目停办，腾出时间和人力增办集新闻性、知识性、服务性为一体的《午间半小时》。《午间半小时》时代感强、包容性大、内容丰富、格调清新、形式别致、雅俗共赏，受到广大听众的青睐，在广播界风靡一时。各级地方电台也纷纷推出这类节目，如河南经济广播电台的《空中大观园》（见图9-3-11）、安徽电台的《空中交流》、湖南电台的《今天好时光》、吉林电台的《多彩的60分钟》等。这些综合性的主持人板块节目的出现，使电台专题节目面貌焕然一新，在改革广播宣传的道路上迈出了扎实一步。

1984年底，中央电视台成立了经济部。次年元旦，一个专门进行经济宣传的专题节目——《经济生活》在荧屏上出现。这个节目一出台，就受到中央领导同志和社会各界的重视。1985年3月8日，中共中央书记处书记胡启立电话传达国务院副总理万里的意见："要办一个经济电视台，着重播经济新闻、经济信息、商业行情和广告。"1986年3月，国务院电子振兴办公室给中央写了《关于购买国际卫星转发器开办国内教育电视节目和综合性经济信息节目的请示

报告》，李鹏在报告上批示："今年年底，中央电视台开办一套经济信息节目，以适应四化建设的需要。"1986年12月，广播电影电视部专门召开会议研究和布置了加强经济宣传和中央电视台第二套节目向全国传送的问题。会议决定，中央电视台第二套节目以传播综合经济信息为主要特点，从1987年2月1日起，通过国际通信卫星向全国传送。

中央电视台推出了一个每天40分钟的《综合经济信息》节目，取代原来的《经济生活》节目。《综合经济信息》的主要任务是，宣传党和政府的经济政策，传播国内外经济信息和商品行情，沟通城乡，以及国内外产供销渠道，当好企业和消费者的参谋，为四化建设服务，为人民服务。到1987年底，全国已有120家省、市电视台转播这一节目。同时，各省、市电视台也纷纷办起了形式多样的为经济建设服务的专题节目。1988年12月，以湖北电视台第二套节目编辑部为班底组成的江汉经济电视台正式开播，成为全国第一个挂牌的经济电视台。（见图9-3-12）

1986年6月23日，国家教委、国家计委和广电部等

（图9-3-12）中央电视台《综合经济信息》栏目

九部委联合发出《关于利用卫星电视开展教育工作的通知》。根据《通知》要求，同年7月1日，中国教育电视开始试播，10月1日正式播出，台标为"中国教育电视"，英文缩写为"CETV"。1987年10月6日，在庆祝卫星电视教育频道开播一周年之际，中国教育电视台宣布成立。该台为国

（图9-3-13）中国教育电视台播音员在播送新闻

家教委直属专业广播电视事业单位，主要职能是教育信息发布、电视节目编辑（含综合专题节目的研制）、技术审查播出、上行发送以及与此相关的国家教委交给的工作任务。（见图 9-3-13）

三、文艺节目精品迭出

向广大观众提供内容健康、形式新颖的广播电视文艺节目，满足人们娱乐和欣赏的要求，提高群众的文化素养，促进社会主义精神文明建设，是广播电视的主要功能之一。

文艺节目是广播的重要组成部分，播出时间长，节目和栏目多，拥有的听众群也最为庞大。文艺广播实施精品战略以来，出现了一批好的名牌栏目，如中央电台的《今晚八点半》、《音乐大世界》、《空中大舞台》，地方电台的如河南电台的《群众文艺宫》、上海电台的《上海欢乐时空》、北京电台的《空中百花园》等。（见图 9-3-14）

（图9-3-14）中央电台《今晚八点半》节目主持人雅坤、贾际

改革开放以来，电视文艺节目有了很大发展和提高，逐步摆脱了对剧院舞台的依赖，改变了播出舞台演出实况录像为主的格局，以自办的具有独特的电视特色的各类文艺栏目，奉献给电视观众。中央电视台在文艺栏目的建设上下了很大力气，加强栏目播出的计划性和规范化，使文艺栏目不仅富有欣赏性、娱乐性，而

且具有较高的艺术品位。从 1984 年到 1988 年，一批经过精心设计的文艺栏目，如《艺苑之花》、《音乐与舞蹈》、《曲艺与杂技》、《周末文艺》、《戏曲欣赏》、《百花园》、《电视剧场》、《文艺天地》、《旋转舞台》、《花信风》、《短剧与小品》等相继出台，令人耳目一新。地方电视台的文艺节目，也在原来的基础上有了长足的进步。

一些地方电视台没有用过多的精力去增加新栏目，而是在已开办的栏目上做文章，苦心经营，使得这些专题文艺栏目内容不断丰富，形式新颖别致，深受广大观众的喜爱。上海电视台的《大舞台》、《大世界》栏目自开办以来，平均收视率一直在全台名列前茅；北京电视台的《大观园》，在节目的编排方式上有所创新，增强了节目的可看性；天津电视台根据本地观众的需要，对《曲艺大观园》栏目进行了重点改造，新设了主持人（其中包括邀请相声表演艺术家马三立担任主持人），并且在节目中穿插评论、逸事、典故等内容，使这个栏目具有较高的欣赏价值，提高了知名度。中央和地方电视台的文艺栏目，都注意做到雅俗共赏，寓教于乐，取得了较好的社会效益。同时，各文艺栏目分工明确，风格鲜明，制作规范，播出时间固定，有利于观众的选择，也有利于培养电视文艺人才。1986 年，天津电视台为了加强文艺宣传，开办了全国第一家电视文艺台。第二年，湖南电视文艺台宣告成立。电视文艺台的出现，标志着我国电视文艺迈上了一个新的台阶。

在电视文艺节目中，最引人注目、在社会上反响最大的，莫过于春节联欢晚会。从 1983 年起，中央电视台每年都要投入很大的人力和物力，在农历除夕举办一个春节联欢晚会，而且已经逐渐形成了传

1983年第一届春节联欢晚会节目单

01、片头
02、歌曲：《拜年歌》演唱者：李谷一
03、谜语："从上至下，广为团结"（打一字）
04、相声：《山村小景》、《木偶戏》、《说一不二》表演者：马季 赵炎
05、诗朗诵：《每逢佳节倍思亲》表演者：林丽芳（台湾）
06、黄梅戏《天仙配》选段：《夫妻双双把家还》、《竹林沙沙响》
演唱者：索宝利 牟玄甫
07、歌舞《赞歌》表演者：胡松华 斯琴高娃
08、歌曲：《勤劳的比帕尔》、《马铃儿响与鸟唱》演唱者：胡松华
09、小品：《逛厂甸》表演者：斯琴高娃 严顺开
10、舞蹈《节日》表演者：赵青 徐川
11、谜语："年终算总帐"（打五言唐诗一首）
12、哑剧小品：《吃鸡》表演者：王景愚
13、京剧《坐寨盗马》表演者：袁世海
14、相声：《错走了这一步》、《对口词》、《战士之歌》表演者：姜昆 李文华
15、谜语："制定人口政策"（打一四字成语）
16、京剧《牛皋招亲》表演者：袁世海 李谷一
17、魔术：《彩扇争艳》表演者：姚金芬
18、马戏：《训熊猫》表演单位：上海杂技团
19、相声《讲礼节》、《方言》表演者：侯耀文 石富宽
20、京剧：《空城计》选段表演者：马长礼
21、歌曲《牧羊曲》、《大海啊，故乡》、《太阳岛上》演唱者：郑绪岚
22、京剧：《霸王别姬》选段演唱者：李维康
23、电影歌曲：《小花》插曲《绒花》、四川民歌《盼红军》演唱者：刘晓庆
24、喜剧小品《弹钢琴》表演者：严顺开
25、相声《猜谜语》表演者：姜昆 马季
26、新年贺词表演者：王昆
27、谜语："镜子里面照着人"（打一字）
28、小品：《阿Q的独白》表演者：严顺开
29、相声：《串调》（录像）表演者：侯宝林
30、谜语："晚会"（打一字）
31、歌曲《春之歌》、《问声祖国好》、《一根竹竿》、《年轻的朋友》故事片《知音》插曲《知音》、《乡恋》表演者：李谷一
32、对歌：《刘三姐》表演者：李谷一 袁世海 姜昆
33、电影《武林志》片断（录像）
34、武术表演 表演者：葛春燕（八卦拳）、郝志华（双刀）王钰（醉拳）、李霞（长剑）、王建军、于少文（空手拳、棍）
35、古彩戏法：《吉庆有余》表演者：秦明晓

（图9-3-15）1983年第一届春节联欢晚会节目表

（图9-3-16）1984年春节联欢晚会上香港演员张明敏演唱歌曲《我的中国心》

统。春节联欢晚会是超大型综合文艺晚会，规模大，演出时间长，参加的演职人员多，采用现场直播的方式，气氛热烈，符合节日期间受众的观赏心理。在农历除夕之夜，全家围坐在一起收看电视，成为中国人民欢度佳节必不可少的内容。据统计，历年春节晚会的收视率都在70%以上；海外的

（图9-3-17）1990年的亚广联第27届大会上，中央电台的广播节目《可爱的大熊猫》获亚广联广播奖，这是我国广播节目第一次获得这个奖

不少华侨、华人，也是这台晚会的热情观众。（见图9-3-15、图9-3-16）

除了春节联欢晚会，中央电视台每逢国庆、新年、五一等节假日或重大的活动，也举办大型的综艺晚会。各省级电视台在这种时候也都举办富有地方特色的综合文艺晚会，以满足当地观众的需要。

（图9-3-18）大型电视系列片《话说长江》首次在大型系列节目中使用了固定的节目主持人，采用章回小说的结构方式，固定栏目连续播出。这种在艺术上新的探索和突破，受到广大观众的欢迎

四、涌现出一批优秀的纪录片

这一时期广播电视专题节目改革另一个主要的特点，就是涌现出一批非常优秀的系列片、纪录片等。中央人民广播电台的广播节目《可爱的大熊猫》第一次获得亚广联广播奖（见图9-3-17）。中央电视台1983年8月播出的25集《话说长江》，1986年7月播出的32集《话说运河》，为纪念中国人民解放军建军60周年，在1987年七八月间播出的12集《让历史告诉未来》，1987年11月播出的由北京、天津、河北、辽宁、内蒙古、新疆等10个省、自治区、直辖市电视台联合摄制的37集《万里长城》等大型系列节目，题材分量重，容量大，播出持续时间长，艺术上力求创新，取得

（图9-3-19）中央电视台电视系列片《话说运河》摄制组在采访拍摄

了良好的社会效果。（见图9-3-18、图9-3-19）

五、电视剧继续蓬勃发展

第十一次全国广播电视工作会议以后，电视剧取得了令人瞩目的成就。电视剧的年产量已大大超过电影，而且，电视剧的题材更加广泛，品种日趋丰富，质量有了进一步的提高。中央电视台播出的电视剧，1982年是235部（集），至1988年已增加到1155部（集），增加了将近4倍。有一批优秀的电视剧，像《蹉跎岁月》（中央电视台）、《今夜有暴风雪》（山东电视台）、《四世同堂》（北京电视制片厂）、《红楼梦》（中央电视台、中国电视剧制作中心）、《严凤英》（南京电影制片厂、江苏音像出版社）、《末代皇帝》（中国电视剧制作中心）等，在社会上引起了轰动效应。（见图9-3-20、

（图9-3-20）1986年10月，中央电视台、中国电视剧制作中心录制的大型电视剧《红楼梦》

（图9-3-21）北京电视台，北京电视艺术中心录制的电视剧《渴望》

（图9-3-22）山东电视台录制的电视剧《今夜有暴风雪》

图9-3-21、图9-3-22）电视剧已经成为电视节目中一大支柱，占据着举足轻重的位置，成为在人民群众中有着广泛影响的艺术品种。在我国电视剧的年产量迅猛增长的情况下，人力、设备、财力等方面条件不足的问题日益暴露出来，因而出现了一批平庸之作，乃至劣次产品。自1988年起，电视部门开始实行“提高质量，控制数量”的方针，我国电视剧制作走上稳定、健康发展的道路。

六、运用现代统计手段进行受众调查

广播电视要为受众服务，而通过受众调查，及时调整节目，正是更好地为听众观众服务的重要手段。我国广播电视的受众调查，主要出于两个目的：一是为了不断提高节目质量，更好地满足广大受众的精神文化需求；另外一个则是通过调查，调整栏目设置，获得更好的经济效益。我国受众调查在刚开始的时候只有第一个目的，而随着社会的发展，第二个目的则从无到有，逐渐加强。

受众调查包括各种形式，如座谈会、来信来电、各种抽样调查等，以了解广播电视节目是否为广大听众观众接受，栏目配置、时间安排是否合理，是否达到最佳的传播效果等。收视（收听）率是指特定时段收看（收听）某一频道（频率）或某一节目的人数在总体推及人口中的比率。其中总体推及人口是指在调查区域内所有符合条件的个体，例如具体到收视率，总体推及人口一般是指在调查区域内，家中拥有电视机的、4岁以上的所有人，家中没有电视机以及没有收看能力的人（如0—4岁的婴幼儿）均不计算在内。

1986年，中央电视台开始通过统计方法进行受众调查，主要方式有收视率统计和受众

（图9-3-23）1992年1月1日中央电视台开始启用全国电视观众调查网，图为地方站与中央站联网的微机系统

（图9-3-24）1992年12月，中国广播电视学会受众研究会和中央电视台联合召开的全国电视观众抽样调查工作会议

抽样调查。这次调查是中国首次大范围、大规模、科学的受众调查。1987年，中央电视台会同各省市电视台一起，进行了我国第一次城乡电视观众调查。以后全国性的电视观众调查每隔五年进行一次。

与收视率调查相比，收听率调查在中国起步更晚。从20世纪90年代中期开始才陆续有部分广播电台开始进行听众调查。这些调查大多采用随机抽样、问卷调查等方法，并不是严格意义上的科学的收听率调查。直到90年代中后期，央视索福瑞、AC尼尔森等专业调查公司成立后，中国广播电视真正科学意义上的受众调查才蓬勃发展起来，促进了广播电视节目质量的提高和广播电视媒体的良性发展。（见图9-3-23、图9-3-24）

七、少数民族广播电视与对台广播电视

第十一次全国广播电视工作会议以后，对少数民族广播电视和对台湾广播电视也加快了改革的进度。中央电台的民族广播创建于1950年，1960年停办，1972年起陆续恢复，办有蒙古语、藏语、维吾尔语、

全國對國內廣播使用語言分布表

（共34種）

北京	普通話
天津	普通話
河北	普通話
山西	普通話
內蒙	普通話
	蒙古語
遼寧	普通話
	蒙古語
吉林	普通話
	蒙古語
	朝鮮語
黑龍江	普通話
	朝鮮語
上海	普通話
	上海話
江蘇	普通話
浙江	普通話
	溫州話
安徽	普通話
福建	普通話
	閩南話
	福州話
	莆仙話
江西	普通話
山東	普通話

河南	普通話
湖北	普通話
湖南	普通話
廣東	普通話
	廣州話
	潮州話
	客家話
	雷州話
廣西	普通話
	柳州話
	白話
	壯語
	客家話
海南	普通話
	海南話
	儋州話
	客家話
四川	普通話
	藏語
	彝語
貴州	普通話
雲南	普通話
	拉祜語
	景頗語
	傈僳語

雲南	德宏傣語
	西雙版納傣語
	哈尼語
	彝語
	壯語
	苗語
	瑤語
	載瓦語
西藏	普通話
	藏語
陝西	普通話
甘肅	普通話
	藏語
青海	普通話
	安多語
	蒙古語
	康巴語
寧夏	普通話
新疆	普通話
	蒙古語
	維吾爾語
	哈薩克語
	柯爾克孜語
	錫伯語

（图9-3-25）全国对内广播使用语言分布图

哈萨克语、朝鲜语5种少数民族语言节目。内蒙古、西藏、新疆、广西、宁夏、云南、贵州、青海等省、自治区电台和一些自治州、盟广播台站，也办有本地一种或几种民族语言广播节目。中央电台在1983年创办了第一个用汉语普通话广播的民族专题节目——《民族大家庭》。《民族大家庭》节目内容丰富，形式活泼，编排灵活，可听性较强（见图9-3-25），拥有不少听众，对增进各民族之间的相互了解，促进民族大团结，开创民族工作的新局面，提供了一个良好的舆论环境。（见图9-3-26）

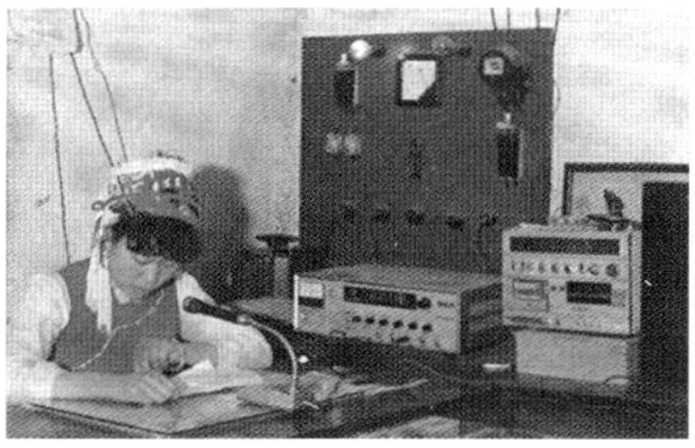

（图9-3-26）云南省大理白族自治州重视农村乡镇有线广播建设。图为大理西州镇下鸡邑村白族播音员在播音

（图9-3-27）“海峡之声”电台的播音员在播音

在祖国内地和台湾省不能通邮、通航、通商，两岸同胞音讯受阻的情况下，内地电台的对台湾广播始终是海峡两岸同胞沟通联系、加深了解、增强感情的主要渠道。

中国人民解放军对台湾广播的专门电台——福建前线广播电台，从1984年元旦开始，改名为中国人民解放军海峡之声广播电台，呼号为“海峡之声广播电台”。电台改名，在台湾和香港引起了反响。台湾听众反映，这个做法“对增进和解有利”。香港报纸认为，“一名之改，隐含着政策的变化，气氛的变化”，“是和平政策指引下的一个举动，进一步体现了和谈诚意”。（见图9-3-27）

（图9-3-28）1987年11月4日，福建人民广播电台记者在“鼓浪屿”号客轮采访第一批返回内地探亲的台湾同胞

江苏电台从1982年7月起，就开办了对台湾广播节目。为了适应对台工作的新形势，进一步发挥沿海对台宣传阵地的作用，广播电视部在1985年底批准江苏电台对台湾广播改用“金陵之声广播电台”的呼号，使用短波频率。在1986年11月12日，中国民主革命的伟大先行者孙中山先生诞辰120周年的日子里，金陵之声广播电台正式开播。金陵之声广播电台面向台湾各界民众，侧重于江苏和华东地区的去台同胞，兼顾港澳同胞和东南亚华侨。1986年10月，厦门电台开办《为金门同胞服务》节目。这个节目于1990年7月改为对台湾广播。1987年上海电台筹办专门对台湾和海外广播的浦江之声广播电台，并于1988年元旦正式播音。1988年7月，福州电台开办对马祖广播，1991年改为对台湾广播。（见图9-3-28）

在以后的几年间，对台湾广播又有新的发展。1991年

（图9-3-29）1989年10月，台湾同胞（左二）专程来到福建电视台《海峡同乐》编辑部，要求帮助寻找失散多年的亲人

11月在福州创办的华艺广播公司（国内第一家经国家工商管理局注册的广播公司），用5个频率对台湾广播。1993年元旦，东南广播公司（其前身是福建电台对台湾广播，1972年中断）作为福建电台的系列台之一，重开对台湾广播。至此，全国已有8家电台办了对台湾广播，充实了对台湾广播宣传的力量。福建也是最早开设对台湾电视的省份之一。1992年7月，福建《海峡同乐》栏目到台湾采访拍摄，这也是内地第一批赴台湾的摄制组，受到海峡两岸观众的欢迎。（见图9-3-29）

第四节 对外广播电视宣传的发展

一、对外广播宣传的发展

长期以来，我国国家广播电台的新闻报道是一个薄弱环节，没有自己的信息来源，只靠转发国内通讯社和报刊的新

闻过日子。这就不可避免地造成我国对外广播的新闻时效性差、报道面窄等不足，缺乏与世界大台竞争的能力。显然，新闻改革同样是整个国际广播宣传改革的突破口。

为了加强新闻报道，国际电台组建了驻外记者队伍。自1980年在日本东京建立第一个驻外记者站之后，陆续在贝尔格莱德、巴黎、伊斯兰堡、墨西哥城、华盛顿、香港地区、波恩、曼谷、开罗、莫斯科、纽约（驻联合国）、哈拉雷、

（图9-4-1）1988年5月6日，中国国际广播电台英语节目第一次对国外直播

中國對國外廣播語種表

（共43種）

英語
法語
德語
意大利語
西班牙語
葡萄牙語
波蘭語
阿爾巴尼亞語
塞爾維亞克羅地亞語
羅馬尼亞語
世界語
捷克語
匈牙利語
俄語
保加利亞語
阿拉伯語
普什圖語
波斯語
烏爾都語
孟加拉語
印地語
尼泊爾語
僧伽羅語
柬埔寨語
緬甸語
老撾語
泰語
泰米爾語
豪薩語
土耳其語
斯瓦西裏語
馬來語
印度尼西亞語
菲律賓語
蒙古語
越南語
朝鮮語
日語
漢語普通話
廣州話
潮州話
客家話
廈門話

（图9—4—2）到20世纪80年代末我国对外播音的语言种类

堪培拉、布宜诺斯艾利斯和布鲁塞尔设立了常驻记者站，到1988年底已达到16个。（见图9-4-1）

国际电台驻外记者积极开展工作，发稿数量逐年增加。1988年发回新闻7974条，专稿623篇，总的发稿量比1986年增加了一倍。（见图9-4-2）

（图9-4-3）2000年3月26日，中国国际广播电台举行听众见面会，热心的俄语听众与国际台俄语部工作人员（右）亲切交谈

20世纪80年代以来，我国的外事活动日益活跃和频繁。国际电台为此建立了一支精干的时政记者队伍，采访我国和世界各国领导人之间的互访等重大外事活动。国际电台的外事记者，绝大部分精通外语，熟悉有关国家和地区的情况，独具优势。因此，国际电台采写的时政消息时效快，准确性和针对性强，受到各国外交机构、新闻界和广大听众的重视和欢迎。（见图9-4-3）

国际电台在宣传改革中，除了注重充实节目的内容以外，对节目形式的改进也作了

大胆的探索。外语节目的构成，从过去新闻、专稿、音乐三大块的生硬、呆板的模式，变为集新闻性、知识性、欣赏性、服务性于一体，并普遍设立节目主持人，改变了传统的播音腔，加强了与听众思想感情的交流，使节目更适应国外听众的收听习惯和心理承受力，具有较强的可听性和吸引力。另外，国际电台积极运用广播手段，发挥广播宣传的优势。比如，1984年中华人民共和国成立35周年，国际电台用英语在天安门广场现场实况广播群众游行，这在我国对外广播史上还是第一次。（见图9-4-4）

（图9-4-4）1984年10月1日，中央三台在天安门广场转播国庆35周年庆祝活动实况

之后，他们又两次和中央电视台合作，对春节联欢晚会进行英语直播。在华外国人和旅游者可以通过广播，与中国人同享节目的欢乐。

自从中国实行改革开放以后，来中国工作、经商、学习和旅游的外国人越来越多，中国国际广播电台在1984年1月1日开办了对北京地区的英语广播（上海、天津、广州、沈阳、杭州、西安等地都加以转

（图9-4-5）中华人民共和国成立45周年之际，广西对外广播电台举办《改革开放与中国》知识竞赛，收到了很多越南听众的答案。图为越南听众领取获奖证书

播），在1986年10月25日开办了对内的西班牙语广播，1988年5月1日和9月1日又先后增办了对内的法语、德语、日语广播。这些广播节目，不仅使在华外国人及时了解我国的内外政策，有助于他们正确认识中国，同时也为中国听众学习外语提供了条件。

在这个阶段，地方电台办的对外广播也有所发展。广西对外广播电台是中国首家对外广播的省级电台。为了加强对越南的宣传，1982年，广西对外广播电台经中央批准并投资建成。这个电台于1983年8月16日开始转播中国国际广播电台越南语节目，1984年12月1日正式播出自办节目。（见图9-4-5）1986年10月1日，云南对越南广播的电台——云南对外广播电台也开始播音。此外，云南人民广播电台还办有《对国外的藏族同胞广播》节目。1988年，上海电台开设了英语调频广播。（见图9-4-6）

（图9-4-6）1988年上海电台英语调频广播新闻发布会

我国对外广播的事业建设和技术设备比较落后，美洲、欧洲、非洲等离我国遥远的地区，往往听不到、听不好我们的广播，一直是我国对外宣传的薄弱环节。进入20世纪80年代，国际电台在有关部门支持下，与一些国家的电台经过谈判，达成了互转双方对外广播节目或租用对方发射机转播我国对外广播节目的协议，并通过互转、租机，明显改善了我国远距离广播的收听效果。从听众反应中可以看出，在美国各地都可以收听到我国的广播。

由于我国对外广播的传输条件，以及节目的内容和形式有了明显的改善，中国国际广播电台的听众来信一年比一年增多。1988年收到来信16.9万多封，比1983年增加了一倍以上，创“文化大革命”以来22年的最高纪录。国际电台的英语、日语、西班牙语、德语广播节目，在国际评比中纷纷获奖或名列前茅。

二、对外电视报道与国际文化交流

十一届三中全会以后，中央电视台的国际节目交流工作有了较快的发展，除与英国维斯新闻社继续保持新闻互购关系外，1979年9月，又同美英合营的合众独立新闻社建立了新闻互购关系。这两家新闻社在香港收录中央电视台的《新闻联播》，并选择发行。从1980年起，中央电视台先后同美国的纽约宏声传播事业公司、旧金山华声传播公司、洛杉矶斯扬传播公司，加拿大的世界电视公司、华侨之夜传播公司、多伦多中文电视台、温哥华国泰华语电视台签订了供片合同，向它们提供电视节目。中央电视台还委托香港东明企业公司复制和出售《中国电视》专题节目录像带。

1983年3月1日，中央电视台参加了亚洲太平洋广

（图9-4-7）1984年10月，亚洲广播联盟在日本东京举行年会。后排左起三人为中国代表。

播联盟成员国电视台之间通过国际通信卫星进行的新闻交换试验活动。中国与日本、澳大利亚、新西兰、韩国、中国香港六个国家和地区同为A区。1984年4月1日，中央电视台正式参加了亚广联A区每周的定期新闻交换，还通过亚广联与欧洲广播联盟等国际新闻机构的交换关系，将节目传播到欧、美、拉、非的许多国家。（见图9-4-7）

1983年8月，广播电视部在北京召开了第一次全国电视对海外宣传工作会议，专门就电视的对海外宣传进行了研讨。1984年10月，广播电视部又在宁夏银川召开了第二次全国对海外电视宣传工作会议。在一年多的时间里召开两次同类型的全国性会议，是前所未有的。在这两次会议的影响和推动下，地方各级政府更加关心和重视对海外的电视传播工作，在人员编制、经费和设备等方面都给予大力支持，对外宣传机构日臻健全。1984年，

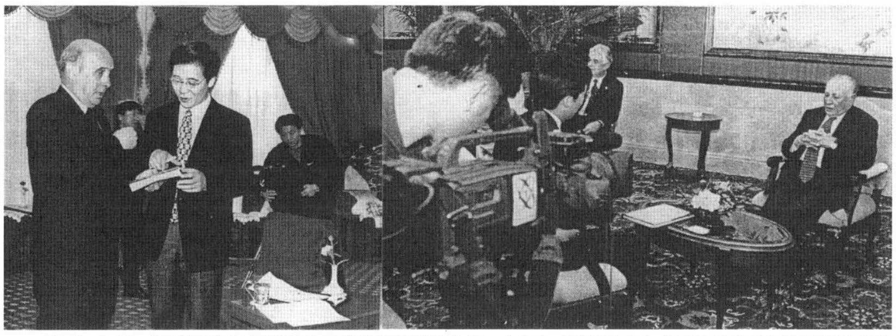

（图9-4-8）《英语新闻》记者在北京采访塞浦路斯总统。（右）《英语新闻》记者在钓鱼台国宾馆采访末代澳督奇立将军。（左）

中央电视台率先将国际部改为对外部。各地方电视台也相继建立起对外宣传机构，投入一定的人力、物力，专门负责制作适合对外又各具地方特色的电视节目，直接或通过中央电视台向海外交换、播发。各台节目水平也有大幅度提高。

1986年12月30日，中央电视台第一个面向外国观众的外语栏目《英语新闻》开播。这些栏目的开办，很快引起中外观众的关注，一些外国驻华使领馆的官员及部分外国观众分别来信祝贺。（见图9-4-8）上海电视台首先于1986年创办了《英语新闻》，还成立了国际部，积极组织电视节目出口。仅1988年一年，该台出口的各类电视节目就达330个小时。上海电视台同时与40多个国家和地区的电视界保持经常的业务往来，并举办了日本、南斯拉夫电视节目展播周，组织了“上海—奥地利文化”等电视对话节目，增进了相互了解和友谊。同年，江苏电视台成功地举办了“中国江苏电视艺术节”，联邦德国、加拿大、日本以及中国香港的电视同行前来参加。山东电视台的对外报道节目已形成了一整套录、产、销体系，向外赠送了《仙境蓬莱》、《黄海明珠》等一批介绍山东自然风光和建设成

就的专题片。同时与省外办联合举办了“国际友好城市电视节目展播”活动，并与法国电视三台布列尼塔分台及日本山口放送建立了业务关系。

1990年，成立不久的国务院新闻办公室召开了全国对外宣传工作会议，强调要加强对外宣传的力量。于是，在1991年7月，中央电视台将第一套节目送上了俄罗斯静止卫星，扩大了节目覆盖面，使电视对外宣传前进了一大步。同时把对外部改为对外中心，加强了领导和制作力量。1992年，中央电视台依靠自筹资金开办了第四套节目，覆盖亚洲、大洋洲、独联体、东欧、北非60多个国家和地区，1993年又开始利用卫星向北美传送一小时节目，覆盖美国、加拿大、墨西哥和加勒比海地区；同年8月，中央电视台还同美国3C集团合办了北美洲东方卫星电视，每天向美国、加拿大、墨西哥播出12小时节目。（见图9-4-9）

（图9-4-9）中央电视台第四套节目于1992年10月1日正式播出，覆盖亚洲、大洋洲、独联体、东欧、北非60多个国家和地区。图为第四套节目记者1992年9月在台湾采访张学良先生

随着国内政治形势的稳定和国际关系的好转，我国的对外电视宣传很快有了新的起色。主要表现为：第一，1989年一度中断的业务关系得到了恢复，同时又发展了一些新的合作者。如中央电视台在与美洲一些华语电视台恢复供片关系的同时，又和美国洛杉矶熊猫电视台、北美卫星电视台等新建了供片关系，并增加了在海外电视台播放英语节目的新项目；在欧洲利用《同一世界频道》的卫星，向西欧十多个国家播出；在美国旧金山，支持彩虹电视台开办英语的中国电视节目，向当地的美国人播出。此外，还及时采制了新闻杂志节目《中国报道》，其中的《今日中国》还制作了英语版和法语版，分别在华盛顿、洛杉矶、芝加哥和法国电视三台向当地观众播出。

地方电视台的对海外电视宣传也有了新的发展，与外台合作办固定栏目、定时在外台播出节目逐渐增多。1991年8月，山西成立了向美国斯科拉（SCOLA）电视台提供节目、报道中国的专业电视台——中国黄河电视台。斯科拉电视台是一家以知识阶层为服务对象的非营利性电视机构，其任务是向各大中学校和研究、教学单位播放世界各主要国家与地区电视台的电视新闻及专题片。黄河台在斯科拉台设有演播室，开始每周播出1小时节目，共有《中国新闻》、《经济报道》、《科技纵横》、《文化长廊》、《炎黄子孙》等20多个栏目以及语言教学节目。此后，辽宁、吉林、黑龙江、浙江、山东、广西等电视台，也都借助于黄河台在斯科拉电视台设有定期播出的窗口。黄河台的节目受到了斯科拉台负责人和广大观众的欢迎和赞扬。此外，天津电视台、福建电视台、山东电视台、广东电视台、上海电视台、北京

电视台、浙江电视台也分别在美国和日本的电视机构建立了固定的播出窗口。（见图9-4-10、图9-4-11）

（图9-4-10）1991年8月，山西成立了向美国斯科拉（SCOLA）电视台提供节目、报道中国的专业电视台——中国黄河电视台

（图9-4-11）1998年山东电视台与美国56频道电视台合作，通过国际卫星向美国实况转播《山东·中国新开放的门户》综合节目。这是我国首次进入美国公共电视台的英语节目

第五节 事业建设的飞速发展

一、卫星飞入青云里

长期以来，我国广播电视的传送手段一直比较落后。20世纪70年代初，建成了3条调频节目接力传送线路，向全国传送中央电台的第一套节目。电视节目的传送，主要是依靠高山骨干台。到70年代中期和80年代初，才开始分别通过国家的微波干线，传送中央电台和中央电视台的节目。但是，这种传送手段仍不能适应需要，必须采用广播卫星覆盖的办法。卫星广播比建设地面传输系统省工、省时又省钱，而且传送质量高，收听收看的效果好。当时建立一个卫星地面收转站大约需要5万元，由受益单位自筹资金来建设是完全可能的。1980年的第十次全国广播工作会议就曾研究过采用卫星广播技术的问题。经过几年的酝酿和准备，第十一次全国广播电视工作会议正式作出决策，决定采用卫星转播广播电视节目的先进技术，加快对全国的覆盖。

1984年4月，我国自己研制的第一颗试验通信卫星发射成功，进行了多路传输广播电视节目的试验。这次试验成功，基本上解决了中央电台向全国各省、自治区、直辖市传送广播节目的问题。原来利用微波线路传送，质量无法保证，像新疆、西藏、青海这些边远地区更不能畅通，还得依靠短波。有了这颗卫星，这些地区转播中央电台的节目，声音清晰多了。1988年9月，卫星传输广播节目从15路扩容到30路，国际电台的节目也上卫星传送。

1985年10月，根据国务院的决定，中央电视台租用国际通信卫星向全国传送第一套节目，使原来靠微波传送到达不了的地方（如山区、边远地区、海岛），可以收看到中央电视台的节目。同时，原来利用差转台看不好电视的地区，也改善了收看质量，可以接收到稳定的图像。从1986年开始，中央电台和中央电视台每天通过卫星向全国传送多套广播节目和两套电视节目，不但有效地提高了节目传送的质量，而且为扩大覆盖率，特别是电视的覆盖率，创造了有利条件。通过卫星转播广播

（图9-5-1）1988年12月5日，广西南宁至百色广播电视微波专线开通，百色地区各族群众喜看电视开通

电视节目，是我国广播电视事业建设上的一件大事，是广播电视技术的一大飞跃。（见图9-5-1）

通信卫星上天以后，全国各地的卫星地面接收站发展迅速。到1988年，全国的卫星地面接收站总数达到8233座，超过原计划两倍。同时，各省、自治区、直辖市按照第十一次全国广播电视工作会议提出的要求，积极建设本省、自治区、直辖市内广播电视节目传送专用微波线路，大力发展小功率电视转播台，逐步形成了一个以卫星传送为主，微波、地面收转和差转多种技术手段相结合的高质量、高效率的广播电视节目传输、覆盖网络。

1988 年 3 月和 12 月，我国自行研制的两颗通信卫星先后发射成功。卫星上的天线是国内波束的天线，因此地面接收的效果大为提高。另外，卫星上的转发器增加到 4 个，除中央电视台两套节目外，新疆、云南、贵州、西藏、四川等省、自治区的电视节目也可以分时段传送，解决了长期困扰地处边疆和多山的省、自治区的电视覆盖难的问题。1991 年 5 月，广播节目传送转移到“亚洲一号”卫星，每天传送中央电台和国际电台的节目达 378.5 小时。由于采用了卫星和微波相结合的办法，从根本上改善了广播节目传送的质量。1993 年 7 月 16 日，“中星五号”卫星启用。这个卫星上可以用于广播电视的转发器比较多，中央电视台的第一、二、三套节目和新疆、西藏、四川、山东、浙江等省、自治区的电视节目先后使用“中星五号”卫星传送。云南、贵州两省电视节目

（图9-5-2）地处青海省南部海拔4055米的玉树藏族自治州杂多县于1989年建起了电视转播站，使居住在这里的群众看上了中央电视台的节目，图为该站卫星地面接收天线

租用“亚洲一号”卫星分时段合用一个转发器传送。（见图9-5-2、图 9-5-3）

第十一次全国广播电视工作会议制定的一项重要的技术政策是大力发展调频广播。调频广播也是一种先进的技术手段，有很多优点，不仅音质好，抗干扰性能强，而且在同等功率的情况下，覆盖面积广，节省电台的建设投资。会议要求中央、省、市、县都要积极开办调频广播；有条件的大城市可以开办立体声调频广播；在农村有线广播架设专线有困难的地区，县调频广播台可以同有线广播结合起来，既能让群众直接收听，又可为乡广播站传送节目。这些政策规定有力地促进了全国调频广播的发展。

二、有线接到百姓家

20 世纪 80 年代，我国的行政区域性有线电视系统发展很快，广东佛山和韶关、湖北沙市和黄石、贵州都匀、湖南衡阳、浙江金华、山东济宁市

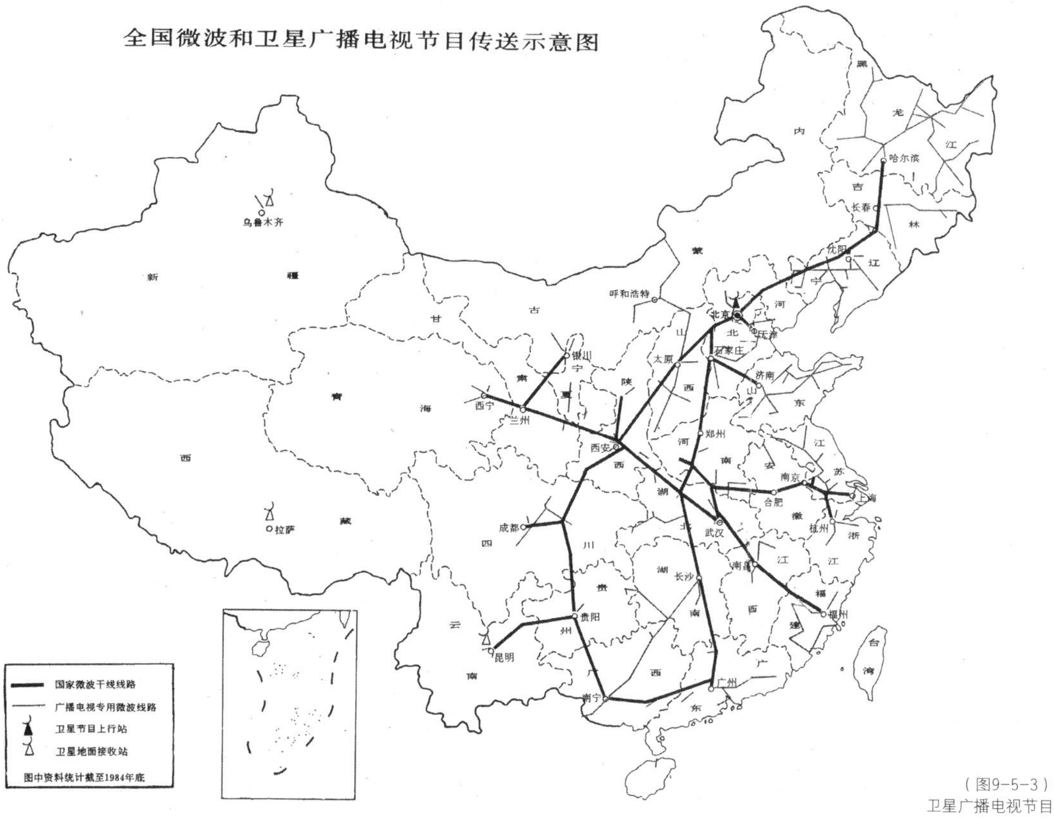

（图9-5-3）截至1984年底，我国微波和卫星广播电视节目传送示意图

中区、上海闵行开发区、北京丰台区等地，相继建立了有线电视台。其中，湖北沙市有线广播电视台是广播电影电视部确定的全国城市发展电缆广播电视的试点工程，也是第一个获得部批准成立的有线广播电视台。

有线电视从1988年开始向农村发展，速度之快是人们始料未及的。据广东省调查，到8月底已经有48个县办起了有线电视台。这一年，其他省份如四川、辽宁、吉林、山东、福建、湖北、贵州、青海的农村，也开始建设有线电视。农村有线电视的建设，采用音频广播和电视共缆传输的技术，也就是用一根电缆，把原来的有线广播和电视信号同时送到农民家中。截至1995年底，全国经广播电视行政管理部门同意建立的有线电视台已有1200座，有线电视用户达3000多万。

有线电视画面声音质量优良，频道数量多，可供受众选择余地大，成本较为低廉。有线电视还为开展增值业务提供了可能，因此在全国各地发展极为迅速。1990年11月2日，国务院批准了《有线电视管理暂行办法》。这标志着我国有线电视事业走上了有章可循、有法可依的轨道。（见图9-5-4）

（图9-5-4）1990年12月，广播电影电视部在北京召开“有线电视管理会议”

三、事业建设大发展

1987年底，列为国家重点工程的中央电视台彩电中心大楼，经过4年多的建设基本完成。1988年3月，中央电视台迁入新址办公。彩电中心大楼使用面积8万多平方米，拥有大中小演播室20多个，其中最大的演播室1000平方米，属全国第一。彩电中心的

（图9-5-5）1988年3月15日正式启用的中央电视台彩电中心

技术装备达到世界一流水平。彩电中心的建成和使用，标志着中央电视台的事业建设进入了一个新的阶段。（见图9-5-5）

一些省级和市级电台、电视台，也陆续兴建广播电视中心大楼。这些基础设施的建设，对于各地提高节目制作能力和制作能量，改善播出条件，起了重要的作用。

从1983年开始，我国广播电视事业建设进入有史以来发展最快的时期。在这一时期，全国广播电台、电视台的数量大幅度增加，平均每年递增30%以上。到1990年底，全国广播电台达到635座，电视台达到509座，广播发射台、转播台达到1348座，电视转播台、发射台达到24713座，全国卫星地面收转站达到19505座。同时，调频广播的发展也相当快，基本上形成了全国的调频广播网。农村有线广播经过整顿，到1990年全国共有市县广播台站2466个，乡镇广播站和村广播室39.7万多个，广播喇叭8222万只。各省、自治区、直辖市的广播电视专用微波线路建设也得到迅速发展，达到45038公里。这些天上和地上、无线和有线结合，多种技术手段并用的广播电视设施，在全国形成了多层次的比较完善的广播电视节目传送网和覆盖网，使广播和电视人口覆盖率有了进一步的增长，1990年与1982年相比，广播人口覆盖率从64.0%提高到74.7%，电视人口覆盖率从57.3%提高到79.4%。

注　释：

〔1〕吴冷西（1919—2002），原名吴仕占，广东新会人。1938年4月加入中国共产党。1982年4月至1985年5月任广播电视部部长、党组书记。曾任新华社总编辑、社长、人民日报总编辑、中共中央宣传部副部长、中华全国新闻工作者协会主席、中国广播电视学会会长。

〔2〕艾知生（1928—1997），湖北汉阳人，1948年加入中国共产党。1985年4月，任广播电视部部长、部党组书记。1986年1月至1994年4月任广播电影电视部部长、部党组书记。曾任清华大学党委副书记、副校长、国务院副秘书长、中国广播电视学会会长。

〔3〕《中国广播电视年鉴》（1994年版），第66页。

〔4〕《中华人民共和国广播电视简史》编辑部编：《改革开放中的广播电视》（1984—1999），第302页，中国国际广播出版社2001年11月版。

〔5〕见中央人民广播电台《广播节目报》第101期，1982年12月4日出版。

第10章

市场经济条件下的改革探索

1992年早春时节，邓小平南方视察发表了一系列重要谈话，从理论上深刻回答了长期困扰和束缚人们思想的许多重大问题。同年10月召开的中国共产党第十四次全国代表大会，确定我国经济体制改革的目标是建立社会主义市场经济体制，强调必须抓住机遇，加快我国经济、社会的发展。1993年6月，中共中央、国务院发布《关于加快发展第三产业的决定》把广播电视正式列入第三产业，广播电视体制改革进一步深化。从此，我国的改革开放和现代化建设进入了一个新的历史阶段。广播电视部门在邓小平建设有中国特色社会主义理论指引下，也不断拓宽思路，深化改革。

第一节 广播电视体制改革走向纵深

一、把握方向

1994年1月24—29日，全国宣传思想工作会议在北京召开。江泽民在会上讲话，首次明确提出了“宣传思想工作必须以科学的理论武装人，以正确的舆论引导人，以高尚的精神塑造人，以优秀的作品鼓舞人”的重要思想。与此同时，全国广播电影电视宣传工作会议也于1月24—31日在北京举行。（见图10-1-1）会后不久，1994年5月，孙家正[1]接替艾知生任广播电影电视部部长。（见图10-1-2）

（图10-1-1）1994年全国广播影视宣传工作会议在北京举行

1994年，广播电影电视部党组经过几个月的调查研究，对广播影视工作的现状进行了全面的分析，对到20世纪末广播影视事业发展的指导思想、目标、任务进行了认真的研究，起草了《关于进一步加强和改进广播电影电视工作的报告》（以下简称《报告》），上报中共中央、国务院。1995年2月9日，江泽民总书记主持召开中央政治局常委会，讨论并原则同意了广播影视部的《报告》，要求补充、修改后报中共中央，转发各地贯彻执行。

（图10-1-2）孙家正

1995年2月21—25日，全国广播电影电视工作会议在北京召开。这是继1983年第十一次全国广播电视工作会议之后

（图10-1-3）1995年2月，全国广播电影电视工作会议在北京召开

召开的又一次重要会议。（见图10-1-3）各省、自治区、直辖市和计划单列市的广播电视厅（局）长、电影制片厂厂长和部机关、部直属单位负责人共180人出席了会议。李铁映到会与部分代表进行了座谈，并发表了讲话。新任部长孙家正作了题为“坚持正确导向，提高节目质量，努力把广播电影电视工作提高到新水平”的工作报告和会议总结。会后，广电部党组向中共中央呈送了补充修改后的《报告》。

同年6月3日，中共中央办公厅、国务院办公厅就转发广播电影电视部党组《关于进一步加强和改进广播电影电视工作的报告》联合发出通知。通知强调，在新形势下，广播影视工作要着重在坚持正确舆论导向、提高节目质量、多出精品上下工夫。要坚持党性原则，讲究宣传艺术，不断增强舆论引导的针对性和预见性，努力为改革、发展、稳定提供良好的舆论环境。要重视广播电视的对外宣传，不断拓展宣传渠道和领域，提高宣传效

果。各级党委和政府要切实加强对广播电影电视工作的领导，关心支持广播电影电视工作，重视广播电影电视队伍的建设，使广播电影电视事业适应我国改革开放和社会主义精神文明建设的需要，健康地向前发展。

1996—1998年，广电部先后召开了三次全国广播影视厅（局）长会议。（见图10-1-4）在此期间，1996年12月14日，中共中央办公厅、国务院办公厅联合发出《关于加强新闻出版广播电视业管理的通知》。根据《通知》精神，广电部在1997年1月提出要强化广播电视管理，做好治散治滥工作，按照“控制总量、调整结构、提高质量、增进效益”的原则，重点解决擅自设台建网、重复建台和乱播滥放问题，力争在三年内基本改变散滥状况，促进广播电视事业逐步形成“布局合理、结构优化、效益明显、富有活力的发展格局”。据统计，治理前，1997年底

（图10-1-4）1996年全国广播电视（影视）厅局长会议于1月26—29日在北京举行

全国有广播电台1363座、电视台923座，此外还有有线电视台715座、企业电视台558座、国家教委批准的教育电视台593座。另外省级广电厅、局或当地党委、政府还批准设立了一批广播电视播出机构。所以，全国实际存在的广播电视播出机构总量达到4000座以上。经过治理，到1998年底，全国地市级以上广播电台有298座、电视台347座、有线电视台217座、县级广播电视台1287座、教育电视台75座，企业电视台全部改为广播电视站。至此，《通知》规定的广播电视台的治理任务基本完成。

1998年3月10日，第九届全国人民代表大会第一次全体会议审议通过了《国务院机构改革方案》，为推进政治体制改革迈出了重大步伐。根据《改革方案》和《国务院关于机构设置的通知》，广播电影电视部改组为国家广播电影电视总局（正部级，以下简称国家广电总局），列入国务院直属机构序列，为国务院主管广播电视宣传和广播电影电视事业的直属机构。（见图10-1-5）首任局长田聪明[2]。（见图10-1-6）2000年6月起，中共中央宣传部副部长徐光春[3]继任局长。（见图10-1-7）2004年12月，中共安徽省委书记、省人大常委会主任王太华[4]调任中宣部副部长、国家广电总局局长。（见图10-1-8）

(图10-1-5) 1998年4月8日上午9时，国家广播电影电视总局举行了简短的挂牌仪式

二、走向纵深

十五大之后，1997年10月，广播电影电视部召开的“对广播电视播出机构重新审核登记工作会议”，正式提出了调整和优化广播电视体制的问题。市场经济是竞争经济，广播电视在产业化过程中要由粗放经营型向集约化的方向发展。以资产为纽带，按“产权明晰、权责明确、政企分开、管理科学”的现代企业制度的规范模式组成的广播电视集团，相对于分散经营来说，可加强集中统一，实现资源共享、优势互补，扩大对外影响力，获得规模效益。在十五大之后的五年内，以突出规模效益为目标的广播电视集团的组建与发展呈蓬勃之势，也成为广播电视体制改革向纵深方向发展的主干内容。

(图10-1-6) 田聪明

(图10—1—7) 徐光春

(图10-1-8) 王太华

20世纪90年代以来广播电

（图10-1-9）全国首家广电集团——无锡广播电视集团正式成立

视事业得到了迅速发展的江苏省无锡市，在1999年6月9日，正式成立组建了无锡广播电视集团。这是在各县（市）、郊区“三台合一”、“局台合一”的基础上，通过组建集团，实行“多台合一”、“局台合一”，对现行广电管理体制和运行机制进行改革，以优化结构和资源配置，增强事业发展的动力和活力的重大举措，也是对广播电视体制改革的前沿探索。（见图10-1-9）

2000年，国家广电总局《2000年广播电影电视工作要点》第一条指出：加快广播电视管理体制改革。组建广播影视集团，推进我国广播影视管理体制向中央和省两级管理、地市以下实行由省垂直管理的方向发展。同年，国家广电总局发布《关于广播电影电视集团化发展试行工作的原则意见》，要求组建集团要统筹规划，分步实施。

在此政策背景下，广播电视集团化的进程进一步加快。2000年12月27日，湖南广播影视集团在长沙正式挂牌成立，这是我国第一家省级广播影视集团。湖南广播影视集团属于事业性质，实行企业化管理，是独立的事业法人实体。集团以广播影视为主，依托广播、电影、电视、报刊、网站等多种媒体，兼营广告、网络、会展、投资、房地产和影视摄制基地等相关产业，有7个电视频道，4个广播频道，还拥有网络中心、节目中心、音像资源中心等十多家影视音像制作和技术、传输单位。（见图10-1-10）

2001年1月19日，山东省广播电视总台暨山东广电网络

（图10-1-10）2000年12月27日，国内首家省级广播影视集团——湖南广播影视集团在长沙成立

（图10-1-11）2001年1月19日，山东省广播电视总台暨山东广电网络有限公司在济南成立

有限公司成立，自身定义为多媒体、多渠道、多层次、多功能的综合性传媒集团。由山东电台、山东电视台、影视剧制作中心、广电信息网络中心、视网联网站、音像出版社等单位组成。（见图10-1-11）

2001 年 4 月 19 日，上海文化广播影视集团正式挂牌成立。集团以广播、电影、电视、传输网络、网站、报刊为主业，兼营其他相关产业，包括上海电视台、东方电视台、上海人民广播电台、上海东方广播电台、上海每周广播电视报社、东方网络有限公司、上海国际影视公司、广电影视制作有限公司、上海东方明珠股份有限公司、上海国际会议中心、上海电影电视（集团）公司、上海永乐电影电视（集团）公司、上海影城、上视大楼、国际会议中心、上海大剧院等机构。总资产达 142 亿元。

2001年5月28日，北京广播影视集团成立。新成立的集团包括的企业单位有北京人民广播电台、北京电视台、北京广播影视报刊社以及北视、中北两大电视艺术中心，包括的事业单位有歌华文化、歌华有线电视网络、紫禁城影业、北京音像公司等事业单位。总资产50亿元。（见图10-1-12）

经过长时间论证之后，中

(图10-1-12) 北京广播影视集团成立大会会场

(图10-1-13) 2001年12月6日中国广播电影电视集团成立，图为成立大会现场

国广播电影电视集团于2001年12月6日挂牌成立。集团由国家广电总局下属的中央人民广播电台、中国国际广播电台、中央电视台、中国电影集团公司、中国广播电视传输网络有限责任公司、中国广播电视互联网6家中央级传媒实体，以及若干科研院所、艺术团体、新闻出版、企业公司等单位组成，集广播、电视、电影、传输网络、互联网站、报刊出版、影视艺术、科技开发、广告经营、物业管理于一体。中国广播电影电视集团成立之初，员工有2万多人，固定资产214亿元人民币，是中国最大的传媒集团。（见图10-1-13）

截至2005年，全国已批准成立中国广播电影电视集团和湖南、北京、上海、浙江、江苏等20多个广播电视集团和电影集团。

三、积极探索

随着广播电视集团化的探索，广播电视节目生产机制的改革成为核心内容，广播频率和电视频道的专业化也纳入了广播电视改革向纵深发展的轨道。20世纪90年代中期，卫星电视技术的出现和数字化技术推动有线电视网络传输能力的增强，为频道资源的增加提供了技术基础。广播电视频道频率数量的激增，使一般城市的受众都可以收看到十几个到几十个不同的频率频道。然而，这种表面上的繁荣却无法克服各个频道（频率）运行模式的单一、节目类型的雷同与观众需求日益增长之间的矛盾。同时，广播电视的受众也从被动接收向主动选择过渡。在这样一个竞争压力与发展机遇并存的时期，专业化的经营管理和频道运作方式就成为广播电视寻找未来出路的重要选择。

1986年，广东珠江经济广播电台的开办及其一系列动作，揭开了广播电台走系列台、专业化道路的序幕。之后，其他地方电台、电视台也纷纷跟进：1994年，北京电台除了20世纪80年代末就出现的经济台外，又开办了新闻台、音乐台、交通台、文艺台、教育台、儿童台（1998年取消儿童台，1999年成立了生活台，2002年改为体育台），共7个系列台；广东电台继珠江经济台后又开办了城市之声等9个系列台；上海早在20世纪80年代就开始频率专业化建设，文广集团成立后，根据受众细化、优化配置、品牌经营和共享互动的原则，在上海人民广播电台和上海东方广播电台的呼号下，安排播出新闻、交通、文艺、戏剧、新闻综合、流行音乐、综合音乐、财经等10套节目。同时，很多城市电台都形成了包括新闻台、交通台、音乐台、经济台、生活台、文艺台、体育台在

（图10-1-14）2001年上海APEC期间，外经贸部部长石广生在上海人民广播电台直播室接受采访

（图10-1-15）北京音乐台记者采访著名词曲作家王洛宾

内的系列台、专业台。电视台也形成了新闻综合频道、经济（财经）频道、体育频道、影视剧频道、文艺频道、娱乐频道等。（见图10-1-14、图10-1-15）

1992—1995年，中央电视台增加了5个频道：1992年10月1日，第四套国际频道开播；1995年1月1日，第五套体育频道正式播出；1995年11月30日，第三套文艺频道、第六套电影频道和第七套少儿·军事·科技·农业综合频道试播（1996年1月1日，戏曲·音乐频道在第三套节目中开播，原来的第三套播出的文艺节目改在新开办的第八套节目中播出）。1995年中央电视台7个频道全年新闻类节目播出时间达7903小时，占全年播出总量

（图10-1-16）中央电视台第五套体育频道

（图10-1-17）中央电视台第六套电影频道

的将近21%。第一套节目的新闻和第二套节目的经济新闻、第四套的中国新闻，以及第五套的体育新闻等互相配合、互相补充，形成了中央电视台的新闻系统。（见图10-1-16、图10-1-17）

第二节 广播电视节目的新探索

一、以优化节目结构作为改革侧重点

1992年后，中央和地方广播电台在继续抓好新闻改革、提高舆论引导水平的基础上，进一步合理配置广播资源，大力调整节目的结构和布局，全面提高广播节目的质量，增强本身的竞争能力，满足听众各方面的需要。

中央电台经过调查论证和充分准备后，在1992年一次推出了6个大型综合性板块节目，如经济板块节目《经济生活》、知识和服务性板块节目《科技·知识·生活》、思想教育板块节目《439播音室》和外国音乐板块节目《海外乐坛》等。它们和原有的《午间半小时》、《法制园地》、《对农村广播》、《今晚八点半》等节目配套，使中央电台在早晨、上午、下午和晚上都有丰富多彩的各类综合节目，节目的构成趋于合理化。这6个大型板块节目的宗旨，都要求做到内容上高层次，格调上高品位，编排上高技巧，主持风格上百花齐放，因此一出台就引起广大听众的关注。

中央电台的《今晚八点半》开办以来，每年收到听众来信10万多封。在1995年中央电台听众工作部举办的“我最喜爱的中央人民广播电台节目”的听众评选中，《今晚八点半》在十大名牌节目排行中名列第二，仅次于《新闻和报纸摘要》节目。（见图10-2-1）

（图10-2-1）中央电台《今晚八点半》节目的编辑在北京王府井街头征求听众意见

经过两三年的充实、调整和改造，中央电台宣传的整体水平有了提高，赢得了广大听众的肯定，1995年国内听众来信突破180万件，创造了历史最高纪录。按国际通用方法测算，中央电台的听众大约已超过8亿人。

各地方电台在深化宣传改革中也大力调整节目的结构和布局，形成数量丰富、质量较高、对象性强、分工科学的节目体系。如河北省是个农业大省，80%的人口在农村。为了满足农村听众求知、求富、求乐的需要，河北电台在1988年开辟了一个从晚上8时开始的105分钟的对农村广播区间，设置了《广播书场》、《农村天地》、《乐在戏中》、《农村经济信息》、《农民技校》5个栏目，方便农民收听。山东潍坊人民广播电台开办的《农民之友》等节目也深受当地农民喜爱。（见图

（图10-2-2）山东潍坊人民广播电台的《农民之友》节目是深受当地农民喜爱的节目

10-2-2）

20世纪90年代以来，各级广播电台经过编播、制作人员的辛勤努力，涌现出一批深受群众欢迎和党政部门好评的名牌节目和栏目。实践证明，一个名牌节目或栏目产生的作用和社会影响，远远胜过几个甚至十几个一般性的节目或栏目。衡量一个电台水平高低、影响大小，很重要的一点就是看它的名牌节目和栏目的多少。

《新闻纵横》是中央电台1994年10月1日推出的重点节目，它的方针是配合《新闻和报纸摘要》、《各地人民广播电台联播节目》（1995年12月25日更名为《全国新闻联播》）对重要新闻事件和社会热点问题进行深度拓展和延伸报道。对重要新闻事件作深入报道和背景分析，揭示来龙去脉、前因后果；对国家的重大方针政策详加阐述，释疑解惑；发表一事一议、短小精悍的言论；对热点问题作连续报道；播发大型、系列、专题性重要报道。《新闻纵横》开播以后，形成自己独特的风格，得到社会的普遍认可。《新闻纵横》和1987年创办的《午间半小时》1995年在中共中央宣传部主办的中央主要新闻单位十大名专栏（节目）评选中榜上有名，荣获名专栏称号。（见图10-2-3、图10-2-4）

上海电台1992年10月26日

（图10-2-3）中央电台《午间半小时》节目主持人傅成励、虹云、陈希（左起）

（图10-2-4）美国耶鲁大学校长莱文、北京大学校长许智宏在中央电台直播间接受《新闻纵横》记者的采访

开办的《市民与社会》节目，是上海地区第一个谈话类直播节目。这个节目旨在架设一座市民之间、市民与社会之间、市民与政府之间相互交流、沟通的“空中桥梁”，而其中的重点是加强政府和市民的联系。光是1993年一年，就先后有上海市的多位负责人以及50多位市政府委、办、局和区县的领导干部来到《市民与社会》直播室担任嘉宾主持，同听众平等交流，受到广泛的欢迎和好评。在1993年进行的两次收听率调查中，这个节目的收听率都位于上海电台各档专题节目和栏目的前列。

北京电台1993年面世的《人生热线》节目，主持人和特邀的著名专家学者，就婚恋家庭、心理健康、人际交往、生活烦恼、社会公德等话题与听众进行探讨，并通过热线电话，开展咨询服务。这个节目被评为北京电台的优秀栏目，海内外二十多家媒体曾对此节目加以报道。

文艺广播是广播宣传的重要组成部分，播出时间长，节目和栏目多，拥有的听众群也最为庞大。中央电台继《今晚八点半》之后，在1992年元月推出了《音乐天地》、《海外乐坛》、《空中大舞台》三大板块文艺节目。1994年10月《音乐天地》和《海外乐坛》合并成大型音乐板块《音乐大世界》。这期间，几乎所有的省级电台和大部分市台也都开办了这类板块式的综合性文艺节目。例如：河南电台的《群众文艺宫》、甘肃电台的《祝你愉快》、云南电台的《艺术宫》、江苏电台的《文艺天地》、福建电台的《空中你和我》、天津电台的《红绿灯》、上海电台的《上海欢乐时空》、湖南电台的《欢乐星期天》、北京电台的《空中百花园》等等。

1993年初，中央电视台制

（图10-2-5）中央电视台《新闻联播》播音员罗京、李瑞英

定了新的发展战略，提出要建设成同中国大国地位相称的具有世界先进水平的电视台的奋斗目标。要成为世界一流的电视台，就得有世界一流的节目，作为电视节目主体的新闻节目，更应具有世界一流的水平。为此，中央电视台对新闻节目进行了大幅度、深层次的改革。从1993年3月1日起，第一套节目电视新闻的播出次数，由原来的每天4次增加到12次（包括体育新闻）；而且，除了《新闻联播》外全部是直播，不断增添新的内容。1994年4月1日，第一套节目的《晚间新闻》从内容到形式全面改版，增加了与人民群众生活密切相关的新闻。同一天，一个专门播送国际新闻的栏目——《世界报道》推出。这个栏目在1995年9月1日与《晚间新闻》、《体育新闻》合并成为一个板块，叫做《晚间新闻报道》。这一年4月3日，安排在每天中午12时播出的《新闻30分》出台，取代了原来的《午间新闻》。《新闻30分》讲求时效，题材贴近群众，并且经常采用记者现场报道的形式，吸引了相当多的观众。（见图10-2-5）

地方电视台也从当地的需要和各自的具体条件出发，对新闻节目进行调整和改革。例如，辽宁电视台1995年新闻播出时长由原来每天25分钟增加到60分钟，由两个播出时段增加到5个播出时段。同一年，北京电视台在加强《北京新闻》和早、中、晚间新闻节目的同时，新开办了《交通新闻》、《财经新闻》、《教

（图10-2-6）第43届世界乒乓球锦标赛赛场全景。天津电视台为世乒赛投入的人力之多，报道时效之快，都是史无前例的

（图10-2-7）中央电视台创办之初的《东方时空》片头

（图10-2-8）中央电视台创办之初的《焦点时刻》

育新闻》、《北京特快》等栏目。而天津电视台对第43届世乒赛进行了实况转播。68场，102小时，在全国创造了单项赛事电视转播的次数和时间的最高纪录。（见图10-2-6）

电视新闻改革走向深入的一个重要标志，是各级电视台加强新闻评论性节目。1993年5月1日，中央电视台推出综合杂志节目《东方时空》，其中的《焦点时刻》栏目，继承

原先《观察与思考》的宗旨和风格，以深入报道和分析社会热点、难点问题为特色，受到观众的普遍欢迎。（见图10-2-7、图10-2-8）

1994年4月1日，中央电视台的《焦点访谈》节目首次和观众见面。《焦点访谈》在坚持以正面宣传为主的原则下，对群众关心、领导重视的带有普遍性的问题进行评述，反映群众呼声，正确引导舆论，起到了解疑释惑、化解矛盾和舆论提醒、批评监督的作用。《焦点访谈》中的批评性报道（大约占节目总量的1/4），都注意把握分寸，做到既发挥舆论监督作用，又服务于团结、稳定、鼓劲的方针和大局。从下页表格所列的1994年《焦点访谈》开播第一个月舆论监督题材的分布可以看到，节目几乎涉及了社会生活的各方面。

（图10-2-9）1995年6月13日，丁关根由田聪明、杨伟光陪同，视察中央电视台新闻中心，他称赞《焦点访谈》很受欢迎

（图10-2-10）1998年10月7日，国务院总理朱镕基视察中央电视台，为《焦点访谈》题赠："舆论监督，群众喉舌，政府镜鉴，改革尖兵"

《焦点访谈》开播第一个月舆论监督题材分布表

时间	报道内容	题材
1994年4月4日	关于杭州“弃婴案”的报道	伦理道德
1994年4月5日	游戏机游戏着什么?	儿童·教育
1994年4月7日	重针厂破产一年半——对一起企业破产的报道	工业·国企改革
1994年4月13日	海狸鼠——神话与现实的再调查	经济秩序
1994年4月15日	从周峥之死想到的	教育·青少年
1994年4月21日	《由谁负责——对一起意外事故的追踪调查》	社会保障
1994年4月22日	公民与纳税	法治
1994年4月23日	回家的路有多长——对流浪儿童的追踪采访(上)	儿童
1994年4月24日	回家的路有多长——对流浪儿童的追踪采访(下)	儿童
1994年4月30日	科学投资才有效益	经济
1994年4月3日	北京郊区——耕地上修建起一座坟茔	农村·耕地
1994年4月8日	价格没谱质量没准——谁来管管服装	商贸
1994年4月10日	金奖的困惑	经济秩序
1994年4月11日	高法严惩沈太福、李效时	反腐败
1994年4月12日	吹牛皮真的不上税吗?	商贸·假广告
1994年4月14日	血汗白流——两万多钢铁耗子蚕食武钢	工业·国有资产流失
1994年4月16日	从教不仁(上)	教育·反腐败
1994年4月17日	从教不仁(下)	教育·反腐败
1994年4月18日	“追债记”	工业·三角债
1994年4月19日	国法为大——山西忻州广秀商厦保安人员打伤国家物价员	法治
1994年4月20日	乱摊派何时了	工业·乱摊派

中央电视台的新闻评论性节目，得到了中央领导同志的关心和指导。《焦点访谈》开播后不久，1994年5月20日，时任中宣部部长的丁关根在中南海召见中央电视台领导和《焦点访谈》节目制作人员，对节目予以充分的肯定，并提出了指导性的意见。1995年9月18日，丁关根又召集《焦点访谈》、《东方时空》和其他媒体同类型栏目的负责人和节目主持人座谈，共同探讨进一步办好“焦点”栏目的问题。(见图10-2-9、图10-2-10)

1996年4月28日、5月17日，中央电视台新闻评论部又先后推出新办节目《实话实说》和《新闻调查》。(见图10-2-11)

《实话实说》是一种新型的节目样式，它是在演播室内完成的谈话节目。这种节目形式，通过主持人、嘉宾、观众的共同参与和直接对话，在生动活泼的气氛中，展开社会生活或人生体验的某一话题。5月17日开播的《新闻调查》每周播出一期，节目长度为45分钟。这是国内最长的深度报道栏目。它以记者调查为主要叙述形式，以具有社会性和新闻性的事件、人物、舆情、言论及话题为调查对象，并致力于从新闻规律和电视规律出发，确立稳健务实的调查理性。这种调查理性的基本特征是：冷静、平视的调查视角，厚重、大气的调查风格，探索、求证的调查样式。《新闻调查》以其颇有深度的节目内容和深厚、扎实的记者功力著称；播出后收视率逐步上升，为业内专家和观众所称道。

(图10-2-11)《实话实说》节目第一任主持人崔永元受到人们的喜爱，图为崔永元在节目录制现场

2003年，中央电视台新闻频道开播。《面对面》、《新闻会客厅》、《央视论坛》等一批新推出的新闻栏目也受到观众的广泛喜爱和好评。如在2003年抗击“非典”期间，新闻频道推出了《抗击“非典”直播特别报道》，连续播出11天。各地方电台电视台也纷纷推出抗击“非典”专题报道节目，全国广播电视上下一心，共同营造良好的舆论环境。（见图10-2-12、图10-2-13）

中央电视台的新闻改革，特别是《东方时空》和《焦点访谈》栏目的成功，在新闻界尤其在广播电视系统引起很大震动，各地电视台纷纷效仿。新闻深度报道、新闻评述性节目、新闻杂志型板块栏目、纪实风格的采访，成为各地电视台和电视新闻从业人员热衷追求的目标，类似的栏目如雨后春笋般地涌现出来。如北京电视台的《今日话题》，上海电视台的《新闻观察》，上海东方电视台的《东视广角》，江苏电视台的《大写真》，浙江电视台的《黄金时间》，广东电视台的《社会纵横》，河南电视台的《中原焦点》，安徽电视台的《社会之角》，甘肃电视台的《社会博览》，新疆电视台的《今日访谈》，山西

电视台的《记者观察》，江西电视台的《社会传真》，南京电视台的《社会大广角》，广州电视台的《城市话题》等。这些栏目的共同特点是：针对旧体制向新体制转轨过程中人们关注的热点、焦点问题进行深层次的报道和评论，阐释党和政府的方针政策，评述热点、焦点问题，反映群众的呼声，加大舆论监督的力度。从报道形式看，这些栏目改变了过去单纯的画面加解说的模式，重视运用现场声音、现场主持、现场采访等纪实风格，除报道新闻事实外，还有新闻背景、问题分析、现象透视、热点追踪、焦点评论、专家访谈等。（见图10-2-14）

而在《实话实说》栏目开办前后，全国电视屏幕上推出了80多个以谈话为主要形式的栏目。如北京电视台的《荧屏连着你和我》、《谁在说》，辽宁电视台的《北方直播室》，湖南电视台的《有话好说》，河北电视台的《大众话题》，重庆电视台的《龙门阵》，上海东方电视台的《东方直播室》等。这些栏目通过现场观众各自观点的叙述和交流，达到一种独特的导向效果。（见图10-2-15、图10-2-16）

(图10-2-12) 2003年中央电视台新闻频道开播，《面对面》、《新闻会客厅》、《央视论坛》等一批新开播的新闻栏目也受到观众的广泛喜爱和好评

(图10-2-13) 《面对面》栏目主持人王志就“非典”问题采访北京市市长王岐山

(图10-2-14) 河南电视台重点栏目之一《中原焦点》

(图10-2-15) 上海东方卫视的谈话节目《东方直播室》现场

(图10-2-16) 重庆电视台《龙门阵》节目现场

1992年后，各级电视台贯彻邓小平南方谈话和十四大精神，把经济宣传作为中心任务，运用电视这一现代化工具独有的优势，为发展社会生产力，建立社会主义市场经济体制服务。1992年5月下旬，由中央电视台组织召开的全国经济宣传座谈会在天津召开。会议建议中央电视台开办《经济信息联播》节目，并尽快建立全国电视经济宣传协作网。天津会议后，中央电视台经过研究，决定在继续办好《经济半小时》栏目（1989年创办）的前提下，加强与全国各省、市电视台的广泛合作，开办《经济信息联播》节目。8月31日，《经济信息联播》在中央电视台第二套节目中正式开播。这个节目的内容主要是传播各类经济技术信息，以沟通产供销渠道，为繁荣社会主义商品经济服务，成为生产者的参谋，经营者的顾问，消费者的知音。《经济信息联播》问世后，受到了观众的普遍欢迎，收视率不断上升。1992年10月21日，邓小平的秘书打电话给中央电视台转达他的意见。邓小平称赞："《经济信息联播》专门谈经济，开办得及时。《经济信息联播》时间虽不长，仅有30分钟，但每期的内容丰富，节奏明快，信息量大，对我国经济发展，社会主义市场经济的发育，将会起到积极作用。"[5]（见图10-2-17、图10-2-18、图10-2-19、图10-2-20）

1996年7月，中央电视台

（图10-2-17、18）《经济信息联播》片头

（图10-2-19）早期的《经济半小时》节目现场

（图10-2-20）早期的《经济半小时》节目现场

（图10-2-21、22）新版《经济半小时》片头和节目现场

（图10-2-23）《对话》栏目标志

（图10-2-24）《开心辞典》栏目标志

加大经济宣传力度，在第二套节目中集中推出了《经济半小时》（新版）、《财经报道》、《生活》、《环球经济》、《企业家》、《供求热线》等经济类新栏目，初步形成了中央电视台第二套节目以经济节目为特色的格局。（见图10-2-21、图10-2-22）

2000年7月3日，中央电视台第二套节目经过几次调整，形成以经济、生活、服务报道为主的"经济·生活·服务"专业频道，每天平均播出20小时左右。在已形成品牌效应的

(图10-2-25)《幸运52》栏目标志

《经济半小时》、《生活》、《中国财经报道》等栏目的基础上，继续推出众多各具特色的栏目：《中国证券》、《对话》、《地球故事》、《幸运52》、《开心辞典》等。（见图10-2-23、图10-2-24、图10-2-25）

2003年，中央电视台进一步调整第二套节目定位，致力于把第二套节目建设成为“经济资讯频道”，进一步明确频道定位，强化经济资讯为主线，以大经济作为频道的受众定位和内容选取标准，以大资讯作为频道的报道方法和性质指向，以实效信息作为频道的传播态度和效果诉求，以“受众至上、内容为主、形态取胜”为频道建设的衡量标准和基本准则，形成一个龙头突出、主干强劲、枝叶丰满、底座宽厚的经济资讯频道。

这几年迅速发展起来的省、市经济电视台，为电视经济宣传提供了广阔的空间。继1988年湖北建立全国第一个经济电视台后，新疆、内蒙古、湖南、广东、吉林、河南、四川、山东、河北、江苏、甘肃、云南、天津、辽宁、福建等省(自治区、直辖市)以及杭州、成都、济南、深圳、温州、青岛、沈阳等城市先后建立了经济电视台。至1995年底，全国省、市级的经济电视台有将近30个。

除新闻性节目外，广播电视在经济节目、社会教育节目、体育节目和文艺节目等各方面的改革也进展迅速，规模和影响不断扩大，中央和地方台的荧屏呈现出一派繁荣景象。在丰富多彩的社会教育类

节目中，不同类型的对象性节目、服务性节目、专题性节目、电教节目以及大型专题片、系列片等在此期间呈现出多样化的兴旺局面。

中央和地方许多电台、电视台的体育节目拥有大量的听众和观众，20世纪90年代后期，国内外重大赛事频繁举行，为听众和观众喜爱的体育节目提供了广阔的表现天地。中央电台的《体育天地》栏目就一直受到广大听众的欢迎。（见图10-2-26）

电视方面，1995年元旦，随着中央电视台第五套节目的正式开播，中央电视台在体育

(图10-2-26) 中央电台《体育天地》节目庆祝开播20周年

(图10-2-27)《体育沙龙》邀请中国乒乓球队李富荣、姚振绪参与节目

报道赛事转播方面拥有了《体育新闻》、《体育世界》、《体坛快讯》、《足球之夜》、《天下足球》、《早安中国》、《全明星猜想》、《体育人间》、《健身房》等深受广大观众欢迎的栏目。同时，国内第一个大型直播体育谈话节目《体育沙龙》也在体育频道登台亮相。（见图10-2-27）

1995年，中央电视台体育频道开播后，各省、市台也纷纷创办自己的体育频道，满足了广大观众特别是体育爱好者的需求。不仅中央电视台的体育转播水平有了大幅度的提高，地方电视台在这方面也有新的突破。

20世纪90年代以来，电视文艺栏目不断推陈出新，改革发展。电视屏幕上出现了音

（图10-2-28）1993年中国音乐电视（MTV）大赛晚会

乐电视（MTV）、电视戏曲艺术片、电视文学（包括电视散文、电视小说、电视报告文学等）、电视专题艺术片、音配画之类新的电视文艺品种。中央电视台从1993年到1995年，连续3年举办中国音乐电视大赛。参赛单位有音像部门、电视台，还有一些文艺团体、社会团体和企事业单位。（见图10-2-28）

中央电视台从1993年起建立了一系列高品位、高水准的新栏目，包括《东西南北中》、《大剧院》、《音乐桥》（见图10-2-29），以及《九州戏苑》、《地方文艺》、《每周一歌》、《中国音乐电视》等。同时，《综艺大观》、《正大综艺》（见图10-2-30）、《曲苑杂谈》、《旋转舞台》等名牌栏目不断进行调整和改版，一直保持较高的收视率。

到1996年文艺和戏曲·音乐频道开播之后，中央电视台的文艺栏目已达47个，每周播出300多小时。1996年5月中央电视台专门成立的“心连心”艺术团，多年来坚持到革命老区和工矿、农村、部队基层演出并现场录像然后播出，引起了良好的反响。（见图10-2-31）

地方电视台也有一批办得好的栏目，包括山西电视台的《五彩世界》，青海电视台的《河湟风》，西藏电视台的《七色风》，山东电视台的《星光50’》，四川电视台的《综艺大世界》，吉林电视台的《农村俱乐部》，湖北电视台的《欢乐今宵》，浙江电视台的《文化时空》，上海电视台的《共度好时光》，杭

（图10-2-29）1998年11月，中央电视台在录制由中美两国音乐家演出的电视片《音乐桥》

（图10-2-30）《正大综艺》录制现场

（图10-2-31）2002年，“心连心”艺术团在沈阳演出

州电视台的《明珠欢乐夜》，山东淄博电视台的《齐天乐大传送》等，深受广大观众的喜爱。

20世纪90年代是电视剧成熟和繁荣的时期。全国每年制作的电视剧，基本稳定在5000—6000部（集），是世界上生产电视剧最多的国家之一。以每部（集）50分钟计算，6000部（集）电视剧相当于3000多部电影。这几年的电视剧，不仅数量多，而且质量普遍有所提高，涌现出一批思想性艺术性强、收视率高的精品。例如，《北京人在纽约》、《情满珠江》、《九一八大案纪实》、《三国

(图10-2-32)《北京人在纽约》剧照

(图10-2-33) 电视剧《三国演义》剧照

演义》、《水浒传》等，但从观众不断提高的欣赏品位来衡量，电视剧中平庸之作仍占多数。（见图10-2-32、图10-2-33）

少儿节目《大风车》、《七巧板》，老年节目《夕阳红》，妇女节目《半边天》，工人节目《当代工人》等对象性节目也越来越走向成熟。（见图10-2-34、图10-2-35、图10-2-36）

二、创新思路，突破传统报道模式

20世纪90年代后期，各广播电视机构不仅在节目栏目的结构调整和整体设置等方面进行了可贵的探索，在新闻报道方面也积极采用高科技手段，运用新的思维和方式，力求使新闻报道在时效性和现场感方面有更大的改善。

90年代晚期的重大事件现场报道，已经不限于一个地点，而可以做到多点异地同时进行；不再是单纯的实况转播，还有现场采访、背景介绍、专家评述等内容；既有记者在事发现场报道，又有演播室的主持人串联、主持、总揽全局。多点直播报道，能最大限度地发挥电视新闻的优势。

1997年，大范围、长时间直播重大新闻事件较多，被人们称为新闻直播年，其中最重要的就是6月30日至7月3

(图10-2-34) 受到老年朋友喜爱的《夕阳红》栏目

(图10-2-35) 以女性为对象的《半边天》栏目标志

(图10-2-36)《大风车》栏目标志

日直播的香港回归。香港回归祖国，是20世纪末重大的国际政治事件。1997年初，中央电视台引进了移动卫星地球站，使多点直播成为可能。中央电视台于1997年6月30日6时开始至7月3日6时结束，历时72小时，向全世界报道了香港回归盛况。其中有香港政权交接仪式、中国人民解放军驻港部队入港、香港特区政府宣誓就职仪式、首都各界庆祝香港回归祖国大会、庆祝香港回归大型文艺晚会《回归颂》等25次重大活动的现场直播。此外，还有新闻背景，详尽介绍了香港历史；新闻的滚动播出；25辑庆回归音乐电视，内容丰富，形式新颖。在这次报道活动中，中央电视台动用了11辆转播车、21个卫星转发器和3架直升机，在香港建起了540平方米的报道中心。同时派记者在全国8个重点城市和海外15个大城市采访报道。香港回归直播报道创造了中央电视台重大政治活动报道的许多新纪录：连续播出时间最长，报道规模最大，新闻时效最快，收视率最高，覆盖面最广等。据调查，重要活动的收看人数达到8亿以上，在中国广播电视发展的历史上写下了光辉的一

(图10-2-37) 香港政权交接仪式直播现场

页。(见图10-2-37)

澳门回归祖国也是永载史册的盛事。澳门回归的特别报道成为中国新闻史上的又一件大事。中央电视台第一套节目从12月19日9时至21日9时连续48小时对澳门回归庆典及相关活动进行全程递进式的直播报道。这次报道以现场直播为主，以背景性和时效性的专题节目和包装节目为辅；新闻实行滚动播出，并随时插播重要新闻；邀请境外嘉宾共同主持。在重大政治事件直播报道中采用外方嘉宾做主持，对中央电视台来说还是首次。(见图10-2-38、图10-2-39)

此外，有些地方电视台如上海台、东方台、山东台、广东台、广州台等，也对这些重大新闻事件、重大活动进行了现场直播报道。(见图 10-2 - 40)

1997年4月24日下午，中央电台、中央电视台还在莫

(图10-2-38) 澳门政权交接仪式直播现场

(图10-2-39) 中央电台记者在中国人民解放军驻澳门部队驻地采访

斯科现场直播报道了中国、俄罗斯、哈萨克斯坦、吉尔吉斯斯坦、塔吉克斯坦五国签署边境裁军协定仪式。(见图10-2-41)

(图10-2-40) 1999年12月19日上午至20日，广东电视台推出"澳门回归28小时"特别报道节目

(图10-2-41) 中央电台记者在中国和吉尔吉斯斯坦举行的反恐联合军事演习现场作报道

"中央三台"庆祝中华人民共和国成立50周年的宣传报道都是规模空前，效果显著的。它们综合运用演播室、专题和记者现场报道等手段，展现共和国50年的光荣历史，反映亿万人民的爱国情怀。直播报道气势恢弘、热情激越。(见图10-2-42、图10-2-43、图10-2-44)

2003年，中央电视台对伊拉克战争的直播报道成为最大的亮点。在伊拉克战争爆发8分钟后，中央电视台综合频道就开出了直播窗口，国际频道和英语频道也分别进行了直播，形成全面开花的态势。这次直播在中国电视发展史上具有极其重大的意义。在对此次伊拉克战争的直播报道中，中央电视台大量使用了现场实况信号。据统计，报道中含现场实况内容的占总节目量的85%以上，其形态包括：全屏幕现场直播信号、与前方记者对接的双视窗、演播室同声传译或解说与前方现场直播图像信号同屏的双视窗、多视窗报道。在大量使用美联社、路透社、CNN等西方通讯社和传媒信号的同时，也大量使用了卡塔尔半岛电视台、阿布扎比电视台、阿拉伯卫星电视台、伊拉克国家电视台等来自阿拉伯世

（10-2-42）中央电视台对中华人民共和国成立50周年庆典进行了3小时45分钟的现场直播报道。以天安门广场阅兵和群众游行活动为中心，分5个系统、33个机位完整直播庆典过程，图为国旗方队、年号方队和国徽方队

（图10-2-43）中央电台于芳、丁然在天安门城楼上直播国庆50周年庆典活动

（图10-2-44）1999年10月1日，中国国际广播电台用英语和汉语普通话对天安门国庆大典进行了现场直播，图为英语直播人员在天安门现场

界的现场信号，并对二者进行梳理评判，很好地把握了分寸和尺度，既独立，又平衡。除此之外，中央电视台派出的水均益等9名报道人员在伊拉克和周边国家进行了现场报道，传回了大量第一手消息；主持人白岩松、康辉等人各施所长，与空前强大的专家嘉宾阵容一起在演播室内很好地控制了整个战争直播报道。（见图10-2-45、图10-2-46）

（图10-2-45）中央电视台记者水均益在伊拉克战争现场报道

（图10-2-46）主持人白岩松和特邀嘉宾在直播室内

第三节 对边远地区与对台港澳的宣传

一、对边远地区的宣传

随着广播电视改革的深化，节目制作水平的提高，我国的少数民族语言广播在水平上也有了很大进步，少数民族语言广播的收听率显著提高。1996—1997年，中央电台的藏语、蒙古语、维吾尔语、哈萨克语和朝鲜语的5种少数民族语言广播先后上了卫星。随后，广播电影电视部又解决了上述少数民族语言广播在民族地区接收卫星广播的问题，收听效果有了明显改进。与此同时，解决北京上空民族语言广播的覆盖问题也提上了日程。长期以来，中央电台的少数民族语言广播在少数民族地区收听效果较好，但在北京却听不到、听不好。经过多方努力，中央电台于1999年8月1日启用调频101.8兆赫的频率全天播出中央电台的少数民族语言节目，从而结束了北京接收不到中央电台少数民族语言广播的历史。

经过50年的发展建设，我国已经形成了从中央到各个民族自治地区的多语种多层次的民族广播体系。据不

完全统计，到1999年底，除中央电台外，全国共有165个广播电台、站（含调频广播），办有蒙古、藏、维吾尔、哈萨克、柯尔克孜、朝鲜、苗、壮、彝、布依、侗、瑶、白、哈尼、傣、傈僳、佤、拉祜、水、纳西、景颇、羌、土、锡伯等24种少数民族语言节目。新疆、内蒙古、西藏、四川、云南、黑龙江的广播电台都已设置民族语言节目编辑部，有专用频率和发射台，各地举办的少数民族语言广播节目充分发挥当地的优势，时效性强，民族特色浓郁，栏目多，内容丰富，形式多样，深受当地少数民族听众的欢迎。（见图10-3-1、图10-3-2）

2000年8月11—14日，国家广电总局在甘肃省兰州市召开了全国广播影视局长座谈会暨“村村通广播电视”现场会。会议着重研究讨论了广播

(图10-3-1) 西藏人民广播电台藏族播音员在播音

(图10-3-2) 黑龙江人民广播电台朝鲜语广播员在广播节目

影视2001—2010年事业发展规划纲要和跨世纪发展的思路，以及在西部大开发中广播电视发展的基本要求。国家广电总局新任局长徐光春在会上作了题为“以‘三个代表’为指针，以‘三个创新’为动力，加快广播影视事业的改革和发展”的报告。会议指出，加快西部地区广播影视事业发展是实施西部大开发战略的重要内容，广播影视一定要抓住机遇，增强责任感和使命感，很好地贯彻落实，大力推进实施“村村通广播电视”。

2000年9月16日，江泽民对加强西藏、新疆等边远省区广播电视工作作了批示，提出要在资金、技术和人员等方面采取切实措施，解决好这些地区广大人民群众听广播、看电视的问题，让党和国家的声音进入千家万户。根据上述指示，国家广电总局在国家计委、财政部、国家电力公司等部门和西藏、新疆、内蒙古、四川、青海、甘肃、云南等七省区地方党委、政府的支持下，从10月开始了我国广播电视历史上空前规模的以加强对西藏、新疆等边远省区广播电视覆盖为主要任务的“西新工程”。（见图10-3-3）

“西新工程”和“村村通”广播电视覆盖工程的实施，使西部地区实验总功率增加4倍，民族语言节目时间增加了一倍多。在广播覆盖任务最艰巨的新疆、西藏等地区的

(图10-3-3) 位于布达拉宫脚下的西藏发射设备

（图10-3-4）2002年2月1日，江泽民总书记视察国家广电总局监测中心机房，观看“西新工程”项目演示

（图10-3-5）国家“西新工程”项目——内蒙古人民广播电台数字化改造工程2002年11月正式投入运行，图为蒙古语播音员在数字化播音间播音

每一个县、村，都可以收听到5套以上的调频、调幅广播。而在此之前，一些边远偏僻、地理条件恶劣地区的群众，仍然很难利用现代的通讯方式看到外面的世界，听到外面的声音，我国西部相当于国土一半面积的地区还不能实现广播电视信号有效的覆盖。（见图10-3-4、图10-3-5）

二、对台港澳地区的广播电视宣传

为了适应新形势的发展，20世纪90年代以后，我们的对台港澳地区广播电视宣传在形式和内容上有了极大的改进。

为了加强对珠江三角洲和港澳地区的广播，中央电台在1994年6月18日开办了第七套节目，呼号是“华夏之声”。这套节目的开办，使中央电台的播音时间，由原来的107个小时增加到128个小时，是中央电台历史上每天播音时间的最高纪录。1995年，中央电台又将对台湾广播的第五、六套节目进行了改造、调整，以适应海峡两岸形势的发展。对台湾广播在此期间注意发挥广播系统的整体优势，开展反“台独”、反分裂，揭批分裂祖国言行的舆论攻势。1996年，全国八家电台的对台湾广播为配合中央对台舆论斗争的需要，发挥横向联合的优势，在共同开办大型系列报道《中国统一

大家谈》基础上，同时合作举办“一国两制知识有奖征答”活动，在1个多月内，收到台湾、海外及祖国内地各地听众寄来的答卷2万多份，取得了良好的社会效果。与此同时，还先后开设听众热线、听众点歌台等与台湾听众直接交流的节目渠道，增加节目的吸引力。1998年，八家电台的对台湾广播再度联合，举办“两岸关系大家谈”有奖征文活动，又一次取得了成功。事实证明，对台湾广播的横向联合，无论在宣传报道声势还是在宣传报道效果上，都远胜于“单兵作战”。（见图10-3-6）

（图10-3-6）1995年1月4日，中国广播民族乐团在台湾省台中市进行首场访问演出

1998年5月和1999年8月，中央电台对台湾广播分别在云南和内蒙古举行台湾听众座谈会，邀请台湾岛内的听众30多人与会，就现阶段对台湾广播的节目进行了深入坦诚的探讨。这是对台湾广播尚无条件到台湾岛内进行听众调查工作的情况下所采取的变通措施。来自台湾岛内的听众在座谈会上所提出的意见和建议，对于如何办好对台湾广播，提高宣传报道效果，具有极为重要的参考价值。例如，关于对台湾广播中各种时段收听情况的评价，以往只能凭借间接了解主观判断，而由台湾听众直接提供的第一手资讯，最具真实性

和可靠性。根据台湾听众的要求和建议，中央电台对台湾广播自1998年起，开始组织一系列入岛宣传报道重大项目，如“台湾问题知多少”有奖征答活动等。（见图10-3-7）

1998年6月，中央电台华夏之声节目部与对台湾广播部正式合并，组成中央电台台港澳广播中心。为适应港澳宣传的新形势，发挥台港澳广播中心的整体优势，1999年1月1日，对港澳广播节目再次进行调整：原新闻节目《华夏新闻网》和原对台部的新闻节目合并为《新闻》和《新闻广场》，覆盖台港澳和东南沿海地区。对港澳地区广播的《华夏之声》节目增加了粤语专题《华粤星空》，军事节目《现代国防》，体育节目《体育天地》，对台湾广播节目《空中之友》，方言节目《闽南话广播》、《客家频道》等。由台港澳广播中心制作的节目为16.5小时，其余4.5小时转播中央电台第一、二套节目。（见图10-3-8、图10-3-9）

（图10-3-7）第三届台湾听众联谊会代表参观中央电台

（图10-3-8）中央电台《华夏之声》记者采访博鳌亚洲论坛秘书长龙永图

（图10-3—9）中央电台播音员费磊（左）、胡军在大型直播《濠江欢歌动九州》中播音

自1994年6月《华夏之声》节目正式开播以后，为配合香港、澳门回归，先后举办了多次大型宣传活动，并制作了一批较有影响的节目。其中最具代表性的是1997年6月，《华夏之声》节目联合中央电台其他几套节目共同举办了“迎香港回归优秀歌曲展播月”活动，并且联合中央电视台、中国国际广播电台举办了迎香港回归优秀歌曲电视晚会。

中央电视台1992年创办的《天涯共此时》和1996年创办的《海峡两岸关系论坛》是对台宣传节目的优秀代表。1992年5月29日，中央电视台正式推出了第一个以台湾观众为主要对象的综合性板块节目《天涯共此时》。这也是迄今为止播出历史最长的对台专题节目，该栏目集新闻性、知识性、趣味性、欣赏性于一体，为台湾与祖国大陆之间相互了解和沟通提供了一个窗口。2003年3月开始，《天涯共此时》节目在台湾中天资讯台完整播出，迈出了大陆电视节目进入台湾主流媒体播出的实质性一步。（见图10-3-10）

1996年2月3日，中央电视台开办了第一个也是唯一的涉台时事评论栏目《海峡两岸关系论坛》，该节目于1998年改名为《海峡两岸》。2003年4月，中央电视台和台湾中天电视台联合举办的首届海峡两岸知识大赛在中央电视台第一套、第四套和中天电视台分别

(图10-3-10) 中央电视台《天涯共此时》

(图10-3-11) 中央电视台《海峡两岸》

播出后，在海内外引起了强烈反响。这种与台湾媒体联合办节目，联合举办知识大赛，是大陆瓦解台湾当局收紧两岸新闻交流图谋、加强对岛内传播的重要举措。（见图10-3-11）

上海东方电视台与台湾电视公司保持着良好的关系。1997年中秋之夜，上海东方电视台与台湾电视公司等联合，首次通过卫星双向直播传送“千里共婵娟——两岸情中秋夜”文艺晚会。1999年9月24日，上海东方电视台与台湾电视公司联合举办《明月有情同胞心——’99上海·台北中秋特别节目》，节目通过卫星连线的方式在上海和台北同时举行，共收到捐款160多万元人民币，是台湾“9·21”大地震后中国内地举办的第一场赈灾演出。（见图10-3-12）

（图10-3-12）1997年中秋，“千里共婵娟——两岸情中秋夜”文艺晚会上海外滩直播现场

第四节 对外传播跨入世界前列

一、对外广播的国际新闻和时事报道的新突破

进入20世纪90年代以来，国际电台坚持以新闻改革为突破口，侧重搞好国际新闻和国际时事报道，带动对外广播事业全面发展的业务方针，取得了新的进展。

1994年10月24—27日，中国国际广播电台受中央外宣办及广电部委托，在北京召开了首届全国对外广播宣传协作会议。会议决定以国际台为龙头，以各省市电台为依托，建立一个相互支持的全国性广播对外宣传协作网。（见图10-4-1、图10-4-2）

第一，国际电台驻外记者站在国外重大事件、重大活动的报道中发挥的作用越来越大。

1989年以后，国际电台先后在内罗毕、安卡拉、新德里、日内瓦、拉格斯建立了记者站。到1995年，国际电台驻外记者站已经增加到21个。驻外记者队伍的扩大，对进一步改善和丰富国际问题报道的内容，提高国际新闻报道的时效，起到了积极的作用。同时从根本上解决了对外广播的国际新闻来源问题，大大提高了国际新闻的时效，加强了对外广播的针对性，增强了我国国际广播的竞争力。

（图10-4-1）1994年，中国国际广播电台主办全国对外广播宣传协作会议

（图10-4-2）首届全国对外广播宣传协作会议决定开办《中国之窗》节目

香港、澳门的回归是世界

(图10-4-3) 香港回归之夜，中国国际广播电台英语中心、华语中心对北京的庆祝活动进行现场直播

瞩目的大事，是以“一国两制”伟大构想推进祖国和平统一的里程碑。国际电台作为中央对外宣传的重要渠道，在香港、澳门回归的报道中按照中央有关要求，细致部署、严谨策划、周密组织，充分发挥广播自身特点，及时、充分地报道了香港、澳门回归祖国的重大事件，体现了时效、深度和权威，圆满完成了报道任务，收到了很好的宣传效果。（见图10-4-3）

1999年3月下旬开始，以美国为首的北约对南联盟进行了惨无人道的狂轰滥炸，国际电台驻南联盟记者王智敏、特派记者郭志家在贝尔格莱德连续奋战70多个昼夜，采写了大量新闻和报道。5月8日凌晨，他们得悉中国驻南使馆被炸后，立即赶到出事地点，冒着生命危险，不顾导弹袭击，在现场用手机向国内报告了我使馆被炸的详细消息。他们采写的《中国驻南联盟使馆遭北约导弹袭击》获1999年中国彩虹奖（政府奖）新闻类一等奖，战地连续报道《战火中的南联盟》（55篇）获专题类特别奖。因在北约轰炸南联盟的报道中表现出色，两位记者受到中共中央宣传部、国家人事部的表彰。王智敏被授予“优秀新闻工作者”荣誉称

号，郭志家荣立一等功。（见图10-4-4）

（图10-4-4）1999年6月10日，经历了三个多月炮火洗礼的驻南联盟前线记者王智敏（女）和郭志家完成任务回国，在机场受到了热烈的欢迎

2003年3月20日上午9时至12时，在美英两国对伊拉克宣战的时刻，英语环球广播中心中断了正常的节目播出，开通了3小时的《伊拉克战争三小时特别直播节目》。在这三小时的直播过程中，根据战争局势的最新发展，不断连线前方记者，采访有关专家，报道国内外各界人士对战争的不同反应，不断向听众交代战争有关背景材料，为国内外听众搭建了一个“即时、丰富、全面、深入”的信息平台。（见图10-4-5）

(图10-4-5) 中国国际广播电台记者在伊拉克采访

以中国国际广播电台为代表的我国对外广播在重大事件、重大活动的报道上一直表现出众，同时开辟多种渠道，扩大在国内外的影响，到20世纪末已成功跨入世界一流行列。下表为1998年国际电台驻国（境）外记者站发稿情况：

年份	1998
驻外记者站	28个
中文新闻	15246条
外文新闻	535条
中文专稿	2218篇
外文专稿	65篇
口播稿	566篇
内参稿	165篇

第二，以新闻为突破口，改革对国内新闻时事节目。

对中国的人大、政协“两会”的报道，历来是新闻宣

传的重头戏。改革开放以来，“两会”几乎成了世界瞩目的焦点，每次都有几百名甚至上千名中外记者前来采访，成了中外新闻界激烈竞争的舞台。中国国际广播电台也不断增强重大会议的报道力量，改革报道方法，讲究宣传技巧和艺术，根据外国听众的理解水平和所关心的问题，把文件的精神实质尽可能通俗易懂地介绍出来，并且适当加进背景和解释性内容。这样报道，不仅有对外特点，稿件也缩短了，宣传效果比较好。2003年的“两会”报道中，国际电台特意开辟了《两会进行时》栏目，采

(图10-4-6) 2003年，中国国际广播电台正在用英语现场直播“两会”

取记者分析的手法，紧密结合“两会”的新闻点，查找大量的新闻背景资料，以对话形式写出稿件，全台43种语言广播均在各自相关的节目中播发。

（见图10-4-6）

第三，实施精品战略，细致生动地办好专题节目。

向外国听众更深入细致、生动形象地介绍中国，还有赖于各种专题节目。进入20世纪90年代，中国国际广播电台在

宣传上实施精品战略，专题节目更加丰富多彩，1992年全台开办的专题节目增加到400多个。华语部1994年3月开办的《匆匆十分钟》节目，熔知识性、趣味性、哲理性于一炉，向听众提供新鲜生动的文化快讯。在不到一年的时间里，就收到国内外听众来信2000多封，成为华语部的名牌节目。其他有特色的栏目还有《文化大观》、《北京特快》、《财富杂志》、《文体周刊》等。

改革开放以来，国际电台一直把经济报道放在突出地位。1992年邓小平南方谈话发表后，国际电台进一步加强了经济报道工作。这个时期的经济专稿，有反映经济特区发展的特区见闻、中国经济热门话题，还有经济开发区、乡镇企业、长江三峡工程、沿海开放城市、环境保护等等方面的介绍，数量约占国内专稿的1/3。除了台发稿中心统一发的专稿外，各语言广播纷纷举办有特色的经济报道专题节目。

1997年，总建筑面积达5万多平方米的中国国际广播电台业务大楼正式启用。这座大楼集编播、语言录制、节目传送、通信、楼宇自控、全台管理于一体，有由计算机控制的全数字音频广播系统，实现了节目制作、播出和传输系统的数字化、现代化和自动化，改变了我国对外广播技术长期落后的局面。同时，国家投资对原有的对外广播发射设备进行了大规模的更新改造，并建成10部500千瓦的大功率短波发射机及4部600千瓦的中波发射机，增强了我国本土广播的发射功率。此外，国际电台各语言节目已送上了亚洲二号和泛美二、三、四号卫星。这些措施连同开展与国外电台的互转、租机和传送、寄送节目等项目合作，使我国对外广播的技术实力显著增强，基本上实现了全球覆盖。（见图

中心	播出时间	星期一		星期二		星期三		星期四		星期五		星期六		星期日	
英语环球广播中心	二小时节目 00:00-02:00 03:00-04:00 04:00-05:00 05:00-05:30 06:00-06:00 06:00-07:00 07:00-08:00 09:00-10:00 11:00-12:00 12:00-13:00 13:00-14:00 17:00-19:00 20:00-21:00 21:00-22:00 22:00-23:00	新闻	30'	新闻	30'	新闻	30'	新闻	30'	新闻	30'	新闻	30'	新闻	30'
		专家论坛	25'	中国商务	25'	九州方圆	25'	海外嘉宾	25'	社会生活	25'	听众园地	25'	文化大观	25'
		学汉语	5'	学汉语	5'	学汉语	5'	学汉语	5'	学汉语	5'	学汉语	5'	学汉语	5'
		国内外重大事件报道	7'30"	国内外重大事件报道	7'30"	国内外重大事件报道	7'30"	国内外重大事件报道	7'30"	国内外重大事件报道	7'30"	国内外重大事件报道	7'30"	国内外重大事件报道	7'30"
		实时北京城际报道	8'	实时北京城际报道	8'	实时北京城际报道	8'	实时北京城际报道	8'	实时北京城际报道	8'	实时北京城际报道	8'	实时北京城际报道	8'
		体育新闻	5'30"	体育新闻	5'30"	体育新闻	5'30"	体育新闻	5'30"	财经股市 体育新闻	5'30"	体育新闻	5'30"	体育新闻	5'30"
		新闻提要	6'	新闻提要	6'	新闻提要	6'	新闻提要	6'	新闻提要	6'	新闻提要	6'	新闻提要	6'
		专题节选	7'	专题节选	7'	专题节选	7'	专题节选	7'	专题节选	7'	专题节选	7'	专题节选	7'
		科技报道	6'	科技报道	6'	科技报道	6'	科技报道	6'	科技报道	6'	科技报道	6'	科技报道	6'
		文娱新闻	7'	文娱新闻	7'	文娱新闻	7'	文娱新闻	7'	文娱新闻	7'	文娱新闻	7'	文娱新闻	7'
		结束语	1'30"	结束语	1'30	结束语	1'30	结束语	1'30	结束语	1'30	结束语	1'30	结束语	1'30

（图10-4-7）2003年中国国际广播电台对外广播专题节目时间表（英语）

（图10—4—8）中国国际广播电台每年都要接待几百名来自世界各地的听众或听众代表团

10-4-7）

从20世纪90年代到2005年，我国对外广播事业在实力、规模、节目质量和技术方面都有了质的飞跃，海外听众来信实现了跨越性的增长，2000年来信达到688966封，2001年910000封150国，2002年1170000封。2005年，国际电台共收到来自五大洲161个国家和地区的海外听众来信电子邮件217万封。中国国际广播电台在全世界的影响达到了前所未有的高度，成为世界上名副其实的影响较大的国际广播电台之一，标志着我国对外广播已进入世界一流的行列。（见图10-4-8、图10-4-9）

二、对外电视宣传实现全球覆盖

为了适应对外宣传发展的新形势，1991年7月中央电视台成立了对外中心。新建了和美国洛杉矶熊猫电视台以及北

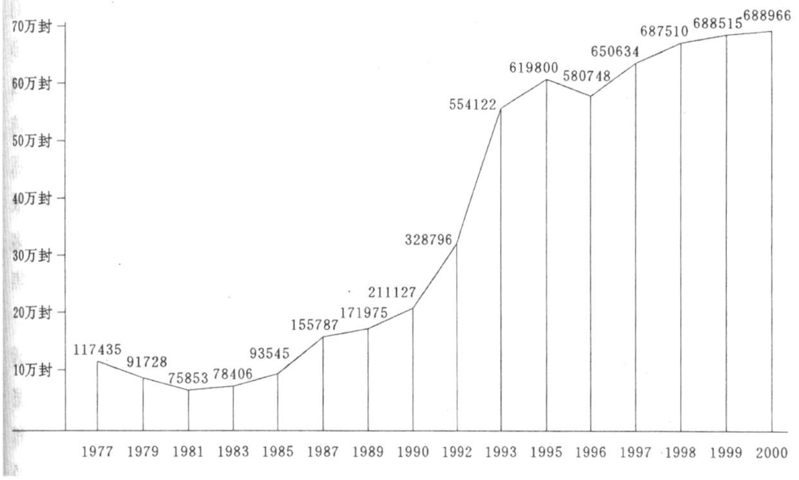

（图10-4-9）改革开放以来中国国际广播电台听众来信示意图

美卫星电视的供片关系，逐步恢复了和其他华语电视台的供片关系，特别是加强了新闻信息的提供。中央电视台对外中心还发展了英语节目在国外电视台播放的新项目，开了对外国主流社会的电视宣传的先河。在欧洲与“同一世界频道”建立了联系，利用它的卫星频道向西欧10多个国家播出；在美国的旧金山，支持彩虹电视台开办英语的中国电视节目，向当地美国人播出。彩虹节目一度在纽约、费城等其他美国城市播出。为了把我国改革开放的真实情况有计划、系统地介绍给国外观众，中央电视台对外中心及时采制了专门对外的新闻杂志节目《中国报道》，以此为核心的《今日中国》英语版在美国华盛顿、纽约、洛杉矶、芝加哥等地每周定时播出；法语版在法国三台定时播出。

1992年1月1日，中央电视台把每天一小时的中英文对外节目，通过国际卫星送到美国，由美国芝加哥新世纪电视台把节目送上美国的Ku波段

和C波段卫星，使得整个北美都可以看到当天中国发生的重要新闻。这是中国对外报道工作的又一次飞跃。节目信号的落地入网工作也取得了新的进展。（见图10-4-10）

1992年10月1日，中央电视台第一个国际卫星电视频道，即第四套节目正式创办并对外开播。同一天起《中国中央电视台新闻》播出第一期。这是中国电视对外报道史上的一件大事，也是电视对外宣传事业一个新的起点。从此，中央电视台对外报道有了自己的频道，电视对外宣传事业有了自己的阵地和舞台，中国电视

(图10-4-10) 中央电视台第四套节目（国际频道）通过“亚洲1号”“亚洲二号”和“泛美二、三、四、号”通信卫星，向全世界传送节目

从此开始大踏步走向世界。（见图10-4-11）

1993年11月，为了进一步集中和加强中央电视台对海外报道的力量，第四套节目部与对外中心合并，成立了中央电视台海外节目中心。这是中央电视台进一步拓展对外报道事业，实现20世纪末中国电视覆

(图10-4-11) 中央电视台第四套节目《中国中央电视台新闻》

盖全球、走向世界战略目标的一个重要决策。从此，对外电视节目的制作和编排播出形成合力，整体优势得到进一步发挥。

中央电视台海外节目中心成立后，进一步调整了第四套节目频道的栏目设置和编排，增加外语节目，加大了新

闻和专题节目分量。1994年5月1日，《中国中央电视台新闻》改为《中国新闻》。此后，还开办了《粤语新闻》，即《中国新闻》的粤语版。10月1日，中华人民共和国成立45周年，为了抓住这个有利时机，营造良好的国际舆论环境，进行了一场较大的对外宣传战役——在世界各地同时举办《中国电视周》。电视周期间，共有127个国家和地区的150家电视台参加，首次实现了中国电视大规模进入外国主流社会。（见图10-4-12）

中央电视台中文国际频道是以新闻节目为主导、以文化

(图10-4-12)《中国电视周》首映式

和服务类节目为骨干、以娱乐节目为支撑的综合频道，其中包括具有鲜明对外特色的《中国新闻》、《中国报道》、《新闻 60 分》、《环球时讯》、《走遍中国》、《中国文艺》等自办栏目，从 1995 年 1 月 1 日起，也开始选播在其他频道中播出的优秀栏目，如《东方时空》、《焦点访谈》、《经济半小时》、《经济信息联播》、《经济广角》、《东西南北中》、《旋转舞台》、《大剧院》、《夕阳红》、《动物世界》等，同时，根据不同国家和地区的时差进行编排，开始实行全天 24 小时播

出。5 月，《中国新闻》开始采用现场直播方式，每天滚动播出 8 次新闻，与国际电视新闻接轨。7 月 1 日，第四套节目对外播出呼号改为“中国中央电视台国际频道”，并启用了新的台标片头。如何使国际频道覆盖全球并进而使它的节目落地，从而实现中国电视进入外国主流社会，成为我国对外电视宣传的重大目标。经过多方努力，1996 年 4 月提前实现全球覆盖，到 1997 年在海外落地取得从突破性进展，基本实现了在亚洲、大洋洲、欧洲、非洲、北美洲和拉丁美洲传送播出。2003 年，中央电视台国际频道再次改版，主要体现在以下几个方面：加强新闻报道，增加新闻时间；加强新闻述评，提高反应速度；加长整点新闻，合理安排时段；压缩部分栏目，确保新闻广告；实时调整播出，体现灵活机动。（见图 10-4-13）

2000 年 9 月 25 日，中央电视台第九套节目——英语频道正式开播，每天 24 小时不间断地播出以新闻节目为主的各类节目，对中央电视台节目进入西方主流社会起到了推动作用。英语频道为包括中国在内的世界各国英语观众提供以新闻及新闻性节目为主，专题、

(图10-4-13) 中央电视台第四套节目部分名牌栏目

文化及服务类节目为辅的电视节目。新闻实行 24 小时滚动播出，专题按不同时区首播一次，重播三次。一共播出《综合新闻》、《环球瞭望》、《亚洲新闻》、《财经新闻》、《文化报道》、《体育报道》、《今日中国》、《学汉语》等 24 个栏目。经过 2002 年、2003 年两次改版后，CCTV9 成为具有鲜明中国特色的对外新闻综合频道。频道采用新的节目编排形式，几乎所有栏目长度均为 30 分钟，以版块形式每天 4 次滚动播出，从而和西方国家的收视习惯接轨。CCTV9 同时起用外国专家主持节目，取得了很好的效果。

2004 年 10 月 1 日，中央电视台西法语频道正式开播，以西法语播音，多语种对外宣传。（见图 10-4-14、图 10-4-15、图 10-4-16）

到2005年底，CCTV4完整频道在世界各国家和地区落地的项目已有52项，CCTV9完整频道落地的签约合作项目共有80项，CCTV西法语有5个落地项目。除以上完整频道的落地项目外，还有一些节目进入当地电视频道播出，共60项，涉及36个国家和地区。

从 1995 年国际频道的开创，到中、英、西法文多个频道并举及实现全球覆盖，经历

（图10-4-14）中央电视台第九套英语频道的新闻节目

（图10-4-15）英语频道的《文化报道》栏目一直深受海外观众的欢迎

（图10-4-16）英语频道的《亚洲新闻》节目力图体现中国对亚洲事务的眼光

了一个艰苦创业的历程，中国电视对外宣传，整体上从中国新闻航空寄送，转变为通过自己的国际频道卫星电视直接播出，从租台播出中央电视台节目转变为在国外建台播出，从免费寄送节目转变为建立节目销售网络，从单一语种节目转变为多语种节目，从面向海外华人转变为面向华人和面向外国观众并重。节目制作的精品意识不断增强，节目质量不断提高，制作出了一大批在国外产生重大影响的新闻、专题和文艺节目。在发展过程中，逐步形成了中央电视台国际频道向世界报道的风格，为中国走向世界和让世界了解中国，为配合我国政治、经济、外交活动，作出了重要的贡献，为在世界上树立社会主义中国的良好形象发挥着对外宣传主渠道的作用。

第五节 确立广播电视大国地位

广播电视事业是我国发展最迅速的行业之一。1995 年 12 月 5 日，新华社宣布："我国广播电视受众人口和电视机、收录机、收音机拥有量均居世界前列。"全国已形成了比较完整的广播电视节目传送网和覆盖网。广播电视科技工作空前活跃。广播电视教育事业有了较大发展。在广播电视宣传方面，20 世纪 90 年代前期，以"中央三台"为代表的对国内外广播电视宣传的改革又迈出了新的步伐。中央和地方的广播电台、电视台相继调整节目结构，整体宣传水平大大提高。

一、新技术的运用与广播电视新媒体的出现

到1999年7月，所有省、自治区和直辖市电视台的第1套节目都已通过卫星转发全国各地。到1999年底，一个以卫星传送为主，微波、地面收转

中央电视台播出频道一览表

名称	开播时间	内容说明
CCTV1综合频道	1958年9月2日	开播最早，覆盖最大，影响最广
CCTV2经济频道	1986年1月1日	以经济资讯为主要内容，主要分为资讯、服务、财经、深度报道、益智娱乐五大板块
CCTV3综艺频道	1989年3月	融综艺、时尚、流行音乐、资讯服务、歌舞等各类文艺性节目为一体
CCTV4中文国际频道	1992年10月1日	以海外华侨、华人和港澳台同胞为主要服务对象，24小时播出
CCTV5体育频道	1995年1月1日	国内创办最早、规模最大、拥有世界众多顶级赛事国内独家报道权
CCTV6电影频道	1996年1月1日	每天9部中外影片及科教片、纪录片。每日播出19小时
CCTV7少儿·军事·农业频道	1995年11月30日	以播出少儿、军事、农业节目为主。日播出时间17小时
CCTV8电视剧频道	1999年5月3日	唯一覆盖全国的电视剧专业频道
CCTV9英文国际频道	2000年9月25日	以母语为英语国家的观众为主要收视对象的新闻综合频道，全天24小时播出
CCTV10科教频道	2001年7月9日	以科学、文化、教育类节目为主要内容，宣传教育品格、科学品质、文化品位
CCTV11戏曲频道	2001年7月9日	弘扬中华民族文化、展示中国戏曲艺术，全面展示我国200多个剧种
CCTV新闻频道	2003年7月1日	2002年5月1日试播，全天24小时播出，逢整点有新闻
CCTV少儿频道	2003年12月28日	以0岁至18岁少年儿童为主要收视对象，"引领成长，塑造未来"
CCTV音乐频道	2004年3月29日	以播出中外古典音乐和世界各民族音乐为主要内容，引导和提高国民音乐素质和欣赏水平。弘扬高雅艺术、严肃音乐和民族音乐
CCTV西法语频道	2004年10月1日	以西班牙语、法语播音，进行对外宣传
CCTV社会与法频道	2004年12月28日	由CCTV12西部频道置换而来，传播法治精神，普及法律知识，增强公民法治意识

和差转相结合的广播电视节目传输网络已经形成。

随着20世纪90年代以来各项改革措施的顺利推行，广播电视科技水平有了长足的发展。首先，广播电视节目和其他音像制品的制作技术不断更新。自1978年12月开始，中央电视台《新闻联播》节目开始使用引进的ENG电子采访设备，采制声像合一的新闻，从而改写了以往单靠摄影机拍摄电视新闻的历史。ENG(Electric News Gathering的缩写)电子新闻采访设备是当时国外的最新科技。各地方电视台也紧随中央电视台之后而陆续使用了这一设备，有些较晚成立的电视台甚至没有经过摄影机拍片时代，就直接进入了电子新闻采集时代。1996年，中央电视台又开始运用数字卫星新闻采集（DSNG），之后几乎每一项重大节目的转播都应用了该设备。数字卫星新闻采集手段的运用，不仅扩大了电视

1978年以来中国广播电视发展概况

年份	广播电台（座）	覆盖率（%）	电视台（座）	覆盖率（%）
1978	93	/	32	/
1979	99	/	38	/
1980	106	/	38	/
1981	114	/	42	/
1982	118	/	47	/
1983	222	/	52	/
1984	167	67.8	93	64.7
1985	213	68.3	202	68.4
1986	278	70.2	292	71.4
1987	386	70.5	366	73
1988	461	70.6	422	75.4
1989	531	73	469	77.9
1990	635	74.7	509	79.4
1991	724	75.0	543	80.5
1992	812	75.6	586	81.5
1993	987	76.3	684	82.3
1994	1107	77.5	766	83.4
1995	1202	78.7	837	84.5
1996	1244	84.2	880	86.2
1997	1363	86.02	923	87.6
1998	298	88.21	347	89.01
1999	299	90.35	352	91.59
2000	296	92.08	354	93.41
2001	304	92.33	357	93.6
2002	303	93.21	358	94.54
2003	308	93.56	363	94.82
2004	282	94.05	314	95.29
2005	273	94.48	302	95.81

资料来源：1978—1985年《中外广播电视百科全书》，中国广播电视出版社；1986—2006年《中国广播电视年鉴》，北京广播学院出版社。“/”为数据不全或没有统计。1998年起，广播电台、电视台数量为县级以上的数字，不包括县级广播电视台数量。

新闻报道和现场直播的空间，提高了电视视频和音频的传播质量，而且可以实现多路节目传输，保证制作系统的稳定性和抗干扰性。同年，中央电视台《新闻联播》记者开始配备笔记本电脑，记者们在世界各地都可以通过互联网与台内进行连接。1997年12月，中央电视台又与全国的各省级电视台初步建设起微机报道网络，有近200台电脑联网，用计算机阅稿的方式取代了传统的电话宣传例会，双方可以通过计算机互相交流信息，使新闻传递的速度和数量成倍增加。新闻制作手段进步所带来的巨大变化，促进了节目的技术改良，现场直播、电话采访、电脑合成等新兴手段的综合运用，使广播电视节目栏目的创意空间不断拓展，内容形式日趋多样，极大地丰富了广播电视的声屏与荧屏。（见图10-5-1）

其次，传播手段更加高科技化。这具体体现在有线电视、卫星广播、数字传输的应用上。有线广播电视兴起于20世纪70年代末，80年代开始在我国得到蓬勃发展。至1997年底，我国已建成县以上有线电视系统2000多个，专用光缆干线10万公里，电缆干线40多万公里，入户终端6000多万户，到2000年有线电视用户已发展到8000多万户，到2003年，有线电视网已近400万公里，有线电视用户达1.06亿。以有线广播、调频广播、微波站和卫星地面接收站等多种手段组成的广播电视覆盖网以及共缆传输、共同入户的有线广播电视网，扩大了广播电视的覆盖网络，也使广播电视的频道资源日渐增多，从而相应地使广播电视媒介的信息含量不断增加。（见图10-5-2）

卫星传送无疑是科学技术对广播电视传播的又一巨大贡献。它不仅从传播手段上更好地保证了广播电视的报道时效，使重大新闻事件可以做到世界范围的同步报道，而且节目信号稳定，传输质量好，是一种投资少、见效快、收益高的现代传播手段。20世纪80年代以前，我国的广播电视节目传送主要是通过微波线路进行的，在传送质量和建设成本方面，微波线路明显落后于卫星传播，自身存在着很多不尽如人意的问题。因此，1983年，第十一次全国广播电视工作会议确定，今后将主要“采用广播卫星覆盖”。

(图10-5-1) 中央电视台现代化的主控中心机房

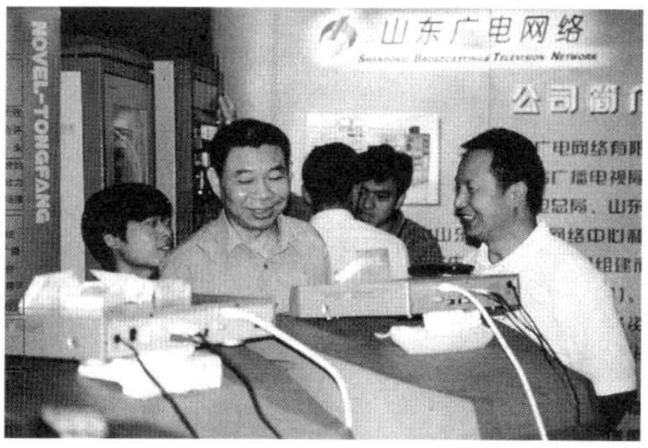

(图10-5-2) 山东省广电网络有限公司在青岛信息展览会上介绍数字电视

1984年4月，我国发射的第一颗试验通信卫星上天，成功地进行了多路广播电视节目的传输试验，开创了我国广播电视节目传送的新纪元。1985年1月，我国为传送电视节目租用的国际卫星转发器开始启用；10月，中央电视台开始利用国际通信卫星5号C波段向全国传送电视节目。1986年，中央人民广播电台和中央电视台每天分别通过卫星向全国传送多套广播节目和两套电视节目。1988年，我国自行研制的两颗东二甲实用通信广播卫星先后发射成功，大大拓展了广播电视传送的范围，改善了节目的传送质量。1990年，通过卫星向世界各地传送的北京第11届亚运会实况，反响良好。1994年，又购买一颗美国卫星，用于广播电视节目的传送。也正是借助于卫星传播，1991年9月1日，《新闻联播》走向世界，1996年4月就已覆盖全球。从1997年1月开始，河南、广东、内蒙古、辽宁、江西、福建等10省、自治区采用数字压缩技术，通过亚洲二号卫星传送节目。至1999年7月，全国所有省、自治区、直辖市的第一套电视节目都已通过亚洲二号卫星传送，并大多采用了数字压缩技术。

卫星广播电视的应用，使我国广播电视事业进入一个高速发展的时期，它不仅大大提高了广播电视节目的覆盖率，给观众以更多的选择，也迅速改变了国内广播电视业传统的按地域划分的竞争格局，对于促进中央和地方广播电视事业的改革和发展发挥了巨大作用。（见图10-5-3）

近年来，数字技术、互联网络迅速崛起，与传统的广播电视传输手段形成既分化又融

(图10-5-3) 中央电视台的电视转播车

合的格局，数字化、网络化和信息化技术正迅速进入实用阶段。

我国的广播电视网络传播于20世纪90年代后半期悄然兴起。在“中央三台”中，中央电视台“国际因特网站”建立于1996年，是国内最早成立的提供中文信息服务的著名网站之一。2000年12月20日，

(图10-5-4) 中央电视台网站www.cctv.com.cn

(图10-5-5) 央视国际网络挂牌仪式

该站正式命名为“央视国际”网站。2003年，有110多个栏目全新上网，栏目上网率超过55%，同时实现了新闻频道和第四、九频道24小时网上同步视频直播。目前，该网站日均点击量1.6亿，日均访问量达1500万人次，名列全球网站第88位，全球媒体类网站第7位，电视媒体网站第5位。（见图10-5-4、图10-5-5）

中央人民广播电台（见图10-5-6）网站于1998年8月开通。2000年9月，中央电台网站注册了“中国广播网”、“中央新闻网”和“中广在线”三个站点名称。2003年出口达100兆，实现了8套175小时节目网上同步直播。点播节目达100多个，存储时间为半年，日点击量达600万人次，是国内音频广播第一网。（见图10-5-7）中国国际广播电台（见图10-5-8、图10-5-9）网站于1998年12月26日起正式开通，实现了汉语普通话、广州话、英语、德语和西班牙语5种广播节目文字和声音的在线阅读和收听。2000年3月，该网站被确定为国家五大重点新闻网络之一。同年6月，“国际在线”新版网站正式推出。到2003年底，国际台实现38种外语全面上网，使“国际在线”网站有39个文种，在线广播达43个语种，分列世界第一和并列第二位，一个有潜力的

多语种在线广播平台初步搭建起来。

除“中央三台”外，国家广电总局信息网络中心节目信息部还于1997年12月开办了《国家广播电影电视总局网站》，并在其中设立了《中国广播影视概况》、《中国影视节目信息网》、《中国有线电视》等栏目。2000年2月1日，在上述栏目的基础上正式推出“广电在线”网站。这是一个以影视节目信息服务、有线电视资讯服务、影视娱乐、演职员信息服务为主的，兼顾专业与大众的信息服务网站。（见图10-5-10）

（图10-5-6）1998年，中央电台业务楼投入使用

（图10-5-7）中央电台网站www.cnradio.com

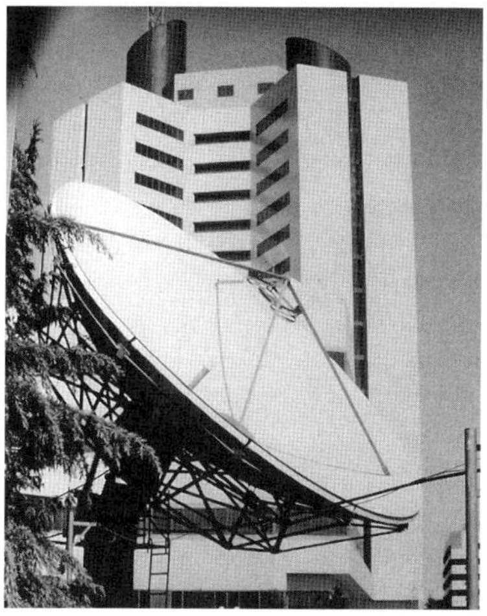

（图10-5-8）1997年中国国际广播电台业务楼投入使用

（图10-5-9）中国国际广播电台网站www.cri.cn

（图10-5-10）国家广电总局网站www.chinasarft.gov.cn

(图10-5-11) 手机电视

(图10-5-12) 公交移动电视

在地方台中，广东珠江经济广播电台于1996年12月15日即开通了网上实时广播。上海人民广播电台在1997年底开始尝试网上直播。据2001年的统计，全国已有120多家各级广播电台上网，其中近1/3的电台开通了网上音频乃至视频直播或点播节目。省级电视台上网的已有20多家，未上网的省级电视台中，除青海和西藏外，其他台均有部门或栏目上网。全国已知有电视台（含有线台）网站、网络电视及其他视频网站145家，设置的栏目有新闻、体育、文艺、生活、科技、法制、广告和节目预告等30余个。北京、上海东方、

黑龙江、湖北等台设有栏目7个以上。

中央和地方广播电台、电视台开办的网站都与广播电台、电视台一样，积极配合中央和地方各项重大新闻宣传，充分发挥了网络新媒体的优势，成为广播电视宣传的一支生力军。

随着科学技术的迅速发展，数字电视、移动电视、手机电视、IPTV等业务也在上海、北京等地相继开通。已批准开办付费数字广播电视节目，批准成立中央数字电视公司、有线数字付费电视联合体等多家数字付费节目集成运营机构，新技术产业发展迅猛。上海移动电视业务自从2003年1月开播以来，受众已经超过200万人，2004年全年收入超过2000万元；北京公交车移动电视广告年收入超过3000万元，成为广电产业新的经济增长点。（见图10-5-11、图10-5-12）

目前，我国广播电视事业已形成比较完善配套的节目制作、播出、覆盖体系，基本建成由发射台、转播台、卫星上行站、卫星收转站、微波站、检测台（站）和有线传输覆盖网构成的多技术、多层次混合覆盖的现代化的、世界上覆盖人口最多的广播电视网。到2005年底，我国有广播电台273座，电视台302座，广播电视台1932座，教育电视台50座；共播出广播节目2306套，电视节目2899套，全年播出广播节目2058万小时，电视节目2516万小时。全国现有广播电视发射台和转播台6.5万座，微波站2444座，卫星收转站150万座；使用10颗卫星41个转发器转播126套广播节目和94套电视节目；全国广播电视干线网络总长225万公里，连通1.28亿户家庭。广播电视在国内人口综合覆盖率已分别达到94.48%和95.81%。全国广

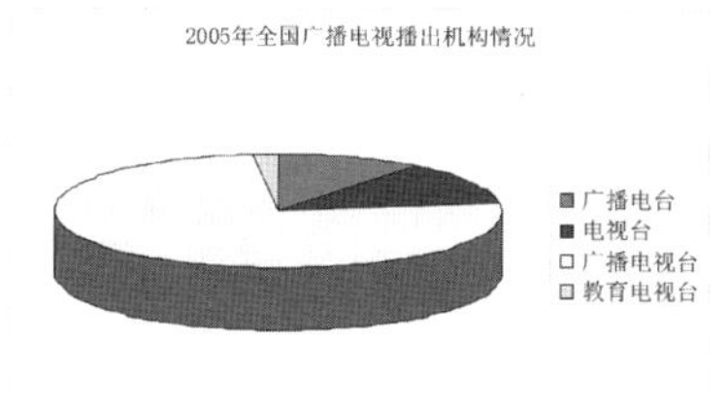

(图10-5-13) 2005年全国广播电视播出机构情况

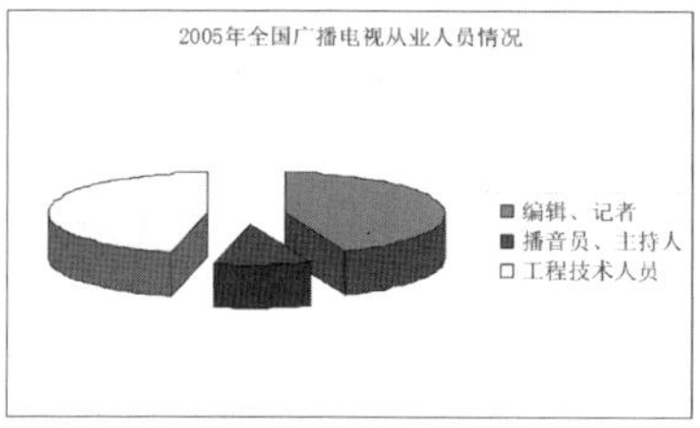

(图10-5-14) 2005年全国广播电视从业人员情况

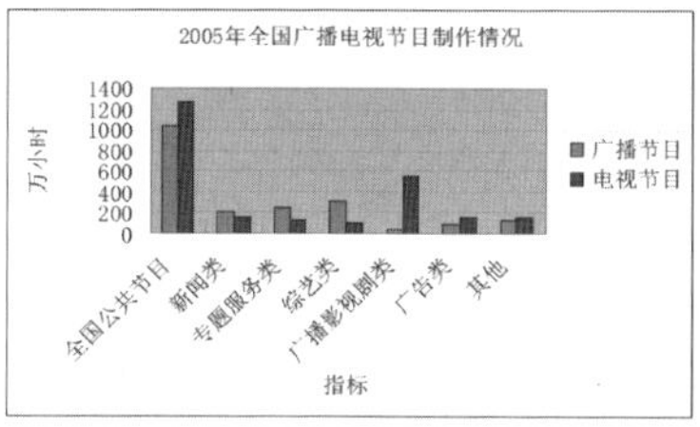

(图10-5-15) 2005年全国广播电视节目制作情况

播电视总收入931.15亿元，其中实际创收764.94亿元，广告收入458.63亿元，全国有线电视收视费151.28亿元。广播电视从业人员58万多人。从以上这些数字可以看出，我国已经成为世界上名列前茅的广播电视大国。（见图10-5-13、图10-5-14、图10-5-15）

二、广播电视教育与研究

改革开放以来，我国的广播电视教育蓬勃发展，已形成了多学科、多层次、多规格的教育网络，培养了大批专业人才，为我国广播电视事业的迅猛发展作出了贡献。广播电视专业社团创建以后，结合我国广播电视改革的实践，在推动广播电视理论研究、评选优秀节目和推动广播电视学术繁荣和创作繁荣方面做了大量工作。广播电视教育的蓬勃发展和广播电视学术社团的兴起，促进了广播电视研究工作的深入开展。改革开放30年来广播电视研究取得的丰硕成果，标志着有中国特色的社会主义广播电视学已趋于成熟。

1978年十一届三中全会之后，随着我国的高等教育事业重新走上健康发展之路，广播电视教育也迅速发展，逐步兴旺，主要表现在以下几个方面：第一，作为广播电视教

北京广播学院1979年研究生招生专业简介（订正稿）

招生专业	研究方向	学制	指导教师	外语语种	考试科目	专业基础课、专业课主要参考书目和范围	备注
播音	播音基础理论	三年	齐越	英语或俄语	1、政治 2、外语 3、语文 4、新闻理论 5、播音业务（包括各种文体播音）	1、马恩列斯和毛泽东同志关于新闻工作的主要论述 2、毛泽东：《在延安文艺座谈会上的讲话》 3、周恩来：《在文艺工作座谈会和故事片创作会议上的讲话》 4、艾思奇：《辩证唯物主义历史唯物主义》 5、《播音业务专辑》（吉林省广播事业局编印）	1、需要复试 2、要求：必须掌握普通话发音，有一定语言表达能力，五官端正，发声器官无疾病，无色盲夜盲。
播音	播音发声学	三年	徐恒	同上	同上	1——5项同上 6、文科大学汉语教材语音部分	同上
新闻理论	新闻理论	三年	王珏	同上	1、政治 2、外语 3、语文 4、新闻理论 5、新闻业务	1、马恩列斯关于新闻工作的主要论述 2、《毛泽东选集》第一至五卷中关于新闻工作的论述 3、艾思奇：《辩证唯物主义历史唯物主义》 4、于光远：《政治经济学》	需要复试
中国广播史	人民广播史和旧中国广播史	三年	赵玉明	同上	1、政治 2、外语 3、语文 4、新闻理论 5、中国现代史	1—3项同上 4、胡乔木：《中国共产党三十年》 5、大学文科中共党史教材	需要复试
电视新闻	电视片编辑理论	三年	任远	同上	1、政治 2、外语 3、语文 4、新闻理论 5、摄影业务	1—3项同上 4、关于电影的特殊表现手段的著述 5、电影艺术史和电影通史 6、《新闻纪录电影创作问题》（中央新闻纪录电影制片厂编） 7、论电影编剧导演和演员方面的著述 8、电影摄影、洗印化学方面的著述 9、摄影艺术表现方法方面的著述 10、《电影美学》（贝拉·巴拉兹著）	1、需要复试 2、要求：无矫正视力1.2以上，无色盲、色弱。
电视新闻	电视片摄影艺术理论	三年	朱羽君 娇广礼	同上	同上	同上	同上

注：报名日期：1979年4月2日至12日；
报考条件和报考手续按照教育部和各省、市（自治区）研究生招生办公室的有关规定办理。

(图10-5-16) 1979年北京广播学院首次招收硕士生专业简介(《广播电视节目报》第41期)

育事业主干高校的北京广播学院办学规模逐渐扩大，师资队伍稳步壮大，学生人数迅速增加。从1979年起，开始招收硕士研究生，1981年成为首批硕士学位授予单位。经国务院学位委员会第16次会议批准，北京广播学院成为新增博士授予单位，新闻学和广播电视艺术学两个专业同时获得博士学位授予权，使研究生的教育上了新的层次。1999年，北京广播学院开始招收博士生。第二，为适应广播电视事业发展对专业人才的需求，广播电视教育逐步走向多层次的正规培训。广电部于1986年9月在浙江杭

州开办浙江广播电视专科学校（1994年更名为浙江广播电视高等专科学校），主要为地市级广播电视部门培养新闻和艺术人才。第三，综合大学的新闻院系从20世纪80年代中期起陆续开设广播电视新闻专业。1985年起，中国人民大学、复旦大学、武汉大学、厦门大学等著名综合大学的新闻学院（系）先后开设广播电视新闻专业。20世纪90年代初期，南京大学、四川大学、杭州大学等新闻系的新闻学专业又先后开设广播电视专业方向。一些综合大学的中文系和电影戏剧专门院校依靠自身师资力量的优势，开设了播音主持艺术、影视文化、广播电视编导等专业（或专业方向）。此外，一些著名工科院校的传统的无线电专业也都面向广播电视人才市场，培养相关的专业人才。上述现象的出现，使得广播电视部门的专业人才来源日益趋向多渠道，从而促进了广播电视从业人员素质的提高。（见图10-5-16、图10-5-17）

2000年2月，根据国务院《关于进一步调整国务院部门（单位）所属学校管理体制和布局结构的决定》和国务院办公厅转发《教育部等部门关于调整国务院部门（单位）所属学校管理体制和布局结构实施意见的通知》的精神，将北京广播学院划转教育部管理，浙江广播电视高等专科学校划转浙江省管理，国家广电总局管理干部学院划转山西省管理。从此，广播电视教育的发展开始了一个新的阶段。2004年，北京广播学院更名为中国传媒大学，浙江广播电视高等专科学校改名为浙江传媒学院，广播电视教育随着社会的发展走向了更广阔的天地。（见图10-5-18）

从改革开放之初到20世纪90年代末，广播电视研究的进展主要经历了三个阶段：

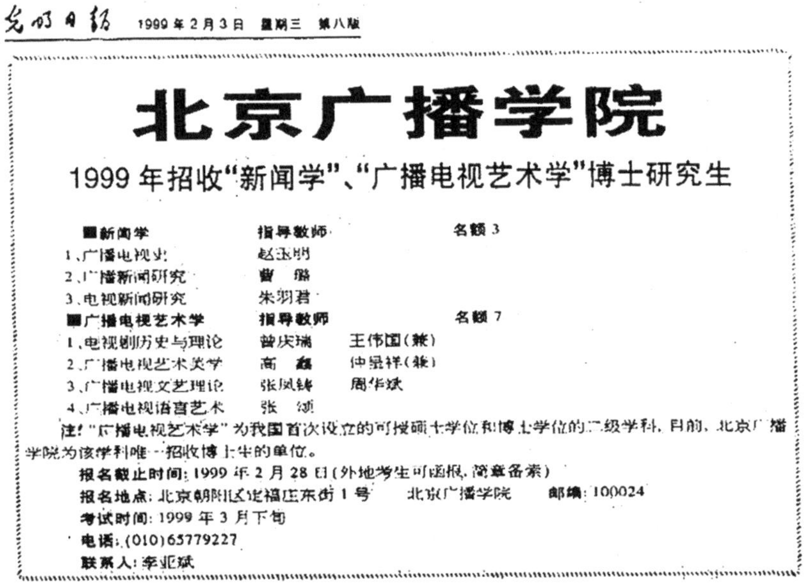
光明日报 1999年2月3日 星期三 第八版

北京广播学院

1999年招收"新闻学"、"广播电视艺术学"博士研究生

■新闻学 指导教师 名额3
1、广播电视史 赵玉明
2、广播新闻研究 曹璐
3、电视新闻研究 朱羽君
■广播电视艺术学 指导教师 名额7
1、电视剧历史与理论 曾庆瑞 王伟国(兼)
2、广播电视艺术美学 高鑫 仲呈祥(兼)
3、广播电视文艺理论 张凤铸 周华斌
4、广播电视语言艺术 张颂

注："广播电视艺术学"为我国首次设立的可授硕士学位和博士学位的二级学科，目前，北京广播学院为该学科唯一招收博士生的单位。

报名截止时间：1999年2月28日（外地考生可函报，简章备索）
报名地点：北京朝阳区定福庄东街1号 北京广播学院 邮编：100024
考试时间：1999年3月下旬
电话：(010)65779227
联系人：李亚斌

(图10-5-17) 1999年北京广播学院首次招收博士生信息

第一，恢复起步阶段，从70年代末到1986年10月中国广播电视学会成立之前。广播电视的研究开始突破新闻学的框架，向纵深领域迈出探索的步伐。《中国人民广播回忆录》、《新闻广播学研究》、《荧屏前后》、《新闻广播电视学——理论与应用研究》、《播音基础》和《人民大众的号角——延安（陕北）广播史话》以及《延安（陕北）新华广播电台广播稿选》、《旧中国的上海广播事业》等广播电视专业著作出版。第二，初获成果阶段，从1986年10月中国广播电视学会成立到80年代末期。首任会长吴冷西，历任会长为艾知生、孙家正、田聪明和徐光春等。学会下设30多个专业研究委员会，"中央三台"、北京广播学院和各省、自治区、直辖市广播电视厅（局）均为单

（图10-5-18）2004年9月，教育部部长周济和中宣部副部长、国家广电总局局长徐光春共同为“中国传媒大学”揭牌

位会员。2005年，中国广播电视学会更名为中国广播电视协会。中国广播电视学会的成立使广电系统内长期分散进行的研究工作，开始步入组织有序的发展阶段。在中国广播电视学会的带动和组织下，《中国广播电视学》等一些有代表性的广播电视著作开始着手编写，对推动广播电视学的建立和发展起了积极的作用。《当代中国的广播电视》（上、下册）、《梅益谈广播电视》、《中央人民广播电台简史》、《中国现代广播简史》、《第四战线——国民党中央广播电台掇实》等一批广播电视史学著作率先问世。广播电视基础及应用理论类著作和教材相继出版。受广电部委托，由北京广播学院主持编纂的《中国广播电视年鉴》（1986年版为首卷，此后每年一卷）以及《广播电视简明辞典》（1989年出版）和《中外广播电视百科全书》（1994年出版）及时汇编了我国广播电视改革的新情况、新进展，概括介绍了广播电视的基本知识，为以后广播电视研究的开展提供了丰富的信息资料。第三，走向成熟阶段，从90年代初期起到20世纪末。90年代以来，广播电视的研究已逐步走向成熟，表现为：一批以中老年为主的具有高中级职称的专兼职的研究队伍已基本形成；广播电视的研究已由分散、个体为主逐步走向有组织、有计划的课题性研究为主；广播电视学术论著的评奖活动已走向制度化、规范化，广播电视研究的丰硕成果已初步构建起有中国特色的广播电视学的框架。

从1983年起，我国建立了国家社会科学基金制度。但由于多种原因，广播电视方面的研究项目多年来一直未能列入其中。1992年起，国家社科基金项目专门组建了新闻学学科规划评审组，负责草拟新闻学方面的课题指南，评审包括新闻学、传播学、广告学、广播电视学、编辑出版学等方面的申请项目。在此前后10年间，列入国家社科基金的广播电视方面的项目总计17项。2000年9月，北京广播学院广播电视研究中心被教育部批准为国家级人文社科重点研究基地，每年可以申报两项广播电视方面的重点科研项目。

关于中国人民广播和中国人民对外广播何时诞生和开播的问题，长期以来一直颇有争议。经过多方面反复调查并经上级领导机关批准，中国人民广播诞生的确切日期应为1940

1990—2005年国家社会科学基金广播电视方面项目一览表

立项年份	课题名称	负责人	联系单位	成果形式	项目性质
1990	中国广播电视通史	赵玉明	北京广播学院	专著	一般
1992	“一国两制”格局下广播电视的政策研究	白谦诚	广电部政策法规司	研究报告	一般
1992	国际卫星直播对我国的影响和对策	曹　璐	北京广播学院	总报告	一般
1993	电视的跨国传播对民族文化的影响	王纪言	北京广播学院	专著	一般
1994	我国电视广播社会效益及其改进对策研究	陈培爱	厦门大学	研究报告	一般
1995	广播电视宣传热点问题研究	曹　璐	北京广播学院	论文研究报告	一般
1996	西方对华广播的战略、策略、手法和我们的对策	胡耀亭	中国国际广播电台	论文研究报告	重点
1996	中国广播电视语言传播研究	张　颂	北京广播学院	专著电脑软件	一般
1996	社会主义市场经济条件下的有线电视经营管理	吴信训	四川联合大学新闻学院	研究报告	一般
1996	社会主要市场经济条件下的广播电视（含有线台）管理研究	胡正荣	北京广播学院	论文研究报告	青年
1997	电视广播的思想文化导向研究	郭庆光	中国人民大学新闻学院	专著	一般
1997	广播电视多出精品的机制研究	张　舒	北京广播学院	专著研究报告	一般
1997	电视娱乐类节目在思想道德与文化建设中的作用研究	董天策	四川联合大学新闻学院	专著研究报告	青年
1998	从“焦点访谈”类专题（报道）看舆论监督作用	郭镇之	北京广播学院	研究报告	一般
1998	电视文化论	陈　龙	苏州大学新闻传播学系	专著研究报告	青年
1998	建设具有中国特色社会主义电视理论	杨伟光	中央电视台	专著	自筹经费
1999	面临市场经济和信息时代双重调整的我国广播电视外宣：现状、未来和对策	温　飚	中国国际广播电台研究室	论文研究报告	一般
2001	中国电视史	刘习良	国家广电总局中国广播电视学会	专著	自筹经费
2002	报刊、广播电视、网络新闻语言比较研究	段业辉	南京师范大学科技处	专著论文（集）	一般项目
2003	电视节目主持人的综合素质研究	吴　郁	北京广播学院	论文（集）研究报告	一般
2003	电视娱乐节目：传播形态及社会影响研究	殷　乐	中国社会科学院新闻所	专著研究报告	青年
2003	电视创新与西部文化的现代化	蔡尚伟	四川大学广播电视研究所	研究报告论文集	青年
2004	中国特色的电视产业运营模式研究	赵化勇	中央电视台	专著	重点
2004	广播电视媒体资本运营研究	周明夫	中共青岛市委员会党校	研究报告电脑软件	一般
2004	世界广播电视发展趋势	张　丽	北京广播学院	专著论文（集）	一般
2005	中国电视内容产业建设与发展研究	彭祝斌	湖南大学新闻与传播学院	专著论文（集）	一般

年12月30日，不是1945年9月5日；中国人民对外广播开播日期为1941年12月3日，不是1950年4月10日，也不是1947年9月11日。

1990年12月30日是中国人民广播事业创建50周年纪念日。12月28日，纪念中国人民广播事业暨中央人民广播电台创建50周年大会在北京举行。江泽民、邓小平、杨尚昆、李鹏、彭真、邓颖超、李瑞环等分别题词祝贺。李瑞环出席大会并发表讲话。1996年12月3日前后，国际台在京举行多种活动，纪念中国人民对外广播事业创建55周年。江泽民题词：“声音传五洲，朋友遍天下。”1998年10月9日，中国电视事业暨中央电视台诞生40周年大会在北京举行。江泽民题词：“更好地发挥电视媒体的作用，为改革开放和社会主义现代化建设服务。”

中国广播电视事业的三个重大纪念日（即中国人民广播事业创建纪念日——1940年12月30日，中国人民对外广播事业创建纪念日——1941年12月3日，中国电视事业创建纪念日——1958年9月2日）正式确定后每逢5或10周年举办有关纪念活动，这已成为激励和鼓舞广播电视战线广大人员更好地继承广播电视事业优良传统，总结广播电视历史经验，深化广播电视事业改革，献身社会主义广播电视事业的重要举措。(见图10-5-19)

首都纪念人民广播事业五十周年

江泽民邓小平杨尚昆李鹏彭真邓颖超李瑞环等题词

李瑞环强调广播电视要继续坚持社会主义方向

本报北京12月28日讯　记者沈兴耕报道：纪念中国人民广播事业暨中央人民广播电台创建50周年大会今天在北京政协礼堂隆重举行。大会宣读了江泽民、邓小平、杨尚昆、李鹏、彭真、邓颖超、李瑞环等同志的题词。

中共中央政治局常委李瑞环出席纪念大会。他首先代表中共中央向创建人民广播事业的老同志，向全国的广播电视工作者，表示热烈的祝贺和崇高的敬意！

李瑞环说，1940年12月30日，在毛泽东、周恩来同志的亲自关怀和领导下，延安新华广播电台开始播音。半个世纪以来，我国人民广播事业经历了创业的艰难，战争的洗礼，建设的考验，从无到有，从小到大，走过了曲折而光辉的道路，对我国的革命和建设事业作出了重大贡献。他说，党的十三届四中全会以来，在以江泽民同志为核心的党中央领导下，广播电视部门在新闻报道方面坚持正面宣传为主的方针，创作了一批有利于稳定鼓劲的好节目，较好地完成了各项重大宣传任务。

为了进一步把广播电视事业办得更好，李瑞环提出了四点要求和希望，第一，要继续坚持社会主义方向。各级广播电视部门要围绕党的中心任务，满腔热情地报道人民群众建设新生活、创造新生活的业绩。要更加贴近群众，贴近生活，贴近实际，争取更好的社会效果。第二，要努力满足人民群众精神文化生活的需求。广播电视工作者要了解自己的服务对象，充分利用广播电视的多种功能，尽可能满足群众多方面、多层次的需要。要研究群众心理，善于寓宣传教育于提供信息、知识、娱乐之中，使广大群众“开机有益”。第三，要认真搞好队伍建设。第四，要切实加强对广播电视工作的领导。

广播电影电视部部长艾知生在会上讲话，要求广播电视工作者发扬延安精神，继承和发扬人民广播艰苦奋斗、自力更生的优良传统，继承和发扬人民广播坚持高度的党性原则的优良传统，继承和发扬人民广播密切联系群众的优良传统，坚持广播电视为人民服务的根本宗旨。

出席纪念大会的还有李铁映、丁关根、钱伟长、邓力群、李强、王忍之、阮崇武、吴冷西、梅益等。纪念大会向从事广播电视事业满20年的老同志代表颁发了荣誉证书。

《人民日报》1990年12月29日

声音传五洲　朋友遍天下

江泽民李鹏题词纪念中国人民对外广播事业创办55周年

本报北京12月1日讯　为纪念中国人民对外广播事业创办55周年，中共中央总书记江泽民、国务院总理李鹏分别为中国国际广播电台题词。江泽民同志的题词是：声音传五洲，朋友遍天下。李鹏同志的题词是：发展对外广播，促进友谊与合作。

1941年12月3日，在中国人民的抗日烽火中，延安新华广播电台开办了日语广播，中国人民对外广播事业便以此为发端。55年来，几代对外广播工作者在抗日战争、解放战争、社会主义建设和改革开放的新时期，艰苦奋斗，默默奉献，为在国际上树立中国的良好形象，增进中国人民与各国人民的友谊和相互了解，为维护世界和平，促进人类进步事业作出了重要贡献。

现在，中国国际广播电台使用38种外国语、汉语普通话和4种方言向全球广播，每天播出192个小时。近几年，每年收到180个左右国家和地区的五六十万封听众来信；遍布在世界各地的中国国际广播电台听众组织达2000多个。中国国际广播电台不仅是我国使用语种最多、覆盖面最广、受众最多的对外宣传媒体，而且使用语种、播出时间和听众来信三项指标均已进入世界国际广播的前三名，成为世界上影响较大的国际电台之一。

在党中央的亲切关怀下，新建的中国国际广播电台大楼即将投入使用，对外广播发射台的设备更新改造工程正抓紧进行。中国人民对外广播事业即将翻开新的一页，以崭新的面貌迎接21世纪的到来。

《人民日报》1996年12月2日

中国电视事业暨中央电视台诞生40周年大会举行

江泽民李鹏朱镕基李瑞环题词或到电视台祝贺　李岚清出席并讲话

《人民日报》1998年10月10日

(图10-5-19)《人民日报》有关中国广播电视事业三个重要纪念日的报道

注 释:

〔1〕孙家正（1944— ），江苏泗阳人。历任共青团江苏省委副书记、书记，江苏省委常委兼秘书长兼中共徐州市委书记，中共江苏省委常委、副书记兼宣传部部长，江苏省委副书记。是中共第十二、十三、十四届中央候补委员，第十五、十六届中央委员。1994年4月至1998年4月任广播电影电视部部长，后任文化部部长。

〔2〕田聪明（1943— ），陕西府谷人。历任中共内蒙古自治区党委办公厅政研室副主任、研究室主任，自治区党委常委、秘书长、直属机关党委书记、自治区党委副书记；西藏自治区党委副书记；广电部副部长，部编委会副总编辑。广电部党组副书记。1998年3月起任国家广电总局党组书记、局长，后被推选为中国广播电视学会会长，1999年5月起兼任总局编委会总编辑。2000年6月调新华通讯社任社长。中共十五届中央纪律检查委员会委员、十六届中央委员。

〔3〕徐光春（1944— ），浙江绍兴人，高级记者。历任新华社安徽分社党组书记兼副社长，中共安徽省委候补委员，新华社上海分社党组书记兼社长，新华社北京分社党组书记兼社长，光明日报副总编辑、总编辑，中共中央宣传部副部长兼机关党委书记。2000年6月任国家广电总局党组书记、局长，后又被推选为中国广播电视学会会长。中共第十五次全国代表大会代表，担任中共十五大新闻发言人，并当选为中央纪律检查委员会委员。中共十六届中央委员。同时担任中国新闻摄影学会名誉会长、中国记协常务理事、中国报业协会顾问。2004年12月调任中共河南省委书记。

〔4〕王太华（1945— ），江西兴国人。历任中共江西省赣州市委常委、宣传部部长，江西省赣州地区行署副专员，中共江西省委常委、宣传部部长，安徽省委常委、合肥市委书记，中共安徽省委常委、副书记、中共安徽省合

肥市委书记，中共安徽省委副书记，安徽省副省长、代理省长，安徽省省长，中共安徽省委书记、安徽省人大常委会主任。是中共十四、十五届中央候补委员，十六届中央委员。2004年12月任国家广电总局局长、党组书记。

港澳台篇

中国广播电视图史

大陆之外的声屏世界

第11章

大陆之外的声屏世界

第一节 香港：多元并存，蓬勃发展

一、广播在成长

1923年，香港一些业余无线电爱好者自发开展业余实验广播活动，播放一些社会新闻并转播歌剧，每周仅播两天，每天两三小时，颇受欢迎。1928年，香港政府接手经营广播，出资兴建电台播音室，于10月8日在中环旧邮政局二楼启用，呼号是GOW。1929年2月1日，台号改为ZBW。1929年10月8日正式播出。这是香港历史上第一座广播电台。

（图11-1-1）香港广播电台外景

1934年，香港电台增设中文台（广州话，下同），台号为ZEK。1941年12月，日军占领香港后，该台一度停播。次年初，日军监管的“香岛放送局”开播。1945年9月15日，英国重新管治香港后，香港电台恢复广播。1948年8月，取消ZBW和ZEK呼号，正式命名为“香港广播电台”（RADIO HONG KONG，简称RHK）。[1]（见图11-1-1）

从1929年香港电台成立，到1949年初的20年中，香港地区只有一家广播电台，市民只能收听香港电台的广播，别无选择。直到英商丽的呼声（香港）有限公司开办丽的呼声有线广播后，才结束香港电台“一家独占”的局面。

丽的呼声有线电台于1949年3月21日开播，与香港电台的无线发送不同，该台采用

（图11-1-2）20世纪五六十年代的“丽的呼声”

有线传输方式。听众须按月交费，才能接通线路收听。正式开播时，只有400用户，7月初，有5000用户，年底增至2万。（见图11-1-2）

1956年7月，丽的呼声开办了第二个中文台，称为金色中文台（Gold Network），专门播出广州话、潮州话、上海话等方言节目。1959年3月，丽的呼声用户达6.5万，听众

约100万，进入全盛时期。

20世纪50年代，香港人口激增，当时仅有的香港电台和丽的呼声有线电台难以满足市民对广播节目多元化的需要。1957年，香港5家机构竞投开办无线商业广播电台。10月，香港商业广播有限公司（简称商业电台或商台）取得唯一的商业牌照，开始筹办电台。1959年8月26日，商业电台正式开播，台址位于九龙荔枝角，发射功率1千瓦。开播之初，设有中文、英文节目各一套，中文节目称为“商业一台”，英文节目称为“商业英文台”，每天7时至24时播音。与香港电台不同，商业电台是一座民营广播电台，以广告收入作为经济来源。（见图11-1-3）

（图11-1-3）香港商业电台外景

1957年5月，丽的呼声有限公司开办了黑白电视，该公司的经营重点转向电视业务。1973年4月，“丽的呼声”有线广播宣布停业，从开播至此，前后共24年。

1971年，英军廓尔喀兵旅从新加坡与马来西亚调驻香港后，人员增多，英军因此在香港筹办了一座广播电台。开播之初，只有尼泊尔语节目，每晚播出两小时，后增办了英语节目。英军广播电台（简称英军电台）是专为驻香港、文莱、尼泊尔的英军和廓尔喀部队服务的，影响不大。

1990年5月，香港政府公开招标开办第二商业广播电台，香港本地及国外十多个财团参加投标。12月4日，港英政府宣布将经营第二商业台的牌照颁发给由香港嘉禾、德宝电影、和记通讯三大财团和美国广播集团组成的“高艺广

(图11-1-4) 香港部分电台台标

播有限公司”，由该公司组成的新城广播有限公司（简称新城电台）随即开始筹备。1991年7月，新城电台正式开播，推出三个频道，分别称为“新闻台”、“劲歌台”和“金曲台”。

至此，香港4家广播电台（香港电台、商业电台、英军电台、新城电台）并存的格局形成。（见图11-1-4）

香港的广播技术发展较快。早在1960年，香港电台就开始采用超短波调频广播，1976年4月，香港电台又首次播出调频立体声节目，成为亚洲第一个采用立体声广播的电台。1981年，商业电台的两个中文台也开始了调频广播。1980年3月1日，香港电台的英文台首创全天24小时广播，其他广播电台大部分都是每天播出22—24小时。（见图11-1-5）

在新闻报道方面，由于港英当局的严密控制，20世纪70年代以前，香港的广播电台没有独立发布新闻的权力。香港电台自开播后的很长一段时间，新闻节目靠转播英国广播

（图11-1-5）20世纪60年代的香港歌赋山发射站

公司（BBC）的节目，直到60年代末，其新闻报道主要还是由港府新闻处提供，由专人负责送稿。商业电台自1959年开播之时起，新闻节目也是由港府新闻处提供。1973年，香港电台正式成立新闻部，自行采制新闻节目。此时，商业电台的新闻节目也改由香港电台提供。直到1974年10月，商业电台才设立独立的新闻部。

1986年春节期间，香港电台与中国国际广播电台等合办“向全球华人贺岁”节目，这是香港电台首次与内地电台合办节目。

香港回归前，负责广播电

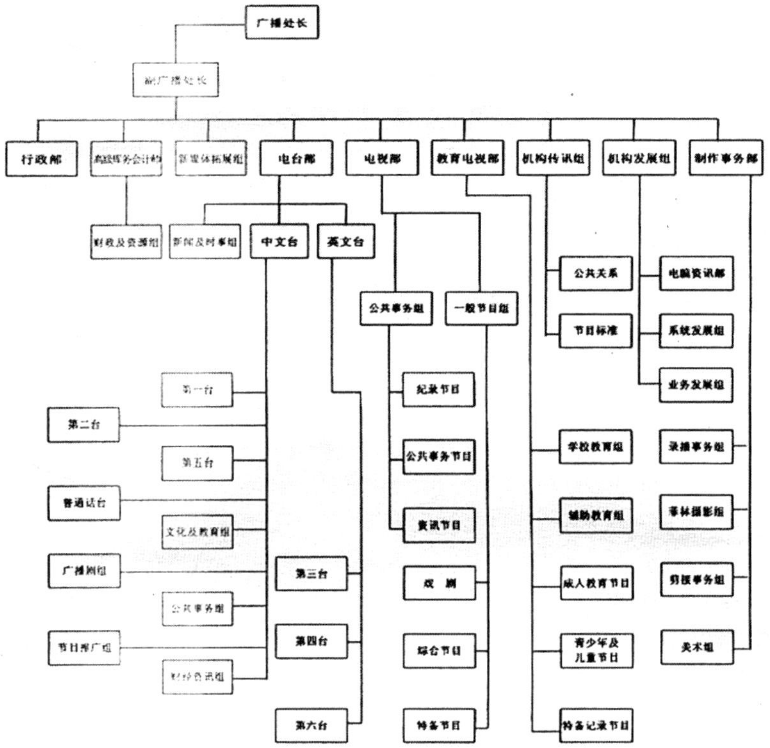

(图11-1-6) 香港广播电台机构表[原载《香港电台》(2001)介绍]

视事务的机构是文康广播科，下设广播处、影视及娱乐事务管理处以及1987年成立的广播事务管理局。其中广播处只管理官方的香港电台，该处处长也就是香港电台首长，影视及娱乐事务管理处兼广播事务管理局的秘书处。（见图11-1-6）

在四台并存的格局下，各台发展情况如下：

1．香港电台

1970年香港电台成立公共事务电视部，制作有关公共事务的电视节目，交由两家商业电视台（无线和亚视）播出。1976年4月，香港电台的英文台名加上“电视”一词，改为“RTHK”。

70年代中期，香港电台开始分台。1974年初，香港电台已开办了四个播出有特定对象、重点各不相同的中英文台。1978年2月，香港电台与英国广播公司合作设立了第五台。1989年底设立了一个专门的交通电台。不久，原附属第五台的英国广播公司英文对外广播节目单独划出该台。至此，香港电台的7个分台设置完成。香港电台是由港英政府出资开办的，开播不久被宣布为政府电台。此后，港府邮政局、新闻处、广播处相继主管香港电台。1986年11月，港府公布的广播事业检讨报告决定：香港电台相对独立，但仍保留公营部门性质。从此，除继续依靠公共经营外，还可有限制地接受社会赞助和捐款。

2．商业电台

如前所述，商业电台最初设有两个中波电台，一个中文台和一个英文台。1963年6月16日，为配合业务发展，又增设了第二中文台。从此，商业电台拥有两个中文台和一个英文台，一直延续至今。商业电台开播后的很长一段时间，新闻节目先后由政府新闻处和香港电台提供。直到1974年10

月，商台才正式成立独立的新闻部。1982年1月，商业电台的两个中文台同时开始全天24小时播音。

3. 新城电台

新城电台是1991年7月开播的新台，开播即推出“新闻台”、“劲歌台”、“金曲台”三个频道。新闻台（英文），中波发送，全天24小时播音，是当时亚洲唯一24小时广播的英语新闻台。劲歌台，调频发送，是以广州话为主的音乐台。金曲台，以英语和广州话播音，调频发送，全天播放20世纪30—50年代的怀旧歌曲以及50—80年代的流行爵士乐曲、金曲和流行歌曲。

4. 英军电台

英军电台1971年筹办，起初只是在晚间提供两小时尼泊尔语节目。1975年，英军电台开办英语节目，由伦敦制作中心每天提供一小时节目。1984年，尼泊尔语节目和英语节目分别设台。英军电台还定期通过卫星转播BBC的节目。英军电台在港影响不大。香港回归前夕开始减小发射功率，覆盖范围限于石岗一带和港岛南区。1997年7月1日后停止播音。

二、后来居上的电视

香港的电视事业开始于1957年。直到20世纪80年代末，香港电视一直是亚洲电视台和电视广播有限公司（俗称无线电视台或“无线”）两大电视机构争雄。

表（一）　“丽的”中文台发射线路及频率情况

频道	发射地	频　率	功率（千瓦）
23	慈云山	图像 487.25　伴音 493.25	10
42	青　山	图像 639.25　伴音 645.25	1
42	飞鹅岭	图像 639.25　伴音 645.25	1
43	金　山	图像 647.25　伴音 653.25	1
53	九龙坑山	图像 727.25　伴音 733.25	1
53	南丫岛	图像 727.25　伴音 733.25	1.5
42	赤　柱	图像 639.25　伴音 645.25	0.1
43	南朗山	图像 647.25　伴音 653.25	0.1
43	砵甸乍山	图像 647.25　伴音 653.25	0.1
52	柴　湾	图像 719.25　伴音 725.25	0.1
52	跑马地	图像 719.25　伴音 725.25	0.1
53	郝德杰道	图像 727.25　伴音 733.25	0.1

表（二）　“丽的”英文台发射线路及频率情况

频道	发射地	频　率	功率（千瓦）
27	慈云山	图像 519.25　伴音 525.25	10
44	青　山	图像 655.25　伴音 661.25	1
44	飞鹅岭	图像 655.25　伴音 661.25	1
44	赤　柱	图像 655.25　伴音 661.25	0.1
45	金　山	图像 663.25　伴音 669.25	1
45	南朗山	图像 663.25　伴音 669.25	0.1
45	砵甸乍山	图像 663.25　伴音 669.25	0.1
45	大屿山	图像 663.25　伴音 669.25	0.1
54	柴　湾	图像 735.25　伴音 741.25	0.1
54	跑马地	图像 735.25　伴音 741.25	0.1
55	九龙坑山	图像 743.25　伴音 749.25	1
55	南丫岛	图像 743.25　伴音 749.25	1.5
55	郝德杰道	图像 743.25　伴音 749.25	0.1

(图11-1-7) 丽的中英文台发射线路及频率情况

“丽的”中文台节目表

6：55	“早晨”	19：27	得哇
8：45	粤语长片	19：30	文艺
14：00	新闻及天气预报	20：00	七侠五义（连续剧）
14：15	百折不挠	20：27	得哇
14：40	海底奇观	20：30	文艺
15：30	电视剧连续播出	21：00	中国纪录片
16：00	下午茶	21：27	得哇
16：30	新闻及节目预报	21：30	中国末人王
18：00	文艺	22：00	新闻报道
18：40	天气预报	22：20	经济行情
18：45	观点与角度（港英政府主办节目）	22：27	得哇
18：55	文艺	23：45	影片

“丽的”英文台节目表

8：10	教育电视	19：30	侦探片（中文字幕）
17：00	儿童世界	20：30	新闻报道、天气预报
17：45	新闻及天气	20：55	观点与角度（港英主办节目）
18：00	影片（周四儿童节目周五音乐节目）	21：00	外国电影（中文字幕）
18：30	文艺节目	22：45	音乐节目
19：00	电视剧	23：45	午夜电影

（图11-1-8）70年代丽的电视台节目表

1957年5月，丽的呼声有限公司经营的丽的电视台开播，这是香港历史上第一家电视台。该台是有线电视台，采用地下电缆输送黑白电视节目。丽的电视台最初只设英文台，1963年9月增开中文台。用户收看节目须按月交费。到1968年，丽的电视台有11万用户。丽的电视台独家经营香港电视达10年之久。（见图11-1-7、图11-1-8）

1967年9月1日，无线电视台开始试播，11月19日正式开播。无线电视台是由香港利氏家族的利孝和与邵逸夫等香港知名人士联合英美的一些财团合股创办的，是香港第一家无线发送的电视台。开办之初是黑白电视，设有翡翠（中文台，广州话）和明珠（英文台）两台，1971年开办彩色电视。（见图11-1-9、图11-1-10）

无线电视台的开播无疑对仍然采用黑白有线传输的丽的电视台是一个重大挑战，丽的电视台不得不改弦更张。1973年4月，丽的电视有限公司在香港注册设立，其最大股东即香港丽的呼声有限公司。同年12月，丽的电视台获正式经营无线电视广播15年的牌照。其中文、英文两台也于12月和次

（图11-1-9）无线电视台1号录影厂

表（一）　“无线”中文台（翡翠台）发射线路及频率情况

频道	发射地	频　率	功率（千瓦）
21	慈云山	图像 471.25　伴音 477.25	10
33	金　山	图像 567.25　伴音 573.25	1
33	南朗山	图像 567.25　伴音 573.25	1
33	砵甸乍山	图像 567.25　伴音 573.25	0.1
33	大屿山	图像 567.25　伴音 573.25	
34	青　山	图像 575.25　伴音 581.25	1
34	飞鹅岭	图像 575.25　伴音 581.25	1
34	赤　柱	图像 575.25　伴音 581.25	0.1
48	柴　湾	图像 687.25　伴音 693.25	0.1
48	跑马地	图像 687.25　伴音 693.25	0.1
49	郝德杰道	图像 695.25　伴音 701.25	0.1
49	九龙坑山	图像 695.25　伴音 701.25	1
49	南丫岛	图像 695.25　伴音 701.25	1.5

表（二）　“无线”英文台（明珠台）发射线路及频率情况

频道	发射地	频　率	功率（千瓦）
25	慈云山	图像 503.25　伴音 509.25	10
38	青　山	图像 503.25　伴音 509.25	1
38	飞鹅岭	图像 503.25　伴音 509.25	1
38	赤　柱	图像 503.25　伴音 509.25	0.1
39	金　山	图像 615.25　伴音 621.25	1
39	南朗山	图像 615.25　伴音 621.25	0.1
39	砵甸乍山	图像 615.25　伴音 621.25	0.1
39	大屿山	图像 615.25　伴音 621.25	
50	柴　湾	图像 703.25　伴音 709.25	0.1
50	跑马地	图像 703.25　伴音 709.25	0.1
51	九龙坑山	图像 711.25　伴音 717.25	1
51	南丫岛	图像 711.25　伴音 717.25	1.5
51	郝德杰道	图像 711.25　伴音 717.25	0.1

（图11-1-10）无线中文台（翡翠台）发射线路及频率情况

年4月改为彩色播出。1982年9月，丽的电视台股东变化并改名为亚洲电视有限公司，简称“亚视”。（见图11-1-11）

1975年9月7日，香港第三家电视台——佳艺电视台开播。佳艺电视台只设一个中文台（这在香港电台、电视台中是仅有的），彩色播映。由于经营不善，佳艺电视台开播后收视率一直不高，终于在激烈的竞争中败下阵来。1978年8月22日，佳艺电视台宣布因经

（图11-1-11）“亚视”外景

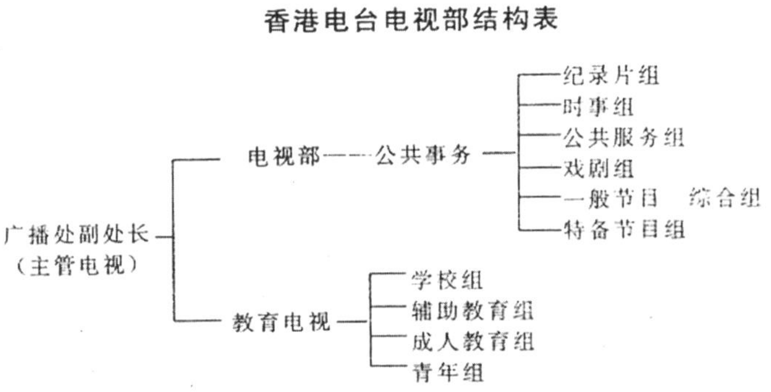

(图11-1-12) 1988年的香港电台电视部架构图

济发生困难而停止营业。从开播至停业，前后不足3年。

与广播不同，香港的电视采取纯私营体制，没有官办电视台。为了利用电视这一有力媒介，宣传港英当局各项政策措施，1970年，官办的香港电台成立了电视部，每周制作12小时有关公共事务的节目。分中、英文两种，按政府规定，交由两家商营电视台（“亚视”和“无线”）在晚上黄金时间无偿播出。1976年，电视部开始制作彩色电视节目。香港电台电视部所制节目，受到观众欢迎，有较高收视率。（见图11-1-12）

长期以来，香港的电视业一直由“无线”和“亚视”两家统领，进入90年代后，这一局面开始打破。（见图11-1-13、图11-1-14）

为了争取观众，提高收视

（图11-1-13）1987年8月启用的香港电台的电视大厦

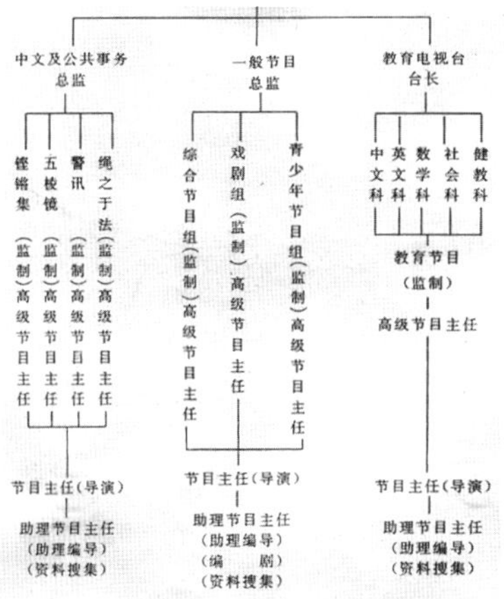

（图11-1-14）　20世纪80年代末期的香港电台电视部运行图

率，长期以来，“无线”和“亚视”两台在技术上、节目上展开了十分激烈的竞争。而中文频道晚上的黄金时段是两台竞争的重点。为迎合观众口味，这一时段几乎都是安排多集电视剧、大型晚会、综合节目和电影片等娱乐性内容。“亚视”制作的多集电视连续剧《大侠霍元甲》、《陈真传》、《武则天》、《成吉思汗》等大受欢迎；“无线”也不示弱，除制作电视连续剧外，更推出大型综艺节目，“无线”开播的第二天即播出《欢乐今宵》第一期，此节目已连续播放了多年，长盛不衰。此外，一年一度的《香

“无线”中、英文台的当时具体节目情况如下：

“无线电视台”中文台节目表

7：00	蓝宝石王子（连续节目）
7：30	清晨新闻及天气预报
8：46	第二剧场
12：00	粤语长片
13：30	午间新闻
13：45	台湾片集
14：45	铁羽柔情
15：40	新闻简报
15：45	粤语长片
17：25	卡通片
17：40	森林小英雄（连续节目）
18：10	量人为出（有奖游戏）
18：30	新闻及天气
18：55	观点与角度（港英政府制作的节目）
19：00	翡翠剧场
19：55	文艺节目
20：25	狮子山下（港英政府制作的节目）
21：00	欢乐今宵（综合歌舞）
22：30	神威士虎将
23：30	神探麦汉
24：30	最后新闻
24：40	国语长片
2：10	英语长片

“无线电视台”英文台节目表

8：00	新闻报道（包括15分钟的世界经济新闻）
15：30	卡通片
16：00	芝麻街（美国制作的儿童节目）
17：00	英语长片
18：15	新闻及天气
18：20	世界奇观（外国纪录片）
18：50	欢乐青春
19：45	英语长片（中文字幕）
20：45	新闻及天气
21：10	观点与角度（港英政府制作的节目）
21：15	每周名片（中文字幕）
23：10	最后新闻
23：20	英语长片（中文字幕）

（图11-1-15）　70年代末期无线电视台的中、英文台节目

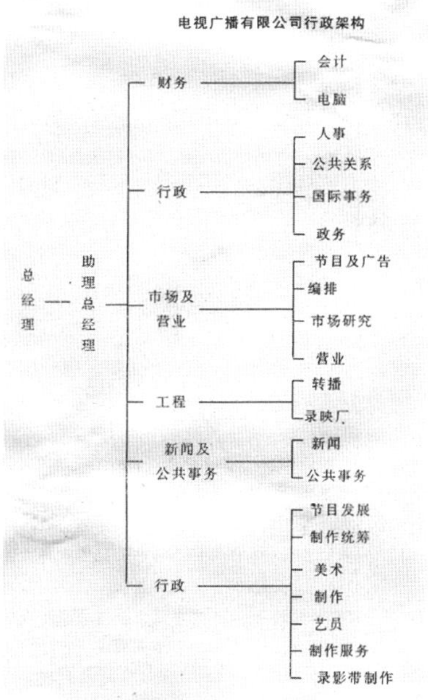

（图11-1-16）无线电视台行政架构图

港小姐竞选》、《劲歌金曲大奖赛》、《新秀歌唱大赛》等大型歌舞综合节目规模宏大，深受观众欢迎，成为“无线”一年一度的盛事。（见图11-1-15、图11-1-16）

时事新闻资讯节目一直是两台竞争的重要领域。1969年，“无线”首次租用通信卫星直播了美国“阿波罗”号飞船登月实况。此后，对于国际上及内地发生的重大事件，两台均通过卫星传播。两台每天早、中、晚都有固定的新闻栏目，尤其是每晚6：00—7：00，两台安排的新闻节目均有很高收视率。对于世界上的重大体育赛事，如奥运会、世界杯足球赛、亚运会，两台竞相租用卫星现场直播。

近年来，两台还竞相开拓海外电视市场，朝国际化、多元化发展，纷纷与海外电视台

亚洲电视有限公司（原）
（亚洲电视台）

电视广播有限公司
（无线电视台）

亚洲电视有限公司（现）
（亚洲电视台）

佳艺电视台

香港有线电视有限公司

香港卫视

凤凰卫视

（图11-1-17）
香港部分电视台台标

合办节目，并大量外销电视节目。此外，两台经常派摄制组到内地拍摄制作节目，与内地各电视台的合作日趋频繁。

在“无线”与“亚视”两台竞争中，“无线”实力雄厚，人才济济，一直保持绝对优势，被舆论称为“强台”；“亚视”则长期处于盈利不佳甚至亏损的状况，被舆论称为“弱台”。从收视率来看，“无线”与“亚视”的收视比长年保持在8∶2；从经营状况看，1973—1983年“亚视”亏损3.5亿港元，到1993年，“亚视”仍亏损过亿港元，而无线在这一年则盈利5亿多

港元。“无线”和“亚视”两台的收入主要来自广告，而其中香烟广告收入所占比例最大，“无线”每年香烟广告收入七八千万港元，占营业额的6%；“亚视”为8%。根据港府广播事务管理局规定，从1990年12月1日起，电台、电视台禁止播放香烟广告和禁止烟草公司赞助播出节目。从此，香烟广告绝迹香港各电台、电视台。

香港各电视台（见图11-1-17）发展情况如下：

1．无线电视台（“无线”）

“无线”创办初期是黑白电视，1971年改为彩色。

新闻节目一直是“无线”收视率最高的节目之一。“无线”除及时报道香港本地新闻外，还经常派遣采访队赴香港以外的地区和国家报道重大新闻。如1969年美国“阿波罗”号飞船登月、1972年尼克松访华、1984年中英两国在北京签署关于香港问题的文件等，“无线”都是现场转播实况。

制作大型综艺节目是“无线”的强项。1967年11月20日，“无线”开播的第二天，《欢乐今宵》开始播出，至今已逾30年，是“无线”影响最大、收视率最高的综艺节目。

“无线”也十分注重电视剧的制作。开播时就制作了电视剧《太平山下》，1968年制作了第一部连续剧《梦断情天》。

“无线”的英文台（明珠台）节目以国际性制作为主，还经常用英语现场直播世界各地发生的重大新闻事件。

“无线”近年来积极开拓海外市场，努力扩大其在海外的影响。从1993年起，“无线”通过订租国际通信卫星和电视直播卫星，转播“无线”节目，开办了主要覆盖台湾的无线卫星（TVBS），还通过与海外一些电视机构的合作输出无线电视节目。目前，“无

线”的节目已供应海外40多个国家。

2. 亚洲电视台（“亚视”）

“亚视”的前身是英国财团经营的丽的电视台，1957年开播，是香港第一家电视台，后英国资本退出，澳大利亚财团与华人财团先后加入。由于英国丽的呼声已不占股份，1982年9月，丽的电视更名为亚洲电视有限公司，简称“亚视”。（见图11-1-18）

“亚视”设有本港（中文）和国际（英文）两台。（见图11-1-19）

新闻节目方面，“亚视”本港台每天播出新闻6—8次，其中最主要的是每晚6：00—6：30的新闻和晚10：00的晚间新闻，此外还有对重大新闻事件进行深入报道和评述的栏目《今日看真D》、《时事纵横》等。对国际上发生的重大事件，经常派出记者进行报道或订购各大通讯社的电讯。“亚视”还获得了CNN每天24小时的卫星新闻使用权。

“亚视”早期擅长拍摄电视剧，尤以历史人物为题材的电视连续剧影响较大，如《大侠霍元甲》、《陈真传》、《武则天》等。制作的历史题材电视剧还行销东南亚、美国、加拿大和法国。

（图11-1-18）亚洲电视大厦

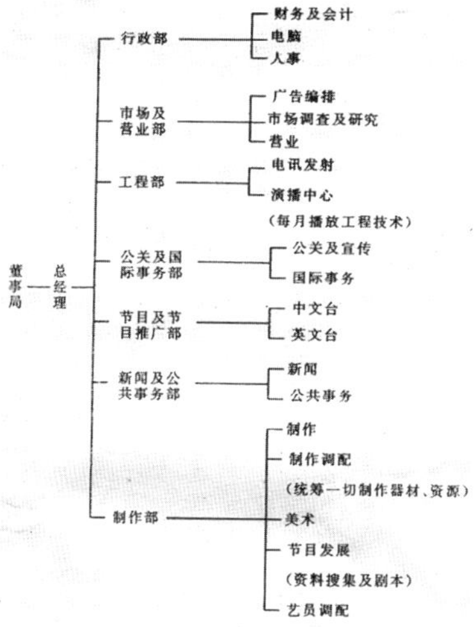

（图11-1-19）20世纪80年代“亚视”行政架构图

综艺节目也是“亚视”吸引观众的重要节目之一。从1976年起，“亚视”连续多年举办“亚洲歌唱大赛”，颇有影响。1985年起，“亚视”还举办了“亚洲太平洋小姐选举”、“电视先生选举”、“亚洲小姐竞选”等活动。

近年来，“亚视”与海外一些电视台的合作日益加强，曾派出大批摄制组去海外拍摄节目，节目在欧美及东南亚一些国家的华人中有一定影响。

三、活力源自“回归”

1984年中英关于香港的联合声明发表，香港回归进入倒计时。同时，由于世界科技日新月异，卫星电视、有线电视异军突起，使得香港的传统广播电视格局发生了变化：

第一，加强市场监管，实行“编辑自主”。

回归前夕，港英政府一方面采取措施加强对商业广播电视的监管，另一方面在计划将政府电台——香港电台公司化未果后，准予该台“编辑自主”。

香港对广播电视的管理一是设立必要的机构，二是通过法规进行。1989年9月，港英政府将原有的文康广播科升格为文康广播司，是当时广播电视方面的政策司，负责制定有关的政策。它下设影视及娱乐事务处（简称影视处）和广播处，即香港电台。1997年7月1日，香港特区政府成立时更名为文康广播局，后又改组为资讯科技及广播局，是政府主管广播电视的政策局。

广播电视的日常监管工作由1987年9月成立的广播事务管理局（简称广管局）负责，它是独立的法定组织。该局由过去的香港总督和现任的行政长官直接委任的12名成员组成，主席由非官方人士出任。广管局根据香港的有关法例规管香港持牌的商业电视与广播机构。电讯管理局为广管局提供广播技术方面的意见，并协助制定《业务守则——技术标准》。

为了适应变化的传媒环境，引进更多的竞争，2000年，香港特区政府修订了原有的广播电视法规。2000年7月6日，香港特区行政长官董建华签发了香港特别行政区2000年第48号条例——《广播条例》，并在政府《宪报》刊登之日（7月7日）起实施。这个条例代替了原来的《电视条例》，就规管拥有权和控制权方面作出更改，最大的改变是重整过去的规管模式，将电视机构重新分类，并且从技术中立的原则，纯粹根据提供服务性质是否收费及针对区域作界定，以包括不同的传送科技。

到2000年底，香港有关广播电视的法规已比较齐全，主要有《广播条例》、《电讯条例》以及相配套的《商业电视业务守则之节目标准》、《卫星电台业务守则之节目标准》等等。这些都是广管局管理并处理投诉的依据。

第二，掀起开办卫星电视的浪潮。

1990年12月22日，和记黄埔有限公司创办的卫星电视广播（香港）有限公司获港英政府发给为期12年的非专利经营牌照。牌照规定，该卫星电视服务三年内不得使用广州话播出节目。1991年5月15日卫星电视开播，打开了香港乃至亚太地区卫星电视的新局面。1993年7月，和记黄埔公司将“卫星电视”的63.6%的股份出售给澳大利亚默多克的新闻集团。1995年底，新闻集团又购得余下的股份36.4%，从而取得全部股权。（见图11-1-20）

1996年3月31日，“卫视中文台”与香港的“今日亚洲”（占45%的股份）及香港华颖国际公司（占有10%的股份）等公司重组为凤凰卫视中文台。1997年6月，该台口头获准在珠江三角洲落地。之后又开办了电影台。2000年6月在香港成功上市。同年11月购入原欧洲卫视的股份，成为欧洲台。随后又开办了资讯台和北美台。至此，凤凰卫视共办有5个频道。（见图11-1-21）

1994年10月，港英政府批准无线电视台（TVB）开办区

（图11-1-20）香港卫星电视台

（图11-1-21）2000年，凤凰卫视“千禧之旅——从奥林匹克到万里长城”活动到达四川，受到当地群众欢迎

域卫星电视广播。11月，香港传讯电视公司（CTN）获准开办卫星电视。12月1日，由新加坡籍人蔡和平创办的华侨娱乐电视广播公司通过“亚洲一号”卫星试播，1995年3月11日正式播出。

从1990年到1994年，在香港出现了第一次开办卫星电视的浪潮，其主要对象是中国内地及亚太地区懂普通话的华人观众。不过，到2000年底，因竞争激烈，除凤凰卫视曾一度盈利外，均为亏损经营。

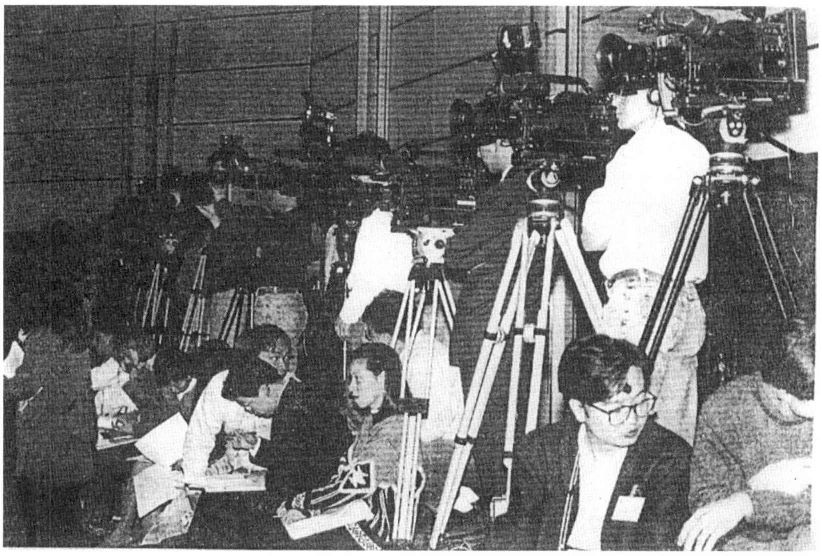
（图11-1-22）竞争激烈的香港传媒

2000年，香港特区政府发布了新的《广播条例》，进一步放宽了在香港开办非本地服务电视的限制。8月8日，“阳光卫视”在香港正式启播，该台以播出文化历史及人物传记等纪录性节目为主。10月1日，台湾“年代公司”与几家合作伙伴合资开办了“东风卫视”。2001年3月28日，以播出电影为主的“美亚卫视”启

播。不过，这几家卫星电视公司均被列为“非本地电视节目服务机构”，其服务范围主要是香港以外的地区。（见图11-1-22）

目前，在香港有大约50万户可以收看卫星电视，但是真正收看卫视节目的观众不多，香港市民更习惯收看传统的地面电视，即收看“无线”和“亚视”。

第三，多频道有线电视开播及广播电视的数码化。

1989年，香港九仓集团等5家公司取得香港有线电视的牌照。1993年6月，香港九仓集团独资成立有线电视公司，并获得为期12年在香港经营有线电视的权利，从而开香港多频道收费电视的先河。1998年11月，该公司更名为香港有线电视公司。该台采用微波传送，到2000年底，它铺设的光缆已通达香港170万户家庭。有线电视每年制作超过一万小时的节目，比本港其他电视台的制作时间的总和还要多；除成功地将新闻、电影及体育节目发展为极具代表性的旗舰频道外，更不断增添不同类型的节目频道，为观众提供更多样化的节目。截至2000年底，有线电视的订户已达53万。

根据香港特区政府新的广播电视政策检讨及有关政策指引，1999年10月15日前，曾有10家公司提出在香港开办收费电视的申请。根据特区政府有关部门的审定，2000年7月4日，特区政府资讯科技及广播局宣布其中5家的申请获得批准。同年12月5日，香港特区政府行政长官董建华同行政会议批出4个本地收费电视节目服务牌照给4家公司。根据申请，这4家公司在最初三年将总共投资4.51亿港元，开办共135个收费电视频道。有专家评论称，香港的收费电视市场狭小，加上已有的香港有线电视公司以及1998年开始运营的

“香港电讯互动影院”（2000年12月1日更名为电讯盈科互动影院有限公司），收费电视的竞争异常激烈。

为提升香港的广播基建设施，改善频谱使用效率，为市民提供更高素质的广播和通信服务，切合香港作为区内领先数码城市的未来需要，2004年7月，香港政府公布了数码地面广播政策，要求香港无线电视台及亚洲电视台最迟在2007年开展数码广播，避免再出现“鬼影”及“雪花”问题，提升广播素质。政府还提出计划在2008年之前，将数码广播网络覆盖香港75%的面积，在开展同步服务后的5年内，即2012年实行全面数码化。目前，香港观众已经可以通过有线网络、卫星和宽频网络收看数码电视。随着推进数码地面电视广播，香港广播业会进入一个全数码的新纪元。按照规定，数码地面电视可同时提供免费及收费服务，香港观众普遍收看的地面电视服务仍将免费以数码形式同步广播。届时解码器的价钱会随数码电视普及化而逐步降低。在制式方面，香港政府表示会配合内地制式，但如在2006年底，内地仍未公布全国通用的制式，则会交由市场决定。不过，“亚视”和“无线”已表明，将采用欧洲DVB-T制式做数码广播，以免进一步延缓数码地面电视广播的推行。

在广播界，2004年，香港电台分两个阶段测试数码声音广播。3月，先行以DRM (Digital Radio Mondiale)技术，测试中波频率数码声音广播；9月起，再度测试欧洲尤里卡（Eureka147）制式Band III频率。测试期间，数码广播系统将分别转播现有的AM台及FM台的节目，同时配合数据广播。香港电台于2005年4—5月在全港不同地区设立试听站，让市民认识这项崭新的广播科

（图11-1-23）首任香港特区行政长官董建华与记者亲切握手

技，并分享高音质的效果。同年8月再进行数码广播测试，但最终因以市场主导为理由，没有取得实际成果。

第四，调整节目，增加有关内地的内容。

整个20世纪90年代，香港原有的三家广播电台及两家电视台的基本格局未变，主要是随着形势的发展，对原来的节目安排进行调整，增加有关内地的内容。

20世纪90年代前后，香港三家广播电台基本上实现了分台专业化。到2000年底，政府出资办的香港电台共办有七套节目，称作七个台，每周广播1176小时。商业电台一台，又称雷霆881台，它是使用调频全日24小时广播的中文台，主要以25岁以上的普通市民为对象，是全港听众最多的电台之一。新城电台自办的就有三套节目，即新城劲歌997台、精选104台及新城采讯台。

香港电视节目大致也是分为三类：新闻资讯、戏剧娱乐和儿童及教育节目。

三家电视台对新闻资讯节目均很重视。两家无线电视台的主要新闻节目每天安排在早、中、晚及夜间四次播出。两台还有多次简明新闻，几乎每小时一次。遇突发新闻，随时插播。重大事件，如每年特首的施政报告，各台均进行现场播出。应香港新闻界的要求，自2000年起，凡遇国家领导人出访可派出记者随访。(见图11-1-23)

电视剧在香港被称为戏剧类节目，是“无线”和“亚视”两家无线电视台争夺观众最为激烈的节目类型。其播出一般安排在黄金时段，这是观众最多的时段，也是广告商投放广告最多的。这一时段播出的电视剧的竞争也最为激烈。

这两家电视台的综艺节目多种多样，大都在周六或周日晚上举行。2000年度，香港收视率最高的十大综艺节目均由“无线”获得，收视率在八成以上。“亚视”每年也举办一些大型综艺节目，如与中央电视台等合办的中秋节晚会《香江明月夜》，2000年开办的《中华演艺人才选拔赛》等。

“无线”和“亚视”两家传统电视台均为商业机构，都把收视率看作生命，对收视率调查极为重视，均聘请AC尼尔森进行调查。香港电台自1989年起进行了“电视节目欣赏指数”调查。目前的调查将电视节目分成时事及公共事务、资讯、娱乐三类。2000年度的调查分四个阶段进行，即每季进行一次。结果显示，头20个最高欣赏指数的节目中，“无线”及香港电台各占9个，其余两个则为“亚视”的节目。至于节目类型，12个属资讯节目，5个为时事及公共事务节目，余下的3个则是娱乐节目。香港电台在四台之中取

得全年最高的平均欣赏指数，达73.6分。其次是“无线”，其所得的平均欣赏指数为70.8分。“亚视”所得的全年欣赏指数为68.3分，排行第三。这项有别于收视率的调查已获得认可，受到学术界重视。其结合实际，又参考英国广播公司的做法，被称为“香港经验”。

第五，密切同内地同行的交流与合作。

中英关于香港问题的联合声明的签署，进一步推动了香港与内地广播电视界的交流与合作，双方的合作领域日益广泛，合作方式更加丰富。

1986年8月6—18日，香港“无线”、“亚视”及商业电台代表和演员组成的15人广播电视参观团到内地访问。此前，1986年农历新年，中国国际广播电台加入了由香港电台、英国曼彻斯特电台“东方地平线”及纽约中华商业电台发起的《全球华人贺岁特辑》联播行列。20世纪80年代末以后，两地电视台还联合制作了一些大型综合艺术节目。

进入90年代，临近香港回归，两地的广播电视交流更加频繁，层次更高，内容更加广泛。

香港回归前夕，内地广播电视台纷纷赴港采访制作介绍香港各方面情况的节目。如中央电视台介绍香港历史变迁的大型纪录片《香港沧桑》、《香港百年》等。节目的播出对内地人了解香港颇有帮助。“九七效应”促使两地节目交流与合作成倍增加。

为使香港回归的广播电视转播成功，中央广播电视部门多次派出有关人员赴港考察场地、采购设备。在1997年6月下旬，派出以三位副部长为首的报道团共计478人赴港进行现场广播电视转播。

香港回归以来特别是近两年，香港与内地广播电视界遵

从“互不隶属、互不干涉”的原则，合作向纵深发展。

2001年11月，上海电信公司正式取得香港电视广播公司旗下的上海翡翠明珠公司20%的股份。合资公司以上海作基地，陆续跟中国电信的子公司洽谈类似合作，逐步向苏杭及南京等南方城市发展。

香港电视格局已出现重大变化。2002年6月，“亚视”股权再度出现变动。原行政总裁封小平把自己所持股权全部出让，凤凰卫视主席刘长乐一举成为“亚视”的单一大股东。“亚视”创办40余载，却在近20年内五度易手，人事几番变动。这次之后，“亚视”在新的行政总裁的带领下，如何拓展媒体市场、顺利上市集资、逆转传统弱势，令各方关注。

2003年，伴随内地市场日渐开放和内地与香港关系的更趋紧密，部分香港媒体也紧随其他经济活动的步伐，更多地参与国内市场。“无线”和“亚视”表现最为积极。从经营数据可以看到，国内市场对“无线”的盈利贡献愈来愈重要，2003年上半年，“无线”从香港业务上市以来首次亏损，相对而言，国内的收入却有五倍增长。至于“亚视”，其地区化步伐比“无线”更急速。2003年12月，“亚视”与广东省有线网正式公布广告分成协议，意味着其可正式分享国内市场收益。除了“无线”、“亚视”以外，寻求在国内作有限度落地及在珠三角落地的还有有线宽频等频道。香港的电视台虽有实力占据广东省内市场，但这同时也迫使本地主流电视台全面淡化地方色彩而提早迈向大中华化。与此同时，广播方面的合作也在开展。2005年，香港电台就与中央人民广播电台达成合作协定，共同做相关节目的转播。

第二节 澳门：弱势生存的广电媒介

TELEDIFUSÃO DE MACAU, S.A.R.L.
澳門廣播電視有限公司

MSTV
澳門衛星電視

（图11-2-1）澳门广播电台、电视台台标

一、广播电视从无到有

澳门最早的广播电台于1933年8月26日开播，是一些专业人士作为业余爱好开办的，呼号为“CON—MACAU”，每天21：00—23：00用葡萄牙语播送新闻和音乐，后改为隔天广播一次。1937年停办，1938年9月恢复。1948年，该台归澳葡当局经营，隶属于新闻旅游处。1962年，电台改由政府的邮电厅负责管理。1980年2月15日，澳门政府同葡国电视台签约，将澳门广播电台交其管理。1981年12月31日签约期满后，澳门政府准备成立一个管理传播事业的机构，并计划将澳门广播电台归入此机构管理。1982年10月，澳督颁布法令，撤销澳门广播电台，成立澳门广播电视有限公司。从此，澳门广播电台归入澳门广播电视有限公司，属电台部（或称澳门电台）。（见图11-2-1）

澳门电台分中文（广州话，下同）和葡文两台。中文台始于1981年6月。从此，中、葡文分别播出。最初，葡语台用超短波立体声广播，中文台用中波广播。从1985年12月起，中文台也增开了超短波立体声广播。

两台节目包括新闻、体育、文化、娱乐、音乐、儿童节目以及文艺剧集等。澳门电台比较重视新闻报道，每小时正点播送新闻一次，每天早、午、晚和夜间播送4次详尽新闻，新闻除自采外，选用路透社、法新社、葡新社和新华社的稿件。此外，还有青年节目、儿童故事、体育节目以及港台和外国流行歌曲等内容，设有固定栏目，吸引特定对象。

私营的澳门绿村商业广播电台（简称绿村电台）创办于1950年，创办人是已故的澳门名流罗保博士。开播之初，只是每天用广州话和葡萄牙语播送音乐节目，后逐渐扩展出多种类型节目。1964年起，全部节目用广州话播出。绿村电台使用两个中波频率发送，还办有一套调频立体声节目。电台收入主要是商业广告和教会赞助。

1984年5月13日，澳门广播电视有限公司经营的澳门电视台正式开播，这是澳门第一家电视台。此前，澳门居民一直收看香港电视节目。澳门电视台开播之初，每天18时至23时播出，每周播出40小时左右。由于经营不善，长期亏损，1989年1月后，澳门电视台开始接受私人股份，成立董事局。广告收入增加不少，但还是亏损。1989年7月，澳门电视台推出一系列措施，包括延长播出时间等等。新闻报道受到重视，除本地新闻外，还有海峡两岸新闻、国际新闻以及东南亚各地财经市场消息。同时推出早晨节目、电视连续剧、纪录片精选及周末音乐特辑。大型节目也纷纷出台，如澳门歌唱比赛、澳门小姐竞选、电影精选和赛车等。从1990年10月起，澳门电视台的中文、葡文节目开始分台播出。中文台占用一个频道，每天播出10小时，其中50%的节

目靠购买。葡文台每周播出40小时节目，其中78%靠购买。澳门电视台的自制节目主要是新闻、纪录片特辑、座谈会、歌唱比赛和选美活动的现场直播；买入的节目主要是一些电视剧集。

澳门广播电视有限公司原为澳葡政府独家经营。1989年后开始接纳私人股份，之后，其股份由政府和私人两部分组成，政府占50.5%，私人股东占49.5%，私人股东来自澳门、香港、日本等地。（见图11-2-2）

二、回归成为转折点

回归前后，澳门广播电视事业发生了一些变化，1999年被视为重要转折点。

（图11-2-2）1991年8月澳广视新行政大楼落成使用

1. 澳门广播电视有限公司（简称澳广视，葡文缩写TDM）的新变革。

1989年后，澳广视虽经多次股权重组，但政府和私人所占的比例不变，一直是政府控股的公司。为抑制亏损，澳葡政府1995年5月宣布增加股本5000万元，并拨款3000万元用于设备更新等，其他私人财团亦同时注资，却收效甚微。回归前，私人财团股份发生变更，但澳广视还是公营性质的机构。（见图11-2-3）

澳广视管辖澳门中、葡文电台及中、葡文电视台，并各办有两套节目。

澳广视电台开设有新闻、资讯、娱乐等各类节目，使用两个频段以广州话和葡语广播。中文台每天24小时播音，

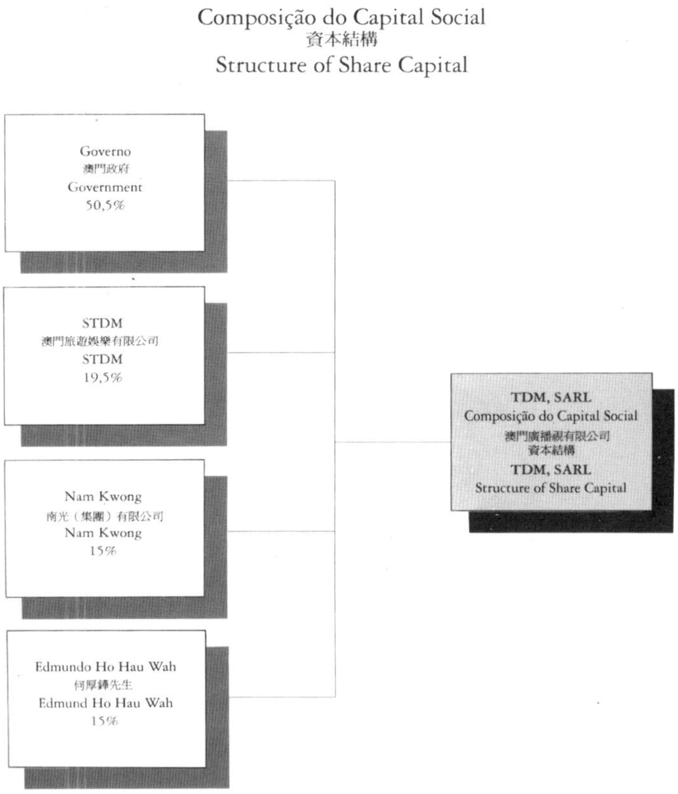

（图11-2-3）1994年澳广视的资本结构

覆盖澳门和珠海，中山市和香港的部分地区也能收听。广州话节目以服务本地社群为宗旨，除新闻节目外，还有资讯综合和专题探讨、娱乐性以及教育性节目等，丰富多彩，深受听众喜爱。

澳广视电视台（见图11-2-4）是澳门唯一的地面电视台，1990年中、葡文两个频道分开，全天24小时播出。中文台以广州话为主，兼有普通话新闻。葡文台播送葡萄牙电视剧、纪录片、综艺和体育节目等。为应对香港电视节目的冲击，电视台在改进新闻节目的同时，开始走本地化的道路，

（图11-2-4）澳广视的电视记者在采访

（图11-2-5）1993年《澳视晨彩》颁奖礼

一大批反映当地民俗风情的纪实性、娱乐性节目应运而生，如《澳视晨彩》、《澳视新闻档案》等，播出后有较大反响。（见图11-2-5）

1999年澳门回归，澳广视电台、电视台都作了大量报道，在回归日都使用两种语言连续40个小时全程直播，真实、成功地记录了这一历史性的庆典活动。

世纪之初，澳广视又陷入了“停播风波”。2002年8月13日，行政总裁江濠生在公司融资问题会议后表示，由于私人股东没有支付公司亏损款项，澳广视已陷入财政崩溃状况，并面临停播倒闭的局面。8月20日举行特别股东大会，要求三家私人股东先行分别支付300万澳门元以维持营运，解决办法在9月20日的特别股东大会上商讨。但最终也没有要到款项，只能由政府垫支该月款项200万澳门元。10月8日会议后，何鸿燊表示，澳广视的财政已非常困难。澳门特首何厚铧随即在10月11日表示，政府作为主要股东，在今后一段时间内定会支持澳广视营运，避免出现大震荡。当时，

曾有数家机构与澳广视接触并希望入股，但当这些机构看过其财务账目和营运情况后，都放弃了。

2002年10月18日的股东大会上，澳门特区把剩下的新韵有限公司、信诚达有限公司和南光集团有限公司的共计49.5%澳广视股份先后收购，特区政府再次拥有绝大部分的澳广视股权（99.8%），其余0.2%则继续为其他公共机构拥有。行政总裁江濠生在10月18日表示，政府已承诺支付营运费用至少到2002年年底；至此财政问题暂时解决，“停播风波”亦暂告一段落，但亏损问题仍未解决。由于澳门市场狭小，香港禁止其信号落地；加上香港的电视台长期对珠三角地区广播，已在澳门形成了习惯性收视，澳门电视的节目素质很难提高，营运状况也不理想，连年亏损，长期以澳门政府补贴资助营运。近年来，澳门经济环境转变，收视与广告略有增加，亏损现象得到少许改善。

2004年10月，特首何厚铧在“公营广播机构国际年会”中明确指出，澳广视为澳门市民提供公营广播服务，显示澳广视已正式被政府定位为公营广播机构。2005年6月，特区政府对澳广视重新修订《电视与声音广播批给合同》，将批给期限延长15年。

2．卫星电视和有线电视出现。

1996年1月，私营公司——澳门卫星电视有限公司成立，1998年1月19日获澳葡政府批准，发给专营牌照，董事会主席是澳门商人吴福。

澳门卫视首先开播的是旅游频道，是全球最早开办的华语卫视旅游台。1999年5月18日试播，12月18日正式播出。它是以新闻、娱乐、旅游为主要特色的综合性卫星频道，每天播出16个小时。2000年，澳

门卫视的亚洲台和五星台两个频道也先后开播。

回归前，澳门多数酒店及居民大厦都安装了各自独立的共用天线系统，接收香港、澳门、广东等地的广州话节目和中央电视台第一、四套节目，但收视效果不好。1999年1月20日，中葡联络小组批准《澳门有线电视专营合约》，4月22日，澳葡政府同澳门有线电视有限公司签署了有效期为15年的专营合约，授权其在15个月后以专营形式向澳门居民提供有线电视服务。澳门有线电视有限公司由葡萄牙电信公司、澳广视、大西洋银行等共同创办，总投资4.5亿澳门元。2000年7月开始运营，到年底用户接近两万。主要播放来自不同国家和地区的电视节目，包括新闻、经济、娱乐等内容。节目以广州话、普通话、英语为主，也有葡萄牙语、德语及意大利语节目。几年后，节目频道由最初的30多个增至2004年的60个，包括一些受欢迎的电影及球赛频道。2004年还引入了葡萄牙新闻社的网页新闻，提高澳门居民对世界新闻及时事的触觉。澳门有线现有15%市场占有率，约有2万客户。收入开始增加，加上经营成本的降低和营运开销的减省，使有线电视2003年亏损较2002年减少了25%，有线业绩逐步改善，网络覆盖方面，到2003年已将网络覆盖率提升至全澳40%，计划在2006年之前将信号覆盖至每一角落。澳门有线电视在2003年建立一个顾问委员会，邀请来自澳门社会不同界别的代表人士担任顾问委员，对有线电视服务表达意见，提高有线电视的服务水平。该公司还要求特区政府保护专营者的利益和协助解决非法转播卫星频道的问题。[2]

此外，停播了多年的澳门绿村广播电台于1999年3月22

（图11-2-6）1986年7月，澳广视与广东电视台联合制作纪录片《帆船》

日恢复广播，成为澳门唯一的民营广播电台。

3．与内地的交流与合作。

进入20世纪90年代以后，澳门的电台、电视台，进一步通过举办电视周、节目展播、共同制作节目以及人员来往等方式加强与内地的业务交流与合作。

澳广视电台早在20世纪80年代就同内地电台建立了合作关系，进入90年代，这种合作又上台阶，其主要的合作伙伴是广东、广州、佛山、珠海等台以及部分国外电台，特别是葡萄牙电台，主要是交换节目，增进了解。

澳广视中文电视台注重加强与内地其他省市电视台的合作。（见图11-2-6）澳广视电视台在回归前后举办的电视展播包括深圳电视节、北京电视节、中央电视台中国电视节、广州电视节、福建泉州电视节及湖南电视节等，其中，北京、广州在澳门举办的电视节达三四届之多。

1994年是澳广视电视台开播10周年，中央台和上海、广东、深圳等电视台以及香港电视台派代表参加庆祝活动。当年，澳广视又与中央台联合举办了中国电视周。此后，还与中央台和上海台签订了节目交换协议。（见图11-2-7）1995年3月，澳广视组织了一个包括中国内地6家电视台在内的20多人的代表团赴葡萄牙访问。

（图11-2-7）1993年6月澳广视与中央电视台签署电视节目交换协议书

1997年，香港回归祖国，澳广视加强了与内地广播电视界的合作与交流，这一年该台大量采用中央电视台的新闻和广东电视台的专题节目，并对葡萄牙总统访华、香港回归等重大事件进行了报道。1998年夏还制作播出与内地密切相关的《见证九九》、《众志成城抗洪水》等节目。

4. 网络增添新活力。

进入21世纪，随着网络新技术的迅猛发展，澳门电子媒介焕发出新的生机。

澳门的传统电子媒介2000年以后相继“触”网。澳广视的电视台和电台共同拥有一个网站，两台的栏目并列在首页上，以不同的颜色来区分。虽然版面不少，但网页设计简单，也没有广告，只提供一些政府机构的链接服务。

澳门有线电视有限公司的网站主要是以介绍有线电视节目和有线电视推广为目的。主页除刊登当日电视节目，还开设超级电视迷投票这类受众调查性栏目，同时提供BBC的新闻链接。

经过几年的发展，澳门卫视已经拥有旅游、五星、澳亚、莲花等8个卫视频道，每天播放30分钟的澳门新闻及专题，是内地唯一能收看有关澳门信息的电视台。澳亚卫视于2001年6月1日正式开播，是经澳门政府批准设立的国际卫星传播机构，由澳门宇宙卫星电视有限公司等出资筹建，也是在大陆地区落地的22家境外卫星电视频道之一。莲花卫视（澳门卫视国际商务台）于2002年10月28日开播，是澳门卫视的全新商务频道，也是目前唯一一家聚焦大中华地区商机、商事、商人和商情的卫视频道，并出版《莲花商务》杂志，网络版名为“莲花商务网站”，宗旨是建成一个电子商务平台，首页突出了莲花卫视动态的招商类信息。

但是上述网站基本上还处于主体媒介的从属地位，主要是为扩大媒介的影响，有一些网站甚至只是跟风而建。大部分传媒虽然都有网站，但栏目较少，没有分类广告。在与网民互动、媒介网站间的合作上都有待开发。

第三节 台湾：从戒严到开放

一、“开放天空”前广播的发展

台湾的广播事业始于20世纪20年代末（当时为日据时期），是在日本驻台湾总督府的控制下发展起来的。到台湾光复前夕，台湾共有台北、台中、台南、花莲、嘉义等5家广播电台，均为日本人开办。1945年日本战败后，南京国民党政府接管了这些广播电台，并入官办的中国广播公司。1949年12月，到南京政府迁台时，台湾共有5家11座广播电台，总发射功率不到3千瓦，总播音时间约91小时30分钟。

台湾的广播电台于20世纪50年代初期开始采用调频广

（图11-3-1）20世纪七八十年代的台湾通信卫星地面电台全景

（图11-3-2）台湾“中国广播公司”

播。1953年以后，“中国广播公司”在台湾先后建立了数个调频广播传输系统。1968年7月31日，“中国广播公司”的台北地区调频广播电台正式播音，标志着台湾广播进入调频时代。1969年，“中国广播公司”又先后在台中、高雄、花莲等地建立调频广播电台，形成全省性的调频广播网。除“中国广播公司”外，军中电台、警察广播电台、教育广播电台、台北国际社区电台也相继开办了调频广播。（见图11-3-1）

50年代中期，台湾开始出现专业性的广播电台。1955年8月开播的台中农民广播电台是较早出现的专业性广播电台。1971年3月1日，警察广播电台所属的台北交通专业电台正式开播，这是台湾第一座交通专业电台。1973年8月1日，“中国广播公司”在台北设立新闻专业台，这是台湾第一座新闻专业电台。（见图11-3-2）

新闻是广播的一大支柱，台湾各广播电台十分注重新闻节目。各台新闻报道形式丰富多样，除定时定点播报新闻外，各台还广泛采用录音访问、电话访问、实况转播、新闻特写等形式报道新闻。新闻性的谈话节目在台湾经久不衰，而且形式富于创新。近年来，台湾各广播电台相继推出大型综合性新闻节目，很受听众欢迎。（见图11-3-3）

（图11-3-3）台湾广播座谈会节目现场

对于洲际的新闻传播，台湾各广播电台早期一般通过租用国际电话线路，进行实况转播。60年代后，台湾得到美国支持，设立地面卫星接收系统，由日本电气株式会社承担工程建设，于1969年完成。同年8月24日，“中国广播公司”首次租用国际通信卫星，独家转播了在美国举行的中华金龙少年棒球队与美国西区队争夺世界冠军比赛的全部实况，这是台湾的广播电台利用通信卫星传送新闻信息的开端。（见图11-3-4）

1957年10月，“中国广播公司”一次性推出10个综艺节目。其他各台纷纷仿效，从此，综艺节目开始在台湾广播界盛行。综艺节目的盛行，扩大了广播节目的影响，也提高了广播从业人员的社会地位。

（图11-3-4）台湾通信卫星地面电台的碟形天线

到1989年底，台湾有公营广播电台12家，包括以“中国广播公司”为首的8家台湾党政部门开办的广播电台和4家军队系统主办的广播电台。公营广播电台占台湾广播事业的主导地位，其电台数量、发射机部数以及发射功率均远大于民营广播电台。

“中国广播公司”是最大的一家广播机构。1949年11月16日在台湾宣告正式成立，属国民党官方广播机构，受国民党中央委员会和“行政院”双重领导。在台湾当局的大力支持下，“中国广播公司”有了很大发展，到1989年拥有45座广播电台，发射机121部，发射总功率达3286千瓦，使用133个频道全天24小时播音。在调频广播发送、专业电台设置、通信卫星运用等方面，“中国广播公司”均领先于其他广播电台。

“中国广播公司”的节目分为对大陆广播、对海外广播和对台湾省内广播三方面。

“中国广播公司”的对大陆广播开始于1950年。1951年8月6日，为了加强宣传力度，台湾国民党中央改造委员会成立“大陆广播组”，专门负责对大陆广播节目编播工作。1954年5月20日，“大陆广播组”扩大改组为“大陆广播部”，并启用“中央广播电台”名称。1976年12月，“中央广播电台”正式恢复独立建制，成为对大陆广播的电台，隶属于台湾国民党中央大陆工作委员会。40年来，由于台湾当局的重视，“中央广播电台”有了很大发展。目前，该台拥有中短波大功率发射机30部，总发射功率占台湾各公营、民营广播电台总功率的3/4，使用国语（即普通话，下同）、广州话、客家话、藏语、维吾尔语、蒙古语等多种方言和民族语言，全天24小时播音。

“中国广播公司”对海外广播开始于1949年10月10日，正式以“自由中国之声”呼号，对海外广播。最初只有国语和英语两种语言。目前增至15种，计有国语、广州话、闽南话、潮州话和客家话5种本国语言，以及英、法、西班牙、德、日、韩、泰、印尼、阿拉伯、越南等10多种外国语。1979年还开办了“亚洲之声”电台，针对东南亚各国和中国大陆用中、英、泰、印尼4种语言广播。最初，“中国广播公司”对海外广播只有50千瓦短波发射机1部。1989年已拥有10千瓦至250千瓦短波发射机20部，另有1部600千瓦的中波发射机，总发射功率达3000千瓦。（见图11-3-5）

“中国广播公司”对台湾省内广播通过设在台北、台中、台南、嘉义、高雄、花

（图11-3-5）“亚洲之声”播音员在录制节目

莲、台东、新竹、宜兰、苗栗等地的广播电台进行，设有若干新闻、农业、交通等专业电台以及调频广播电台。20世纪50年代初开始兴办综艺节目，并建立节目主持人制度。从1988年起，为了满足不同听众的需要，变“广播”为“窄播”，“中国广播公司”开始实行“分网”制度，依听众不同分为“新闻网”、“青春网”、“音乐网”、“流行网”等。为激励广播从业人员创新求变，提升节目水准，台湾从1965年起设立广播电视金钟奖。金钟奖设奖之初，是以广播为主。1965年，金钟奖设颁奖新闻节目、音乐节目、广告节目等奖项；1966年，增设个人技术奖；1971年，将“电视节目”纳入奖励范围，自此金钟奖正式以广播及电视为奖励对象，也由于电视节目的参加，金钟奖的气氛更为热闹，奖项也随之增加。随着岁月的递增，金钟奖已成为台湾地区广播电视界的最高荣誉。（见图11-3-6）

除“中国广播公司”、“中央广播电台”外，台湾的公营广播电台还有警察、幼

（图11-3-6）台湾优秀广播电视节目金钟奖颁奖典礼

（图11-3-7）台湾的教育广播电台

狮、教育、高雄市政等。（见图11-3-7）

到1989年底，台湾共有民营广播电台20家，56座广播电台。民营台虽然数量不少，但大多数台发射功率在1千瓦左右，与公营台相比相差甚远。（见图11-3-8）

台湾的民营广播电台大都开办于台湾，只有民本、益世等几家是从大陆搬迁至台湾的。其中，民本广播公司前身为民本广播电台，1946年9月在上海开播，1949年随国民党政府迁至台湾，1980年7月改为公司建制。（见图11-3-9）益世广播公司的前身为天主教总教主于斌1946年在南京创办的益世广播电台。1949年迁台，1952年3月在基隆恢复播音。该台是台湾唯一的宗教性广播电台，1966年改为公司建制。

二、“三足鼎立”引发电视竞争

1961年10月，为迎接电视时代的来临，台湾当局通过了“电视广播电台设置暂行规则”、“黑白电视广播技术标准规范”和“电视广播接收机登记规则”三个法规，确立

（图11-3-8）台湾的部分广播电台台标

台湾电视采用NTSC制。（见图11-3-10）

此后台湾相继建立了“台视”、“中视”和“华视”三家电视台。

1962年2月14日，台湾“教育电视实验广播电台”开播，这是台湾第一家电视台，是在台湾教育部门有关人士倡议下，由教育资料馆具体筹建的。1963年12月1日，改名为“教育电视广播电台”。1964年改装美国无线电公司制造的2千瓦发射机，并将发射台迁至圆山山顶，发射范围增至50公里，可覆盖台湾北部地区。在改组扩建为“中华电视台”之前，教育电视广播电台一直发送黑白电视信号。（见图11-3-11）

1961年2月28日，“台湾省政府委员会议”决定，由“省政府新闻处”设立台湾电视广播事业股份有限公司，并成立了“台湾电视事业筹备委员会”，由“省政府”聘派委员若干。1962年4月28日，台湾电视事业股份有限公司（简称“台视”，英文缩写TTV）正式成立。（见图11-3-12）10月3日起，台视开始试播一周，每日下午6时起播出2小时。10月10日，台视正式开播，每日中午、晚上两次播出。“台视”是台湾第一家商业电视台，此后还创办了《电视周刊》。开播初期，“台视”发射功率5千瓦，覆盖台湾北部、黑白信号

（图11-3-9）台湾的民本广播公司

（图11-3-10）台湾第一家电视机制造厂生产的电视机

（图11-3-11）台湾的“教育电视台”

（图11-3-12）成立之初的台视外景

（图11-3-13）“台视”创办的《电视周刊》

发送，1971年完成台东中继站，“台视”覆盖全省。（见图11-3-13）

“台视”成立之初，以报道新闻、宣导政令、推广社会教育、弘扬中华文化、提供公共服务及高尚娱乐为宗旨。与以教学节目为主的教育电视台相比，节目丰富不少，因而深

（图11-3-14）台视的电视直播节目现场

（图11-3-15）台视的登陆月球特别报道

（图11-3-16）“台视”记者的现场采访

受观众喜爱。（见图11-3-14、图11-3-15、图11-3-16）

1969年9月7日，“台视”发射了台湾第一个彩电信号，开始不定期试播外国彩色影片。9月25日，“台视”试播彩色节目成功。到1972年，“台视”成立10周年时，其彩色节目已占总播出节目的80%。“台视”开播后7年时间，台湾地区的电视事业可谓“一台独霸”（虽然已有教育电视台，但其收视范围限于台湾省北部地区）。这种局面直到实力强大的“中国电视公司”成立方才结束。（见图11-3-17）

“台视”开播后一年即有盈余，各方人士纷纷申请开办电视台。应各界呼吁，台湾当局决定在“台视”完成全省联

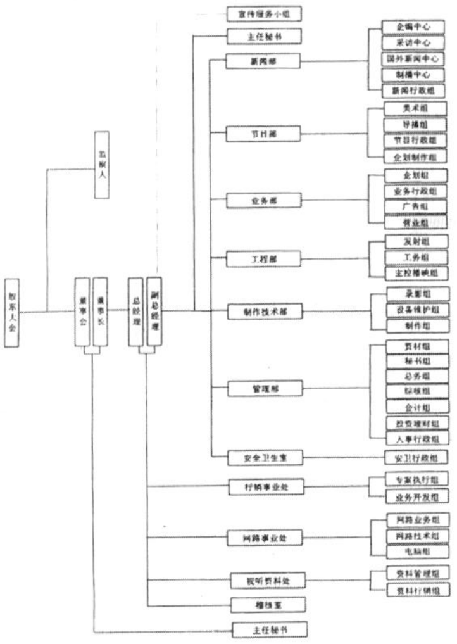

（图11-3-17）“台湾电视公司”机构表，原载台湾《无线电视年鉴》（2000—2001）

（图11-3-18）成立之初的台湾“中国电视公司”

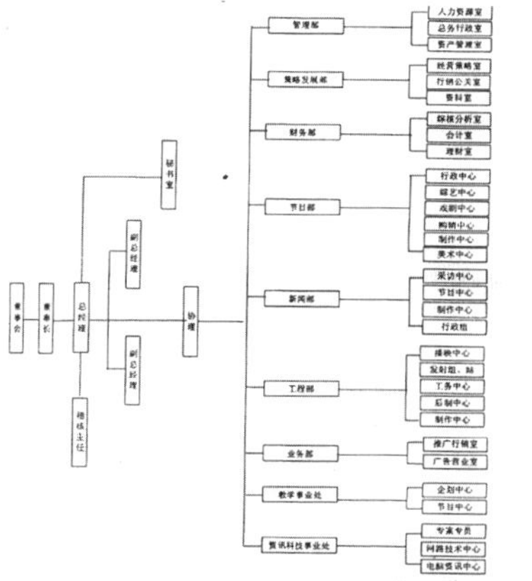

（图11-3-19）台湾“中国电视公司”机构表，原载台湾《无线电视年鉴》(2000—2001)

（图11-3-20）成立之初的台湾“中华电视公司”

播网后就开放第二家民营电视台。鉴于申请者数十家之多，无法应允，最后决定以“中国广播公司”为中心，结合各民营广播电台及部分有志于电视事业之工商文化界人士，共同集资创办。1967年10月17日，由上述三方面代表组成

的筹委会成立。经商议决定：在新台币1亿元的资本总额中，由“中国广播公司”投资50%；各民营广播电台共同投资28%；工商文化界人士投资22%。1968年9月3日，“中国电视事业股份有限公司”（简称“中视”），在台北市中山堂成立。1969年10月9日，“中视”开始试播，10月31日，正式播出。1986年9月，“中视”迁入南港自建的电视大厦。“中视”一开始即全部播出彩色电视信号，并谋求发展卫星电视转播。1975年3月完成全省电视联播网。（见图11-3-18、图11-3-19）

当“台视”和“中视”相继开播，特别是播出彩色电视节目后，教育电视台深感难以为继。1969年9月，台湾有关当局将教育电视台改组扩建成“中华电视台”。1970年8月，正式成立“中华电视台筹备委员会”。1971年10月10日，“财团法人中华电视台”（简称“华视”）试播成功，10月31日正式开播。1988年11月25日，公司更名为“中华电视股份有限公司”，“华视”是其主营项目。（见图11-3-20、图11-3-21）

“华视”成立后，台湾电视事业进入“台视”、“中视”、“华视”三台鼎立时期并一直延续至1997年。

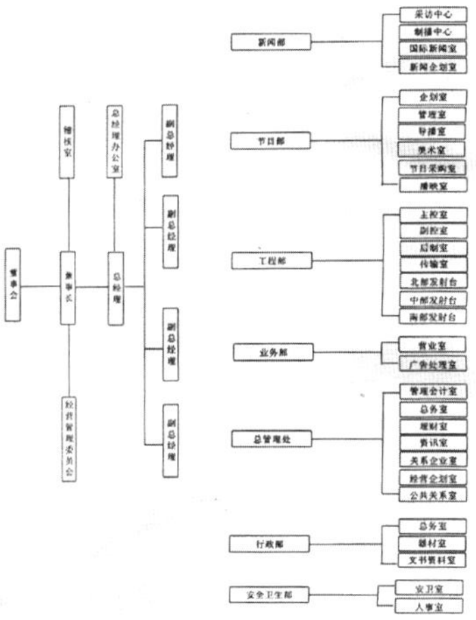

（图11-3-21）台湾“中华电视公司”机构表，原载台湾《无线电视年鉴》(2000—2001)

1982年，台湾主管部门设立了一个研究委员会，开始研讨台湾发展有线电视的可行

性。可是，台湾当局多年来一直受到非法的“第四台”的纷扰。所谓“第四台”是指利用录像设备播放录像带，经由电缆输入到订户家庭，并收取费用的闭路电视系统。台湾当局对其进行取缔。但1988年“报禁”开放后，“第四台”又重整旗鼓。同时，台湾当局加紧制定“有线电视法”。许多地方建立了社区共用天线系统。到1991年2月为止，拥有执照的社区共用天线系统已有172家。

“台视”、“中视”、“华视”都采取股份制，而且官股占有很大比重，因此，三台虽都称“民营”，实质并非纯属民营企业。但是，三台完全采用商业电视的经营方式，收入有“播映收入”、“服务收入”、“利息收入”、“杂项收入”四个方面，其中“播映收入”即广告收入占全部收入的97%左右，其他三项总计为3%左右。因此，广告收入是三台生存发展的基础。三台十分注重广告并以此展开激烈竞争。（见图11-3-22）

华视	90年代 官股：“国防部”29.76%、“教育部”10.39% 民股59.85%；黎明文化教育基金会30.66%、“国军同胞储蓄会”10.26%、华视文教基金会5.38%、大同、声宝2.56%、台塑0.76%、台化1.02%、南亚0.76%、朝兴昌及侨资8.45% 80年代 “国防部”30.78%、“教育部”10.38%、“国军同胞储蓄会”10.26%、华视文教基金会5.38%、黎明文化公司25.52%、中纺5.13%、大同2.3%、台塑三宝2.55%、声宝2.56%、吴辉生5.11% 70年代 “国防部”、“教育部”合计49%；大同、声宝、台塑、中纺、教育文化人士、侨资共51%
台视	台湾6个省营行库48.95%：台银14.84%、土银、华银、一银、彰银各有7.94%、合库4.15% 民间股份51.05%；国民党及台湾工商界31.07%；日本4商社19.98%
中视	创立之初：中广50%、“民营”电台共28%；工商、文化界人士22%；目前国民党股权改由国民党华夏投资公司持有

资料来源：《财讯》月刊，1992年元月号，第26页。

（图11-3-22）台湾“华视”、“台视”、“中视”三台股权比例分析

（图11-3-23）台湾“华视”的新闻节目

（图11-3-24）台湾“华视”电视访谈节目录制现场

对于台湾电视的商业化倾向，台湾各界忧心忡忡，上至党政要员，下至普通电视观众，均对电视节目的日趋低俗予以严厉批评，并呼吁彻底改革。为扭转局面，台湾一些人士多次建议开办公共电视，负责制作没有广告的社会教育节目，以配合政策与教育的需要。（见图11-3-23、图

（图11-3-25）台湾的部分电视台台标

11-3-24）

20世纪80年代中期以后，随着世界各大卫星电视公司纷纷涌入亚洲市场，台湾民众看海外直播卫星电视节目套数激增，台湾三大电视公司已受到海外卫星电视节目的冲击。（见图11-3-25）

三、“开放天空”迎来“战国时代”

1950年1月，台湾当局借口海峡两岸形势紧张，宣布全省实行戒严，对新闻事业实行军事管制。1987年7月，迫于岛内外压力，台湾当局解除“戒严令”。1989年允许台湾广播电视从业人员赴大陆制作节目。1993年又开放广播频率，为台湾广播电视事业的进一步发展带来契机。特别是“天空开放”政策，使境外卫星电视长驱直入，加上有线电视合法化，星网联手，使台湾广播电视业的竞争如火如荼，传统电视遭受冲击。90年代后期，“民视”、“公视”相继开播，台湾广播电视业步入“战国时代”。

1. 开放频率，广播电台逐年增加。

报纸开禁后，台湾民众要求开放广播频率以开办电台。1993年台湾当局决定“分梯次”开放广播频率，以便民众申请开设新的广播电台。2000年3月26日，26家中功率或小功率电台取得频率经营权。6月，又有6家获准取得广播频率执照权。至2000年底，加上原有的电台，台湾共有广播电台176家。

进入90年代，原有的“中广”发生了一些变化。主要是它原来主办的“自由中国之声”和“亚洲之声”的海外业务，自1998年起移交给“财团法人中央广播电台”接管，但“中广”仍通过因特网和卫星传送向全球播送它经营的覆盖全岛的六大广播网节目。新改建成立的“财团法人中央广

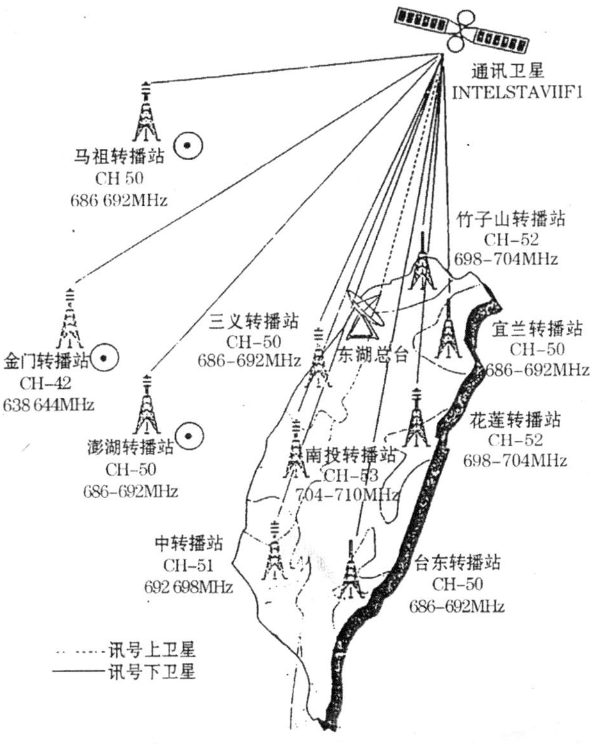

台湾公共电视台转播站 UHF 发射及卫星讯号系统网络构成图

（图11-3-26）台湾公共电视台转播站UHF发射及卫星信号系统网络构成图

播电台”，于1998年1月1日正式开播。“中央广播电台”在台湾拥有一套由9个发射分台组成的传输系统，装备有39部中短波发射机，55个中短波频率，发射电力高达10050千瓦，覆盖大陆大部分地区以及全球各大洲，办有综合、新闻、方言、外语以及“亚洲之声”等5个广播网。（见图11-3-26）

总体而言，广播属于辅助性媒体，在台湾传统媒体中一直处于叨陪末座的位置，但也是接触率最稳定的媒体。在2004年前的10年中，广播的接触率几乎都在30%。目前在

台湾有影响力的广播电台，基本上就10多个，其中北部较集中，有“中国广播公司”、台北之音、飞碟联播网、台湾全民广播(NEWS98)以及东森联播网等；在中区有大千电台、城市广播与好家庭古典音乐台；南区有好事联播网与大众联播网。2003年的广告收入为26.9亿新台币，2004年则达到32.6亿新台币。[3]

2. “第四台”合法，有线电视蓬勃发展。

1993年8月11日，台湾第一部“有线电视法”公布施行，使“共同天线”及“第四台”纳入管理，由地下非法经营转到地上合法经营，台湾有线电视事业从此走上蓬勃、有序的发展之路。

1979年，台湾花莲县丰滨乡的电器行，为销售电视机而架起天线传送“台视”的节目，服务范围500余户，被认为是台湾首家非正式的“共同天线”。1972年，基隆市首次出现以电缆线传送录像节目至订户收看的有线台，除转播三家无线电视台的节目外，也播送当地观众喜爱的其他录像节目，被称为“第四台”。“共同天线”与“第四台”构成了台湾有线电视的雏形。1973年4月3日，台湾当局根据“广播电视法”第11条的规定，发布“电视增力机、变频机及社区共同天线电视设备设立办法”，首先开放业者申设“共同天线”，但对播放录像节目的“第四台”仍暂不开放。

1993年台湾当局修订“广播电视法”，允许“因教育、宣导等特殊需要”，经专案申请核准者可申设有线电视录影节目播放系统，1993年8月11日台湾首部“有线电视法”公布施行。根据“有线电视法”及相关规定，台闽地区划分为51个有线电视经营区，每区准设5家有线播送系统。1996年获准核发筹设许可证者126

家，期限为3年，届时未能完成筹设者，将被撤销许可。2000年底，台湾有线电视筹设许可名单共有66家公司。[4]因价格低廉，有线电视普及率很高。目前安装卫星电视的个人用户已不多，偏远山区没有有线电视缆线的地方，还有一些要看日本高画质卫星节目的人才会安装。然而，在2005年7月底，台湾“行政院新闻局”审议有线电视频道换照时，却引起了审查不公及妨害新闻自由的争议。在台湾新闻局主导下，史无前例的东森新闻S台和蓬莱仙山等七个频道，被撤销执照。引发争议的是，整个审查过程并没有公开，故被质疑是暗箱作业，主政者利用换照审查机制来钳制媒体！

3. “开放天空”，卫星电视发展迅速。

90年代以来，随着卫星技术的不断发展及境外卫星电视的增多，台湾的卫星电视如日中天。原来依靠人工跑送录像带的“第四台”及“共同天线”即有线电视播送系统，大都改用卫星技术传送节目，这是台湾卫星电视的第一阶段。

“第四台”合法后，节目需求量大幅度增加，同时促进了广播电视节目供应业的发展。这就是卫星与有线电视结合的新时代，也是卫视在台湾发展的第二阶段。截至2000年，全台湾共有卫星广播电视节目供应者51家公司，经办82个频道。

90年代末，台湾进入直播卫星电视阶段。为规范管理直播卫星电视，1999年2月3日，公布施行“卫星广播电视法”，有关的施行细则亦于同年6月10日发布生效。台湾“行政院新闻局”又于同年7月成立了第一届“卫星广播电视审议委员会”，受理卫星广播电视事业供应者与服务经营者的各项申请。截至2000年底，直播卫星电视服务经营者有5家获得许可。

如今，科技发展进入信息时代，观众的视觉已从文字阅读转向音像、视频，作为传播视觉信号的电视，就成为最受民众欢迎的载体，而且电视丰富的色彩、直观的感受，以及及时性，再加上普及性，都使它具有强大的传播力。目前，台湾的电视频道随着民众接触率的居高不下，广告收入也呈现持续攀升的现象。加上卫星传播技术的大发展，电视传播的普及程度更高，而且在台湾随时有超过100个的有线频道，包含了五花八门的节目，

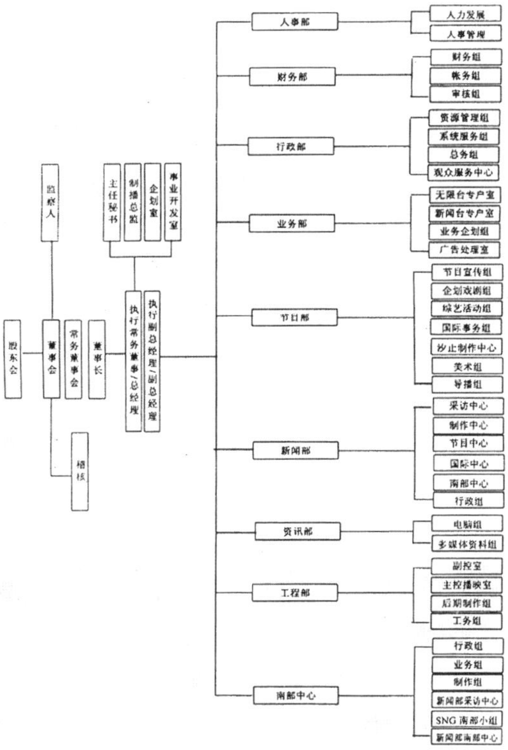

台湾“民间全民电视公司”机构表

（图11-3-27）台湾“民间全民电视公司”机构表，原载台湾《无线电视年鉴》(2000—2001)

电视将越来越能够提供观众信息与视觉上的需要与享受，电视产业的勃兴已成为难以阻挡的趋势。

4．“民视”、“公视”相继开办。

在广播频率开放后，民间又强烈要求开放无线电视频道。台湾当局主管部门1993年12月29日宣布开放一家覆盖全台湾的无线电视台，并在1994年1月29日公告开放申请，经过一年的审议，“民间全民联合无线电视台筹备处”（简称“民视”）获得第四家无线电视台的筹备许可，该台在1997年6月11日正式开播营运，自

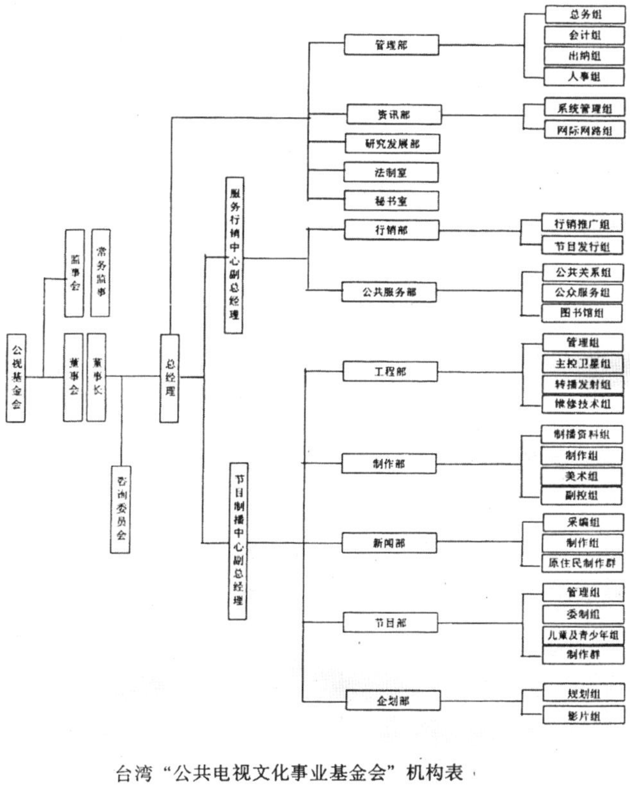

台湾“公共电视文化事业基金会”机构表

（图11-3-28）台湾“公共电视文化事业基金会”机构表，原载台湾《无线电视年鉴》(2000—2001)

此结束了台湾无线电视三足鼎立的局面。（见图11-3-27）

为平衡商业电视台可能造成的负面影响，实践广播电视台公共服务的目的，1998年7月1日公共电视台（简称“公视”）开播。（见图11-3-28）

“公视”经费由主管机关编列预算，不得播出广告。“民视”、“公视”先后开播后，打破了台湾无线电视三十多年三足鼎立的局面，从此台湾的无线电视市场形成了五台竞争的态势。加上卫星电视与有线电视的结合，台湾电视观众分流的现象日趋严重，无线电视所占的市场份额大幅度减少。

5. 成本核算，独立节目供应过半。

自60年代“台视”开播以来，台湾的独立电视节目制作公司就应运而生。在此之前已有电台以特别约定方式为某家电台制作节目，开广播节目供应业的先河。继“台视”之后，“中视”、“华视”又相继开播，由于收视率竞争激烈，各台都在努力制作或收购高质量节目，并降低制作成本，更促进了独立节目制作业的发展。如今台湾广播电视界，独立的节目制作公司制作的节目占据了节目播出量的一半。根据1995年12月修订的“广播电视节目供应事业者管理规则”规定，将供应事业分为广播电视节目业、广播电视广告业、节目录影带业等三大类，并对从业者的资本额及设备标准等作出明文规定。

到1997年1月，在台湾当局主管部门登记立案的广播电视节目供应事业共11621家，广播电视广告业共2509家，节目录影带业共11099家。在目前的台湾，广播电视节目供应事业与广播电视事业具有同等重要的地位。

6. 互利双赢，两岸交流成绩斐然。

（图11-3-29）1988年12月“台视”记者开先河，赴大陆采访

海峡两岸的广播电视交流开始于80年代。这种交流对促进两岸相互了解，特别是在增进台胞对祖国的认同感方面起到了不可替代的作用。

1987年9月2日，为满足台湾同胞赴祖国大陆探亲的需要，台湾三家电视台开始播报大陆主要城市的天气概况。1988年9月12日，“华视”开始在每周一至四晚9时30分至10时播出大陆风光片《锦绣山河》。这是台湾在电视上正式放映的第一部大陆风光片。1988年12月，“台视”记者开先河，赴大陆采访。（见图11-3-29）

1989年6月，台湾三家电视台同时播放反映大陆风土人情的电视片《八千里路云和月》和《放眼看大陆》。《八千里路云和月》是台湾艺人凌峰在当局开放赴大陆摄制节目之前拍摄的，他是冒着风险来大陆拍摄电视节目的第一人。

迫于形势压力，1989年5月18日，台湾当局颁布了“现阶段电影事业、广播电视

事业、广播电视节目供应事业赴大陆地区拍片及制作节目报备作业实施要项”。此后，台湾影视界来大陆拍片急剧增加，掀起了一股“大陆热”。两岸广播电视交流开始变成双向。

（图11-3-30）2001年11月22日“台视”在北京成立的新闻中心

随着两岸广播电视交流，特别是互赴对方地区制作节目日益增多，国家广播电视主管部门于1993年12月在北京主持召开了“海峡两岸广播电视交流研讨会”，双方与会代表共同研讨交流中的问题和建议。

1992年10月1日中央电视台第四套节目开播以来，台湾有线电视台一直转播。1993年9月28日起，台湾年代公司与香港无线电视台合办的TVBS卫星电视台每天转录中央电视台第四套的新闻节目，改编后播出。1995年9月27日19时20分至25分，中央电视台第四套的《中国新闻》在TVBS的新闻中直播了5分钟，这是《中国新闻》首次在该台直播，也是两岸电视界的一次成功合作。

为进一步规范台湾电视从业人员来大陆制作电视节目，1994年1月21日，广电部、国务院台办联合发布《关于台湾电视从业人员来大陆摄制节目的管理办法》。1996年12月1日，国务院台办又发布了《关于台湾记者来祖国大陆采访的规定》。从此，两岸广播电视交流进入常规作业阶段。大陆正式开放台湾媒体以一月一轮的方式到北京驻点采访；2000年11月，台湾也正式开放大陆中央级媒体到台湾采访，也是一月一轮。到2005年初夏，共有新华社、人民日报社、中新社、中央电视台和中央人民广播电台等5家大陆中央级媒体驻台。两岸新闻资讯交流已然踏出新的步伐。（见图11-3-30）

注 释：

〔1〕参见张圭阳：《考订香港地区广播的始播日期》，第四届世界华文传媒与华夏文明传播国际学术研讨会论文。

〔2〕参见梁丽娟：《澳门传媒2003—2004年综述》，中国新闻网，2005年8月17日。

〔3〕参见俞雨霖：《台湾传媒2003—2004年综述》，中国新闻网，2005年8月17日。

〔4〕台湾“中央社”编辑出版的《2002年世界年鉴》第344—345页。

后　记

2002年夏，承蒙复旦大学丁淦林、黄瑚教授等将他们主编的《中国新闻图史》签名惠赠，翻阅之余，获益良多。南方日报出版社推出的这部图文并茂、以图为主的新闻图史，弥补了长期以来问世的几十部中国新闻史类书籍有文少图或有文无图的缺陷，为广大读者特别是大专院校新闻院系师生提供了一部形象化的中国新闻史教材，可以说是功德无量。但对于长期既从事中国新闻史又从事中国广播电视史教学研究工作的我来说，在欣慰之余又稍有遗憾之感，那就是该书虽将广播电视作为新闻媒体加以介绍，在不同章节中勾画了从1923年初中国境内出现第一座广播电台直至20世纪末中国广播电视发展的轮廓，并加以评述，但却没有收入一幅反映广播电视事业的图片资料。我将此意见电告丁淦林教授，并表示如该书再版需要时，我可提供若干广电图片，以供选择使用。不久，适逢《中国新闻图史》的责任编辑、南方日报出版社副总编辑赵焜森同志来京组稿，谈起《中国新闻图史》的成绩与遗憾之事时，他当即热情邀我代为组织力量编纂一部《中国广播电视图史》，作为该社编辑出版的中国传媒图史系列丛书之一，以弘扬光大中华民族悠久的文化传统。事后，我开始筹划编纂中国广电图史之事。

2003年秋，经北京广播学院（今中国传媒大学）亚洲传媒研究中心组织评审，同意将《中国广播电视图史》（以下简称《图史》）作为研究课题立项，并给予适当资助。以我为主编的课题组随后组成，并开始工作。后因课题组部分成员工作变动，2004年夏又调整充实了课题组并重新作了分工，再次安排了工作步骤。全书由我任主编，负责全书策划并最后审定，艾红红任副主编，负责统稿并兼做中篇部分文图工作，庞亮负责上篇及港澳台篇的撰稿和图像选用，范晓晶负责中篇的文字撰稿和图像选用，李煜、刘书峰负责下篇文字撰稿和图像选用。在历时两个寒暑期间，课题组除我外，艾红红在中国人民大学新闻传播学博士后流动站，其余四人均在中国传媒大学攻读博士学位。他们边读书、边撰写论文，同时还要为《图史》撰写文字稿，并到有关图书馆和档案馆查阅图像资料，力求将所学、所知、所得融于《图史》之中。功夫不负有心人，到2006年底，经初审修改后，全书初稿定成，进入统稿阶段。

中国书籍出版，自古即有“左图右史”或“上图下说”的优良传统，以图补文，以文说图，图像和文字互相参补印证，为读者建构起一个相对立体的“形象”空间，可以使一部史书更具直观性、形象性，从而增强了文稿的说服力。

这部《图史》的文字部分大都依据本人主编的《中国广播电视通史》（北京广播学院出版社2004年初版，中国传媒大学出版社2006年第2版）并加以删节、修改，同时将下限延长至2005年底。全书入选图像近600幅，除少量采自《通史》中插图外，其余绝大部分是从近百种报刊书籍中撷取的。广播电视的图像资料不像报刊图像资料可以直接从报刊上下载，概括说存在着“一少一多”的现象，即新中国成立以前的广播图像可以说少而又少，有代表性的尤其少；而新中国成立以后特别是改革开放以后的广播电视图像可以说是多而又多，从中选取有代表性的也非易事。总之，几经筛选、反复斟酌，最后成为呈现在读者面前的这部《图史》，文字叙述和图像选择上难免有不妥之处，恳请广大读者予以批评指正。

在这部《图史》编纂完成之日，首先要向收入本书中图像的原创者表示衷心的感谢，其次要向出版本书的南方日报出版社副总编辑赵焜森及其他相关同志表示诚挚的谢意，他们的后期辛勤劳动，使一部普通的书稿增姿添彩，彰显了特色。

赵玉明

2007年盛夏于北京

中国 广播电视 图史

ZHONGGUO
GUANGBO DIANSHI
TUSHI

南方日报出版社

声 明

《中国广播电视图史》一书收录图像近600幅，在此要向收入本书中图像的原创者表示衷心的感谢。

鉴于图像繁多，一些图像的作者因年代久远或其他原因不详，未予署名，敬请见谅！可与我们联系，俟再版时订正。

另有部分尚在版权期的图片的作者或其著作权继承人未能及时联系上，恳请他们尽快与本社联系，让我们献上微薄的报酬与热诚的敬意。

电话：020-87373998-8503

图书在版编目（CIP）数据

中国广播电视图史 / 赵玉明主编. —广州：南方日报出版社，2008.9

ISBN 978-7-80652-707-8

Ⅰ.中… Ⅱ.赵… Ⅲ.广播电视—新闻事业史—中国 Ⅳ.G229.29

中国版本图书馆CIP数据核字（2008）第202041号

中国广播电视图史　　赵玉明　主编

出 版 人：丘克军

出版发行：南方日报出版社

地　　址：广州市广州大道中289号

电　　话：（020）87373998-8502

经　　销：全国新华书店

印　　刷：深圳市国际彩印有限公司

开　　本：787mm×1092mm　1/16

印　　张：18

字　　数：25千字

印　　数：1-3000册

版　　次：2008年9月第1版

印　　次：2008年9月第1次印刷

定　　价：280.00元

投稿热线：（020）87373998-8503　读者热线：（020）87373998-8502

网址：http://www.nanfangdaily.com.cn　http://www.southcn.com/ebook

如发现印装质量问题，影响阅读，请与承印厂联系调换